U0101419

教育部国别和区域研究基地指向性课题"'一带一路'沿线主要国家教育对外开放政策研究"

"一带一路"沿线八国
国际教育合作与交流政策研究

刘宝存 等◎著

人民出版社

总　序

在党的十八届五中全会上，习近平同志系统论述了创新、协调、绿色、开放、共享"五大发展理念"，强调实现创新发展、协调发展、绿色发展、开放发展、共享发展。牢固树立并切实贯彻这"五大发展理念"，是"十三五"乃至更长时期我国社会主义事业的发展思路、发展方式和发展着力点，是全面建成小康社会的行动指南、实现"两个一百年"奋斗目标的思想指引，也为我国的教育未来发展指出了方向。为了贯彻落实党的十八届五中全会关于"开放发展"的精神，2016 年 4 月，中共中央办公厅、国务院办公厅印发了《关于做好新时期教育对外开放工作的若干意见》（以下简称《意见》），要求坚持扩大开放，做强中国教育，推进人文交流，不断提升我国教育质量、国家软实力和国际影响力，为实现"两个一百年"奋斗目标和中华民族伟大复兴的中国梦提供有力支撑。《意见》对做好新时期教育对外开放工作进行了重点部署，要求加快留学事业发展，提高留学教育质量；鼓励高等学校和职业院校配合企业走出去，稳妥推进境外办学；拓展有关国际组织的教育合作空间，积极参与全球教育治理；发挥教育援助在"南南合作"中的重要作用，加大对发展中国家尤其是最不发达国家的支持力度；实施"一带一路"教育行动，促进沿线国家教育合作等。

为了配合国家发展的整体战略，教育部人文社会科学重点研究基地北京师范大学国际与比较教育研究院选择"扩大教育开放与国家发展"作为"十三五"乃至更长时期的主攻方向，强调新形势下通过教育的开放发展来服务于国家发展的研究目标，围绕国际教育援助、全球教育治理、海外办学、来华留学和"一带一路"教育行动等领域，分析我国推行教育开放的现状及其效果，梳理并分析当前世界各国扩大本国教育开放、参与国际教育市场竞争与合作的政策措施，总结国际社会扩大教育开放的经验教训，探索为推进我国国家与社会发展而应采取的扩大教育开放战略的政策、措施与机制。该研究方向一方面探索教育开放在服务于国家发展的背景下所能采取的因应措施，通过梳理世界各国通过教育开放推动本国社会发展的经验，提出我国扩大教育对外开放的政策建议，更好地服务于国家发展的现实战略；另一方面能够在理念上加深人们对于教育开放与国家发展的关系的认识，总结教育开放在服务国家与推动社会发展中的规律与模式，同时推动国际教育和发展教育研究，拓展比较教育学科的研究领域。

"教育与国家发展"是基地长期的主要研究方向，而"扩大教育开放与国家发展"是基地基于比较教育学科特色和世界教育的改革与发展趋势，根据我国教育乃至社会经济发展战略的需要而在"十三五"甚至更长时期设立的主攻方向。为了开展研究，我们立足新时期教育对外开放工作中具有全局意义、战略意义的核心问题、热点和难点问题，设立了"一带一路"沿线不同类型国家教育制度与政策研究、国际教育援助发展态势与中国的战略选择研究、中国参与全球教育治理战略研究、中国高校海外办学战略研究、扩大来华留学政策研究五个项目，试图从不同方面对目前我国教育开放与国家发展的现状、存在问题和原因，教育开放与国家发展理论，世界各国（或国际性组织）推进教育开放、促进国家发展的经验，对新形势下我国扩大教育开放、促进国家发展的政策与措施等问题，进行系统深入的研究，从整体上把握扩大教育开放与国家发展的关系。

经过五年的研究，基地项目取得了丰硕的成果。现在呈现给大家的这套丛书，就是基地"十三五"课题规划成果之一。顾明远先生主持的"'一带一路'不同类型国家教育制度与政策研究"的系列成果，以"'一带一路'不同类型国家教育制度与政策研究"丛书的形式单独出版,基地其他相关课题研究成果则以"扩大教育开放与国家发展丛书"的形式出版。2020 年 6 月,《教育部等八部门关于加快和扩大新时代教育对外开放的意见》正式印发,要求坚持教育对外开放不动摇,主动加强同世界各国的互鉴、互容、互通,形成更全方位、更宽领域、更多层次、更加主动的教育对外开放局面;并以"内外统筹、提质增效、主动引领、有序开放"为工作方针对新时代教育对外开放进行了重点部署。我们深知,加快和扩大新时代教育对外开放是新时代教育改革开放的时代命题,也是需要不断深化的研究课题。我们研究团队将不忘初心,牢记使命,再接再厉,砥砺前行,不断探索教育对外开放中的新问题、新思路、新方法。现在我们把团队研究的阶段性成果奉献给大家,敬请大家批评指正。在丛书出版过程中,人民出版社王萍女士付出了大量的心血,再次谨致以衷心的感谢。

北京师范大学国际与比较教育研究院

王英杰

2020 年 9 月

目　录

前　言

　　2015 年 3 月 8 日，我国政府正式发布了《推动共建丝绸之路经济带和 21 世纪海上丝绸之路的愿景与行动》。建设"丝绸之路经济带"和"21 世纪海上丝绸之路"（以下简称"一带一路"），是党中央、国务院主动应对全球形势深刻变化、统筹国内国际两个大局作出的重大战略决策。"一带一路"倡议的实施，不仅标志着我国国家发展战略和外交战略新的开端，同时也为我国教育的改革与发展，特别是教育的对外开放提出了新的挑战并提供了新的机遇。因此，了解"一带一路"沿线国家的国际教育合作与交流政策，并在此基础上探讨我国在"一带一路"倡议框架下如何与"一带一路"沿线国家的国际教育合作与交流政策进行有效对接，从而实现多方在教育发展上的"共赢"，共同打造"一带一路"教育共同体，是一个亟待研究的课题。2016 年，北京师范大学国际与比较教育研究院由我牵头，申报了教育部国别和区域研究 2016—2017 年度指向性课题"'一带一路'沿线主要国家教育对外开放政策研究"，并获得批准。现在呈现给大家的这部著作，就是在课题研究报告的基础上修改而成的。

　　"一带一路"倡议涉及东北亚、东亚、东南亚、南亚、中亚、西亚、北非、中东欧等地区课题研究选取俄罗斯、波兰、埃及、沙特阿拉伯、泰国、印度、哈萨克斯坦、蒙古等国家作为探讨其教育对外开放政策的样本国，探讨其国际教育合作与交流政策以及我国与这些国家开展国际教育合作与交流的空间。

　　在课题研究中，我们主要采用文献分析法、实地调查法、案例分析法等方法，对上述"一带一路"沿线国家国际教育合作与交流政策的历史发展，国际教育合作与交流政策的现状，国际教育合作与交流政策的战略重点和发展方向，与中国进行国际教育合作与交流的历史发展、现状、存在问题和原因，与中国进行国际教育合作与交流的可能领域、途径和方式等问题进行研究。在研究各国国际教育合作与交流政策时，既关注它们的国际教育合作与交流的宏观政策，也关注它们的各级各类教育的国际合作与交流政策，主要关注点包括：教师、学者的交流；招收和派遣留学生；国际领域的专业和课程；中小学和高等学校外语教育、国际研究协作；国际大学或者分校；高等教育文凭的相互承认；合作办学；教育援助；全球治理等。因此，该书的章节内容也是按照上述研究思路呈现的。在对俄罗斯、波兰、埃及、沙特阿拉伯、泰国、印度、哈萨克斯坦、蒙古等国家国际教育合作与交流政策研究的基础上，我们尝试提出我国与"一带一路"沿线国家国际教育合作与交流政策的综合性政策建议。

　　本课题研究是由不同国家、不同高校的研究者合作完成的，具体分工如下：第一章：俄罗斯国际教育合作与交流政策研究，由浙江大学刘淑华撰写；第二章：波兰国际教育合作与交流政策研究，由波兰亚当密茨凯维奇大学 Anna Mańkowska、北京师范大学黄秦辉撰写；第三章：埃及国际教育合作与交流政策研究，由北京师范大学王婷钰撰写；第四章：沙特阿拉伯国际教育合作与交流政策研究，由北京师范大学王婷钰撰写；第五章：泰国国际教育合作与交流政策研究，由北京师范大学张清玲、泰国东方大学 Phattharamanat Sritrakul、清华大学段世飞撰写；第六章：印度国际教育合作与交流政策研究，由北京师范大学彭婵娟、浙江大学杨旭、联合国教科文组织国际农村教育研究与培训中心 Syed Nitas Iftekhar 撰写；第七章：哈萨克斯坦国际教育合作与交流政策研究，由哈萨克阿布莱汗国际关系与世界语言大学 Abylkassymova Bakytgul，哈萨克斯坦共和国总统直属公共行政学院 Sadyrkulov Rauan 和北京师范大学张金明撰写；第八章：蒙古国际教育合作与交流政策研究，由北京师范大学 Purev Erdenesaraa 和苏洋撰写。最后的结语部分由北京师范大学刘宝存和华中农业大学胡瑞撰写。

在课题研究过程中，课题组参考了国内外的一些研究成果，未能一一列出，在此一并表示感谢。人民出版社王萍女士为本书的出版付出了辛勤的劳动，在此深表谢意。由于课题组才疏学浅，加之时间有限，该研究报告难免有所纰漏，恳请各位专家和广大读者不吝赐教。

刘宝存

2020 年 9 月于北京师范大学国际与比较教育研究院

第一章　俄罗斯国际教育合作与
交流政策研究

　　俄罗斯是世界上面积最大的国家，根据俄罗斯统计局数据，2019 年其国土面积为 1712.5 万平方公里，占原苏联领土面积（2240.2 万平方公里）的 76.4%，是地球陆地表面约六分之一。① 俄语有句农谚说："俄国不是一个国家，它是一个世界。" 俄罗斯位于欧亚大陆北部，地跨欧亚两大洲，包括亚洲北部和欧洲东部两大部分。截至 2020 年 1 月 1 日，人口总数为 1.47 亿人，居世界第 9 位。人口密度低，每平方公里少于 9 人。② 人口分布不均，欧洲部分人口密度较大，北极地区和西伯利亚地区人口稀少。由于地跨欧亚两洲，俄罗斯在千余年的历史发展过程中对东西方文化兼收并蓄，文化的二元特征明显，始终处于 "是东方也是西方，既非东方也非西方" 的文化困惑和文化选择之中。俄罗斯自古就是一个笃信宗教的国家，宗教在俄罗斯历史文化发展过程中起着非常重要的作用。俄罗斯文化被认为是一种 "信仰文化"。俄罗斯境内共有 10 余种宗教，主要有东正教、天主教、新教、伊斯兰教、佛教、犹太教等。其中，东正教为国教，国内大多数居民信奉东正教，约占全国人口一半以上。俄罗斯是一个多民

---

①　Федеральная Служба Государственной Статистики, Россия в Цифрах 2020 (Официаьные Издания), Москва：Росстат, 2020, c.66.

②　Федеральная Служба Государственной Статистики, Россия в Цифрах 2020 (Официаьные Издания), Москва：Росстат, 2020, c.75.

族国家，境内有大大小小的民族 160 多个，其中最大的三个民族分别是俄罗斯族、鞑靼族、乌克兰族，约 1600 万俄罗斯公民归类为"少数民族"。在俄罗斯历史发展中，民族问题是其发展过程中不可绕过的重要命题。苏联的解体使得俄罗斯经济与实力遭受重创，前十年经济与实力大幅下滑。新世纪之初，俄罗斯利用自然资源丰富的天然优势，实现了近十年的经济快速追赶，但是 2008—2009 年的经济危机使俄罗斯经济再次遭受重创，2013 年以来的西方制裁更使得俄罗斯经济滑入冰窟。根据俄罗斯国家统计局 2016 年的数据，就国内生产总值而言，俄罗斯国内生产总值占世界总量的 3.55%，位居世界第 6 位，落后于美国、中国，领先于法国、英国。2019 年俄罗斯国内生产总值为 195.9 万亿卢布。[①] 按照 OECD 的估算，俄罗斯人均国内生产总值位居世界第 41 位。[②]

在新的国内外环境下，为了增强苏联解体后俄罗斯在世界舞台上被稀释的政治"软实力"，提高苏联解体后俄罗斯在世界教育服务市场上下降了的市场份额，增强俄罗斯教育在地区和世界教育服务空间的吸引力和竞争力，并提高俄罗斯科技在世界范围内的影响力和辐射力，俄罗斯改变苏联时期的教育交流政策，把教育开放作为一项基本的教育政策，开展与其他国家之间的多层次、全方位、宽领域的教育合作与交流，力图融入世界教育空间。正如俄罗斯联邦社会署（Общественная палата РФ.）所指出的："社会现阶段乃至将来，俄罗斯教育政策的最主要任务是形成开放性的教育系统以及知识、技术和人才的全球化市场。"[③]

中国与俄罗斯同为历史悠久、土地广袤、文化积淀深厚的世界大国，

---

① Федеральная Служба Государственной Статистики, Россия в Цифрах 2020 (Официаьные Издания), Москва：Росстат, 2020, с.189.

② Национальный Исследовательский Университет Высшая Школа Экономики Росии, Национальный Институт Педагогических Исследований Китая, Развитие Образования в России в 21 веке, Пекин：Национальный Институт Педагогических Исследований Китая, 2017, с.2.

③ Общественная палата РФ, Образование и общество：готова ли Россия инвестировать в своё будущее？. Москва：изд. Дом ГУ ВШЭ, 2007, с.51.

在世界坐标体系中占有举足轻重地位。两国地理位置临近，发展阶段接近，国家建设目标融合度高，利益契合点多，经济上互补性强，政治上高度互信，文化上渊源深刻，教育领域曾有过密切交往，具有稳固的合作基础和广阔的合作空间。当前是历史上两国关系发展的最好时期，双方都视对方为外交最优先发展方向，互为重要发展机遇，互为主要优先伙伴。在这一新的背景下，追溯俄罗斯国际教育合作与交流的历史发展，研究俄罗斯新时期教育对外开放政策，总结两国高等教育合作与交流已经取得的交流成果，理清其中存在的问题，并探究问题背后的成因，毋庸置疑具有重要的价值和意义。

第一节　俄罗斯国际教育合作与交流政策的历史发展

一、俄国时期的教育合作与交流政策

古代时期的俄国是一个现代化进程的迟到者，发展进程缓慢，且不断遭受外族入侵。与西欧国家不同，俄国教育的现代化并不是以文艺复兴或宗教改革为开端的。一直到 17 世纪初期，俄国仍然是一个封建性的封闭的内陆国家，其教育对外合作与交流十分有限。

在经历了 16 世纪末 17 世纪初的混乱与屈辱后，能否借用西方先进文化与科技克敌制胜，成为摆在俄国面前生死攸关的问题。从 17 世纪中后期起，俄国开始走向出传统社会向现代社会蜕变的重要历程——欧化进程。"睁眼看西方的"第一位国君彼得一世（1682—1725 年在位）更加认识到了学习西方技术富国强兵的重要性，在政治、经济、文化的各个领域学习和效仿西方，使得欧化的进程大大加快。欧化进程一直持续到 19 世纪中叶，时间长达两百多年。首先，在这两百多年里，特别是在彼得一世实行旨在加速欧化进程的改革后，沙皇政府大量引进西方技术人才。1724 年俄国科学院成立，该机构把科研机构、大学和中学结为一体，具有科学研究和教学双重职能。俄国科学院的第一批院士都是外籍学者，其中包括瑞士科学家赫尔曼（Hermann J.）、瑞士数学家兼物理学家贝努利

（Bernoulli D.）、法国天文和地理学家德利尔（Delisle J.）、德国博物学家格梅林（Gmelin J. G.）等等。为了掌握各国的技术和知识并与他国交往，各种外语，最早是波兰语、荷兰语，后来是德语、法语、英语、拉丁语、希腊语的教学一直受到沙皇政府和显贵家族的重视。[①] 其次，留学教育在这一时期蓬勃发展起来。与创建海军、夺取黑海和波罗的海出海口的战略意图相一致，彼得一世派出的留学人员多学习航海、造船与军事技术。1697 年 3 月，他派出"大使团"并随团出访欧洲各国时，使团中就包括 35 名出国学习航海技术的留学生。[②] 彼得一世之后，历代沙皇政府继续执行允许贵族出国旅行和派遣优秀学生出国留学的政策。随着教育特别是高等教育的发展，俄国留学教育的规模和专业方向不断扩展。在叶卡捷琳娜统治前期，沙皇政府开始采取成批派遣优秀学生出国学习的措施。出国的留学生学成之后回到俄国，成为俄国各个领域的杰出人才，甚至成为某些领域的开拓者。这样，俄国已经拥有一批受过良好欧式教育的知识分子。他们在吸收西方自文艺复兴长期发展起来的文化成果的基础上初步形成了本民族的政治思想流派，促进了俄国科学技术的发展和文化艺术的繁荣。再次，在这两百余年中，俄国先后学习与借鉴波兰、德国、奥地利、法国等西方国家的教育经验，参照这些国家教育机构的模式，建立和发展了自己的学校教育制度与贵族的家庭教育。例如，彼得一世时期，沙皇政府取代教会作为举办文化教育事业主体的角色，采取了积极发展正规世俗教育制度的政策。它首先是侧重发展职业技术教育、军事教育，以满足国家对专业技术人才、军事指挥人员和政府官员的需要。在叶卡捷琳娜开明专制时期，俄国接受了法国启蒙学者狄德罗（Denis Diderot）为没有特权的市民阶层设立学校的思想，决定参照奥地利的教育制度来建立俄国国民教育制度。1776 年，女皇政府发布了以奥地利人扬科维奇（Янкович Ф. И.）

---

① 吴式颖：《俄国教育史——从教育现代化视角所作的考察》，人民教育出版社2005年版，第 171 页。

② 吴式颖：《俄国教育史——从教育现代化视角所作的考察》，人民教育出版社2005年版，第 180 页。

为首的国民学校委员会制定的《国民学校章程》。按照这一章程规定，在各个省城设立学程为五年的中心国民学校，在各县城和中心国民学校不能满足需要的省城设立学程为两年的初级国民学校。① 这是俄国教育史上的大事。欧化进程使得俄国由一个十分野蛮、落后的封建专制的农奴制弱国变成了一个具有一定军事、经济实力并开始进行工业革命的欧洲大国。

19世纪中期沙皇废除农奴制改革至1917年十月革命前是俄国试图按照资本主义方式解决现代化问题的时期。这一时期革命浪潮风起云涌，沙皇政府为了维护摇摇欲坠的统治，采取一手缓和矛盾一手控制镇压的政策。教育领域的改革也是"进三步退两步"，难以有大的建树。由于长期欧化的结果，这一时期俄国知识界与西欧各国学界的交流和联系十分密切，国外的科学与学术著作迅速流传，留学和游学仍然保持，不少人还长期侨居或流亡外国。许多学者在哲学、历史、经济学、植物学、物理学、化学、生理学等领域作出了世界一流的贡献。

二、苏联时期的教育合作与交流政策

十月革命前后，列宁（Владимир Ильич Ленин_）在领导革命、领导社会主义改造与建设的过程中十分重视工农群众和年轻一代的教育问题，他始终把教育工作看作无产阶级革命和社会主义建设的重要组成部分。他的教育思想对苏联的教育改革与发展始终起着指导作用。他既强调吸收借鉴资本主义世界当时科学技术知识与教育的最新成就，又强调不能否定和抛弃过去的一切文化教育遗产。1918年3—4月间，他在《苏维埃政权的当前任务》一文的提纲中提出了这样一个公式："乐于吸取外国的好东西：苏维埃政权＋普鲁士的铁路秩序＋美国的技术和托拉斯＋美国的国民教育等等等等 ++＝总和＝社会主义。"② 所以，十月革命后乃至苏联初期，俄共（布）中央和苏维埃政权机构着手对俄国教育进行根本改造的时候，对

---

① 吴式颖：《俄国教育史——从教育现代化视角所作的考察》，人民教育出版社2005年版，第149页。
② 《列宁全集》第36卷，人民出版社1977年版，第550页。

资本主义世界的教育成就是持开放态度的。①1918 年苏维埃政权颁布的第一个普通教育法规《统一劳动学校章程》和另一政策文本《统一劳动学校的基本原则》（后被苏联教育界称为《统一劳动学校宣言》）中，对当时美国流行的进步主义教育思想和先进资本主义国家的教育经验（特别是美国的经验），采取了积极吸取的态度。20 世纪 20 年代美国和西欧现代派教育思想很受苏联教育理论界的重视。教育改革的主要指导者克鲁普斯卡娅（Надежда Константиновна Крупуская）、卢那察尔斯基（Анатолий Васильевич Луначарский）都有在西方生活的经历，对西方教育情况比较熟悉。整个 20 世纪 20 年代苏联的教学改革在某种程度上也可以说是力图将西欧新教育运动和美国进步教育运动中所创造一些教学形式和方法用于实现社会主义学校的教育目的和任务的教育实验。② 杜威（John Dewey）的著作这时候也在苏联广泛流行。杜威本人也曾在这一时期到访苏联。由于苏联在 20 年代对实用主义教育的许多做法照搬照抄，客观上对苏联 20 年代的教育改革带来了消极影响。

30 年代苏联转向提升教育质量的教育改革。在批判"左"的倾向的过程中，又全盘否定美国的教育理论和教育实践，逐步转向传统教育理论。1940 年苏联出版了《赫尔巴特文集》。

从苏联建立到二战前，苏联注重派遣留学生到国外学习，并注重引进国外的知名学者，同时也注意培养国民的国际意识。例如，1928 年 7 月全会通过的《关于改进培养新型专家工作的决议》中曾提到要注意吸取国外的科学技术成就，决定增派留学人员，邀请外国著名专家到苏联讲学，系统翻译出版国外的科技资料，引进国外的图书和科学仪器设备，要求大学生至少掌握一门外语等，并强调要"大量增加专门从事（不兼职）科学和教学工作，不断提高自己的科学熟练程度的教员和教授，保证他们

---

① 吴式颖：《俄国教育史——从教育现代化视角所作的考察》，人民教育出版社 2005 年版，第 290—291 页。

② 吴式颖：《俄国教育史——从教育现代化视角所作的考察》，人民教育出版社 2005 年版，第 309—310 页。

科学著作的出版，保送他们出国学习"①。

二战结束以后，整个世界由《雅尔塔协定》划分为资本主义阵营和社会主义阵营两大阵营，美国和苏联分别为两大阵营之首。社会主义阵营是由苏联为首的横跨欧亚大陆的十几个社会主义国家组成的阵营，包括欧洲东部的苏联、波兰、民主德国、捷克斯洛伐克、匈牙利、罗马尼亚、保加利亚、阿尔巴尼亚、南斯拉夫社会主义联邦共和国和亚洲东部的中华人民共和国、蒙古人民共和国、朝鲜民主主义人民共和国、越南社会主义共和国、南也门、古巴、安哥拉、埃塞俄比亚等社会主义国家。资本主义阵营是以美国为首，英国、法国、联邦德国、荷兰、比利时、卢森堡、加拿大、丹麦、挪威、冰岛、葡萄牙、意大利等国家参与的资本主义国家阵营。以苏联为首的社会主义阵营与以美国为首的资本主义阵营之间长期对峙，彼此尖锐对立，冷战不断升级。由此，以美国与北约为一方，以苏联和华约为另一方，形成两极世界格局。两极相争成为二战后至1991年苏联解体前世界政治格局的主要特征。

这一时期的教育交流在很大程度上受到政治因素的影响。一方面，社会主义阵营与资本主义阵营的各国教育自成一体，彼此对立，水火不容。因为"西方与东方在灵魂中的斗争"，以苏联为首，社会主义阵营形成自身的教育理念、教育政策、教育制度和教育实践，与资本主义阵营存在着很大的不同通约性，成为世界教育的一极，即苏联模式。不同阵营之间的教育交流困难重重，几乎被终止。在打倒帝国主义和法西斯主义的呼声中，苏联进一步加强了对西方意识形态的抵制。从1946年起，苏联先后揭露和批判了反映在各学科和教科书中所谓资产阶级客观主义和在政治上、文化上"没有祖国"的"世界主义"观点。另一方面，在社会主义阵营内部，苏联教育大量向其他社会主义国家输出。这一时期苏联接受社会主义国家的留学生，宣传和推广俄语及苏联文化，派遣专家到社会主义国

---

① 吴式颖：《俄国教育史——从教育现代化视角所作的考察》，人民教育出版社2005年版，第371页。

家讲学、做报告或者担任教育改革顾问。教育界积极学习苏联先进教育经验，成为当时社会主义国家教育不可分割的重要组成部分。例如在当时的中国，就提出要"全面地""彻底地""系统地"学习苏联先进经验的口号，并在实践中加以贯彻。苏联的教育被其他社会主义国家认定为"世界上最先进的教育"。在这样的背景下，苏联教育制度、理论与实践被其他社会主义国家全盘引入，对社会主义国家的教育产生了深刻而又长久的影响。

在苏联时期，赴苏留学生的数量曾经居世界第二位，仅次于美国。由于对苏联高等教育质量的高度认可，社会主义国家大批工程技术人员和军事人员前往苏联学习。到 1981 年，留学生数量为 6.45 万人，1991 年为 8.96 万人。① 到 1991 年苏联解体前夕，在苏联高校留学的本科生、进修生和研究生人数已经达到 12.65 万人，约占全球留学生总额的 10%。在全球留学市场所占份额上，苏联居世界第三位，仅次于美国和法国。在苏联接受高等教育的外国留学生，70% 是在俄罗斯高校就读。1991 年，在俄罗斯高校就读的外国留学生人数为 9 万人左右，约占全球留学生市场的 7.7%，而且这些留学生大多是以全日制方式在俄罗斯就读。② 当时外国学生的选拔和培养，完全由苏联政府由上至下统一管理。留学生教育的财政支出主要由国家预算调拨。而苏联 99% 的大学生在本国就读，很少有人出国留学。只有为数极少的学生，到苏维埃阵营的东欧国家进行学术交流和语言进修，另外极少数的到西欧国家、亚洲和北美国家留学。苏联时期，政府积极在国外建立教育机构。截至 1991 年苏联解体前夕，在国外共建立包括综合大学、学院、大学中心、系和分校在内的高等教育机构 66 所，中等专业机构 23 所，职业技术教育教学中心 400 多个，普通

---

① Министерство образования и науки Российской Федерации, *Экспорт Российских Образовательных Услуг：Статистический Сборник（Выпуск 5）*，Москва：Социоцентр，2015，с.30.

② Министерство образования и науки Российской Федерации, *Экспорт Российских Образовательных Услуг：Статистический Сборник（Выпуск 9）*，Москва：Центр социологических исследований.，2019，с.522.

教育机构 5 所。① 苏联政府督促本国高校与国外高校建立直接联系，交换教学和科研资料，互相邀请教师、学者讲学，互派科学研究者进行合作研究，召开双边学术会议，联合培养研究生等。同时，由苏联教育科学家、教育行政部门负责人、普通学校和师范学校校长、教师组成的苏联教育代表团和文化代表团经常到社会主义国家访问，举办报告和讲座，介绍苏联的教育制度、教育教学经验和教育管理举措，帮助这些国家解决教育发展中出现的重大问题，例如高等学校专业的设置、教学大纲和教育计划的制定、培养教师和研究生等。更重要的是，这一时期，苏联大量的教育理论书籍和教材在社会主义国家得到大量出版和广泛传播。凯洛夫（Иван Андреевия Каиров）的《教育学》（Педагогика），冈察洛夫（Николай Кузьмич Гончаров）的《教育学原理》（Основы Педагогика），马卡连柯（Антон Семёнович Макаренко）的《家庭与学校的儿童教育》（Воспитание в Семье и Школе），达尼洛夫（Данилов Михаил Александрович）、叶希波夫（Борис Петрович Есипов）编著的《教学论》（Дидактика），科尔尼洛夫（Константин Николаевич Корнилов）的《现代心理学和马克思主义》（Современная Психология и Марксизм），沙巴耶娃（Мария Фёдоровна Шабаева）的《教育史》（История Педагогики），麦丁斯基（Евгений Николаевич Медынский）的《教育学历史》（История Педагогика），苏罗金娜（Сироткина）的《学前教育学》（Дошкольная Педагогика），加里宁（Михаил Иванович Калинин）的《论共产主义教育》（О Коммунистическом Воспитании и Обучении）等著作被大量引入和译介，成为影响这些国家教育实践和理论发展的重要因素。

---

① Министерство образования и науки Российской Федерации，*Экспорт Российских Образовательных Услуг：Статистический Сборник（Выпуск 9）*，Москва：Центр социологических исследований.，2019，c.522.

第二节　俄罗斯国际教育合作与交流政策的现状

从 1991 年末苏联解体至今，30 多年过去了。俄罗斯已经从"铁幕后面的国家"变成了承载科学工作者、教师和学生多种学术流动形式的国家，并积极融入世界教育和科学领域。在全球化背景下，俄罗斯教育系统变得更加开放。[①] 在这 30 多年时间里，俄罗斯出台了一系列重要教育政策文本，这些政策文本引导和规划了俄罗斯 30 多年来的教育国际合作与交流实践的发展。根据俄罗斯国内政治、经济和社会变迁的特征，我们可以把 1991 年至今俄罗斯国际教育合作与交流政策的发展分为两个阶段：1992—1999 年的"叶利钦时代"、2000 年至今的"普京时代"。

一、叶利钦时代的国际教育合作与交流政策

在叶利钦（Борис Николаевич Ельцин）时代，俄罗斯发生了翻天覆地的全方位社会转型，在政治领域、经济领域和意识形态领域都发生了有别于苏联时期的雷霆万钧式的根本性变化。在政治体制上，从高度集权的政治模式向带有俄罗斯特色的西方民主化模式转变；在经济体制上，从高度集中的指令性计划经济体制向现代市场经济转变；在意识形态领域，从单一的共产主义意识形态向多元化的意识形态转变。顺应世界教育国际化的新趋势，走出苏联时期的故步自封模式，重视全球范围内的国际合作与交流，成为叶利钦时代的新走向。

1992 年 7 月 10 日，俄罗斯联邦总统叶利钦签发《俄罗斯联邦教育法》（Закон РФ "об Образовании"），这是俄罗斯独立以来教育领域的第一部基本法。该法第六章对教育机构的国际合作和对外经济活动作出了专门规定。其中第 57 条规定："俄罗斯联邦与其它国家在教育领域的合作应建立

---

① Рязанцев С. В., Ростовская Т. К., Скоробогатова В. И., Безвербный В. А. Международная академическая мобильность в России: тенденции, виды, государственное стимулирование. Экономика Региона, 2019, (2), C.420.

在与本法不相违背的国际条约和协议的基础上。各级教育管理机关、教育机构有权与外国企业、机构和组织建立直接联系。外国公民在俄罗斯联邦教育机构中学习、培训和进修，同俄罗斯联邦公民在外国教育机构中学习、培训和进修一样，应由教育机构、学会、教育管理机关、其它法人和自然人按照俄罗斯联邦的国际协定签署的直接协议进行。"第58条规定："教育管理机关、教育机构有权自主从事对外经济活动，有权按照俄罗斯联邦法律规定的程序在银行和其它信贷机构设立自己的外汇账户。教育机构从事对外经济活动所获得的外汇收入归教育机构自己所有，或由教育机构支配使用，不得收缴。"① 这些规定给予了教育机构从事教育对外交流和对外经济活动的自主权，而这些自主权是苏联时期的高校所不具有的。

在高等教育领域，1993年6月26日，俄罗斯联邦部长会议及政府决议通过了《俄罗斯联邦高等教育机构批准条例》（Типовое Положение об Образовательном Учреждении Высшего Профессионального Образовании Российской），第十一章对高等学校的国际活动作出了进一步规定。其中第112条指出："高等学校有权在高等教育、专家业务进修、讲学活动、科学研究和其它工作领域开展国际合作，以及根据俄罗斯联邦法律和国际协议与合同开展对外经济活动。"② 这一规定进一步明晰了高校独立自主开展国际活动的领域。1996年7月19日，俄罗斯联邦国家杜马通过了高等教育领域的专门法律《俄罗斯联邦高等和大学后职业教育法》（Федеральный закон "О высшем и послевузовском профессиональном образовании"）。该法律第六章对高等学校的国际活动与对外经济活动作出了更加具体的规定："1. 高等学校有权参加俄罗斯联邦在高等和大学后职业教育的国际合作，其途径有：（1）参加本科生、副博士生、博士生、教学人员、科研人员的双边和多边交换；（2）举办协作式科学研究以及学

---

①　Министерство Образования РФ, Закон РФ "Об образовании", Учительская Газета, 1992-8-4.

②　Типовое положение об образовательном учреждении высшего профессионального образования, 2004-3-7, 见 http://www.tspu.edu.ru/docs/tipov_pol_ob_un.doc.

术大会、学术会议、学术讨论会及其它项目；（3）开展基础和应用科学研究，以及按照外国法人的订单开展试验—设计工作；（4）参加旨在完善高等和大学后职业教育的国际项目。2.外国公民在俄罗斯的培养、再培训和业务进修，俄罗斯公民在外国的教学和科研工作，均在俄罗斯联邦政府规定的限额之内，按联邦高等职业教育管理机关或各主管部门的国家教育管理机关同外国相应的教育管理机关之间的国际协议，以及按高等学校与外国公民和外国法人直接签订的合同予以实施。3.为了参加国际活动，俄罗斯联邦的高等学校有权：加入非政府间的国际组织；同外国伙伴签订协作活动的合同，这样的合同不得视为俄罗斯联邦的国际合同；在外国伙伴参与下建立各种分支机构（中心、实验室、技术开发园以及其它分支机构）。4.高等学校有权按照俄罗斯联邦法律从事对外经济活动，这些活动由高等学校章程规定，其目的在于完成本联邦法所确定的任务，以及发展国际联系。5.高等学校以及高等和大学后职业教育体系中运作的企业、机构和组织通过对外经济活动所获得的钱财，如果被用于完成本联邦法为上述高等学校、企业、机构和组织所确定的基本任务，则不得没收、征税，包括强行出售。"[1]1995 年俄罗斯联邦教育部长基涅廖夫（Владимир Георгиевич Кинелёв）指出，21 世纪俄罗斯高等教育所面临的三大任务之一就是达到国际化。同年切尔诺梅尔金（Виктор Степанович Черномырдин）签署了 774 号政府令，其主要内容就是对俄罗斯高校与国外高校间的合作伙伴关系给予政策上的支持。这一时期，俄罗斯政府颁布停止由国家预算支持外国留学生的决议，把招收留学生的权力交付高等院校。但当时，俄罗斯许多大学根本没有招收留学生的经验，也没有国际关系和资金支持，许多大学的国际交流从零起点开始，因此最初十年留学生数量呈现下降趋势。

在初等职业教育领域，1994 年 6 月 5 日，俄罗斯联邦政府第 650 号

---

① Государственная Дума, Федеральный закон "О высшем и послевузовском профессиональном образовании", Москва: Государственная Дума, 1996.

决议批准了《初等职业教育机构标准条例》（Об Утверждении Типового Положения об Учреждении Начального Профессионального Образования），其第八章对初等职业教育机构的国际合作与对外经济活动作出了详细规定："初等职业教育机构有权按照法定程序跟外国的企业、教育机构、组织和商行建立直接联系。"[①]

在中等职业教育领域，1994 年 10 月 14 日，俄罗斯联邦政府第 1168 号决议通过了《中等职业教育机构标准条例》（Типовое Положение об Образовательном Учреждении Среднего Профессионального Образования）。该条例第十三章对中等专业学校的国际合作进行了规定："中等专业学校有权在中等职业教育和相应的补充教育领域、在教育教学活动和其它工作领域进行国际合作，以及按照俄罗斯联邦法律开展对外经济活动。"

二、普京时代的国际教育合作与交流政策

在跨入 21 世纪的最后一夜，叶利钦突然宣布辞去总统职务，并钦点普京（Владимир Владимирович Путин）接替总统职务，由此，俄罗斯正式进入普京时代。普京的当选，是俄罗斯历史上一个划时代的事件，它标志着俄罗斯从动荡变革时期过渡到稳健的建设性阶段。普京克服了叶利钦时代教育转型过程中形成的一系列"制度陷阱"，形成了相对稳定的制度均衡，扭转了上个十年教育的混乱无序状况，实现了教育系统的稳定。上任伊始，普京就立法先行，制定了一系列教育政策文本以保障教育开放战略的深入实施。

普京上台后，2000 年 10 月 4 日，俄罗斯联邦政府通过了《俄罗斯联邦国民教育要义》（Национальная Доктрина Образования Российской Федерации）。作为国家奠基性的纲领文件，它规定了俄罗斯 2025 年前

---

① Правительство Российской Федерации, Об утверждении Типового положения об учреждении начального профессионального образования, Москва：Правительство Российской Федераци, 1994.

教育发展的战略和基本方针。该《要义》指出俄罗斯教育发展在国际教育合作与交流方面的战略目标："确定俄罗斯在国际交往中作为教育、文化、艺术、科学、高新技术和经济诸领域的强大国家的地位。"① 教育开放战略被界定为在新的背景下俄罗斯提高教育和科技竞争力、增强国家经济实力的有效工具。同时，《要义》指出，"国家在教育领域的基本任务之一是在考虑国家经验和传统的前提下，把俄罗斯教育系统整合进世界教育空间"，② 显示出俄罗斯在坚持本土传统的前提下，融入世界教育空间的决心。

在中等教育领域，2001 年 3 月 3 日，普京政府批准了新的《中等职业教育机构标准条例》（Типовое Положение об Образовательном Учреждении Среднего Профессионального Образования），对叶利钦时代的该条例作出了修改。其中特别强调"中等专业学校的国际合作在国与国之间的合同，在联邦教育管理机关或其它国家教育管理机关或地方自治机关与外国相应的教育管理机关之间所签订的合同，以及中等专业学校与外国教育机构、外国自然人和（或）法人所签订的合同的基础上，予以开展。"③ 该条例强调，中等专业学校在开展国际合作与交流时，要遵守相关合同。

在高等教育领域，2001 年 4 月 5 日，俄罗斯联邦政府批准了新的《俄罗斯联邦高等教育机构标准条例》（Типовое Положение об Образовательном Учреждении Высшего Профессионального Образования Российской），对高等学校的国际活动和对外经济活动范围再次作出规定："高等学校有权按照俄联邦法律及俄联邦国际合同开展高等职业教育、大学后职业教育和补充职业教育、科学和（或）科技领域、讲学和其它领域的国际合作。高

① Министерство образования РФ，Национальная Доктрина Образования Российской Федерации，Москва：Министерство образования РФ，2000.

② Министерство образования РФ，Национальная Доктрина Образования Российской Федерации，Москва：Министерство образования РФ，2000.

③ Министерство образования РФ，Типового положения об учреждении начального профессионального образования，Москва：Министерство образования РФ，2001.

等学校有权遵照俄联邦法律和自己的章程从事对外经济活动。"① 跟在中等职业教育领域一样，强调"外国公民在俄罗斯联邦高等学校的培养、再培训和业务进修，俄罗斯公民在外国的讲学和科研工作，均在俄联邦政府规定的限额内按照俄联邦法律，根据国家之间的协议、联邦教育管理机关或联邦执政机关与外国相应的教育管理机关之间的协议，以及按照俄高等学校与外国法人，包括直接与学校或外国公民签订的合同，予以实施。"②

在补充教育领域，2001 年 7 月，俄罗斯国家杜马通过了《俄罗斯联邦补充教育法》（Федеральный Закон о Дополнительном Образовании）。在俄罗斯，补充教育是指在基本教育大纲之外，为了个人、社会和国家的利益，通过实施补充教育大纲、提供补充教育服务、落实教育信息化活动而开展的目标明确的教育教学过程。补充教育包括普通补充教育和职业补充教育。《俄罗斯联邦补充教育法》第 27 条对俄罗斯联邦在补充教育领域的国际活动作出了规定："俄罗斯联邦实施补充教育领域的国际合作并促进它的发展。补充教育机构、其它实施补充教育大纲的教育机构和开展补充教育领域活动的组织，关心补充教育的公民，均有权参与补充教育领域的国际规划及其项目。补充教育机构、其它实施补充教育大纲的机构和开展补充教育领域活动的组织，均有权按照俄联邦法律跟补充教育领域的外国组织和国际组织建立联系，包括开展协作研究，进行工作人员、学生、相应的工艺技术和大纲的交流，建立有外国人员参与的补充教育机构，和保障这些教育机构活动的组织，独立自主开展对外经济活动。"③

2002 年，普京签发了《俄罗斯教育机构为国外培养人才干部的国家

---

① Министерство образования РФ, Типовое Положение об Образовательном Учреждении Высшего Профессионального Образования Российской, Москва：Министерствообразования РФ，2001.

② Министерство образования РФ, Типовое Положение об Образовательном Учреждении Высшего Профессионального Образования Российской, Москва：Министерство образования РФ，2001.

③ Министерство образования РФ, Федеральный Закон о Дополнительном Образовании, Москва：Министерство образования РФ，2001.

政策构想》（Основные Положения Концепции Государственной Политики Российской Федерации в Области Подготовки Национальных Кадров для Зарубежных Стран в Российских Образовательных Учреждениях）。这一文件因应全球化和国际化的新形势，从俄罗斯的地缘政治和社会经济利益出发，确立了俄罗斯教育机构为国外培养人才干部这一教育活动的目的、任务和优先举措。该《构想》指出："各发达国家正在加强竞争，以赢得在世界教育系统中的领导地位，这一领导地位是影响国际格局的最有效工具之一。俄罗斯具有在世界教育共同体中占据应有地位的现实潜力。在这方面具有决定意义的以下方面：教育的高质量、广泛的入学机会、广泛的教育服务、强大的智力资源、教育机构强劲而未充分发挥的科教潜力。现有的教育潜力是国家非常重要的出口资源，为了俄罗斯的利益，需要有效利用它。"① 该《构想》提出俄罗斯为外国培养人才干部的基本目的是："实现俄罗斯联邦的地缘政治和社会经济利益，平等地参与全球教育发展进程；保障俄罗斯教育机构培养过程的高质量和培养的毕业生在世界教育和劳动市场的竞争力。"② 《构想》列举了俄罗斯为外国培养干部人才的主要举措，例如扩大在国外学习俄罗斯语言和文化的可能性；扩大俄罗斯教育机构的教育服务出口；给国外来俄学习的人员更多获得奖学金的机会；在双边和多边基础上发展在外国承认俄罗斯教育文凭的体系；发展和完善对俄罗斯教育机构中外国专家培养质量的国家评估和监督；促进俄罗斯教育机构在外国的分校和分支机构的运作以及合作教育机构的运作；为外国公民提供在俄留学期间良好的社会、经济和生活条件；保证外国公民在俄联

---

① Министерство образования РФ, Основные Положения Концепции Государственной Политики Российской Федерации в Области Подготовки Национальных Кадров для Зарубежных Стран в Российских Образовательных Учреждениях, Москва: Министерство образования РФ, 2002.

② Министерство образования РФ, Основные Положения Концепции Государственной Политики Российской Федерации в Области Подготовки Национальных Кадров для Зарубежных Стран в Российских Образовательных Учреждениях, Москва: Министерство образования РФ, 2002.

邦境内的安全及其健康维护等。该《构想》特别强调为独联体各国培养民族人才干部的优先性，认为"推进同独联体各国在教育领域的合作，有助于建立面向 21 世纪的稳定的政治、社会、经济、科技发展中心及和平区域的国家共同体"①。

2003 年 9 月，在柏林召开的欧洲高等教育部长会议上，俄罗斯联邦教育部部长签署了《博洛尼亚宣言》，确定了俄罗斯作为欧洲教育共同体成员国的地位。这一事件在俄罗斯被认为是体现教育发展新阶段的重要里程碑。从那时起，甚至从 20 世纪 90 年代末起，融入"博洛尼亚进程"，构筑与欧洲广泛对话交流的空间，成为俄罗斯高等教育的重要战略目标之一，成为近十几年来俄罗斯高等教育发展的主旋律。2005 年，俄罗斯教育与科学部与欧洲委员会草拟了《行动合作计划》，参照《博洛尼亚宣言》规定的欧洲模式对本国高等教育体制、结构、质量、学制等方面进行全方位改革。2005 年 2 月 15 日，俄罗斯联邦教育与科学部批准了《俄罗斯联邦高等职业教育系统 2005—2010 年落实博洛尼亚宣言条款的措施计划》（О реализации положений Болонской декларации в системе высшего профессионального образования Российской Федерации）。该计划在建立两级学位体系、研制并实施学分制、推行与全欧高等教育文凭附录并行不悖的俄罗斯高等职业教育文凭附录、在俄罗斯境内承认外国教育文凭和在博洛尼亚参与国承认俄罗斯教育文凭、完善教育质量监督和控制机制、促进各高等学校学生和教师的学术流动等方面，列出了详细的推进时间表。

2009 年 5 月 12 日，俄罗斯联邦政府通过了《俄罗斯联邦 2011—2020 年教育服务出口构想》（Концепция Экспорта Образовательных Услуг Российской Федерации на период 2011—2020 гг.）（下称《构想》）。该《构

---

① Министерство образования РФ, Основные Положения Концепции Государственной Политики Российской Федерации в Области Подготовки Национальных Кадров для Зарубежных Стран в Российских Образовательных Учреждениях, Москва: Министерство образования РФ, 2002.

想》是俄罗斯 2020 年前实施教育对外开放的专门政策文本和基本文件，它确立了俄罗斯向境内外公民提供教育服务的原则、任务、程序和举措。《构想》强调："教育是俄罗斯最重要的竞争优势之一，要加快俄罗斯教育服务出口的步伐。"该文件指出了俄罗斯实施教育对外开放的主要战略目标：提高质量，增强俄罗斯教育在世界和地区教育服务空间的吸引力和竞争力；保障俄罗斯有效参与全球和地区性重要教育发展进程；提高教育服务在俄罗斯国内生产总值的比例。同时《构想》勾画了衡量实现这些目标的主要指标：（1）提升俄罗斯教育在世界服务市场的地位，在 2020 年前将俄罗斯国际学生在世界留学生市场的比例提高到 7%；（2）提高俄罗斯大学在世界大学排名的地位，保障在世界前 100 名大学中至少有 10 所俄罗斯大学；（3）提高教育服务所得收入在俄罗斯高校和教育系统收入结构中的比例，2020 年前要将其提高到占国家预算总额的 10%。① 该《构想》制定了俄罗斯教育服务出口的四种形式：制定和引入跨境文本和跨境教育大纲；外国留学生到俄罗斯高校就读；在合作国家的商业存在（包括在外国设立合作大学、分校和代表处）；俄罗斯教师到国外高校工作。《构想》指出了实施教育服务出口的三个层次：第一个层次，俄罗斯教育服务发展的优先方向是促进与独联体国家的双方和多方合作。精力放在支持侨胞，创造条件有效建设联盟国家，强化作为地区经济一体化核心的欧亚经济共同体建设。第二个层次，发展同欧盟的关系。将欧盟作为经贸和对外政治基本伙伴之一，包括后续发展在经济、对外安全、对内安全、教育、科学、文化等领域的共同空间。在合作的基础上在欧洲共同高等教育空间框架下强化俄罗斯教育出口潜力。第三个层次，培育与美国和加拿大的关系，挖掘双方在经贸、文化、科技和其他领域互利合作的潜力，进而抓住机遇将俄罗斯教育整合到世界教育空间。强化上海合作组织，推进俄罗斯在亚太地区建立的一体化联盟伙伴关系网络的举措，将这方面的教育合作

---

① Министерство образования и науки РФ, *Концепция Экспорта Образовательных Услуг Российской Федерации*, Москва：Министерство образования и науки РФ, 2009.

作为合作的重点。发展同巴西、印度和中国的双方和多方关系，包括在金砖国家框架下的合作关系，为挖掘俄罗斯在世界教育服务市场的教育出口潜力提供条件。① 《构想》强调发挥国家机构、教育机构、其他组织和社会团体在提供教育服务出口的协同作用。

2012 年 12 月 21 日，俄罗斯国家杜马通过新的《俄罗斯联邦教育法》（Закон об Образования в Российской Федерации）。这部法律取代 1992 年发布并经历后续多次修改的《俄罗斯联邦教育法》、1996 年通过的《高等教育和大学后职业教育法》。该法律 2013 年初正式实施。这部新法律涉及所有的教育层次，延续苏联解体以来俄罗斯教育改革的成果，同时根据未来新的形势作出合理调整，引导俄罗斯教育在未来较长一段时间发展方向。正如俄罗斯新教育与科学部部长里瓦诺夫（Дмитрий Викторович Ливанов）所说，"这一法律将为教育未来 15—20 年的发展创造条件。"② 该法律的第 3 条指出俄罗斯国家教育政策的其中一条原则是：创造有利条件，在平等互利的基础上使俄罗斯教育系统与其他国家教育系统相融合。③ 法律的第十四章对俄罗斯教育领域的国际合作作出了专门规定。该章第 105 条指出了俄罗斯教育领域的国际合作目的为："扩大俄罗斯联邦公民、外国公民、无国籍人士获得教育机会的可能性；协调俄罗斯联邦与其它国家、国际组织在教育领域的相关关系；完善教育发展的国际和国内机制。"第 105 条分别规定了国家和高校实施教育国际合作的领域与方向。其中国家的主要使命为：促进俄罗斯和国外教育机构的合作；促进学生、教师、学术人员和其它教育工作人员的国际学术流动；吸引外国公民到俄罗斯高校学习；保障教育和（或）技能的相互认可；根据国际协议参与教

---

① Министерство образования и науки РФ, *Концепция Экспорта Образовательных Услуг Российской Федерации*, Москва：Министерство образования и науки РФ, 2009.

② Министерство образования РФ, Новый закон об образовании в РФ будет принят в начале 2013 г., 2012-7-16, 见 http://www.edu.ru/.

③ Министерство образования РФ, Закон об Образования в Российской Федерации, Москва：Министерство образования и науки РФ, 2012, c.5.

育领域的国际组织活动等。教育机构可以在以下领域实施国际合作活动：与国际或外国机构一起制定和实施教育大纲和学术大纲；互派留学生、教师和科研人员；在教育领域实施联合研究，包括基础研究和使用研究，共同进行创新活动；参与国际组织活动，实施国际教育项目、科研项目和科技项目，组织各种学术会议和研讨会，在双边和多边基础上交换科教文献。① 第106条、107条分别对教育和（或）技能附件的确定、对在国外获得的教育和（或）技能的认定等细节作出了详细规定。

第三节　俄罗斯国际教育合作与交流政策的战略重点和发展方向

一、战略重点

解读俄罗斯近30年来的国际合作与交流政策，可以发现其战略重点包括招收外国留学生、派出留学生、拓展跨境高等教育机构、推行国际合作研究、推广俄语和俄罗斯文化等几个方面。②

（一）招收外国留学生

招收外国留学生，是俄罗斯教育国际合作和交流政策的最首要方面。《2011—2020年俄罗斯联邦教育服务出口构想》（Концепция экспорта образовательных услуг Российской Федерации на период 2011—2020 гг.）将招收外国留学生作为俄罗斯教育服务出口四种形式的最重要一种。《俄罗斯2020年前社会与经济长期发展纲要》（Концепция Долгосрочнаого Социально-экономического Развития Российской Федерации на Период до 2020 года）中规定，要创造条件吸引留学生到俄罗斯来。2020年前，使

① Министерство образования РФ, Закон об Образования в Российской Федерации, Москва：Министерство образования и науки РФ，2012，c.147.

② 刘淑华：《21世纪以来俄罗斯的高等教育国际化战略：动因、举措和特征》，《中国高教研究》2018年第3期。

得外国留学生占高校学生总数的5%，使得来自留学生的收入占到教育系统经费总额的10%以上。① 为了吸引更多留学生来俄学习，俄罗斯政府增设奖学金，简化入境程序，提高本国教育质量，建设包括社会保障、医疗服务和安全等方面的现代化基础设施。政府承诺，每年保障1万名外国公民，特别是来自独联体国家的公民享有在俄免费学习的权利。

苏联解体之后的前十年，高校留学生人数出现大幅下滑。作为曾经的世界前三大留学目的国，20世纪90年代迅速跌出世界前十大留学目的国行列。2000年以来，情况发生变化，俄罗斯高校留学生数量快速增长。2001年，在俄高校留学生数量为7.24万人，占俄罗斯高校学生总数的1.53%。2010年，留学生数量为17.56万人，占在俄高校学生总数的2.36%。2015年，在俄高校留学生数量达到28.29万人，占俄罗斯高校学生总数的5.4%。到2019年，在俄高校留学生人数已上升为33.45万人，

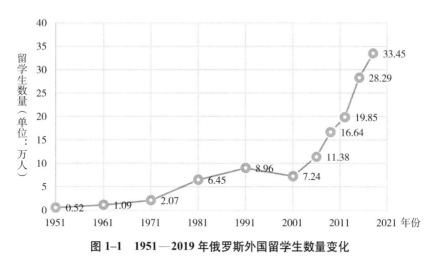

图1–1 1951—2019年俄罗斯外国留学生数量变化

资料来源：Министерство образования и науки Российской Федерации, *Экспорт Российских Образовательных Услуг: Статистический Сборник (Выпуск 9)*, Москва：Центр социологических исследований., 2019, c.29-30.

---

① Правительство Российской Федерации, Концепция долгосрочного социально-экономического развития Российской Федерации на период до 2020 года, Москва：Правительство Российской Федерации, 2008, c. 47.

占俄罗斯高校学生总数的 7.88%。①2019 年俄罗斯留学生总数占全球留学生市场的比例为 6%，仅次于美国（21%）、英国（9%）、中国（8%）、澳大利亚（8%）、法国（7%）之后，成为全球第七大留学目的国。②

俄罗斯高校的留学生主要来自前苏联国家和中国、印度和越南等发展中国家。2015 年俄罗斯留学生前五大来源国分别是：哈萨克斯坦、白俄罗斯、乌克兰、中国和乌兹别克斯坦。③2019 年前五大来源国有所变化，分别为：哈萨克斯坦、中国、土库曼斯坦、乌兹别克斯坦、塔吉克斯坦。④前苏联国家与俄罗斯在历史、文化与语言方面有着深刻的渊源，是俄罗斯高校留学生的最主要来源国。2015 年前苏联国家留学生数量占俄罗斯全日制留学生总数的 50% 多，占非全日制留学生总数的 98%。⑤ 除此之外，中国、印度和越南等国家，因为与俄罗斯有着较为密切的外交关系，也是俄罗斯全日制留学生的主要来源国。其中，2019 年中国赴俄留学生数量已经达到 29950 人，是俄罗斯第二大留学生来源国。

表 1–1　2019 年俄罗斯留学生前九来源

名次	来源国	留学生人数	占留学生总数的比例
1	哈萨克斯坦	70699	21.1%
2	中国	29950	9.0%
3	土库曼斯坦	26853	8.0%
4	乌兹别克斯坦	26628	8.0%
5	塔吉克斯坦	19897	5.9%
6	印度	13193	3.9%

① Министерство образования и науки Российской Федерации, *Экспорт Российских Образовательных Услуг：Статистический Сборник（Выпуск 9）*，Москва：Центр социологических исследований，2019，c.29-30.

② IIE. A Quick Look at Global Mobility Trends，IIE，2020，p.1.

③ Арефьев А.Л.，"Тенденции Экспорта Российского Образования в 2005-2015"，*Вестник Российской Академии Наук*，2016，（3）.

④ IIE. A Quick Look at Global Mobility Trends，IIE，2020，p.2.

⑤ Арефьев А.Л.，"Тенденции Экспорта Российского Образования в 2005-2015"，*Вестник Российской Академии Наук*，2016，（3）.

续表

名次	来源国	留学生人数	占留学生总数的比例
7	白俄罗斯	12050	3.6%
8	阿塞拜疆	11521	3.4%
9	吉尔吉斯斯坦	8178	2.4%

资料来源：IIE，Inbound Mobility—Russia，2020-2-3. https：//www.iie.org/Research-and-Insights/Project-Atlas/Explore-Data/Russia.

　　留学生在俄学习的专业较苏联解体之前有所变化。到 2015 年，在俄留学生学习商业和管理专业的占首位，占 26.8%；而工程专业退居第二位，占 20.2%；第三位是人文科学，占 18.4%。[1] 此后，俄对留学生专业做了较大调整。到 2019 年，工程专业又上升到第一位，占 21.9%；商业和管理专业占第二位，占比 18.6%；第三位的是健康专业，占 15.75%；而人文科学下降到第四位，占比为 10.4%。[2]

　　从留学生学习的类别来看，从 2005 年到 2015 年，就读本科的留学生所占比例从 16.1% 增长到 43.2%，而就读传统"专家"的数量则大大减少，从 48.8% 下降到 23.2%。就读硕士学位的比重有缓慢增长，从 5.4% 增长到 7.6%；而选择更高层次的研究生班和博士生班的人数所占比例下降，从 3.9% 下降到 2.9%。[3] 到 2019 年，在俄就读本科学位的留学生所占比例高达 60.3%，而只是在本科阶段学习并不获得学位的占比为 3.2%，就读硕士和副博士学位的人数占比高达 29.8%，只是在研究生阶段学习并非获取学位的人数占比为 6.6%。[4]

　　在中等职业教育阶段，赴俄留学生数量也有所增长。表 1–2 呈现的

---

[1]　Арефьев А.Л.，"Тенденции Экспорта Российского Образования в 2005-2015"，*Вестник Российской Академии Наук*，2016，（3）.

[2]　IIE，Inbound Mobility-Russia，2020-2-3. https：//www.iie.org/Research-and-Insights/Project-Atlas/Explore-Data/Russia.

[3]　Арефьев А.Л.，"Тенденции Экспорта Российского Образования в 2005-2015"，*Вестник Российской Академии Наук*，2016（3）.

[4]　IIE，Inbound Mobility-Russia，2020-2-3. https：//www.iie.org/Research-and-Insights/Project-Atlas/Explore-Data/Russia.

是 1996—2018 年赴俄留学生数量及其占中等职业教育阶段学生总数的比例变化。苏联解体后的前十年，在俄中等教育机构的留学生出现了大幅下降。1996 年，在俄中等教育机构的留学生人数为 6000 人，占中等教育机构学生总数的 0.31%。到 2000 年，留学生总数下降为 4600 人，占中等教育机构学生总数的 0.21%。进入新的世纪，中等教育机构留学生人数及其占这一阶段学生总数的比例均呈现增长趋势。2012 年，留学生人数为 14200 人，占中等教育机构学生总数的 0.68%。到 2018 年，留学生总数已达到 30200 人，占中等教育机构学生总数的 1.26%。①

中等教育机构的留学生主要来自前苏联国家。从 2018 年的数据来看，留学来源排名前五位的国家分别是乌克兰（3030 人）、哈萨克斯坦（1920 人）、塔吉克斯坦（1870 人）、亚美尼亚（1146 人）、乌兹别克斯坦（1109 人）。这些学生大部分以自费方式在俄罗斯中等职业教育机构学习。例如，2018 年，格鲁吉亚 76.8%、土库曼斯坦 75.2%、亚美尼亚 70.8%、摩尔多瓦 67.6%、乌克兰 40.3% 的中等职业教育机构留学生是以自费方式在俄罗斯就读。②

（二）派出留学生

苏联时期，99% 的大学生在苏联境内高校就读，只有为数极少的学生到苏维埃阵营的东欧国家进行学术交流和语言进修，到西欧、亚洲和北美国家学习的学生则少之又少。

俄罗斯青年到国外求学，作为一种大规模的社会现象出现，是苏联解体之后的事情。③ 苏联解体以后，随着国门的开放，许多俄罗斯大学生

---

① Министерство образования и науки Российской Федерации, *Экспорт Российских Образовательных Услуг*：*Статистический Сборник*（*Выпуск 9*），Москва：Центр социологических исследований，2019，c.30-31.

② Министерство образования и науки Российской Федерации, *Экспорт Российских Образовательных Услуг*：*Статистический Сборник*（*Выпуск 9*），Москва：Центр социологических исследований.，2019，c.32-33.

③ Рязанцев С. В., Ростовская Т. К., Скоробогатова В. И., Безвербный В. А. Международная академическая мобильность в России：тенденции，виды，государственное стимулирование，*Экономика Региона*，2019，(2)，С.428.

踊跃到国外求学。截至 2015 年，到国外留学的俄罗斯大学生数量达 7.98 万人，占俄罗斯大学生总数的 1.5%。（见表 1–2）与同期赴俄外国留学生总数相比，前者占后者的不足 1/3。

表 1–2　1996—2018 年赴俄中等职业教育机构留学生数量及比例变化

年份	在俄中等教育机构留学生总数（千人）	中等教育机构学生总人数（千人）	留学生占中等教机构学生总数的比例（%）
1996	6.0	1929.9	0.31
2000	4.6	2175.6	0.21
2004	6.7	2612.1	0.26
2008	7.2	2408.2	0.31
2012	14.2	2082.0	0.68
2016	24.6	2180.0	1.13
2018	30.2	2387.7	1.26

资料来源：Министерство образования и науки Российской Федерации, *Экспорт Российских Образовательных Услуг：Статистический Сборник（Выпуск 9）*, Москва：Центр социологических исследований, 2019, c.30-31.

俄罗斯学生留学的目的国主要包括中国和德、英、美、法、意、芬兰、捷克等欧美发达国家和乌克兰、白俄罗斯等前苏联国家。2015 年俄罗斯留学生前五大目的国分别是中、德、英、美、捷克，分别占俄罗斯出国留学总数的 22.5%、14.5%、10.7%、7.3%、6.8%（见表 1–3）。2018 年，俄罗斯学生前九大留学目的国分别为：中国（19751 人）、德国（14939 人）、美国（5412 人）、英国（4092 人）、法国（3968 人）、芬兰（3243 人）、意大利（2200 人）、加拿大（2062 人）、白俄罗斯（1616 人）。[①] 在俄罗斯联邦宣布独立之初，对俄罗斯学生出国留学最有吸引力的国家是德国，因为大多数的德国高校是国立高校，并且实施的是免费教育。随后五年内，赴中国留学的学生数量上升为首位。中国经济的快速发展和中俄外

① IIE，Inbound Mobility-Russia，2020-2-3. 见 https：//www.iie.org/Research-and-Insights/Project-Atlas/Explore-Data/Russia.

交关系的不断升温，是俄罗斯留学生选择来中国学习的主要背景。在俄罗斯大学生眼里，德、英、美、法、意、芬兰、捷克等发达国家代表了先进的文化，因此这些国家也是学生们理想的留学目的国。苏联解体后的最初10年，美国是俄罗斯大学生留学最重要的去处之一。最近十多年来，由于美国留学费用不断攀升，选择赴美的俄罗斯学生比重有所下降。赴前苏联国家留学的人数，则相对较少，主要限于乌克兰和白俄罗斯两国。苏联解体之初，去乌留学的学生曾超过5000人，而到了2015年，到乌学习的俄罗斯大学生数量锐减为1814人，2018年人数则更少。同年去白俄罗斯留学的俄罗斯学生人数有1567人。

表 1-3 2015 年俄罗斯学生留学目的国

名次	目的国	俄罗斯派往留学人数	占派出留学生总数比例
1	中国	17202	22.5%
2	德国	14525	14.5%
3	英国	8165	10.7%
4	美国	5562	7.3%
5	捷克共和国	5237	6.8%
6	法国	5099	6.7%
7	芬兰	3044	4.0%
8	意大利	2103	2.8%
9	乌克兰	1814	2.4%
10	白俄罗斯	1567	2.1%
	其他国家	15466	20.2%
	总计	79784	100.0%

资料来源：Арефьев А.Л.，Направления Международной Академической Мобильности Студентов Бывших Советских Республик，2016-2-1. http：//www.socioprognoz.ru/index.php? page_id=80&id=2.

（三）跨境教育机构的拓展

苏联时期就有在国外建立教育机构的传统。1991 年，在国外共建立包括综合大学、学院、大学中心、系和分校在内的高等教育机构 66 所，中等专业机构23所，职业技术教育教学中心400多个，普通教育机构5所。①

在2009年《2011—2020年俄罗斯联邦教育服务出口构想》中，在合作国家的商业存在，包括在外国设立合作大学、分校和代表处被定为俄罗斯教育服务出口的第三种方式。《构想》规定，支持合作办学，在国外根据俄罗斯教育标准实施教育大纲；支持那些在国外分校实施更有竞争力教学大纲的高校。②

俄罗斯跨境教育机构的拓展，自苏联解体以来，经历了快速扩充而后又急剧缩减的变化。2006年，俄罗斯跨境高等教育机构的拓展达到苏联解体以来的鼎盛时期，96所俄罗斯高校在35个国家建立了10所合作大学和学院、80所境外分校和160多所境外分支机构。而到了2015年，只有54所俄罗斯高校设置跨境高等教育机构，这些高校共在国外设立了44所分校、72个伙伴性机构和联营性机构。③2005—2015年这10年间，跨境高等教育机构的数量大幅度下降。俄罗斯联邦政府为提升教育质量和维护国家教育标准，关闭了大批质量不合格、教学质量不达标的跨境高等教育机构，特别是大量提供函授教育的跨境高等教育机构。

随着大量跨境高等教育机构的关闭，在跨境高等教育机构就读的外国留学生数量也随之大幅缩减。2006年，有9.14万名外国留学生在境外高等教育机构学习。到了2010年，人数就降到了8.74万人。而到了2015年，在跨境高等教育机构中只有4.7万名外国留学生学习，人数锐减为2005年的几乎一半。其中，全日制学生占58.5%，函授制学生占41.5%。④

---

① Министерство образования и науки Российской Федерации, *Экспорт Российских Образовательных Услуг：Статистический сборник（Выпуск 5）*，Москва：Социоцентр，2015，c.408.

② Министерство образования и науки РФ, *Концепция Экспорта Образовательных Услуг Российской Федерации*，Москва：Министерство образования и науки РФ，2009，c.7.

③ Министерство образования и науки Российской Федерации, *Экспорт Российских Образовательных Услуг：Статистический сборник（Выпуск 5）*，Москва：Социоцентр，2015，c.410.

④ Арефьев А.Л.，"Тенденции Экспорта Российского Образования в 2005-2015"，*Вестник Российской Академии Наук*，2016，（3）.

2018 年，共有 4.22 万外国留学生在这些跨境高等教育机构学习。按照第三阶段教育（包括学士、技能专家、硕士和副博士）大纲学习的人数为 3.93 万人，其中 2.69 万人以全日制方式学习，1.24 万人以非全日制方式学习。另外，2300 人在俄罗斯高校俄语预习班学习，492 人按照俄罗斯补充职业教育大纲学习。① 在俄罗斯跨境高等教育机构学习的外国留学生，大部分来自独联体国家。2014 年，独联体国家学生占跨境高等教育机构学生总数的 93.7%，其次在亚洲跨境高等教育机构的学生占 3.7%，在欧洲、近东和北非、美洲和波罗的海国家分别占 1.1%、0.7%、0.4%、0.4%。② 创设跨境高等教育机构的俄罗斯高校，表现比较突出的有以下几所：俄罗斯普列汉诺夫经济大学、车里雅宾斯科国立大学、莫斯科创业和法律学院、俄罗斯国立社会大学、莫斯科国立大学和圣彼得堡工会人文大学等几所高校。

在中等职业教育阶段，在跨境中等职业教育机构就读的外国留学生数量也有所减少。2016 年，有 3.94 万外国留学生按照俄罗斯中等职业大纲学习，其中 3.36 万名以全日制方式学习，0.58 万人以非全日制方式学习。而到了 2018 年，3.03 万外国留学生按照俄罗斯中等职业教育大纲学习，其中 2.62 万人以全日制方式学习，0.41 万人以非全日制方式学习。③

在基础教育阶段，2018 年共有 14.5 万名外国学生按照俄罗斯普通教育大纲学习，而这些学生主要是来自独联体国家移民家庭。④

---

① Министерство образования и науки Российской Федерации, *Экспорт Российских Образовательных Услуг：Статистический Сборник（Выпуск 9）*, Москва：Центр социологических исследований., 2019, c.524.

② Министерство образования и науки Российской Федерации, *Экспорт Российских Образовательных Услуг：Статистический сборник（Выпуск 5）*, Москва：Социоцентр, 2015, c.399.

③ Министерство образования и науки Российской Федерации, *Экспорт Российских Образовательных Услуг：Статистический Сборник（Выпуск 9）*, Москва：Центр социологических исследований., 2019, c.524.

④ Министерство образования и науки Российской Федерации, *Экспорт Российских Образовательных Услуг：Статистический Сборник（Выпуск 9）*, Москва：Центр социологических исследований., 2019, c.524.

通过招收留学生和跨境教育机构的建设，俄罗斯不断调整各级各类教育服务出口结构。2006 年，在俄罗斯高校就读、在俄罗斯高校国外分校和其他分支机构就读、在俄罗斯普通教育机构就读、在俄罗斯普通教育机构国外学校、在俄语预习班、在俄罗斯中等职业教育机构就读的外国留学生所占比例分别为 35.7%、28.1%、23.0%、7.8%、3.0%、2.4%。而到了 2018 年，这六个方面的外国留学生所占比例分别为 56.6%、7.1%、24.5%、3.6%、3.1%、5.1%。[①] 通过这两年数据可以发现，俄罗斯的教育服务出口结构发生了很大变化。其中，在俄罗斯高校就读的外国留学生所占比例有了显著上升。

（四）科学研究的国际合作

促进科学研究的国际合作，是俄罗斯教育国际合作与交流的又一重大举措。为此，俄罗斯实施"引进来"与"走出去"双管齐下的策略。

在人才引进方面，俄罗斯不仅鼓励俄侨科学家回俄罗斯工作，而且吸引外国的顶尖科学家赴俄进行研究。在 2009—2013 年"创新俄罗斯科学人才和科学教育人才"（Научные и Научно-педагогические Кадры Инновационной России）联邦专项项目中，把引进国外研究团队作为主要方向之一，从 2010 年起实施了一项宏大的引智计划，斥巨资邀请国外侨胞和外国科学家到俄罗斯大学从事科学研究。2010 年 4 月 9 日俄罗斯联邦政府通过第 220 号决议《关于吸引重要学者到俄罗斯高等教育机构的举措》（О Мерах по Привлечению Ведущих Ученых в Российские Образовательноые Организации Высшего Образования）。这一决议的目的是吸引世界著名科学家到俄罗斯大学，创建世界水平的实验室，发挥对俄罗斯科学的引领作用。引智计划的所有经费都来自于俄联邦预算。俄罗斯联邦通过了"为居住在国外的侨胞自愿回俄罗斯居住提供支持的国家计划"。2010 年 3 月，经济发展部起草了《移民法》（Закон об

---

① Министерство образования и науки Российской Федерации, *Экспорт Российских Образовательных Услуг*：*Статистический Сборник（Выпуск 9）*，Москва：Центр социологических исследований.，2019，c.526.

Иммиграции），放宽对移民俄罗斯的限制，以吸引高素质人才自愿移民到俄罗斯。新的《移民法》为国家和经济急需的外国"智库"人士提供移民地位，敦促负责接受移民的机构为这些人才优先提供在俄的居留权、住房、国籍并安置就业，取消对外国高素质人士每年的移民配额限制，简化那些冗长繁杂的申请俄签证的程序。

在"走出去"策略方面，鼓励俄罗斯学者和学生到国外高校从事合作研究。其中，俄罗斯教师到国外高校工作被俄罗斯列为教育服务出口的第四种形式。为保持和加强国家人力资本的竞争力，从 2014 年起，俄罗斯联邦教育与科学部开始实施"全球教育"（Глобальное образование）项目。该项目为在国外重点大学攻读硕士和博士学位的学生提供全额资助和社会支持，同时创造条件吸引他们学成后回国，到俄罗斯高校、科学组织、医学组织、社会组织和高新技术企业工作。获得这一资助的条件是学成后回国至少工作三年。这一项目将延续到 2025 年。

同时，为促进科学研究的国际合作，在高等教育结构和资源保障方面，《2011—2020 年俄罗斯联邦教育服务出口构想》规定了 2020 年前的发展目标：在现有的高校基础上形成世界级别的科教中心，将俄罗斯和国外高校最优秀的科学研究和教学大纲结合起来；每年评选出 50 所为外国公民实施创新继续教育大纲的高校；保障不少于 10% 俄罗斯重点大学创建与引入创新教育产品，跟国外重点大学实施合作项目，或者实施获得国外重点大学验证和其他形式国际认可的教育项目。①

（五）俄语和俄罗斯文化的国际化推广

俄语曾经是继英语之后的世界第二大语言。苏联解体给曾经辉煌一时的俄语以空前重创，俄语在世界上的使用范围以及其拥有人群迅速减少。不仅前苏联国家以外讲俄语的人骤然减少，而且俄语在前苏联国家的地位也急剧下滑。俄语地位下滑问题，成为俄罗斯联邦政府极为关注的

---

① Министерство образования и науки РФ, *Концепция Экспорта Образовательных Услуг Российской Федерации*, Москва：Министерство образования и науки РФ, 2009, c.7.

"非传统安全问题"。俄罗斯联邦政府认为，扩大俄语在世界的使用范围和使用疆界，将有助于扩大俄罗斯的影响力，构筑俄罗斯在国外的正面形象，提高俄罗斯的国际威信，从而最终保护俄罗斯的地缘政治利益。①

21 世纪以来，俄罗斯联邦政府注重维护、传播和推广俄语，努力使俄语成为保障俄罗斯社会团结、独联体国家一体化和俄罗斯进入世界经济、政治、文化和教育空间的战略手段。普京 2001 年签署总统令，要求纯洁俄语，以"确保俄语作为国语的最重要地位"。2006 年至今，俄罗斯实施了 2006—2010 年、2011—2015 年、2016—2020 年三期"俄语"联邦专项计划。政府拨付巨额资金促进"俄语"专项计划的实施。仅第三期计划，国家就计划投入 76 亿卢布。

在"俄语"联邦专项计划框架下，政府主要采取了以下举措：增加俄语教学人才储备；创造条件，包括通过开放教育模式发展俄语教学和用俄语进行教育；强化俄语在国外教育制度中的地位；提高国外俄语教师的教学技能；提高俄语教学和俄罗斯文学教学的质量；组织国外对俄语、俄罗斯文化和俄罗斯文学期刊的订阅；满足国外对俄语、俄罗斯文学和俄罗斯文化教科书、教学辅助用书、科普读物和杂志的供应；保障国外接触俄罗斯教育、信息和社会文化资源；组织俄语在国外学习情况的比较研究和实时监测研究；对国外的俄语学校提供组织和方法上的保障；开发外国人学习俄语的测试系统；为国外俄语学习测试提供组织和方法上的保障；组织和形成"普希金学院"伙伴网络；为各种层次的俄语学习者建立统一的电子教育空间；建立网上俄语学校；在全球网络空间引入带有俄语教育内容的游戏；开发大众传媒形式的俄语资源和俄语教育资源；在不同国家举办"俄语年"活动；组织俄语国际论坛和国际会议；每年组织俄语教师国家教育论坛；组织俄语、俄罗斯教育、历史和文化成果展；组织俄语奥林匹克竞赛等等。

---

① Правительство Российской Федерации, *Федеральная Целеная Программа "Русский язык" на 2016—2020 годы*, Москва：Правительство Российской Федерации, 2015, с.9.

通过以上政策的有力实施，国外俄语及俄罗斯文化普及取得了一定的成效。近年来，学习俄语和俄罗斯文化、用俄语获得教育的人数在逐年增多。据俄罗斯教育与科学部统计，2002 年，在俄罗斯科学与文化机构学习俄语的外国公民为 6518 人，此后这一数字不断增长，到 2012 年增长到 20066 人，此后数字稍有下降，2018 年人数为 18189 人。[1]2014年，在俄科学与文化机构学习俄语的外国公民中，来自西欧国家的公民占24.2%，其次是独联体国家，占 19.6%，近东和北非、东欧和巴尔干国家、亚洲国家、拉丁美洲国家、撒哈拉沙漠以南非洲地区、北美和大洋洲国家的公民依次占 19.6%、18.9%、16.8%、12.2%、2.1%、1.9%、1.0%。[2] 此后，独联体国家所占比例不断下降。2018 年，在俄科学与文化机构学习俄语的外国公民中，来自西欧国家的公民占 21.5%，其次是东欧和巴尔干国家，占 19.7%，再其次是近东和北非、亚洲国家，分别占 17.1%、16.6%，独联体国家所占比例下降为 11.5%，而拉丁美洲国家、撒哈拉沙漠以南非洲地区、北欧国家、北美和大洋洲国家的公民依次占 5.6%、4.3%、3.3%、0.5%。[3]2006 年，有来自世界 170 个国家的 22.26 万公民接受用俄语进行的或者按照俄罗斯教育大纲进行的大学前、大学和大学后教育。[4] 此后，由于俄罗斯政府对俄语推广的高度重视，这一数字不断刷信。到 2014 年，这一方面的人数快速攀升到 35.82 万人。到 2018 年，共有来自 175 个国

---

① Министерство образования и науки Российской Федерации, *Экспорт Российских Образовательных Услуг*：*Статистический Сборник* (*Выпуск 9*)，Москва：Центр социологических исследований.，2019，c.515.

② Министерство образования и науки Российской Федерации, *Экспорт Российских Образовательных Услуг*：*Статистический сборник* (*Выпуск 5*)，Москва：Социоцентр，2015，c.407.

③ Министерство образования и науки Российской Федерации, *Экспорт Российских Образовательных Услуг*：*Статистический Сборник* (*Выпуск 9*)，Москва：Центр социологических исследований.，2019，c.521.

④ Министерство образования и науки Российской Федерации, *Экспорт Российских Образовательных Услуг*：*Статистический сборник* (*Выпуск 5*)，Москва：Социоцентр，2015，c.410.

家的 59.13 万名外国公民接受用俄语进行的或者按照俄罗斯教育大纲进行的大学前、大学和大学后教育。①

二、发展方向

解读苏联解体以来的俄罗斯教育对外开放政策，管窥这一时期的俄罗斯教育国际合作与交流实践，可以发现，俄罗斯教育对外开放政策呈现出以下四个方面的特点：②

（一）在优先性上具有明显的层次性

俄罗斯的教育国际合作与交流政策，按照优先性先后可划分为三个层次：

首先，构筑独联体统一教育空间，是俄罗斯教育国际合作与交流的最优先发展方向。俄罗斯非常重视与俄罗斯安全利益有着密切联系的独联体其他国家的合作，重塑与前苏联加盟共和国在教育领域的国家关系，在前苏联这一版图上重新进行教育一体化尝试。俄罗斯构建独联体统一教育空间的努力，基于两点战略需求：一是将其作为大国复兴战略的地缘支点，二是保护国外俄罗斯侨胞的利益。截至 2017 年底，与独联体国家深层次、务实的积极合作得以推进，双方在共同制定教育质量监控标准、互相利用基础设施、加强师生学术流动、共建新型教育机构、密切各层次各领域教育合作等方面都取得了显著成效。

其次，融入博洛尼亚进程，是"俄罗斯与世界空间一体化进程中的很严肃和实质性的一步"。它是新世纪至 2013 年乌克兰危机发生前俄罗斯融入欧洲文明的外交战略在教育领域的体现。俄罗斯不甘心处于欧洲空间内的边缘地位，而是采取了加强与欧洲教育的接轨，融入欧洲共同高等教

---

① Министерство образования и науки Российской Федерации, *Экспорт Российских Образовательных Услуг*：*Статистический Сборник（Выпуск 9）*，Москва：Центр социологических исследований.，2019，c.525.

② 刘淑华：《21 世纪以来俄罗斯的高等教育国际化战略：动因、举措和特征》，《中国高教研究》2018 年第 3 期。

育空间的策略。普京将科学、教育和人文交流列为俄与欧盟双方交流的"第四空间"，让其发挥促进其他三种空间交流合作的基础和先导作用。乌克兰危机发生后的几年来，主要欧洲国家对俄罗斯加紧制裁，双方关系紧张，由此俄罗斯与某些欧盟国家的教育合作与交流受到很大影响。

再次，扩大在世界范围的教育合作，是俄罗斯教育国际合作与交流战略的第三层次。将俄罗斯教育整合到世界教育空间，是这一战略的最终目标指向。为此，俄罗斯积极扩大教育开放，开展与其他国家之间的多层次、宽领域的教育合作与交流。在这一层次上确定了几个发展重点：一是注重培育与美国和加拿大的关系，挖掘双方在经贸、文化、科技和其他领域互利合作的潜力。二是强调与发展中国家的教育合作。俄罗斯注重发展同巴西、印度和中国的双边和多边关系，包括在"金砖国家"框架下的合作关系。强化上海合作组织，将其作为推进俄在亚太地区建立一体化联盟伙伴关系网络的重要机制。① 特别是与中国的合作与交流，逐步成为俄罗斯教育国际合作与交流的最优先方向。新世纪以来，随着中俄关系的不断升温，两国高等教育合作与交流在深度和广度上不断拓展，层次上不断提升，内容上不断丰富，形式上也不断多样化。

（二）在管理上是政府—学校协作型

如果按照实施主体的不同，世界教育国际合作与交流大致可划分为政府主导型、政府—学校协作型和学校主导型。

苏联时期，教育国际合作与交流完全被纳入国家政治、军事和外交的轨道，属于典型的政府主导型。管理由政府自上而下进行，经费由政府预算划拨。学校只是政府的传声筒，负责完成政府的指令与计划。

苏联解体以来，特别是新世纪以来，随着教育财政性预算的大幅缩减，政府已无力也无心承担全部教育国际合作与交流的经费，教育市场取向得以增强，高校自主权得以扩大。在这样的背景下，俄罗斯教育国际合

---

① Министерство образования и науки РФ, *Концепция Экспорта Образовательных Услуг Российской Федерации*, Москва：Министерство образования и науки РФ，2009，с.7.

作与交流的管理也走向了自上而下分权的道路。有理由认为，当前俄罗斯的教育国际合作与交流战略已从最初的政府主导行为逐步内化为学校的自觉行动。政府—学校协作型是这一时期俄罗斯教育国际合作与交流的另一特征。

政府作为宏观调控主体，通过政策制定、绩效拨款、质量保障等方式对教育国际合作与交流进行引导与调控。2009 年俄罗斯联邦政府制定的《2011—2020 年俄罗斯联邦教育服务出口构想》作为俄罗斯实施教育国际合作与交流的纲领性文件，规定了教育国际合作与交流的基本原则、目标和任务。政府不是对所有学校均衡提供经费，而是根据结果在竞争的基础上向教育国际化表现优异的学校优先划拨经费。俄罗斯教育与科学部将高校的国际化活动作为对俄罗斯高校排名的指标之一。而且，政府从关注教育服务出口的数量，逐步转移到关注教育服务出口的质量上来，目前已采取多项质量保障举措。

在各级各类教育机构中，高校是俄罗斯教育国际合作与交流的主要组成部分。俄罗斯国际教育合作与交流"最重要的条件是挖掘俄罗斯高校和学术共同体融入世界教育空间的潜力"[①]。如果说初期，俄罗斯高校由于先天不足，缺乏国际办学的经验和能力，那么经过十多年的磨炼和砥砺，已经成长为高等教育国际合作与交流的重要实施主体。大多数高校在政府调控和市场利益的双重驱动下，已制定相应的学校国际合作与交流发展战略，并将国际化纳入教学、研究和社会服务等整个办学过程中。由于国际化活动能为高校带来可观的经济收入，很多高校热衷招收留学生，在海外建立分校，积极派出学生和教师，与国外高校签署合作协议，开展合作研究，国际合作与交流由此成为很多高校提高办学质量、研究水平和提升大学排名位置的重要手段。根据俄罗斯官方统计，目前高等教育国际化战略实施优异的高校有俄罗斯人民友谊大学、圣彼得堡大学、圣彼得堡工业大

---

① Министерство образования и науки РФ, *Концепция Экспорта Образовательных Услуг Российской Федерации*, Москва：Министерство образования и науки РФ, 2009, c.7.

学、莫斯科大学、托木斯克理工大学、库尔斯克医科大学、普希金俄语学院、新西伯利亚国立技术大学等。①

（三）在向度上输出略大于输入

苏联时期教育国际合作与交流，基本上是通过强制与非强制的方式把本国的价值和文化向外推广，进而对世界上很多国家的教育产生过深远影响，那时的发展模式属于典型的输出型模式。

新世纪以来，俄罗斯的教育国际合作与交流注重输出与输入的双向度发展，既注重沿袭苏联时期的传统，把俄罗斯的思想、价值与文化在一定范围内向外推广，让一些国家认识、理解、尊重进而吸收俄罗斯优秀文化成果，同时注重引进来，学习与借鉴世界上的优秀文化成果和教育思想与体系，并通过国内的教育改革，达成与国际标准的融合与接轨。俄罗斯大量招收外国留学生，积极聘请国外学者与研究人员，在海外建立分校、分支机构和合作机构，大力传播与推广俄语与俄罗斯文化等，这些都属于输出的佐证。而俄罗斯鼓励本国学生出国留学，派出教师与学者学习与交流，建立与世界一流高校的合作关系，与这些高校进行合作性研究等，这些方面则属于输入的明证。截至2017年，输出的目的国主要是前苏联国家和中国、越南、印度等发展中国家，而输入的来源国则主要是西方发达国家和中国。中国既是俄罗斯教育输出的目的国，又是俄罗斯教育输入的来源国。

在俄罗斯教育输出和输入之间的权重对比上，其输出略大于输入。在俄罗斯教育国际合作与交流的正式政策文本中，常用的关键词是"俄罗斯教育服务出口"（экспорт российских образовательных услуг），而基本不用"国际化""学习与借鉴""输入"等词汇，这在一定程度上反映了俄罗斯国际教育合作与交流的价值取向。根据俄罗斯教育部的统计，2018年俄罗斯教育服务出口的总收入为1299亿卢布（19.98亿美元）。② 作为

① Арефьев А.Л., "Тенденции Экспорта Российского Образования в 2005-2015", *Вестник Российской Академии Наук*, 2016，（3）.

② Министерство образования и науки Российской Федерации, *Экспорт Российских Образовательных Услуг：Статистический Сборник（Выпуск 9）*, Москва：Центр социологических исследований., 2019, c.528.

教育国际化最主要表征的留学生教育，俄罗斯招收留学生的数量大大超过派出留学生的数量，二者呈现明显的不对称。在俄罗斯的教育国际合作与交流政策文本中，基本上是从吸引外国学生和教师到俄罗斯的角度阐释国际学术流动，却几乎未涉及将俄罗斯学生和科教人员派出国外这一维度。① 而且，政府和高校对传播与推广俄语与俄罗斯文化的注重程度，远远胜于对消化和吸收其他国家语言与文化的关注程度。

（四）在深度上引发了高等教育深刻变革

苏联时期的教育是一个庞大而自成一体的系统，其教育理念、政策、制度和实践与国际惯例存在着很大的不同通约性。

新世纪以来，俄罗斯高等教育国际合作与交流战略中非常关注的一个维度是，将俄罗斯高等教育体系引入世界高等教育体系中，加强与世界高等教育的接轨与融合，并因循交流对象的标准对自身高等教育体系进行多方面改革。其中，俄罗斯积极融入欧洲教育一体化进程，即"博洛尼亚进程"，便是明证。在这一过程中，俄罗斯努力构筑与欧洲广泛对话交流的空间，让欧洲认识与检验自己的教育，同时发展让欧洲其他国家接受和认可的教育。自 2003 年俄罗斯确定了作为欧洲教育共同体成员国的地位以来，俄罗斯参照《博洛尼亚宣言》规定的模式对本国高等教育体系进行了多方面改革。在博洛尼亚框架下的俄罗斯改革并不是边边角角的缝缝补补，而是一场牵一发而动全身的系统性教育改革。由此，俄罗斯在学位体系、教育结构、教育标准、教育质量监控等宏观方面都发生了和正在发生着深刻的变化：重建学位体系，逐步改变只培养技能"专家"的学位结构，建立以学士和硕士为基础、技能专家培养并行的学位结构；引入欧洲通用的学分制，以"学分"代替传统的"学时"来衡量学生学习量和教师工作量；促进俄与欧洲国家之间的学术流动，增强俄与欧洲劳动市场的兼容性；建立与欧洲国家具有可比性的高校内部质量保障系统和外部质量保

---

① Рязанцев С. В., Ростовская Т. К., Скоробогатова В. И., Безвербный В. А. Международная академическая мобильность в России: тенденции, виды, государственное стимулирование, *Экономика Региона*, 2019,（2），C.420.

障系统；建立易读可比的欧洲学位附件，既保障俄罗斯承认欧洲国家的学位学历证书，又保障欧洲国家承认俄罗斯的学历学位证书。

第四节 俄罗斯与中国教育合作与交流的历史发展、现状和问题

一、历史发展

中苏之间教育交流的节奏与两国政治关系完全同步，大致可以分为1949—1963 年的最密切期、1963—1982 年的中止期、1983—1991 年的逐渐恢复期。

从中华人民共和国成立到 1963 年中苏关系破裂这一时期，是两国教育联系最为紧密的时期。尽管新中国成立初期的中苏教育交流不过十余年光景，却是中苏（俄）教育交流史上最为浓墨重彩的一笔。在新中国成立之初，为配合"一边倒"基本国策，我国教育领域积极响应"以俄为师"号召，开始大量学苏联先进教育经验，改造旧民主主义教育。当两国"蜜月期"时，我国各级各类学校开展"全心全意""老老实实""勤勤恳恳""彻底地""全面地"学习苏联教育经验的热潮。两国教育交流的内容和形式主要表现为留学人员的往来、教育团组互访、教育专家的聘用、教育书籍的译介等方面。仅就教育部、外交部派往苏联的留学生人数而言，1953—1957 年共达 6485 人，而苏联同期共向中国派出留学生25 名。[1]1953—1957 年，我国共聘请苏联专家 521 名，其中大部分集中在理工科。[2] 此时期中苏教育交流的主要特征是不平衡、不对等，中苏教育交流主要是从苏联流向中国；苏联作为文化教育先进国家处于交流的优势地位，中国作为文化教育不发达国家处于交流的劣势地位；苏联教育大量向中国输出，中国主要以学习苏联教育理论、经验为主要任务，而中国

---

① 于富增、江波、朱小玉：《教育国际交流与合作史》，海南出版社 2002 年版，第 33 页。
② 刘英杰：《中国教育大辞典（1949—1999）》，浙江教育出版社 1993 年版，第 1675 页。

的教育理论、经验几乎没有被苏联所关注；中国充当的角色是学习者、模仿者，而苏联充当的角色是指导者、帮助者。中苏两国教育之间缺少真正意义上的相互学习、相互切磋、相互讨论。学习苏联教育，对我国教育产生了深刻影响。我国的学前教育、中小学教育和高等教育，均开展了向苏联先进教育经验学习的活动，并逐步形成以苏联教育体系为模板的教育系统。① 特别是高等教育，完全按照苏联模式进行了改造。1952 年中国对高等学校进行院系调整，按照苏联模式改造旧有的高等教育，构造了新中国成立之后高等教育的模式和品质。

从 1963 年到 1982 年，随着两国关系的全面破裂，中国与苏联终止了几乎所有领域的往来，两国的教育交流陷入停滞。首先，两国之互派留学生以及专家的交流活动停止。1966—1967 年间，两国留学人员全部撤回本国，在此后的 17 年间，两国教育界没有任何团体或人员往来，中苏教育交流画上了休止符。另外，在新中国成立初期大量引入的苏联教育理论受到全面而猛烈的批判，曾经一度被认为是经典或圭臬的大批苏联教育著作被彻底否定。中国教育界开始对学习苏联教育进行检讨，并逐步发展为对苏联教育本身进行口诛笔伐，把苏联教育经验看作"与资产阶级教育只是五十步与一百步之别"，是"假社会主义，真资本主义"，对前期学习苏联先进教育经验进行全面否定。② 从 1972 年之后，中国开始关注和研究西方各国教育，美、英、法、德、澳、日本等国教育开始纳入研究者的研究视野。

1982 年，中苏开展大使级会谈，使中苏对峙局面走向缓和，两国在文化教育方面的交流也逐渐有所展开。1983 年两国恢复留学生交换，虽然只有 10 名留学生，却是中苏教育交流大门再次重启的标志性事件。从 1983 年到苏联解体前夕的 1991 年，两国教育交流逐渐恢复，教育交流活

---

① 余子侠、刘振宇、张纯：《中俄（苏）教育交流的演变》，山东教育出版社 2010 年版，第 211—213 页。

② 余子侠、刘振宇、张纯：《中俄（苏）教育交流的演变》，山东教育出版社 2010 年版，第 213 页。

动明显增加，交流内容更加丰富，方式和渠道也更加多样。在互派留学生方面，从 1985 年起，每年中苏两国都会签订下一年的教育合作计划，使得留学生互换的人数逐年增加。1983—1991 年底，我国共向苏联派遣留学人员 2475 名。与此相应，在 1983—1992 年间，苏联派到中国的留学生有 2373 人。① 两国互派留学生在人员数量上几乎处于对等状态。这一时期，两国互有代表团进行互访活动，签订了双边教育合作协议，促进了双边教育合作与交流。这一时期，中国开始对苏联教育理论进行重新认识和分析，那些曾经耳熟能详的苏联教育家，如马卡连柯、凯洛夫等苏联教育家再次出现在人们的视野中。同时，赞科夫（Владимирович Занков Леонид）、苏霍姆林斯基（Василий Александрович Сухомлинский）、巴班斯基（Юрий Константинович Бабанский）等苏联教育家及其著作也先后被介绍到中国。此外，这一时期，我国还翻译出版了大量苏联教育学理论书籍，使中国教育界与苏联断绝联系十几年后重新认识到苏联教育。所有这些苏联教育类书籍的译介与出版，对于我国教育学的重建具有相当的借鉴价值和重要的启示意义。② 这一时期两国教育交流的特点表现在以下几个方面：第一，双方的态度是审慎的，在探索中推进。从 1983—1989 年，因为中苏没有真正在外交上恢复关系，其时的中苏教育交流表现出既跃跃欲试而又小心谨慎的态势，直到 1989 年两国恢复正常外交关系后教育交流才得到较快发展；第二，语言文字学习是教育交流的突破口；第三，两国教育交流以高等和中等教育领域为主领域；第四，政府官方交流是教育交流的主渠道，民间教育交流较少。③

①　生建学：《中俄教育交流回顾》，《神州学人》2005 年第 8 期。
②　余子侠、刘振宇、张纯：《中俄（苏）教育交流的演变》，山东教育出版社 2010 年版，第 249—259 页。
③　余子侠、刘振宇、张纯：《中俄（苏）教育交流的演变》，山东教育出版社 2010 年版，第 260—267 页。

二、当前取得的进展

自 20 世纪 90 年代以来，随着中俄关系的不断升温，两国教育合作与交流在深度和广度上不断拓展，层次上不断提升，内容上不断丰富，形式上不断多样化，目前已发展为中国教育对外开放与合作的新亮点。中俄教育合作已取得的阶段性成果，主要表现在以下几个方面：

（一）国家高级教育合作机制不断完善

近年来，中国与其他国家共建立了十大高级别人文交流机制，其中中俄高级人文交流机制首当其冲。以教育合作为最主要内容的人文合作作为中俄两国政府间合作机制较早启动的领域，一直是巩固两国友好、促进战略协作的基础性工程。在两国政府的持续推动下，两国教育合作机制不断完善。

首先，这一合作机制的不断完善得益于有力组织机构的设立与保障。俄罗斯促进教育领域合作的机构有：俄罗斯联邦教育与科学部、联邦独联体事务和国外侨民事务部（Федеральное агентство по делам СНГ, соотечественников, проживающих за рубежом）、联邦国际人文合作部（Федеральное агентство по международному гуманитарному сотрудничеству Россотрудничество）、俄罗斯联邦政府委员会（Совет при Правительстве Российской Федерации）和俄罗斯外交部（МИД России）等。中方促进对外教育合作的机构有中国高等教育学会、中国教育国际交流协会、中国留学服务中心、中国国家汉语国际推广领导小组办公室等。为促进中俄两国人文领域的合作，2000 年，两国成立中俄教育、文化、卫生、体育合作委员会（Российско-китайская комиссия по сотрудничеству в образовании, культуре, здравоохранении и спорте）。2001 年成立中俄教育合作分委员会（Российско-китайская подкомисся по сотрудничеству в области образования），跟踪两国互动中的迫切问题，并提出发展两国教育合作的方案。2007 年中俄教育、文化、卫生体育合作委员会更名为中俄人文合作委员会（Российско-Китайская комиссия по сотрудничеству в гуманитарной сфере），该委员会由两国副总理直接领导，是中俄总理定期会晤机制的重要组成部分。该委员会自 2007 年成立以来，每年举办包括中俄教育对话在内的中俄人文合作委员会会议，截至 2019 年 9 月，已成功举办了 20 次会议。中俄人文合作委员积极促成两国在教育、文化、体育等 9 个领域开展诸多有益合作。例如，主题交流年热度不断升温。截至目前，双方成功互办"国家年""语言年""旅游年"等大型人文主题年活动。这些活动覆盖面广，参与主体广泛，社会反响热烈。这些活动的开展，为巩固两国关系的社会民意基础发挥了不可替代的重要作用。

其次，中俄教育合作的顺利开展，是在多项法律法规基础上进行的。自 20 世纪 90 年代以来，两国政府在文化和教育领域签署了一系列相应的协议和法律法规。1992 年 12 月 18 日，两国政府签署《中华人民共和国政府和俄罗斯联邦政府文化合作协定》，两国决定根据平等互利的原则，鼓励和支持两国有关机构在文化、艺术、教育等方面的交流和合作。2003 年，两国签署《中华人民共和国政府和俄罗斯联邦政府关于在俄罗斯联邦学习汉语和在中华人民共和国学习俄语的协议》，支持本国公民学习和教授对方国语言、文学和文化。2006 年 6 月 15 日，以中国和俄国作为最主要成员的上海合作组织签署《上海合作组织成员国政府间教育合作协定》，中俄两国在上海合作组织框架下进行教育合作的制度建设进一步加强。2006 年 11 月 10 日，双方在第十一次总理会晤框架下签署了《中华人民共和国教育部与俄罗斯联邦教育科学部教育合作协议》，双方商定在平等互利、讲求实效的原则基础上进一步完善和发展两国在教育领域的合作。2012 年 12 月 5 日，两国政府首脑签署了《关于实施中俄人文合作发展行动计划的备忘录》和《俄教育部和中国教育部关于合作实施教育领域优先方向的谅解备忘录》，这两个重要法律文本把教育作为中俄 2020 年前人文领域合作行动计划的最优先方向，确立了两国在教育、文化等领域务实合作的新方向。2013—2017 年，两国参加了每年的金砖国家教育部长会议。截至 2017 年，该会议已举办五届，签署了《第三届金砖国家教育部长会议莫斯科宣言》《关于建立金砖国家网络大学的谅解备忘录》《新德里教育宣言》《北京教育宣言》等多项纲领性文件。两国在金砖机制平台框架下，就构建教育、研究和技术发展领域的伙伴关系，开展更为广泛深入的教育合作进行了更为深入的探讨。

再次，两国相互承认学历学位证书。1995 年 6 月 14 日，两国签署《中华人民共和国政府和俄罗斯联邦政府关于相互承认学历、学位证书的协议》，双方正式承认对方国颁发的中等和高等教育学历的学位证书。2008 年，俄罗斯联邦政府批准的《高等职业教育机构示范条例》（Типовое положение образовательного учреждения высшего профессионального образования），进一步简化了俄罗斯承认中国高校颁发的学位证书的程序。通过简化对对方国学位资历的程序，在中俄两国进行学分兑换、相互或者联合授予学位，这样有助于加强教师和学生的交流互动。

（二）学生流动规模不断扩大

两国都把学生流动作为教育合作与交流战略的最首要方面。两国鼓励和支持青年赴对方国家学习，不断扩大双边留学人员规模。两国既是对方的重要留学生来源国，又是对方的重要留学生目的国。

2013 年"一带一路"倡议提出之前，两国在对方留学生的规模一直在增长，但是增长速度缓慢。据统计，1992 年至 2004 年，中国向俄罗斯共派遣国家公派留学人员 1584 名，接收获得中国政府奖学金的俄罗斯来华留学生 1575 名。据俄罗斯学者阿列菲耶夫（Александр Леонардович Арефьев）的统计，2014 年以前的 10 年内，中国留学生在俄罗斯高校和俄罗斯留学生在中国高校的人数年均增幅均为 1000 人左右。①2006 年，在我驻俄使馆教育处注册的各类在俄留学人员共 15000 人，其中国家公派 257 人；俄在华留学生共有 2288 名，其中获得中国政府奖学金的留学生 218 名。②2014 年，双方留学人数大致持平。在中国就读的俄罗斯留学

---

① Арефьев А. Л.，Дмитриев Н. М.，"Тенденции Россиско-китайского сотрудничества в образовании"，*Социология образования*，2016，（11），с.92.

② 杜岩岩、张男星：《博洛尼亚进程与中俄教育交流合作的空间》，《俄罗斯研究》2009 年第 1 期。

生人数为 17202 人,① 在俄就读的中国留学生为 18269 人。② 从数量上来看,2014 年,中国是俄罗斯第二大留学生来源国,俄罗斯是中国的第四大留学生来源国。

2014 年以来,在"一带一路"倡议的推动下,两国大学生往来密度快速增强,学生流动规模迅速扩大。2014 年,两国领导人郑重承诺,到 2020 年使双方留学人数增至 10 万人。在这一政府承诺的推动下,截至 2015 年底,双方留学人数达到 4 万人左右。2017 年 1 月,中俄留学加交流人员总规模迅速增至 7 万余人,距离实现 2020 年 10 万人留学交流计划的目标更近一步。2015 年,在俄高校的中国留学生数量为 2.05 万人,占俄罗斯高校留学生总人数(28.29 万人)的 7.2%,占中国赴国外留学总人数(46 万)的 4.5%。③ 中国成为继哈萨克斯坦、白俄罗斯、乌克兰之后的俄罗斯第四大留学生来源国。2016 年,在俄的中国留学生人数超过 3 万人。然而,从中国留学生占在俄留学生总数所占比例来看,2016 年比 2015 年有所下降,下降幅度为 6.3%。④ 而来华俄罗斯留学生的数量却在快速增长,其速度超过赴俄的中国留学生增长速度。2015 年,在中国高校就读的俄罗斯留学生人数为 1.72 万人,比 2008 年(8900 人)增长了大约一倍,占俄罗斯出国留学总人数(7.98 万人)的 21.5%。⑤ 2015 年,来中国留学的俄罗斯学生数量首次超过赴德留学的俄罗斯学生,中国首次成为俄罗斯最大留学目的国。2016 年,来华俄罗斯留学生人数为 1.8 万人,

---

① иностранные студенты в китае. статистический ежегодник 2014. пекин: департамент международных связей минобразования КНР, 2014.

② Арефьев А.Л., Шереги Ф.Э., Экспорт российских образовательных услуг: статистический сборник. выпуск 5, м.: социоцентр, 2015, с.42.

③ Обучение иностранных граждан в высших учебных заведениях Российской Федерации. Статистический сборник. Вып. 13, М., ВИНИТИ «Наука», 2016, с.21.

④ 王辉耀、苗绿:《中国留学发展报告(2017)》,社会科学文献出版社 2017 年版,第 124 页。

⑤ Арефьев А. Л., Дмитриев Н. М., "Тенденции Российско-китайского сотрудничества в образовании", Социология Образования, 2016, (11), с.91.

俄罗斯位列中国第六大留学生生源国。① 刺激来华俄罗斯留学生数量增长的主要原因有：中国政府奖学金的支持、俄罗斯来华留学兴趣的增长以及俄罗斯高校的财政支持等。其中，中国政府奖学金的支持是最主要原因。

（三）中俄高校校际合作大幅增加

中俄政府支持两国高校建立直接联系，促进两国高校在人才培养、科学研究、社会服务等方面的合作。2012 年两国签署的《关于实施中俄人文合作发展行动计划的备忘录》中指出，"使校际交流成为两国教育领域合作的主渠道之一"。

首先，建立直接伙伴的两国高校数量有了显著增加。苏联解体之后，中俄两国高校开始联合培养学生的尝试，主要模式是包括针对中国本科生的 1+2+2（中国—俄罗斯—中国）模式和针对两国学生的 2.5+2.5（中国—俄罗斯或者俄罗斯—中国）模式两种。新世纪以来，中俄高校在联合培养学生的基础上，积极推进本科生、研究生双学位制度。20 世纪 90 年代至 2008 年，在俄罗斯教育服务市场比较活跃的中国高校，主要包括东北三省的高校、北京外国语大学、山东大学等几所高校。2008 年起情况有了变化，随着两国教育合作与交流政策的实施，两国高校都将国际合作与交流作为未来发展方向，积极开拓海外教育市场。到 2015 年，俄罗斯 150所高校和中国大约 600 所高校建立了直接伙伴关系，签署了 950 多个伙伴关系协议。两国高校签署教学、学术合作协议，开展学生和教师交流，提高教师技能，加强俄语和汉语教学，组织重点大学校长论坛。俄罗斯重点高校和地区性高校与中国高校在一系列问题上进行了合作。与中国高校建立密切联系的俄罗斯高校有：莫斯科国立大学、圣彼得堡国立大学、莫斯科国立国际关系学院、俄罗斯高等经济大学、新西伯利亚大学、克拉斯诺亚尔斯克国立大学、远东联邦大学、符拉迪沃斯托克国立经济和服务大学、贝加尔国立大学等等。

---

① Ефремова Л.И.，"О российско-китайском сотрудничестве в области образования"，*Вестник Российского университета дружбы народов. Серия：Международные отношсния*，2017，17，（4），c.858.

其次，成功搭建多个中俄双边同类高校联盟，建立中俄高校合作共同体。2014 年两国签署了《中国教育部和俄罗斯教育科学部关于支持组建中俄同类高校联盟的谅解备忘录》，开启了从政府层面引导构建高校之间对口合作的新机制。中俄两国教育部也从经费等方面对高校联盟建设给予了很大支持。截至 2017 年底，中俄双方共成功搭建中俄工科大学联盟、中国东北地区与俄罗斯远东西伯利亚地区大学联盟、中俄医科大学联盟、中俄交通大学联盟、中俄教育类高校联盟等 9 个同类大学联盟，建立中俄高校合作共同体。这些大学联盟涉及的中俄高校数量众多，大多是以专业为纽带组建。相关高校在联盟框架下开展人才联合培养、学生学者交流，在战略发展、教学科研和国际合作等领域互相磋商互动。

再次，中俄高校还共同参与了多个多边联盟，增加了双方高校交流与发展的平台。例如，作为欧亚大陆最大的教育合作项目——上海合作组织大学 2010 年正式运行，是整合了 5 个成员国的 74 所院校的统一网络型教育空间。中国共有 20 所大学、俄罗斯共有 21 所大学加入了上海合作组织大学。上海合作组织大学创建的宗旨为参与高校进行合作科学研究和在生态学、纳米技术、IT 技术、能源、区域研究等一系列领先专业进行创新人才培养。再如，作为金砖国家大学间双边和多边对话平台的金砖国家大学联盟 2015 年成立，俄罗斯共有 8 所重点大学、中国共有 23 所知名高校参加。这一平台通过扩大金砖国家大学之间人才培养、学术交流与国际合作和培养具有国际视野的创新型人才，增进金砖国家合作、加强人文教育交流，为金砖国家政治、经济领域的发展与合作提供智力支持。还有，作为环太平洋地区各国顶级研究型大学的联合学术组织——环太平洋大学联盟，截至 2017 年底俄罗斯远东联邦大学和中国 12 所高校参加。该联盟致力于在亚太地区推进高等教育研究，培养全球领袖并且合作解决亚太地区的困难与挑战。它是亚太经济合作组织（APEC）的官方顾问机构，在科学、技术和人文资源三方面为 APEC 提供咨询和顾问。这些具有广阔合作背景的多边联盟，进一步加深了中俄高校之间的合作与交流。

（四）中俄合作办学取得一定进展

在教育国际合作与交流战略的实施过程中，两国都高度重视借鉴世界经验、引进国外优质教育资源的合作办学。中俄合作办学包括两方面：一是合作办学机构的设立，二是合作办学项目的实施。根据我国教育部涉外信息网 2017 年 3 月发布的"全国中外合作办学机构和项目相关信息"，在开设办学点数量方面，俄罗斯是中外合作办学第五大外方对象国。

从合作办学机构的设立来说，截至 2017 年底，中俄两国之间的合作办学机构的设立有了一定进展，俄罗斯在中国设立合作办学机构，起始于 2011 年。截至目前，俄罗斯在中国设立的合作办学机构有 6 个：江苏师范大学圣彼得堡彼得大帝理工大学联合工程学院、中原工学院中原彼得堡航空学院、华北水利水电大学乌拉尔学院、渭南师范学院莫斯科艺术学院、哈尔滨师范大学国际美术学院、深圳北理莫斯科大学。同时，俄罗斯共有 9 所俄罗斯高校和 12 所分校、伙伴性机构和联营性机构在中国设置跨境高等教育机构。① 具体包括：新西伯利亚国立大学在黑龙江大学联合设立中俄学院；波罗的海国立技术大学在长春大学按照俄罗斯教育大纲进行自动化、机械工程专业等的教学；别尔哥罗德大学在山东德州学院建立俄语专业大学前培养合作中心；布拉戈维申斯克国立师范大学在黑龙江大学建立俄语和俄罗斯文学专业培养中心；布拉戈维申斯克国立师范大学在黑河学院建立俄语学习预备班；布里亚特国立农业研究院在吉林俄语学院建立分中心，按照该研究院的大纲进行教学；东西伯利亚国立技术与管理大学在长春国际商务学院按照俄罗斯大纲进行教学；喀山联邦大学在湖南师范大学设立代表处；克拉斯诺亚尔斯科国立农业大学在呼和浩特师范大学建立每年 5 个月的教学基地。其中，中俄学院是两国合作办学机构的范例。它于 2011 年 6 月正式成立，依托黑龙江大学和新西伯利亚国立大学的优质办学资源，着力培养精通俄语、掌握自然科学和人文科学专业知识、熟知

---

① Министерство образования и науки Российской Федерации, *Экспорт Российских Образовательных Услуг*：*Статистический сборник*（*Выпуск 6*），Москва：Социоцентр，2016，c.384-385.

俄罗斯国情、具有国际化视野和对俄综合专业实践能力的高级专门人才。设有化学工程与工艺、应用物理学、生物技术、数学与应用数学、金融学和法学等 6 个本科专业，以"专业＋俄语"的模式进行人才培养。而我国赴俄罗斯开设境外合作办学的机构仅有 2 所。一所是 2015 年北京交通大学与俄罗斯圣彼得堡交通大学合作创建的中俄交通学院。这是中俄在铁路建设和交通设施建设方面合作的成果，旨在培养这些领域的人才以及在这些领域进行学术合作。这也是我国高校在轨道交通领域第一个"走出去"的境外办学机构。另一所是 2017 年，浙江旅游职业学院与俄罗斯国立旅游与服务大学在莫斯科合作正式设立的中俄旅游学院。该学院是中国在俄罗斯举办的首个旅游教育类办学机构，由俄罗斯国立旅游与服务大学提供场地、设施等办学条件，两校共同培养通晓两国语言文化的旅游专业人才。

至于中国高校和俄罗斯高校的合作办学项目，起始于 20 世纪末。从时间维度上纵向分析，总体上呈现良性发展态势。根据教育部公布的"中外合作办学项目审批结果名单"，2010—2016 年的 7 年间，经教育部审批的中俄合作办学项目的数量和比重总体呈现递增态势。2012 年度，中俄合作办学项目获批数量达到峰值 14 项。[1] 截至 2016 年 12 月，我国引进俄罗斯教育资源在境内共开设中俄合作办学项目 116 个，占中外合作办学项目总数的 6.9%。[2] 截至 2018 年 6 月，我国引进俄罗斯教育资源在境内共开设中俄合作办学项目 127 个。

从中俄合作办学项目的学科专业设置来看，总体上分布广泛，自然科学领域比重偏多。根据中国教育部公布的数据，在 127 个中俄合作办学项目中，在全部 13 个大类的学科门类中，涉及除哲学、军事学之外的 11 个学科门类。其中，自然科学专业有 61 个，占比 48.0%，包括医学类专业 7 个；音乐、美术等艺术类专业有 20 个，占比 7.8%；人文社会科学专业有 46 个，占比 36.2%，包括俄语专业项目 6 个。具体来看，开设数量

---

[1] 郭强：《"一带一路"战略下的中俄跨境高等教育》，《中国高教研究》2017 年第 7 期。

[2] 教育部：《教育部审批和复核的机构及项目名单（2017 年 1 月更新）》，2017 年 1 月 13 日，见 http://www.crs.jsj.edu.cn/index.php/default/index。

在 5 个及以上的专业依次是音乐（14 个）、医学（7 个）、数学与应用数学（6 个）、计算机科学与技术（6 个），国际经济与贸易（6 个）、电气工程与自动化（5 个）、会计学（5 个）。[①] 由此可见，总体而言，中俄合作办学项目的学科专业设置分布较为广泛，且明显侧重于理工科、应用型专业。

从双方合作高校的层次来看，俄方合作办学的高校优于中方合作高校。截至 2016 年底，在本科及以上教育层次中 52 所中国高校、61 所俄罗斯高校参与中俄合作办学。[②] 俄方有莫斯科国立大学、圣彼得堡国立大学、俄罗斯南联邦大学、西伯利亚联邦大学、托木斯克理工大学、俄罗斯人民友谊大学、乌拉尔联邦大学、新西伯利亚国立技术大学、列宾美术学院、莫斯科国立师范大学、圣彼得堡彼得大帝理工大学等国内相关领域顶尖学府。中方有北京理工大学、东北农业大学、东北林业大学、哈尔滨工程大学、郑州大学等 5 所国内知名大学。

（五）两国大学科研合作日趋活跃

科技领域的合作一直是数十年来中俄务实合作的重点方向。中俄两国的科技发展方面互补性强，俄罗斯是世界科技大国，其基础研究和高技术实力雄厚，中国具有较强的市场及技术转化优势。在具体的科技领域，俄罗斯在军工、航空航天、核工业、物理、化学等工业拥有很强的技术优势，而中国的轻工、电子、家电、农业、通讯产业等技术较为成熟，两国技术领域呈现明显的互补特征。而且，当前中俄两国都处于深化经济改革和调整产业结构的关键时期，科技进步在两国发展中具有非常重要的意义，因此，拓展和深化中俄科技合作符合两国共同利益。中俄科技与创新合作已成为中俄双边关系的最重要方面之一。[③]

---

① 中华人民共和国教育部：《中外合作办学机构与项目（含内地与港台地区合作办学机构与项目）名单——俄罗斯》，2018 年 7 月 8 日，见 http：//www.crs.jsj.edu.cn/index.php/default/approval/orglists.

② 郭强：《"一带一路"战略下的中俄跨境高等教育》，《中国高教研究》2017 年第 7 期。

③ Министерство образования и науки Российской Федерации, Научно-техническое и инновационное сотрудничество России и Китая, 2015-6-3, https：//xn--80abucjiibhv9a.xn--1ai/m/%D0%BD%D0%BE%D0%B2%D0%BE%D1%81%D1%82%D0%B8/5690.

苏联解体以来，在两国政府政策的推动下，中俄两国的科技合作取得了不少成就。苏联解体之初，中俄于 1992 年 12 月 16 日签订了《中俄政府科技合作协定》。根据该协定，中俄两国成立了副总理级的中俄科技合作委员会，下设科技合作常设分委会。为进一步推动中俄两国在高新技术领域的合作，1995 年 2 月两国成立中俄"科学与高技术中心"协会。此后，根据中俄总理定期会晤委员会的倡议，中俄多次召开高新技术开发研讨会。2013 年 3 月，中俄签署《中俄关于合作共赢、深化全面战略协作伙伴关系的联合声明》。在科技合作领域，《联合声明》提出深化高科技领域合作，推动开展从合作研发、创新到成果商业化、产业化的科技合作。为了进一步推动我国与俄罗斯的科技合作，我国科技部国际合作司设立"双引、双推"基金，旨在引进俄罗斯专家和技术，推出我国科技成果、技术和设备。在两国政府持续不断的推动和努力下，两国的科技合作取得了重要成果。

至于中俄两国高校的科研合作，时间长度并不长。在苏联时期，科学院系统和高等教育系统分立而治，国家基础研究任务主要归属科学院系统。因此，在苏联解体之初，与中国最活跃的科技合作是通过俄罗斯科学院下属的 30 多个研究所，而非与高等教育机构进行的。进入新世纪以来，俄罗斯加快了高等教育系统教学与科研一体化的进程，力图将高等学校作为国家创新体系中的中心与枢纽，充分发挥高校在国家创新体系中的重要作用，鼓励高校在知识和技术创新中作出卓越贡献。随着俄罗斯高校科研职能的凸显，中俄高校间的科研合作日趋活跃起来，与俄罗斯高校科技合作的中国高校的教育水平和技能水平在俄罗斯联邦境内得到承认。

两国高校科学研究合作的另外一个重要方面是两国多种机构联合开发高科技项目，参与的机构包括来自中俄的学术机构、大学、科学—生产综合体、国家企业、股票公司等。从实施的合作项目来看，双方逐步从短期的、零散的、小规模的项目过渡到中长期的、大规模项目。① 这些合作

---

① Ильинская И., "Новые формы российско-китайского сотрудничества", *Экономическая политика*，2012，（6）.

项目包括基础研究和应用研究项目，研究领域主要包括新材料、环保节能技术、生物技术、高能物理、化学与石油化学、工程学、仪器仪表与自动化、电信、电子与信息技术、地震学等诸多领域。① 这些领域对双方来说都具有优先性，被称为"大科学"领域。俄罗斯在物理、化学、空间科学、生命科学仍处于世界一流水平。两国政府非常支持高校合作项目，给予了大量经费支持。俄罗斯政府在《2007—2013 年俄罗斯科技系统发展中的优先方向的研发》（Исследования и разработки по приоритетным направлениям развития научно-технологического комплекса России на 2007—2013 годы）和《2009—2013 年创新俄罗斯的科学和科教人才》（Научные и научно-педагогические кадры инновационной России на 2009-2013 годы）两个专项计划中，拨付了 7357 万卢布支持 24 个合作项目。2014—2016 年拨付 3.055 亿卢布支持合作项目，主要支持的优先方向为节能技术、纳米系统、工业化学、环境管理、信息通信技术等。② 截至2008 年，两国高校 50% 以上的合作科研项目是技术领域（包括 IT）的合作，1/3 以上与自然科学问题有关，而人文社会科学领域只占约 10%。③ 俄罗斯基础研究基金（фонд фундаментальных исследований）与中国自然科学基金的合作也在得到加强。2013 年这两个基金支持了包括核物理、纳米技术、节能技术、数学、生态学、生物物理学、生物技术、光化学、材料科学、激光技术、等离子研究在内的 50 项合作项目。而俄罗斯科学院在微电子、能源、新材料与纳米技术、有机和无机化学、激光技术、等离子物理、生态等领域与中国的有关机构直接签署协议开展合作。俄罗斯

---

① Министерство образования и науки Российской Федерации，Научно-техническое и инновационное сотрудничество России и Китая，2015-6-3，https：//xn--80abucjiibhv9a.xn--p1ai/m/%D0%BD%D0%BE%D0%B2%D0%BE%D1%81%D1%82%D0%B8/5690.

② Министерство образования и науки Российской Федерации，Научно-техническое и инновационное сотрудничество России и Китая 2015-6-3，https：//xn--80abucjiibhv9a.xn--p1ai/m/%D0%BD%D0%BE%D0%B2%D0%BE%D1%81%D1%82%D0%B8/5690.

③ Российский совет по международным делам，Интернационализация Российских вузов：китайский вектор，Москва：Спецкнига，2013，с.57.

科学院的地方分支机构与中国科技机构的合作也在加强。两国从各自实际需要出发，联合攻关，共同参与国际科学领域的前沿合作，分享最先进的科研成果。

两国高校科研合作的另外一个重要方面是成立中俄合作科技园、技术园、创新园。最主要的有烟台中俄高新技术产业化合作示范基地、黑龙江中俄科技与产业化合作中心、长春中俄科技园、浙江巨化中俄科技园，在莫斯科建立了中俄友谊科技园。截至 2012 年底，共有 62 个中俄合作科技园。① 以中俄友谊科技园为例，该科技园是 2004 年由中俄两国政府共同投资，由哈尔滨工业大学和莫斯科动力学院承建，在莫斯科正式挂牌。截至 2012 年底，超过 60 个俄罗斯联邦主体开始通过该科技园与中国建立贸易关系，两国的工业企业和科研所之间签署了 400 多个合同，并形成超过 100 个合作科学技术项目。据俄罗斯教育部的报告，在中俄合作科技园的创设过程中，俄罗斯非常看重将中国资金引入到俄罗斯高新经济区，从而将高新技术转化为成果，也注重将俄罗斯的创新成果推向中国市场，实现产业化和商品化。

（六）两国之间语言学习在增加

在政府的努力下，两国在对对方国语言的学习在增加。随着中俄之间更为紧密的经贸和人文往来，汉语开始成为受俄罗斯学生青睐的一门重要外语。学习汉语的俄罗斯学生数量在逐年增加，截至 2009 年，大约有 15000 名俄罗斯大学生和研究生在学习汉语，约占俄高校学生总数的 0.2%。②

双方互设语言年。2009 年两国政府确定为"中国的俄语年"，2010 年为"俄罗斯的汉语年"。

为了更好地推动对方国语言在本国的学习，两国在本国各设立三个

---

①　Российский совет по международным делам, *Интернационализация Российских вузов：китайский вектор*, Москва：Спецкнига, 2013, c. 59.

②　Арефьев А.Л., "Китайский Язык в Российской Школе：История и Современность", *Иностранные языки в высшей школе*, 2011, (1).

对方国语言学习中心。2001 年，根据中俄教育、文化、卫生体育合作委员会第一次会议议定书，俄罗斯在北京外国语大学、上海外国语大学和黑龙江大学开设了三个俄语中心。（在俄罗斯有三个汉语中心）

作为促进俄罗斯人民学习中国语言和了解中国文化的孔子学院，正发挥着越来越重要的作用。从 2010 年开始，中国开始在俄罗斯设立孔子学院。截至 2018 年，中国在包括莫斯科、圣彼得堡、叶卡捷琳堡、新西伯利亚、海参崴、托木斯克在内的 16 个俄罗斯城市共开设孔子学院 21 家。[1] 孔子学院使俄罗斯人对中国文化、历史、传统、国家价值观等有了更多了解，激发了他们进一步学习汉语和了解中国文化的热情。

三、存在的问题与原因

（一）存在的问题

尽管目前中俄教育合作与交流总体趋势良好，取得了丰硕成果，但同时应该注意到，双方教育合作交流中存在着一些阻碍纵深推进的问题和挑战。这些问题与挑战如若不能合理应对与解决，将成为影响未来双方教育合作与交流进展的掣肘。这些问题和挑战主要表现在以下几个方面[2]：

1. 两国留学生流动水平偏低

学生流动是两国教育交流的最重要方面。尽管两国鼓励和支持青年赴对方国学习，不断扩大双边留学人员规模，但总体来看，两国留学生流动水平偏低。

首先，从流动规模来看，中俄留学生流动规模偏小，特别是中国赴俄留学生数量有待增加。尽管"一带一路"倡议提出后，来华俄罗斯留学生的数量快速增长，但是，中国赴俄留学生增长缓慢，其数量在中国派出留学生总数中所占比例一直很低。2010 年在中国教育服务市场中，美

---

① Трифонова Д. Д., Взаимодействие России и Китая в области образования，2019-1-20，见 http://elar.urfu.ru/bitstream/10995/61128/1/978-5-7996-2423-1_19.pdf.

② 刘淑华：《"一带一路"背景下中俄高等教育交流与合作：问题及对策》，《高等教育研究》2019 年第 2 期。

国所占比重为58%，英国为20%，而俄罗斯仅占2%。① 相对于美国、西欧、澳大利亚、新西兰而言，俄罗斯教育市场对中国学生的吸引力总体不强。2010年，俄罗斯符拉迪沃斯托克几所大学的学者对中国近千名10—12年级的学生做过一项调查，仅有90位（占比0.9%）的学生表达了去俄罗斯留学的愿望，而且这90位学生多是来自东北地区不很富裕的家庭。②

其次，从留学层次来看，在对方国留学的学历层次偏低。2015年在俄罗斯高校就读的中国留学生中，34%就读本科，25%是进修生，16.1%在预科班学习，16.7%在硕士阶段学习，副博士仅占3.8%。③ 而在中国就读的俄罗斯留学生，大部分在语言培训班和进修班学习，只有21.1%攻读本科学位，10.7%攻读硕士学位，1.2%攻读博士学位。④

再次，从学科分布上来看，以人文社会科学为主，特别是语言学习占首位，而理工农医等专业的学习所占比例很低。2015年，30.8%在俄中国留学生学习俄语专业，72.5%的在中俄罗斯留学生学习汉语专业。另外，41.4%的在俄中国留学生和18.6%的在中俄罗斯留学生选择经济、财政、管理等人文社会科学专业。而在发达国家备受留学生推崇的工程技术和医学在两国留学生专业选择中所占比例较低，2015年在俄中国留学生选择以上两专业的比例仅为11.8%、1.4%，在中俄罗斯留学生选择以上两个专业的比例为3.2%和1.2%。⑤

---

① Щепин К., В акаддемическом отпуске. Россия сдала позиции на рынке образования КНР, но обещает вернуться, *Российская Газета*, 2013-1-31.

② Ворожбит О.Ю., Юрченко Н.А. Исследование спроса на российские образовательные услуги среди китайских школьников. *Современные исследования социальных проблем*, 2012 (5), c.10.

③ Арефьев А. Л., Дмитриев Н. М., "Тенденции Россиско-китайского сотрудничества в образовании", *Социология Образования*, 2016, (11), c.90.

④ Арефьев А. Л., Дмитриев Н. М., "Тенденции Россиско-китайского сотрудничества в образовании", *Социология Образования*, 2016, (11), c.91.

⑤ Арефьев А. Л., Дмитриев Н. М., "Тенденции Россиско-китайского сотрудничества в образовании", *Социология Образования*, 2016, (11), c.91..

2.两国高校的实质性合作少

尽管中俄两国数量众多的高校签署了协议，建立了直接伙伴关系，但是，遗憾的是，签署合作协议的高校大多是缘于政府宏观政策的引导和对自身更高地位和声誉的追求，而缺乏对彼此学科优劣势的认知与基于对接基础上合作的强烈意愿。建立合作联系的高校大多停留在交换学生、互派教师、参加对方学术会议等层面，还缺乏基于学科对接、优势互补的实质性合作。双方高校目前远不是对方最优先的国际合作伙伴。许多俄罗斯高校领导秉持这样一种信念："签署的伙伴性协议越多，国际化就越成功，这所高校声誉度就越高，影响力就越大。"[1] 中国高校积极与俄罗斯高校签署合作协议的动力更多的来自政府政策的推动。由于签署协议的随意性，两国高校间许多合作协议的履行并不彻底，甚至被束之高阁。

而且，签署合作协议的高校显得过分集中。在俄罗斯，莫斯科的高校是中国200多所高校的合作伙伴，而西伯利亚和远东地区的高校与中国300多所高校建立了伙伴关系。[2] 一些俄罗斯高校对外签署的协议达几十个之多。而在中国，与俄罗斯高校签署合作协议的高校主要集中在东北地区、北京、山东等地。两国间伙伴关系高校地理分布的过分集中，不利于高校的务实对接和协议的真正履行。

3.两国合作办学尚处于低级阶段

尽管两国合作办学机构和合作办学项目快速增加，但是仍然存在着诸多问题，合作办学水平尚处在初级阶段。

首先，中俄教育合作办学存在着一定的不对等。目前总体上以中国引进俄罗斯教育资源为主，而俄罗斯引进中国教育资源尚处于起步阶段。俄罗斯有多所高校和中国设置跨境高等教育机构，而我国仅有2所高校赴

①　Российский совет по международным делам，*Интернационализация Российских вузов：китайский вектор*，Москва：Спецкнига，2013，c.25.

②　Гурулева Т.Л.，"Интеграция России в образовательное пространство АТР（на примере образовательного сотрудничества с КНР）"，*Вестник Российского университета дружбы народов*，Серия：Международные отношения，2015，15（4），c.151.

俄开设境外合作办学机构。从合作办学项目来看，也基本上以我国引进俄罗斯教育资源为主。这种不对等状况与两国不同的法律规定有关。2003年《中华人民共和国中外合作办学条例》鼓励外国顶尖高校在中国开展合作办学项目，以提高中国高校的教学质量和学术标准；而俄罗斯对于外国提供者在俄的商业存在则保持审慎的态度，只允许外国提供者在初等、中等和成人教育领域存在，对于竞争更大的高等教育领域则不实施市场准入制度。

其次，中俄合作办学项目的学历层次以本科教育为主，存在着低水平重复的问题。截至 2018 年 6 月，在我国境内开设的 127 个中俄合作办学项目中，本科项目 106 个，硕士研究生项目仅有 4 个。① 而且，多数合作办学项目是在双方系、学院或者教研室的基础上，而不是在校级层次上进行的。2014 年以来，随着中国教育部在宏观政策上逐步强化中外合作办学的规范性发展，一些质量不高的合作办学项目被终止，其中被终止的中俄合作办学项目有 39 个，占被终止的中外合作办学项目总数的 17%。②

4. 两国高校的科研合作有待于深化

尽管中俄高校间的科研合作日趋活跃，但远没有达到两国政府的政策预期，还存在着很大的提升空间。

首先，两国科学家与学者的流动与合作尚处于起步阶段。尽管两国都在实施宏大的引智计划，斥巨资邀请外国科学家和学者到本国从事科学研究，但是，从当前情况来看，无论是在中国工作的俄罗斯学者，还是在俄罗斯工作的中国学者，数量都很少。根据中国外国专家局的数据，截至 2016 年 3 月，在中国工作的俄罗斯专家仅有 961 名，占所有外国专家总数的 2%。而且，其中 810 名在人文、教育领域工作，基本上是俄语教师，

---

① 中华人民共和国教育部：《中外合作办学机构与项目（含内地与港台地区合作办学机构与项目）名单——俄罗斯》，2018-7-8，http://www.crs.jsj.edu.cn/index.php/default/approval/orglists/1。

② 中华人民共和国教育部：《已批准终止办学的本科及以上层次中外合作办学机构及项目名单》，2018-7-8，http://www.crs.jsj.edu.cn/index.php/default/approval/termination。

151 名在经济、科技领域。① 同时，很少有顶尖的中国学者到俄罗斯工作，在俄罗斯工作的学者基本上限于汉语教师。

其次，两国的科研标准、规范的不兼容。尽管两国高校实施的合作项目逐步从短期的、零散的、小规模的项目过渡到中长期的、大规模项目，② 但是合作出版学术成果的机会，目前还几乎未被挖掘。由于汉语、俄语在世界学术出版物中的边缘地位，两国高校尚不存在联合发表成果的动机。俄罗斯承认进入俄罗斯高级鉴定委员会（BAK）期刊名单的成果，中国则承认进入中国 CSSCI 期刊目录的成果。如何提高两国对彼此成果的认可度，还存在着难度。

再次，一些合作项目因为缺乏可持续机制而运作迟缓。虽然两国建立了一些合作科技园、技术园、创新园，但是不少合作园区并未明确伙伴方的利益，合作方缺乏持续获取经费支持和人才保障的环境和条件，因而管理效率差，可持续发展能力不足。正如俄罗斯学者所指出的，缺乏明确的合作目的、任务和方向（至少中期方向）是影响中俄友谊科技园活动积极性的最大阻碍因素。③ 在两国的科技合作中，中国往往倾向于成熟的或者现成的技术，而对那些有前景的、尚需孵化的技术，中俄都不愿意承担金融风险。④

（二）问题的成因

探究中俄两国教育合作交流中存在上述问题的原因，可以发现，两国教育合作与交流过程中受到以下障碍因素的限制。⑤

---

① Смирнова Л. Н., Научно-образовательное сотрудничество—основа инновациооной модели отношений России и Китая, Москва：РСМД，2016，с.6.

② Ильинская И., Новые формы российско-китайского сотрудничества, *Экономическая политика*，2012（6）.

③ Российский совет по международным делам, *Интернационализация Российских вузов：китайский вектор*，Москва：Спецкнига，2013，с.59.

④ Сулузнев П.С., Инновационнаяполитика современногогосударства：стратегии, модели，практика，Москва，2014，с.145.

⑤ 刘淑华：《"一带一路"背景下中俄高等教育交流与合作：问题及对策》，《高等教育研究》2019 年第 2 期。

1.动力障碍

目前，推动中俄教育合作与交流的动力主要来自政府，参与主体尚显单一。首先，成熟规范的市场缺位。尽管双方常态化高层互动机制已经形成，但双方合作的形式、内容和重点基本上是由双方政府自上而下来确定的。而理应作为教育合作最重要主体的学校，基本上是按照政府意愿和国家行政指令进行合作，尚未形成基于市场机制调节和自身利益需求的自觉合作。从长远来看，成熟规范市场缺位的模式不利于合作效能的最大化和合作进程的可持续发展，难以形成保障合作的长效机制。其次，缺乏企业、非政府组织、民众等社会力量的参与，远未形成多元主体参与的协调互动机制。跟一般意义上的中俄关系一样，两国教育领域的合作与交流同样存在着"上热下冷"的状况，高层互动频繁，而下层交往却处于低迷状态。校企联动机制并未建立，两国企业和高校缺乏合作的动力。同时，本可以发挥重要作用的非政府组织的价值没有体现。总之，中俄教育合作与交流政府协议和实施现状存在着很大的差距，一个很大的原因是缺乏对社会这一资源的有效利用。这与当前中俄两国教育治理结构存在的一个共同的问题有关，即政府—市场—社会三元治理结构孱弱，社会存在一定的缺位现象。

2.语言障碍

教育合作与交流的快速发展，离不开双方语言与文化的双向流动和内外联通。然而，从当前中俄语言供需对接情况看，缺口还非常明显。语言障碍以及由语言问题衍生的文化交流障碍，成为中俄教育合作与交流中最强大的"拦路虎"。[①]

近年来，汉语被俄罗斯列入国家统一考试科目，学习汉语的俄罗斯学生数量逐年增加，已成为俄罗斯第五大外语。截至 2015 年底，俄罗斯高校共有约 2 万名大学生和研究生学习汉语。[②] 其中，46% 以汉语作为专

---

① Корчагин Сергей., Сотрудничество России и Китая в сфере науки и образования – а есть ли успехи，2017-4-19，https：//gospress.ru/2017/04/19/.

② Арефьев А. Л.，Дмитриев Н. М.，Тенденции Российско-китайского сотрудничества в образовании，*Социология Образования*，2016，（11），c.85.

业或者第一外语学习，34% 作为第二外语学习，20% 以选修课或高校学习班的形式学习。① 截至 2018 年，大约有 100 所俄罗斯国立高校为本校学生提供汉语学习大纲。然而，2014—2015 学年，学习汉语的大学生和研究生数量占高校学生总数的 0.4%。② 由于汉语语言本身的复杂性，真正能够坚持学习并精通汉语的俄罗斯学生并不多。而在中国，中国学生学习俄语的热情并不高，仅在中国的 9 所高校开设了俄语专业。③ 俄语专业招生人数严重不足，总体发展滞后。据估算，截至 2015 年底，学习俄语的高校学生占中国高校学生总数的 0.02%，而且，大约一半的学生是以选修课的形式学习俄语。在正规教学大纲范围内学习俄语的人数锐减，从 2011 年的 3.5 万人减少到 2015 年的 1.5 万人。④ 双方语言人才供给不足，不仅影响了两国的留学生互动、合作办学、高校伙伴关系的达成和合作研究的推进，而且从长远来看，将严重阻碍两国经济、政治、文化等其他领域的合作交流。

3. 信任障碍

尽管中俄两国高层在政治领域已经达成高度互信，然而，在教育领域却互信不足，对方教育的优势地位及其在本国教育发展中的重要价值并没有被提升到适当的位置。随着苏联的解体，双方不约而同把学习与借鉴的目光转移到了美国、欧洲等西方发达国家，两国对对方的教育研究一度被边缘化、冷门化，导致当前对彼此教育的认知是局部的甚至片面的。在我国，存在着一种过分推崇欧美而贬低俄罗斯教育实力的错误倾向，认为俄罗斯的教育实力大大落后于西方，甚至落后于我国。与此同时，俄罗斯

①　Арефьев А. Л., Дмитриев Н. М., Тенденции Россиско-китайского сотрудничества в образовании, *Социология Образования*, 2016, （11）, с. 86.

②　Арефьев А. Л., Дмитриев Н. М., Тенденции Россиско-китайского сотрудничества в образовании, *Социология Образования*, 2016, （11）, с.85.

③　Шведова И. А., Интернационализация высшего образования в Китае. *Вестниск Томского государственного университета*, 2013, 1 (21), 136.

④　Арефьев А. Л., Дмитриев Н. М., Тенденции Россиско-китайского сотрудничества в образовании, *Социология Образования*, 2016, （11）, с.88..

也没有将曾经在教育领域全盘模仿自己的中国纳入借鉴视野。

中俄两国教育信任的缺失，究其原因主要在以下两个方面：一是教育交往的缺乏。尽管中俄两国在教育领域曾经联系最为紧密，具有良好的先赋性关系基础，然而由于20世纪下半叶教育交往的减少和中断，彼此的身份认同下降，从而失去了从先赋性信任到交往性信任转变的机遇。二是新时期一定范围内"中国威胁论"的存在。尽管中俄的政治信任程度很高，但是"中国威胁论"在俄罗斯仍然具有一定的市场，部分民众和政府成员对中国的发展仍存有一定的战略忧虑。"谁将在世界教育舞台承担更重要的角色？谁将在世界教育坐标体系内发挥更重要的作用？"这是他们忧心的问题。关系契约的效力是内生的、过程性的，教育信任的重建并非一日之功，中俄两国在培育教育信任方面还有漫长的路要走。

第五节　进一步加强中国与俄罗斯教育合作与交流的建议

如何在崭新的历史机遇下，拓展两国教育合作与交流的空间，积极探索培育新的合作增长点，提升两国教育合作与交流的水平，是摆在两国面前新的历史命题。针对两国教育合作与交流存在的问题与障碍性因素，需尽快将以下新对策提上日程。

一、增加两国教育合作与交流的参与主体

第一，要加强政府宏观调控与市场调节的有效互动。教育合作一定程度上是双方高等教育在政府宏观调控下的资源重新配置。这一资源的重新配置，理应受到政府和市场这两种基本力量的双重影响。当前重要的是增加市场机制的作用，依靠价格、供求、竞争、成本和收益等要素来刺激两国人员、资金、技术、信息、机构和项目等多种要素的流动，实现两国教育在经济利益和资源要素之间的有机联动。而市场不是自发形成的，需要在两国政府的引导、推动和协调下长期磨合生成，政府需通过行政、法律、经济等手段对两国教育合作与交流进行总体引导与宏观调控。

第二，需将自上而下模式与自下而上模式相结合。教育合作交流被视为"公众外交"，本身有利于完善各部门、地方和民间的交往机制，增加合作渠道。"一带一路"建设中，在保证官方自上而下引导教育交流的前提下，需不断加强自下而上模式，调动企业、科研机构、非政府组织等民间力量参与到中俄教育交流中来。教育合作与交流过程中，"民心相通"所汇聚的向心力比其他因素的影响力更强大。因此，如何在现有的治理框架下拓宽社会力量对两国教育交流的参与，吸纳更多民间智慧、民间力量、民间方案、民间行动，是提升两国教育交流实效的一个迫切问题。在扩大社会参与方面，需大力培育和发展成熟独立的社会组织和专业组织，大力加强企业与高校的联系与合作，构建政府主导、企业参与、民间促进的教育交流主体格局。

二、完善两国教育合作与交流的内容

第一，扩大中俄留学生双向交流规模，提升留学生培养质量。一方面，继续增强中国对俄留学吸引力，扩大来华俄罗斯留学生数量，保持中国作为俄罗斯最大留学目的国地位；另一方面，加强俄罗斯教育留学市场的开发，增加中国赴俄留学生数量。同时，提升两国在对方国留学的学历层次，鼓励更多留学生在对方的硕士和博士阶段学习；发挥国家公派留学对高端人才培养的调控补给作用，加快培养国家战略急需人才。改变两国留学生以人文社会科学为主的专业格局，鼓励更多中国学生赴俄学习航空航天、生物技术、精密仪器、石油工程等俄罗斯高校具有传统优势且对我国未来发展意义重大的专业，鼓励更多俄罗斯留学生在中国学习工程、技术、医学等自然学科。另外，提高双方留学生培养质量，并将留学生的培养重点从教学转移到改善毕业生的就业前景上来，提升留学满意度和吸引力。

第二，加强中俄语言与文化的融通交流。语言与文化的融通交流是两国教育合作与交流的基础工程和先导工程。立足于长远发展的需要，应大幅增加中国以俄语、俄罗斯以汉语作为外语甚至第一外语的学生人数。

将汉语和俄语纳入对方学校课程体系；增加在俄罗斯教授汉语、在中国教授俄语的教师人数；拓展政府间语言学习交换项目；增加汉语和俄语学习者到对方国学习进修机会。针对两国当前共同以英语作为最大外语的现状，可暂时考虑以英语作为教学和交际的媒介，未来考虑俄语、汉语和英语三种语言混合使用。但是，需要注意的是，只是大幅增加单纯语言学习者的数量，短期内可能会带来语言学习者就业前景堪忧的问题。因此，需要强调自然科学、技术专业和工程专业等非语言专业与2—3门语言的混合学习，将长期目标与短期目标相结合，优化学生的就业前景。①

第三，建构两国高校间的实质性合作伙伴关系。支持两国高校建立直接联系，使校际交流成为两国教育领域合作的主渠道之一。一方面，将两国已经签署的高校协议文本转化为务实合作的具体成果。对于长期搁置不用的协议，可以考虑废除。鼓励有合作基础、共同研究项目和发展目标的学校缔结姊妹关系，逐步拓展教育合作交流。高校合作不应仅仅局限在交换学生、参加对方学术会议等层面，更应该以项目合作为推进点，加强学科对接，鼓励更高水平专家的流动和合作性更强项目的实施。另一方面，需要在优势互补、学科对接的基础上培育两国高校合作的新意愿和新动能。正如俄罗斯国际事务委员会（Российский совет по международным делам）向俄罗斯高校建议的，应按照强强合作的原则在自身利益的基础上积极主动、审慎选择中国伙伴高校。② 另外，合作高校的地理分布要走出中国东北地区和俄罗斯远东地区的限制，大力促进俄罗斯欧洲部分高校和中国南方、沿海省份高校的合作。

第四，积极提高两国教育合作办学水平。首先，针对合作主体不对等的状况，需要双方进一步政策沟通，在互利共赢、共同发展的原则基础上健全和完善在合作办学领域的相关法规和配套政策。完善准入制度，简

---

① Корчагин Сергей, Сотрудничество России и Китая в сфере науки и образования – а есть ли успехи, 2017-4-19, 见 https://gospress.ru/2017/04/19/.

② Российский совет по международным делам, *Интернационализация Российских вузов：китайский вектор*, Москва：Спецкнига, 2013, c.61.

化审批程序，完善评估认证，强化退出机制，加强信息公开，健全质量保障体系。① 其次，针对双方合作定位偏低的状况，需要双方充分利用对方的优质教育资源，选择有较好市场前景的学科专业，在做好本科生联合培养项目的同时，逐步放开硕士生、博士生的联合培养。在合作契合点的选择上，重点围绕两国急需的自然科学与工程科学类专业建设，引入对方的优质教育资源。以深圳北理莫斯科大学为示范，构建融入当地、利于合作的人才培养模式、运行管理模式、服务模式、公共关系模式。

三、提升两国教育合作与交流的层次

当前中俄两国都处于深化经济改革和调整产业结构的关键时期，中俄科技与创新合作已成为中俄双边关系的最重要方面之一。② 在两国共同向创新型国家转型的大背景下，高等教育被不约而同置于国家创新体系的首要前沿阵地，拓展和深化两国高校科技合作势在必行。两国需要以创新为目标，以科技合作为引领，提升高等教育合作与交流的层次，带动学生流动、教师互派、合作办学、学校伙伴关系等传统合作领域的发展，共同提高高校的创新能力，提升两国在全球价值链的地位，打破西方国家的技术封锁，缩短与世界先进国家的差距。

首先，促进两国高校教师与科研人员的流动，特别是高水平专家的流动。为此，需要在以下方面作出努力：成立中俄科技人才合作组织，加强双方科技人才信息沟通；扩大两国学者长期或短期访学进修的机会，帮助其熟悉对方国的教育制度和学术优势；鼓励两国学者建立常态性工作联系，为以后共同进行科学研究创设条件；定期组织学术交流会和专家研讨会，开展学术对话，确立共同研究课题；两国政府提供资金支持，鼓励教

---

① 中华人民共和国中央人民政府：《关于做好新时期教育对外开放工作的若干意见》，2016 年 4 月 29 日，见 http://www.gov.cn/home/2016-04/29/content_5069311.htm。

② Министерство образования и науки Российской Федерации, Научно-техническое и инновационное сотрудничество России и Китая, 2015-6-3, https://xn--80abucjiibhv9a. xn--p1ai/m/%D0%BD%D0%BE%D0%B2%D0%BE%D1%81%D1%82%D0%B8/5690.

师和学者围绕共同感兴趣的项目进行合作研究；政府及时出台有关惠及对方国人才政策、待遇标准，激励并落实双方科技人才引进工作；加强两国科研规范的融通和学术标准的兼容，拉近两国合作发表学术成果的需求；在汉语和俄语尚未成为成熟沟通媒介的情况下，鼓励两国学者使用英语进行学术交流；加强两国学位学历标准的互认，消除教师和学者流动的障碍；改善学者去对方国工作的职业前景，提高两国学者到对方国流动的动机。

其次，联动两国的高校和企业，发展大科学领域的合作项目。两国高校要加强开展实质性合作研究项目，避免低水平重复，注重向大科学领域倾斜。当前，新材料、环保节能技术、生物技术、高能物理、化学与石油化学、工程学、仪器仪表与自动化、电信、电子与信息技术、地震学等诸多领域对双方来说都具有优先性，被称为"大科学"领域。① 中俄两国学者和科学家应携手努力，开展重大科技攻关，加强大科学领域的前沿合作，形成和支持一批有影响力的科技合作项目，资源共享，优势互补，互利共赢。

最后，建立促进两国高等教育科技合作的保障机制。两国应增加"科学年""教育年"和"创新年"；定期举办中俄青年创新创业大赛、中俄科技型中小微企业对接会、中俄创新投资论坛、中俄科技园区合作论坛等活动，实现对话机制本身的品牌跃升；建立双方科技合作信息网络系统，完善双方科技信息交流渠道；两国高校依托优势专业和学科，建立联合实验室、研究中心、联合技术转移中心；加快建设中俄合作科技园、技术园、创新园，针对已经出现的问题，需要重点加强规范化制度建设，规范科技经济合作的运作方式，加强伙伴方对可持续发展的认同，优化经费支持和人才供给的环境，建立有两国参与的风险基金，增加双方科研合作抗风险的能力，提升科研合作的管理效率。

---

① Министерство образования и науки Российской Федерации, Научно-техническое и инновационное сотрудничество России и Китая, 2015-6-3, https://xn--80abucjiibhv9a. xn--p1ai/m/%D0%BD%D0%BE%D0%B2%D0%BE%D1%81%D1%82%D0%B8/5690.

四、改变两国教育合作与交流的模式

相对于历史上两国曾有的教育合作与交流的模式，展望两国未来的教育合作与交流，一种新型的紧密的教育合作和交流模式亟待建立。

首先，基于互学互鉴的原则，从单向交流转向双向交流。纵观中俄（苏）两国的教育交流历程，交流较多的一段时间基本是以单向交流为典型特征的。我国大部分时间处于"供应链"的下游，以引进与获取作为主要取向。即便在今天的俄罗斯，有些学者由于对中国教育发展现实不了解，仍然希望回到苏联时代的交流模式中去，认为"俄罗斯高等教育国际化战略应该跟苏联时期一样，建立在单方援助亚太地区国家的基础上"[①]。"一带一路"倡议的实施，为两国教育交流范式的转变提供了重要契机。从交流方向上来看，两国的教育交流需加强双向交流，既要吸纳消化对方教育合理因子和先进成分，又要传播输出各自有特色、有亮点的教育成果和教育经验，达到互知互信，互联互通，互鉴互补，互利互荣。更重要的是，我国要改变传统的以引进、输入和获取为主要方向的内向型模式，践行"引进来"与"走出去"并重的双向发展模式，以我为主，兼收并蓄，掌握好合作的主动权。

第二，遵循共商共建共享的理路，加强教育战略对接。要将两国的教育国际合作与交流战略和区域发展愿景的理念、目标、方式、布局乃至具体举措等进行切实的对话交流，在共识基础上形成合作机制。在"大欧亚伙伴关系"的框架下，俄罗斯提出了三个层面建构欧亚高等教育空间的思路：首先，重视与俄罗斯安全利益有着密切联系的独联体其他国家的合作，构筑独联体统一教育空间；其次，融入欧洲博洛尼亚进程，进入欧洲共同高等教育空间；再次，融入亚太地区，增强俄罗斯在亚太地区教育市场的地位。在当今地缘条件下，亚太地区是世界教育发展最快、成效最显著、交流最活跃的地区，俄罗斯学者和政策制定者们更倾向于俄罗斯融入

[①]　Цветковой Н. А., Международная образовательная политика США：история и современность，СПб：Изд-во СПБГУ，2010，c.84.

亚太教育空间的重要性，而且特别重视与中国的合作与交流。总体来看，俄罗斯建构欧亚高等教育空间的思路也是对中国"一带一路"倡议的积极回应，二者实现对接是完全有可能的。当然，由于中俄各自利益的差异，二者对接会出现许多意料中的困难以及无法预料的问题，需要前瞻性考虑与解决。双方应本着共商、共建、共享的理路，提升对方在本国高等教育国际合作与交流的地位与分量，因应相互利益扩大相互协作范围，共同提高软实力。正如当今德法是欧洲高等教育空间的"双动力"一样，中俄携手发展也可以成为未来亚太地区教育空间的"双引擎"。

第二章 波兰国际教育合作与
交流政策研究

　　波兰，全称波兰共和国（The Republic of Poland），首都华沙（Warsaw），位于欧洲中部，西与德国为邻，南与捷克、斯洛伐克接壤，东邻俄罗斯、立陶宛、白俄罗斯、乌克兰，北濒波罗的海，地理位置优越，是名副其实的欧洲"十字路口"。波兰国家起源于西斯拉夫人中的波兰、维斯瓦、西里西亚、东波美拉尼亚、马佐维亚等部落的联盟。公元9、10世纪建立封建王朝，14、15世纪进入鼎盛时期，18世纪下半叶开始衰落，分别被沙俄、普鲁士和奥匈帝国三次瓜分，1918年11月恢复独立。1939年9月，法西斯德国入侵波兰，第二次世界大战全面爆发。二战后，波兰建立了社会主义制度。1989年12月，波兰议会通过宪法修正案，改国名为波兰共和国，当前执政党是法律与公正党。

　　波兰陆地面积为32.26万平方公里，行政管理体制设省、县、乡三级，共设16个省，314个县，2479个乡。波兰人口约3839万人（2019年6月），其中波兰族约占97.1%（2016年），此外还有德意志、白俄罗斯、乌克兰、俄罗斯、立陶宛、犹太等少数民族。[①] 按人口和面积，波兰是欧盟的第6大国。波兰的官方语言为波兰语，英语、俄语和德语等也较

---

① 中华人民共和国外交部：《波兰国家概况》，2020年5月，见 https：//www.fmprc.gov.cn/web/gjhdq_676201/gj_676203/oz_678770/1206_679012/1206x0_679014/。

为普及。波兰是今日欧洲少有的对宗教信仰仍然十分执着的国家之一，全国约 87% 的居民信奉罗马天主教，其余人口大多信奉东正教和基督新教，教会的影响力很大。从种族、宗教来看，波兰社会具有较高的同质性，这对其社会结构、政治形态、文化教育传统等都产生了非常深刻的影响。历史上，波兰曾涌现出许多享誉世界的大师，如天文学家哥白尼（Nicolaus Copernicus）、著名物理学家居里夫人（Maria Sklodowska Curie）、著名钢琴家肖邦（Frederic Chopin）等。在一个不到 4000 万人口的国家里，波兰先后出现了 18 位诺贝尔奖获得者，更是涌现出了许多著名的诗人、作家和艺术家。直到现在，波兰在数学、天文、物理、化学等领域在世界上享有盛誉。

中波教育交流历史悠久，自 1949 年中国与波兰建交以来，两国在经济、教育和科技等领域展开了深入的合作与交流。20 世纪 80 年代两国关系正常化以后，中波在文化、教育等方面的合作也得到恢复和发展。进入 21 世纪后，两国教育文化交流合作日益密切，特别是自"一带一路"倡议提出以来，中波在经济、政治、科技、教育等领域先后签订了一系列谅解备忘录和合作协议，两国经贸往来、科技合作、人文交流迈入新阶段。2016 年 6 月，两国更是建立了全面战略合作伙伴关系，均视对方为长期稳定的战略伙伴，视彼此发展为互利共赢的重要机遇。两国建立了政治互信，在政治、经济、社会、文化教育等各领域开展了全方位、多层次、宽领域的合作与交流。在此背景下，梳理波兰国际教育合作与交流政策的发展与现状，总结中波教育合作与交流的成果，探讨中波教育合作与交流存在的问题和原因，对于深化中波两国教育合作与交流具有重要意义。

第一节　波兰国际教育合作与交流政策的历史发展

波兰的教育史与波兰的历史密不可分。在波兰发展的历程中，教育的成就与挫折总是伴随着波兰的兴衰。波兰的教育政策不仅受到国内经济发展、社会变革的影响，更受到欧洲政治、经济和文化等多方面的影响。

波兰教育国际化经历了从萌芽到封闭，从开放到停滞再到快速发展的多个阶段。具体而言，波兰教育国际化的发展历程可以分为以下几个阶段：

一、中世纪时期

早在 10—11 世纪期间，教会就开始在波兰开展传教活动和教育活动。波兰最早的教育体系可以追溯到 11 世纪末，但直到 12—13 世纪波兰的教育体系才有较为重大的发展。最开始的学校是教会为培养受教育的教士而在教堂设立的，并逐步面向世俗学龄儿童开放。13 世纪，在克拉科夫、弗洛茨拉夫、波茨南和莱格尼查等地出现了最早的教区学校。随着城镇化水平不断提高，市民阶层越来越希望建立世俗的学校，摆脱教会的控制。到 13 世纪末，波兰共有 13 所教堂学校和 14 所教堂学院。到 14 世纪，共有 48 所教区学校。到 15 世纪，共有 200 所教区学校。[①]波兰的教区学校模仿西欧的教育模式和学科规范，由所在教区的主教管辖，教师由主教委任。教会学校对所有阶层开放，采用拉丁语教学。

12—13 世纪，卡奇米日三世（Kazimierz III Wielki）结束了波兰分裂的局面，建立了统一的行政体系。为巩固政权，波兰急需培养一批行政、经济、法律、军事乃至社会生活各领域的受教育的人才。而此时波兰尚无一所大学，学生不得不远赴巴黎、博洛尼亚、帕多瓦等地求学。此后，卡奇米日三世在 1364 年 5 月颁布了法令，按照博洛尼亚大学和帕多瓦大学的模式建立了波兰第一所大学——雅盖隆大学（Jagiellonian University）。这所大学在建校之初就因其教学科研方面卓越的成就而受到欧洲学生的追捧，每年都能够吸引欧洲各地慕名而来的 200 余名外国学生，培养的王公贵族散布欧洲各地。同时，大学为学生提供了相应的访学活动以促进不同文化背景下师生的相互理解。不同国家学者、教师相互交流，不同国家的传统和文化观念相互碰撞，不仅为师生们学术交流提供了自由的环境，还

---

① ［俄］萨利莫娃、［荷］多德：《国际教育史手册》，诸惠芳、方晓东、邹海燕译，人民教育出版社 2012 年版，第 357 页。

为雅盖隆大学带来更广阔的发展机遇以及更良好的声誉。由此，雅盖隆大学呈现出蓬勃发展的态势。

二、文艺复兴和宗教改革时期

15—16世纪，波兰政治、经济、文化空前繁荣，是名副其实的欧洲"大国"。15世纪中期，人文主义思潮开始传入波兰，这一思潮受到王室贵族的追崇，波兰成为文艺复兴时期的重要文化中心。在此思潮的影响下，越来越多的波兰人去意大利学习艺术和科学，尼古拉·哥白尼便是其中之一。在克拉科夫大学毕业之后，哥白尼在1496年前往博洛尼亚大学和帕多瓦大学，接受了系统的天文学、法学和医学教育，这段经历对他后来的学说影响极大。法国、荷兰、德国、瑞士等国的大学也备受波兰学子欢迎。据统计，16世纪共有4000余名波兰学生在意大利的大学学习，2000余名学生在德国的大学学习。[①]

宗教改革运动兴起后，波兰的新教徒推动制定了《容忍异教法》，规定异教徒能够采取自由的方式开展宗教活动。异教学校开设的课程包括语言、文学、宗教、伦理、哲学、法学、医学等，很快成为宗教改革期间的教育和文化中心。异教徒的行动迫使天主教会不得不进行改革。1564年，波兰主教霍休斯（Stanislaus Hosius）将耶稣会引入波兰，并在布拉尼耶沃建立了一所学院。到16世纪末，耶稣会已经开设了11所学校，到17世纪末这一数字达46所。[②]耶稣会学校在教学层面顺应了社会上层人士的需求，通过良好的教育条件、组织良好的课程吸引着波兰贵族。除此之外，耶稣会还于1578年在纽尔纽斯开办了一所设有文科和神学的大学，1661年，又在利沃夫（Liviv）办了一所大学。

---

① [俄]萨利莫娃、[荷]多德：《国际教育史手册》，诸惠芳、方晓东、邹海燕译，人民教育出版社2012年版，第357页。

② [俄]萨利莫娃、[荷]多德：《国际教育史手册》，诸惠芳、方晓东、邹海燕译，人民教育出版社2012年版，第363页。

三、启蒙运动时期

从 17 世纪中期开始，波兰的政治经济状况日益恶化，连年战争使得波兰接近崩溃。王公贵族对公共教育不感兴趣，社会上层的年轻人逐渐失去留学国外的兴趣，而满足于在当地的教会学校接受教育。这一时期的教育体系异常僵化。教区小学极少，几乎所有的中学都由天主教教团控制，大学则在耶稣会控制之下。

17—18 世纪波兰形成的政治关系并不利于启蒙思想的传播。18 世纪中期，理性主义思潮开始在波兰贵族圈中传播，人们开始理解国家改革的必要性。波兰天主教神父科纳尔斯基（Stanislaw Konarski）在皮亚瑞斯特（Piarist）学院担任教师，之后在热舒夫（Rzeszow）任教，并于 1740 年被教育当局指派为一所青年贵族学院的校长。科纳尔斯基对波兰的国情非常了解，致力于将学校改造成培养献身于国家和民族事务的进步贵族的中心。以这所学院为榜样，波兰形成了完整的 Piarist 教育体系，为后来的波兰教育改革奠定了基础。1765 年，波兰国王斯坦尼斯瓦夫二世（Stanisław August Poniatowski）建立了另一所具有启蒙教育思想的世俗学校——骑士学校（Szkola Rycerska）。骑士学校旨在培养公民的道德和宗教意识。1774 年，波兰颁布了《道德讲义问答集》，规定学生要敬畏上帝，热爱祖国，并为祖国服务。骑士学校存在的 30 年间共为波兰培养了 950 名学生，其中就包括不少波兰启蒙运动活动家、军事家和文学家等。[①]

1773 年，波兰成立了国家教育委员会（欧洲最早的教育部）。这一方面是波兰教育传统的延续，另一方面也是启蒙运动的重要成果。18 世纪中期，波兰社会不断变革，为国家教育制度和思想的形成提供了有利氛围。18 世纪后期，在国王的支持下，欧洲新思想纷纷传入波兰，艺术和文学蓬勃发展。在斯坦尼斯瓦夫二世的领导下，波兰着手对国家进行改革。改革主要基于两个原因：1772 年，波兰被俄罗斯、普鲁士和奥地利

---

① ［俄］萨利莫娃、［荷］多德：《国际教育史手册》，诸惠芳、方晓东、邹海燕译，人民教育出版社 2012 年版，第 366 页。

第一次瓜分；1773年，教皇对耶稣会学校的压制，耶稣会学校面临无人管辖的境地。在经历了长时间的讨论之后，波兰成立了国家教育委员会。根据议会决议，除耶稣会学校之外，所有普通学校、文法学校和公立学校均属国家教育委员会管理。国家教育委员会是议会的下属机构，对议会负责，具有国家机构的性质，有权管理教育财政、制定教育法规和管理学校。同时，国家教育委员会还规定了教育工作的方向，管理教师的专业发展工作、教科书的出版、教育质量评估等。1775年，国家教育委员会成立了小学课本公会，还对克拉科夫和纽尔纽斯的大学进行了改革，改革内容包括改用新的科研、授课模式代替旧模式。两所大学开始设立精密科学、自然科学、社会科学和人文科学学科。讲座制也被引入了波兰，许多留学在外的年轻波兰学者开始回国讲学、开展科研工作。此外，波兰还建立了新的学院、天文观察台、诊所、植物园和师范学院。

1783年，委员会还颁布了《国家教育委员会法》。该法律规定，采用等级制对教育进行评估，由委员会直接管辖波兰的两所大学。此外，该法还规定了教师的权利和义务，不管是大学、中学的教师，还是世俗和宗教的教师都属于学术人员。除了人文学科外，数学和科学也是重要的教学科目，占总学时的50%。此外，课程体系还设置了农业、园艺、卫生学、艺术等学科。

国家教育委员会的成立及其改革使波兰的教育体系从衰退中崛起。改革确保了波兰语在教育中的主导地位，并以实用性和公民性为指导方针对教学大纲进行修订。

四、19世纪到20世纪初

1798年，俄国、普鲁士和奥地利第三次瓜分波兰。19世纪，拿破仑建立了华沙公国，后者成为复兴波兰民族的活动中心。华沙公国仿照以前的国家教育委员会成立了教育议院，负责处理教育事务。教育议院力图把西欧的教育思想移植到波兰。1808年，波兰通过了名为《城镇学校和乡村学校的组织》的法案。法案规定教育体系由初等学校、中等学校、职业学校和学术性学校（如法律学校、医学院）组成。在被占领期间，俄、普、奥三国均将自身的行政管理和立法体系引入占领区，与波兰有关的课程均被废止。

在俄占区，俄国废除了波兰教育系统，关闭了包括华沙大学在内的教学机构。但随后，担任俄国顾问的立陶宛王室后裔恰尔托雷斯基王子（Adam Jerzy Czartoryski）在其领土内建立了包括纽尔纽斯学区在内的多个学区。19世纪五六十年代，俄国在克里米亚战争中失利，沙皇允许重新设立地区教派和公共启蒙政府委员会。1862年5月，沙皇批准了维罗波尔斯基（Aleksander Wielopolski）提议的《波兰王国公共教育法》。根据该法，整个教育体系应重新波兰化，对教育的严格监控制度也被取消。小学教学大纲不断扩大，小学教育开始免费化，但并非义务的。1862年，俄占区还创建了华沙大学校，并很快成为科学思想和实证主义思想的中心。1864年，起义失败后，俄国政府镇压的浪潮席卷各级教育，完全取消波兰语、历史、地理和文学的各学科，初等教育的水平大大降低，导致了大量文盲。1886年，波兰的文盲占总人口的83%。19世纪末20世纪初，波兰教育体系受到俄国的压制，这种迫害一直延续到第一次世界大战。在此背景下，波兰人民以各种方式开展了建立波兰学校体系的斗争，包括合法和秘密开展的教育活动，人们尝试通过议会推动改革，也采取了包括罢工在内的激进的反抗方式。20世纪初，私立学校的数量飞速增长，从1903年的384所增加到1913年的1074所，其中文法学校达247所，这些学校在反抗俄国教育统治中发挥着重要作用。[①] 除了私立学校之外，民众还创建了大量涵盖多个教育阶段的秘密学校，并成立了秘密教学学会，其主要目的在于使教学大纲和教学组织活动标准化。在初等教育阶段，共有2000名儿童在秘密中学学习，占公立学校学生总数的50%，对俄国中学教育起到了重要的抗衡作用。1905年，俄国革命后，波兰王国争取社

---

① ［俄］萨利莫娃、［荷］多德：《国际教育史手册》，诸惠芳、方晓东、邹海燕译，人民教育出版社2012年版，第372页。

会和民族权利的斗争也如火如荼地开展起来，来自中学和大学年轻人也积极参与这场斗争，要求教育、科学和民族文化领域中的特许权。最后，俄国政府宣布允许开设私立学校，建设文化的、教育的组织和团体。

普鲁士占领波兰后就坚定不移地在教育领域实施去波兰化。1871年，普鲁士战胜法国后，民族主义运动高涨，德国在普鲁士国王带领下不断加强德意志化。在俾斯麦（Otto Eduard Leopold von Bismarck）的影响下，波兰的民众教育尤其受到压制，变成了使波兰人丧失民族性的工具。私立学校被取缔，文化教育组织活动遭到限制，不愿意遵守规章的教师被解雇。自由的科学活动被禁止，致使许多杰出科学家移民到国外。许多波兰人去德国学习，最受欢迎的地方有弗罗茨瓦夫（Wroclaw）和柏林（Berlin），或其他国家。从这个意义上，德国大学对于波兰年轻学者产生了重要影响。由于普鲁士的严酷镇压，当地的教育活动主要由民众教育学会负责安排，1880年起则由民众图书馆学会组织。面对日益加强的德意志化的压力，波兰人组织起了具有自学性质的秘密教育工作。19世纪末，波兰儿童被剥夺了用波兰语进行祈祷的权利（在这以前普鲁士就禁止学校教授波兰语）。这引起了广泛的抗议活动，抗议活动一直持续到1907年。

奥地利占领区的教育史可分为两个时期：1772—1867年的前自治时期和1867—1918年的自治时期。由于国家教育委员会的改革未能涉及奥地利统治区的教育，这一地区的教育组织水平和教学水平依然很低。奥地利努力使占领区尽可能统一起来。玛莉娅·特莱西娅女王（Maria Theresia）和她的继承人通过了一系列政治决议，并最终控制了占领区包括教育在内的全部社会生活。1774年，在整个占领区进行了由费尔比格（Abbot Ignaz J. Felbiger）筹备的初等教育改革。改革赋予学校以国家机构的性质，德语作为强制性的教学语言。1805年，当局颁布了《德国民众政治法》，学校变得更具日耳曼特点。但由于占领区距奥地利较远，因此，奥地利并未对占领区特别上心。19世纪初，进入义务学校的学生所占比例非常低。在此情况下，学校自然不可能履行其德意志化的使命，也更不可能为特定的社会群体提供初等教育。奥地利对中等学校的政策也被证明是灾难性的，一些中等学校特别是教团管理的学校被迫关闭。1815年恢复的克拉科夫大学成为德意志化的中心。19世纪60年代，加利西亚（Galicia）与哈布斯堡王朝的其他国家一起被授予自治权，自治的范围包括教育、科学和文化领域。1866年，加利西亚的地方议会创立了国家学校委员会，开始了教育体系改革。根据1869年奥地利学校法的规定，学校可用儿童的母语进行教学。经过长时间的讨论，议会于1873年通过了三部有关义务教育、教师职业和教育督导的法律。这些法律使得民众学校具有了国家机构的地位，所有儿童均需接受免费的义务教育。此外，国家学校委员会的另一个重要贡献就是组织了教师培训讲习班，这为波兰培养初等学校所需的教职员成为可能。中学的发展为社会各阶级的年轻人入学创造了广泛的基础，其中农民子弟占了相当大的比例。加利西亚享受的政治特权，为集中在利沃夫和克拉科夫的科学活动发展创造了可能条件。

五、两次世界大战时期

经过123年的外国统治，1918年波兰重新获得了独立。但是从俄国、普鲁士和奥地利继承下来的学校制度各不相同。独立后的波兰的首要任务就是采取统一的教育政策和学校制度，对各种教学方法进行标准化以消除外国占领造成的负面影响。除了要考虑对校舍、各式材料甚至劳动力市场的需求外，原来三个占领区对公立教育的态度也各不相同。前普鲁士占领区和前奥地利占领区的民众已经把公立教育看作是社会生活的重要因素，而前俄国占领区的居民则没有接受公立教育的经历。1918年后的波兰教育改革分为两个流派：社会进步派和民族保守派。社会进步派重点放在社会改革和民主改革上，保守派则强调宗教信仰不可或缺。1926—1935年，出现了融合两种流派的第三种派别。这一派别强调波兰公民的培养和发展，将社会改革和民族主义都看作是教育的目的，主张建立能够培养有生产能力的、忠诚的公民的教育体系。1921年宪法虽然规定了各级公立学校是免费的，但是农村与城市居民接受同等教育质量的权利并不相同。事实上宪法强调的是义务教育，但保留了决定学校教育的地点、时间和方法的权力，其结果是免费教育成为一种空话。在两次世界大战期间，学生不得不付费接受中学、职业学校和高等教育。1932 年通过的《关于学校体系结构的议案》承诺清除旧教育制度造成的潜在阶级冲突，并为七年初等教育建立共同的、统一的基础。但由于经济困难和战争动员，该议案无法实施。农民和少数民族的处境毫无改善，直到 1939 年波兰被入侵时法案仅仅处于开始阶段。改革规定了幼儿园、中等学校、高等学校和职业学校的教育年限，各级教育由低到高垂直安排，最顶层是大学。但是小学仍是教育体系的核心，大部分波兰人只接受了小学教育。两次世界大战期间，尽管波兰的教育思想相当传统，但是在教育哲学和教学过程的实践方面有明显进步。20 世纪初，"新教育"或"进步主义"教育思想传入波兰后，波兰教育界围绕进步教育和传统教育展开了一系列讨论，并在学校体系结构、教材教法等方方面面进行了一系列改革。

1939 年，波兰被苏德两国分裂，东部被并入苏联，北部和西南部则被并入德意志帝国，其余部分则由纳粹军官弗兰克（Hans Michael Frank）所统治。为反抗苏联和德国在文化教育领域的清洗，波兰人民在社会内部进行了大规模的秘密教育活动，组建了秘密的大中小学。在弗兰克统治区，约有 10 万名中学生和 1 万名大学生参与了秘密教育活动。并入德意志帝国占领区的学校均被关闭，弗兰克控制的地区高等学校和中学也被关闭，初等教育的课程也被篡改，历史、地理和波兰文学等被排除在课程体系之外。职业学校的波兰语课程也被取缔，课程内容被大大压缩，仅限于培养熟练工人的最低要求。自被占领起，波兰人民便开展了与占领者的教育斗争。1939 年 10 月，波兰出现了一个由波兰教师协会开办的地下教师组织"TON"，波兰教师协会负责在初等、中等和高等教育阶段组织秘密教育活动。当时的波兰地下教育活动建立在 1932 年学校法采纳的学制基础上，学校教科书洋溢着爱国主义精神、对自由的热爱和对法西斯主义的反抗。此外，地下教师组织还积极参与地下政治团体活动。1942 年，TON 公布了关于教育政策的法令。法令规定解放后波兰的教育应该是大众化的，建立在八年初等学校基础上。教育家们还预测了成人教育和职业教育的大规模发展。地下教师组织及其开展的秘密教育活动成为世界大战后波兰教育纲领的基础。

六、第二次世界大战到 20 世纪 80 年代

二战后，波兰的教育领域面临着许多挑战。教育领域最重要的任务是恢复战争期间的损失。在纳粹和苏联占领期间，3000 余名波兰中学教师失踪或被杀害，连同战争期间被杀的 1.3 万名小学教师，损失教师占教师总数的 35%。① 校舍、图书馆等教育基础设施也被破坏殆尽。战后的政治形势要求波兰教育重新确定教育的意识形态，教育的首要目的是强化爱国主义。正规学校的重要任务就是清除阻碍工农子女进入中等和高等教育的障碍，确保工人阶级能够获得各级教育的机会。

1944—1948 年，波兰试图通过改革摆脱 1932 年建立的学校体系。首先，完全改变了学校的意识形态方向。正规教育体系坚定不移地贯彻实施社会主义国家的教育政策，学校体系逐渐与宗教分离，越来越多的工农子弟进入学校，学校的民主化进程不断加快。波兰废除了以前的文科中学，取消了两级中学结构。两个低年级并入小学，两个高年级并入从前的专科中学，其结果是形成了一个分为两级的十一年制普通教育结构体系：第一级由七年制基础初等教育学校组成，第二级由四年制普通中学组成。这次改革的主要目的是以社会主义教育精神重构全国教育。改革的意图是，通过使教育结构更合理并试图以更复杂的方式影响学生的个性，从而使新的教育结构起到改变社会意识的作用。

1961 年，波兰又进行了一次学校结构改革。议会通过法律，四年制的中学是进行普通和综合技术教育的学校。根据马克思主义的观点，教育要为学生提供工作经验，使他们了解无产阶级的社会基础。综合技术教育就是把理论知识和学校的规定专业领域内的实践训练结合在一起。实践训

---

① 　[俄] 萨利莫娃、[荷] 多德：《国际教育史手册》，诸惠芳、方晓东、邹海燕译，人民教育出版社 2012 年版，385 页。

练是中学教学大纲的重要组成部分，目的是要保证学生更好地了解生产问题，理解劳动的意义，并为之后的职业确定方向。普通中学开设的科目有人文科学、科学、艺术、技术、体育等，课程高度结构化。其中，人文学科包括：波兰语、俄语和其他外语、历史和公民学。这些科目包含百科全书式的知识，强调社会主义的意识形态。科学学科包括数学、物理学、天文学、化学、生物学和地理学，旨在为学生提供广泛的规范化知识，以便为个人的多方面发展奠定基础，形成科学的世界观和唯物主义的人生观。

20世纪六七十年代，尤其是80年代，波兰国内国际一系列政治经济变革对波兰教育制度产生了重要影响。国内政局不稳定、意识形态的变化、经济的萧条严重阻碍了中等教育的普及和高等教育的发展。尽管如此，在实行社会主义制度期间，经济的发展效率虽然不高，但是国家社会结构发生了根本性的变革。工业化和城市化还提高了同行业内跨部门的社会流动性，其结果是农村人口的生活水平不断提高，工人阶级的文化水平也不断提高，教育机会日渐均等化。

20世纪70年代以来，国家教育行政机关与教育家们不断地就整个学校体系和课程结构展开辩论。在实行社会主义制度期间，波兰中等教育实现真正的普及。1987年，中学入学率达95%。[1] 尽管中学入学率大幅提升，但高等教育入学不平等现象仍然存在。在城乡和社会不同阶级之间存在明显的入学限制，知识分子、城市居民的子女进入各阶段学校的机会也更大。

二战之后到20世纪90年代，是波兰教育国际化的停滞阶段。二战后，在原有教育系统遭到严重破坏的情况下，波兰模仿苏联模式对教育系统进行了改造，依靠高度集中的方式控制教育，由政府负担教育系统的所有支出。在此阶段，教育系统的目的在于扫除文盲，提高国民的识字率，整个教育系统具有非常浓厚的意识形态气息，课程受到严格的控制。高等

---

① ［俄］萨利莫娃、［荷］多德：《国际教育史手册》，诸惠芳、方晓东、邹海燕译，人民教育出版社2012年版，第389页。

教育系统也同样遭受了严重的破坏，重建后的高等教育系统受到国家制度的严格审查。在此阶段波兰教育的国际化基本上处于停滞状态，高等学校与国外的交流活动几乎都取消了，教师、学生的国际交流受到严密监控，仅有屈指可数的国际交流项目继续运行，教育质量下滑十分严重。与波兰还保持有国际联系和交流活动的只有波兰—美国富布赖特委员会（Polish-US Fulbright Commission）、英国文化协会（British Council）以及德意志学术交流中心（Deutscher Akademischer Austausch Dienst）等。从统计数据来看，1950 年波兰政府招收了 183 名外国留学生，到 1960 年留学生数量仅为 740 名。之后，受联合国教育发展计划的影响，波兰外国留学生数量有所增长，到 1990 年外国留学生数量达到 4259 名。[①] 1989 年，苏联政权动荡，受东欧剧变的影响，政府开始放松对教育国际交流的控制，这为波兰教育国际化、提升波兰教育影响力提供了重要机遇，波兰开始了艰难的转型之路。

七、20 世纪 90 年代至今

自 1989 年以来，波兰进行的教育改革主要目的是清除教科书的政治宣传，解决教学大纲负担过重问题，加强灵活性，精心拟定了一系列最低限度要求，允许教师灵活运用其约 30% 教学时间。1991 年 9 月，波兰议会通过了《教育制度法》。该法规定，学校是属于社会的、社区的而非国家的，学校的存在是为了使个人成为合格的公民。根据该法，学校不是要将学生培养成献身于集体的人，而在于培养作为社区组成部分的学生个体，教育是对个人进行培养、教授和学习的过程。通过教育，学生知晓如何参与生活、如何作出选择。学校是社会的代理机构，社会需要学校为它提供合格的产品。学校通过培养年轻人的责任心和自主性来为社会服务，通过培养年轻人为将来生活做准备。根据该法，学校必须为所有人提供学习机会。学校是民主机构，对学生所做的决定和正确的选择负有责任。根

---

① 李玲：《波兰高等教育国际化发展探析》，《教育文化论坛》2017 年第 9 期。

据新政策,学校是维护人权的地方,学校必须用多元观点对待学生,鼓励创新创造,关注全球问题、人类共同面临的挑战。

20世纪90年代,受婴儿潮影响,学生数量大幅上升。为满足公众庞大的教育需求,波兰政府颁布了一系列法案如《高等教育法》《职称和学位法》《高等职业教育法》等规范高等教育办学秩序。但即使波兰政府对教育国际化的限制较以往松动了不少,受教育资源匮乏的影响,波兰的外国留学生并未增加多少。教育国际化政策的松动对波兰教育带来了深刻的影响。一方面这为波兰教育提供了更广阔的市场。通过这些国际平台,波兰教育系统有机会与其他国家教育系统进行比较,为教育改革提供方向和借鉴。另一方面,相对于周边其他发达国家(如德国、法国)来说波兰教育系统仍然存在比较劣势,波兰高校在世界大学排行榜的排名一直不高,许多优质生源纷纷选择出国留学。波兰本国的学校不仅面临着国内市场的竞争,还要面临国际教育市场的竞争压力。此外,波兰对外国留学生的奖励政策不足,签证审查严格,对外国留学生的吸引力不够,这导致波兰出国留学和来波留学发展不均衡。1994年,波兰加入经济发展与合作组织(Organization for Economic Cooperation and Development,以下简称经合组织或OECD),1999年,波兰分别加入博洛尼亚进程、伊拉斯谟计划和苏格拉底计划,积极参与对外交流,短期留学的学生大量增加,波兰高等教育国际化进程不断提速。根据协定,波兰在学历认证、教育系统改革、学分制度、学习年限等方面进行改革,以促进国与国之间学生的交流。此外,1998年一些波兰大学校长和关心高等教育的公众人物成立了远景教育基金会(Perspektywy Education Foundation),为波兰高等教育国际化提供了重要的平台。总的来说,此阶段受益于东欧剧变、苏联解体,波兰原来严格的国际交流政策渐渐松动,加之先后加入了OECD、博洛尼亚进程等,既为波兰教育国际化带来了机遇,也一定程度上给波兰带来国际竞争的压力,波兰开始了艰难发展的教育国际化进程。

进入21世纪以来,随着全球化进程的不断推进,国家间的人才竞争日益激烈,各国积极推行教育国际化战略,以期在全球竞争中取得优势,波兰也不例外。为了推进欧洲高等教育一体化进程，波兰开始遵照博洛尼亚进程的协定对本国学位体系、学分制度、学历互认制度等进行改革。新的学位体系与欧洲其他国家的标准相一致，新的学分转换和累计制度使得国家间的学历互认成为可能，波兰的学历得到了其他国家的认可。这不仅提高了波兰教育的国际化水平和影响力，吸引了来自欧盟等国的留学生，也为波兰的教育输出提供了有利条件。2004 年，波兰正式加入欧盟，这为波兰高等教育机构加强与国外高校的联系、提升波兰高等教育质量、提高波兰高校的国际地位和影响力提供了重要机遇。作为欧盟成员国，波兰积极参与欧盟内部的科研计划，先后参与了欧盟的第五框架计划、第六框架计划，此外，波兰还积极参与其他国际组织资助的、政府间的多边和单边协定如尤里卡计划（Eureka Initiative）、欧洲科学技术合作计划（European Cooperation in Science & Technology）以及北约科学计划（NATO Science Programme）等。2005 年，波兰大学校长会议发起了"在波兰学习"（Study in Poland）计划，通过组织国际会议、研讨会、出版手册、开展科研项目等为有意向来波兰留学的学生提供资助。该计划实施以后来波兰的留学生有了大幅度的提高，有力地推动了波兰的高等教育国际化。

这一时期波兰教育国际化取得了许多非常重要的成就。据统计，2017 年，来波留学生人数达 63925 人，出国留学生达 24918 人。[1]2018—2019 学年，波兰高等教育机构的外国留学生增长了 7.6%，达 7.83 万人，占注册学生总数的 6.3%。其中，来自欧洲的学生共有 6.1 万人，占留学生总数的 78.0%；来自乌克兰的留学生数量最多，共有 3.92 万人，占留学生总数的 50.1%。[2] 在此阶段，波兰不断扩大教育国际化的范围和内容，

---

[1] UNESCO Institute for Statistics：Global Flow of Tertiary-Level Students，见 http：//uis.unesco.org/en/uis-student-flow#slideoutmenu。

[2] Central Statistical Office（GUS）：Higher education institutions and their finances in 2018，2019 年 10 月 31 日，见 https：//stat.gov.pl/en/topics/education/education/higher-education-institutions-and-their-finances-in-2018，2，12.html。

由最初只关注教师、学生的流动，到现在重视国际科研合作项目、联合培养项目、合作办学项目的开发以及国际化课程的开设等。政府在此阶段也积极作为，积极参与政府间、国际组织的合作项目，明确高校、地方和政府的职权，采取多种方式推动波兰的教育国际化。

第二节 波兰国际教育合作与交流政策的现状

虽然经过了近 20 年的快速发展时期，但是波兰教育系统的国际化仍然处于较低水平。据 OECD2017 年的数据显示，波兰的国际学生流动率仅占注册学生的 4.1%[①]，在所有 OECD 国家中处于中下游水平。目前，波兰政府尚未颁布国家层面的系统的教育国际化战略，有关教育国际合作与交流的内容散见于波兰教育立法、地方政府规章、国际流动计划的规定等文件。波兰国际教育合作与交流主要受到欧盟内部教育国际合作计划、与其他国家签订的多边和双边教育合作协议的推动。此外，地方各级政府、教育组织及国家部门制定的规章制度、基金也对波兰国际教育合作与交流产生了重要推动作用。

一、波兰基础教育领域的国际教育合作与交流政策

波兰实行免费教育，且 18 岁之前为义务教育，管理部门为国民教育部和科学与高等教育部。从 2017 年 9 月 1 日起，波兰实行新的国民教育体制，取消初中，分为小学 8 年，普通中学 4 年或职业／技术学校 2—5 年。波兰基础教育阶段的国际教育合作与交流主要在欧盟以及波兰与其他国家（地区）签订的多边、双边教育交流合作协议下开展。

（一）学生流动

鼓励学生流动，是欧洲高等教育一体化的基本原则，也是波兰国际

---

① OECD：International student mobility，见 https：//data.oecd.org/students/international-student-mobility.htm。

教育合作与交流的基本政策。波兰的学生流动主要是通过欧盟的相关计划和一些双边协议推动的。

　　波兰基础教育、职业教育阶段的学生国际流动主要在教育系统发展基金会（Foundation for the Development of the Education System）管理的欧盟"伊拉斯谟＋计划"（Erasmus+ Programme）下开展的。在"伊拉斯谟＋计划"行动 1（Action1）下，个人、职业技术学校的学生可以在国外的企业、非政府组织或职业教育组织中进行持续 2 周至 12 个月的实习以发展他们未来进入劳动力市场所需的技能。在"伊拉斯谟＋计划"行动2（Action 2）下，所有类型学校的学生均可以在建立了战略合作伙伴关系和学校交流合作伙伴关系的学校间进行短期和长期的国际流动。该项行动旨在培养学生的团队合作、跨文化、项目规划和实施、外语能力以及信息技术技能等。此外，青少年还可以参与青年和青年工人流动项目（行动 1）和欧洲志愿服务项目（行动 2）。在青年交流项目中，年轻人按照事先确定的议程通过研讨会、辩论、练习、模拟、户外活动等形式进行合作。在欧洲志愿服务项目中，年轻人可以作为志愿者在另一个国家／地区从事全职的志愿服务工作，持续时间为 2 周至 12 个月不等。除了"伊拉斯谟＋计划"以外，在欧洲社会基金（European Social Fund）的支持下，教育系统发展基金会设立了知识教育发展运营计划（Knowledge Education Development Operational Programme 2014—2020）为职业学校的学生和毕业生提供外国实习机会，帮助残疾学生和经济困难者学生参与国际流动。

　　与其他国家（地区）签订的双边协议也为波兰开展国际教育交流合作提供了重要支持。例如：（1）波兰立陶宛青年交流基金。2007 年，波兰政府和立陶宛政府签订了建立波兰—立陶宛青年交流基金（Polish-Lithuanian Youth Exchange Fund）的协议，基金由教育系统发展基金会管理，旨在支持波兰和立陶宛青年之间的国际合作与交流，具体形式包括开展国际会议、研讨会、考察访问和出版等。（2）波兰—乌克兰青年交流项目。波兰—乌克兰青年交流（Polish-Ukrainian Youth Exchange）是波兰—乌克兰青年交流委员会的一个项目，项目由教育系统发展基金会管理，主要形式包括资助两国青年跨国交流，开展文化节、音乐会、讲座等。(3)波兰—德国青年合作项目。1991年，波兰和德国成立了波兰—德国青年合作组织（Polish-German Youth Cooperation Organisation），项目旨在促进波兰和德国青年之间的国际联系，并支持和加强现有的教育合作，具体包括为两国的学生和交流提供资金、开展与STEM相关的国际会议、国际访学、国际实习等。

另外，波兰国家层面的计划也支持学生流动，主要包括：(1)国家教育部的青年交流项目。波兰教育部每年均会向基础教育阶段的学生参与国际交流合作项目提供竞争性奖励。2019年，与亚美尼亚、阿塞拜疆、白俄罗斯、格鲁吉亚、摩尔多瓦和以色列等国的青年交流项目均可获得支持。这些项目旨在加强国家间的对话，促进相互开放和宽容，克服语言障碍，培养青年对他国历史和文化的认识。(2)波兰—俄罗斯青年交流计划。波兰—俄罗斯青年交流计划由波兰—俄罗斯对话与理解中心（Centre for Polish-Russian Dialogue and Understanding）管理，旨在为13—26岁的青年参与教育合作项目提供资金，协调波兰和俄罗斯学术机构之间的跨国合作，提高人们对波兰和俄罗斯的历史以及社会文化的认识，具体形式包括开展主题教育计划、国际会议、讲座等。

（二）教师流动

波兰教师的国际流动也主要在"伊拉斯谟＋计划"内进行。波兰国家层面的立法仅将教师的国际流动作为教师专业发展的一部分。根据1982年1月颁布的《教师宪章》（Teachers' Charter）规定，教师可以在欧盟教育和培训计划的框架下、应国际组织的邀请、根据国际协议（包括学校、学校管理机构、教育主管部门、在职教师培训机构间的合作协议等）在国外开展专业发展活动。在国外参加的职业发展活动计入所在国家的就业期。2015年，波兰劳动和社会政策部颁布了关于外国人工作许可的规定。根据规定，在教育系统工作的外语教师、文化教育交流人员可以免除工作许可，这为教师的国际流动提供了便利。2018年5月29日，国家教育部出台了关于教师绩效考核标准和程序、绩效考核信息范围、绩效考核委员会组成和程序、申诉程序的规定，要求在定期的教师评估中，要考虑到教师在国外接受培训的时间。2019 年 1 月 18 日，国家教育部出台了关于为教师专业发展提供财政支持的规定，国家教育部和学校管理机构可为教师的海外实习提供资金支持。

在"伊拉斯谟＋计划"下，所有类型学校的老师和其他工作人员均可参与"行动 1"中学校教育人员的国际流动项目和"行动 2"中战略合作伙伴项目。职业和技术学校的教师也可以参加上述项目。针对学校教师的国际流动项目旨在通过国际流动提高学校教师和工作人员的专业能力，提高学校的绩效。在流动期间，教师可在国外开展教学任务或参加各种形式的培训或员工发展活动。学校和机构间建立的战略伙伴关系和学校交流伙伴关系既支持短期培训计划（如短期访学、培训课程或讲习班等），也支持长期流动以发展知识和改进专业能力。职业教育和培训部门的人员流动项目包括在国外职业技术学校的教学或培训任务以及短期的员工培训等。

欧盟的其他资助项目，例如知识教育发展运营计划也有专门的资金用于支持学校教师和其他工作人员的国际流动项目，涉及对象包括教师、辅导员和学校管理人员。学校教师可以在合作学校开展教学任务、参加有组织的培训活动以及在国外进行工作实习等。

二、波兰高等教育领域的国际教育合作与交流政策

根据 2013 年 12 月颁布的《外国人法》和 2018 年 7 月颁布的《高等教育和科学法》（Law on Higher Education and Science）的相关规定，外国学生除可注册波兰的学士、硕士和博士课程外，还可注册非学历和专科课程，具体入学标准依波兰与其他国家（地区）和组织签订的协议而异。

此外，科学与高等教育部 2015 年还编制了《高等教育国际化规划》（Higher Education Internationalization Programme）。规划要求，要创造有利于高等教育机构国际化、研究成果创新和商业化的条件，促进国际学者在波兰高等教育机构开展研究工作，并鼓励非欧盟学生来波兰学习。

2017 年夏天，波兰还通过了《国家学术交流机构法》(Act on the National Agency for Academic Exchange)，并成立了国家国际交流局，该机构的总体目标是促进波兰高等教育和研究的国际化进程。除此之外，波兰政府颁布的《2020 年人力资本发展战略》(Strategy for the Development of Human Capital 2020) 和《2015—2030 年高等教育发展规划》(Higher Education Development Programme 2015—2030) 的优先事项之一就是增加学术人员和学生的流动，支持高等教育机构获得国际认证，增加外语授课项目的数量，促进外国学生在波兰的学习，扩大对国际流动和实习的资助范围和力度。

（一）学生流动

当前，高等教育阶段的学生流动也主要在欧盟"伊拉斯谟＋计划"下开展，此外，波兰还与其他国家（组织）签订了许多多边、双边协议和国家层面的学生流动计划。借助这些协议以及欧洲学分转移和累积制度 (European Credit Transfer System，简称 ECTS)，波兰高校的学生可以方便地在欧洲范围内流动。

由教育系统发展基金会管理的"伊拉斯谟＋计划"为学生提供了多种流动机会。在"伊拉斯谟＋计划"行动 1 范围内，学生可以在国外的企业或其他组织中进行 3—12 个月的学习或 2—12 个月的实习。这种类型的国际流动大多基于波兰与其他国家或组织之间的合作协议。在行动 2 范围内，学生的流动性包括"战略合作伙伴关系"和"高等教育能力建设"两个子项目。战略合作伙伴关系通常包括为期 5 天至 2 个月的短期课程、短期留学、虚拟学习等。在"高等教育能力建设"项目下，学生可参加国际课程或在国外进行实地学习（2 周至 3 个月之间）。欧盟其他的资助项目，例如"精英中的精英"项目也支持高等学校学生流动。"精英中的精英"项目 (The Best of the Best) 是由欧洲社会基金与科学和高等教育部设立的，是知识教育发展运营计划的一部分。该项目为学生参加国际比赛、国际会议的学生提供资助，为在人文学科、社会科学、科学技术和生命科学等研究领域的杰出波兰学生的研究活动，创新和创造力提供支持。

多边项目是支持波兰高等学校学生流动的重要框架。以中欧大学研究交流计划为例。1994 年，包含波兰在内的 6 个中欧国家签订了中欧大学研究交流计划协议《Central European Exchange Program for University Studies III Agreement》，该协议是中欧教育领域的第一个多边合作计划，如今该计划已拓展到 15 个国家。该计划由国家学术交流局协调，主要支持成员国之间建立大学网络、开展联合培养项目（尤其是博士阶段）等。再如国际维谢格拉德基金。2000 年，捷克、斯洛伐克、波兰和匈牙利四国的总理宣布成立国际维谢格拉德基金（International Visegrad Fund）。该基金旨在加强四国之间以及四国与其他国家之间的合作。该基金主要为硕士及以上的研究生参与国际流动提供资助。

双边奖学金计划是波兰高等学校学生流动的重要推动者。主要包括：（1）富布赖特计划。富布赖特计划（Fulbright Programme）由波兰—美国富布赖特委员会管理，旨在为两国硕士或博士研究生去往对方国家参与国际流动项目提供资助。（2）莱恩·柯克兰奖学金计划。莱恩·柯克兰奖学金计划（Lane Kirkland Scholarship Programme）由波美自由基金会（Polish-American Freedom Foundation）支持，旨在为亚美尼亚、阿塞拜疆、白俄罗斯、格鲁吉亚、哈萨克斯坦、吉尔吉斯斯坦等国的年轻学者和专家赴波开展研究活动提供资助。

为促进波兰博士生和国际学生参与国际流动，波兰国家学术交流局设立了许多国家层面的计划。主要包括：（1）"波兰我的第一选择"项目。"波兰我的第一选择"（Poland My First Choice）项目由波兰国家学术交流局（National Agency for Academic Exchange，简称 NAWA）负责，是知识教育发展运营计划的一部分。所设奖学金面向欧盟成员国、冰岛、挪威、澳大利亚等国有意在波兰完成研究生教育的学生。（2）伊瓦诺夫斯卡计划。伊瓦诺夫斯卡计划（The Iwanowska Programme）旨在资助波兰大学和其他高等教育机构的博士研究生在有国际科学合作关系的外国机构完成博士学位课程及其相关活动，具体包括论文出版、参与教学、开展独立研究项目等。（3）安德斯将军计划。安德斯将军计划（The Gen. Anders

Programme）面向东欧、美洲和非洲国家具有波兰血统且希望在波兰完成学士学位或硕士学位课程的学生。此外，学生还可以在课程开始之前，参加为期一年的预备课程以提升波兰语水平，补充核心 / 专业知识。(4) 斯蒂芬·巴纳赫奖学金计划。斯蒂芬·巴纳赫奖学金计划（The Stefan Banach Scholarship Programme）是由波兰外交部和国家学术交流局共同推出的，旨在通过与东欧、中亚和西巴尔干半岛国家的教育合作，提高国际学生的知识和技能以支持发展中国家的社会经济增长。申请者可以选择在科学和高等教育部下属的公立和非公立大学注册全日制的硕士课程，可选专业包括工程技术、农业、生命科学等。(5) 伊格纳西·卢卡西维奇奖学金计划。伊格纳西·卢卡西维奇奖学金计划（The Ignacy Lukasiewicz Scholarship Programme）也是波兰外交部与国家学术交流局共同推出的奖学金计划。该计划面向拉丁美洲、非洲和亚洲的部分发展中国家 / 地区的申请人，旨在支持发展中国家的社会经济发展。申请人可以在波兰公立大学注册工程技术、科学、自然或农业科学等专业的硕士学位课程和预备课程。

（二）教师流动

促进学术人员的国际流动是博洛尼亚进程的重要内容之一。国际化已成为波兰政府《负责任发展战略》（Strategy for Responsible Development）的主题之一，也是波兰认证委员会进行的强制性评估 / 认证的关键指标。波兰尚无关于学术人员国际流动的国家层面的立法。但是，波兰政府关于高校内部质量管理的制度要求高校要定期对学术人员进行评估，各机构在开展定期评估时，应考虑学术人员的访问、交流经历。与学生一样，学术人员的国际流动也主要基于欧盟"伊拉斯谟＋计划"以及其他多边、双边协议。

"伊拉斯谟＋计划"行动 1 中的学习流动（Learning Mobility）项目和行动 2 下的战略合作伙伴（Strategic Partnerships）、知识联盟（Knowledge Alliances）项目均支持学术人员的国际流动。在"学习流动性"项目下，教师可以在海外高校开展教学任务或参加国外机构或企业组织的培训课程。在"战略合作伙伴"项目下，教师可以在国外完成 2—12 个月的教学任务，参加 3 天到 2 个月的短期培训活动，或开设 5 天到 2 个月的强化课程。在"知识联盟"项目下，学术人员可以出国上课或接受培训。此外，教师还可以通过"地平线 2020 计划"（Horizon 2020）参与国际科研合作。教学大师项目（Masters of Teaching）也是知识教育发展运营计划的子项目，由欧洲社会基金和波兰科学和高等教育部管理，旨在为波兰高校的学术工作人员的访学、培训提供支持。

为学术人员国际流动提供支持的多边协议和计划主要有上述的中欧大学研究交流计划和国际维谢格拉德基金会等。在双边项目方面，富布赖特计划发挥着重要的作用。在富布赖特计划的支持下，波兰的学术人员可以在美国高等教育机构开展教学任务或研究工作。在波兰与美国富布赖特委员会合作的美国高校中专门研究波兰和中东欧文化历史的学术人员也可获得资助。STEM 领域的研究人员也可以申请资金以在美国高等教育机构学习或开展教学研究项目。在波兰的高等教育研究机构也可为美国学术人员的教学任务或研究工作提供资金。此外，有意在波兰高等院校任教的毕业生也可申请该计划的资助。

在国家层面，波兰政府机构也通过各种计划支持教师流动。主要包括：（1）移动＋计划。波兰科学与高等教育部于 2012 年开始实施了"移动＋计划"（Mobility Plus），旨在为包括博士生在内的 35 岁以下的初级研究人员提供在国际知名研究机构开展研究的机会。（2）贝克尔计划。贝克尔计划（The Bekker Programme）支持波兰学术教师和研究人员开展卓越的研究。奖学金用于在世界各地的学术和研究机构从事博士后实习，研究或开发工作以及收集研究材料。（3）沃尔查克计划。沃尔查克计划（The Walczak Programme）是由波兰卫生部和国家学术交流局共同设立的旨在支持波兰学术人员在心脏病学、肿瘤学、变态反应学和传染病领域的专业发展，高等学校、研究所或教学医院具备博士学位的工作人员均可申请。（4）波兰人回归计划。波兰人回归计划（Polish Returns）旨在鼓励在国外工作的杰出波兰学者返回波兰高校和科研机构开展研究工作。归国学者可自行组建项目团队或参加正在进行的研究项目。（5）NAWA CHAIR 计划。2020 年 6 月，波兰国家学术交流局宣布实施 NAWA CHAIR 计划。该计划旨在吸引国外杰出科学家来波开展学术研究、讲学以推动高等教育和科学国家化战略的实施。计划前期将主要对人文科学、社会科学和神学领域具有重要影响力的外国专家进行资助，资助范围包括薪酬、差旅、住宿等。后续该计划将逐渐扩展到其他领域。除上述计划之外，波兰科学基金会（Foundation for Polish Science）还设立了多个奖学金计划为不同研究阶段的研究人员参与国际流动提供资助。

（三）科研的国际化

波兰通过多种途径推进高等教育领域科学研究的国际化，主要包括：

一是双边学术和研究合作。这是国家国际交流局的特别项目之一。双边学术或研究合作资助专用于与来自亚美尼亚、奥地利、白俄罗斯、保加利亚、比利时、瓦隆尼亚、中国、捷克、埃及、芬兰、希腊、西班牙、以色列、日本、立陶宛、蒙古、德国、葡萄牙、罗马尼亚、塞尔维亚、斯洛伐克、斯洛文尼亚、瑞士、瑞典、土耳其、乌克兰、匈牙利、越南的学术研究人员开展合作。各高校可以签订个体层面的合作合同，并在研究条件等方面达成一定的共识。

二是伊拉斯谟终身学习奖学金计划（Lifelong Learning Programme）。该计划主要资助高等教育领域的发展、现代化和创新项目，包括与世界其他机构开展联合培养研究生项目、在不同国家共建研究中心、参与欧盟创建的国际项目和网络等。波兰也是欧洲科学技术委员会、欧洲粒子物理研究中心、德国电子同步加速器研究所等国际项目的重要伙伴。作为欧盟成员国，波兰参与了欧盟第五和第六框架计划。

三是尤里卡倡议计划。波兰于 1995 年成为尤里卡倡议的正式成员。截至 2003 年，波兰的科研机构与其他国家的伙伴共同参与了 73 个项目。除欧盟的项目外，波兰还参加了欧洲科学技术委员会的项目。欧洲科学技术委员会是欧洲最古老、最广泛的政府间研究合作网络。自从波兰加入该协议之后，参加合作的波兰研究团队的数量开始不断地增加。2008 年，波兰研究团队参加了 152 个项目，涉及的领域包括化学和分子科学和技术、农业、生物医学和分子生物科学、信息和通信技术、材料、物理和纳米科学。

三、波兰成人教育领域的国际教育合作与交流政策

成人教育阶段学习者的国际流动也主要在"伊拉斯谟＋计划"下开展。在行动 2 中的"战略合作伙伴计划"项目的一部分，成人学习者、职业或技术学校的应届毕业生可以申请项目资助参加海外职业教育和培训项目。

波兰并无国家层面的关于成人教育教师和培训人员的国际流动计划，成人教育阶段的教师国际流动主要基于"伊拉斯谟＋计划"下的"学习流动"和"战略合作伙伴关系"项目。基于"学习流动"项目，教师可以申请为期 2 天至 2 个月的海外培训计划、结构化课程、国际会议等。基于"战略合作伙伴关系"项目，教师可申请 5 天至 12 个月的海外专业发展活动。

第三节　波兰国际教育合作与交流政策的战略重点及发展方向

波兰的国际教育合作与交流主要集中在高等教育和职业教育领域，特别是高等教育领域。因此，本节主要对波兰国际教育合作与交流政策的战略重点及发展方向的探讨，也主要聚焦高等教育领域。

一、波兰国际教育合作与交流政策的战略重点

波兰科学与高等教育部正在进行的"高等教育国际化项目"的战略重点主要有：（1）通过提高教育科研质量，提高波兰高等教育机构在国际教育市场上的竞争力；（2）充分发挥科学和教育在促进国家经济增长中的作用；（3）提高波兰作为科学、教育发展中心的吸引力，提升波兰在国际化领域的地位；（4）科学与高等教育部准备强制学术人员进行专业流动以

实现以上目标。①

波兰国际教育国际化政策的战略重点主要包括推动人才培养的国际化以及推动教学科研的国际化两部分，二者相辅相成，共同促进。

（一）推动人才培养的国际化

波兰国际教育合作与交流的首要目标是培养国际化人才。借助"伊拉斯谟＋计划""苏格拉底计划"等，波兰积极推进各阶段教师在国家间的流动，大力推行外语普通教育计划，建设与欧盟其他国家统一的人才标准，为师生的国际流动创造条件。

1. 在各教育阶段推行外语教育和全球素养教育

2016 年，波兰启动了学校教育改革，以八年制小学取代原有的小学教育体制。为了更好地推进国际化，加快与国际接轨，波兰大力推行国家外语课程，并在国家教育系统中融入全球化模块，实施范围涵盖了从小学阶段到中学阶段的所有学校。

2017 年 2 月，波兰颁布了《国家教育部长关于学前教育和小学通识教育核心课程的规定》（Regulation of Core Curricula for Pre-School Education and for General Education in Primary Schools），规定了学前教育和小学阶段通识教育课程体系应涵盖的内容，同时对全球和跨文化课程的内容进行了规定。根据规定，完成学前教育的孩子应该知道自己国家的名字和首都，了解国徽、国旗和国歌等，并了解波兰是欧盟的成员。从 2014—2015 学年起，学前教育核心课程体系开始引入了强制性外语学习，小学阶段学生每年的外语学习时长应不少于 180 课时。在小学一年级到三年级阶段，教师应该通过活动让学生了解欧盟及其他国家的文化。完成这一阶段的学生能够举例说明大型社会团体、城市、州、欧盟主要国家的名字，知道所在国家的传统和习俗，并能和不同社会群体、国家的习俗和传统进行比较。在四到八年级，学生应学会两门外语。在波兰语课程中融入了有关欧洲和

---

① Center for public policies studies：Strategy for development of the higher education in Poland until 2020，2010 年 2 月，见 http://cpp.amu.edu.pl/pdf/SSW2020_strategia.pdf.

世界文化的内容，历史学科除应学会波兰历史外，还应掌握欧洲史相关知识。公民教育模块还应包括人权、国家（民族）和国际事务相关内容，让学生认识到民族主义的危害，了解欧盟在世界的地位，能对国际社会的问题作出判断。在七年级至八年级，所有学校都开设了第二门 120 课时的外语必修课。

2018 年 1 月，波兰政府通过了《关于普通中学、中等技术学校和高中职业学校的通识教育核心课程的规定》（Regulation of Core Curricula for General Education in General Secondary Schools，Technical Secondary Schools and Stage II Sectoral Vocational Schools），规定外语课程要达到高级水平，波兰语课程要求学生了解并阅读世界和欧洲著名作家的文学作品。历史课程除使学生了解欧洲文化之外还应帮助学生形成身份认同。公民教育模块应包含人权保护、民族主义等主题的深入内容，高级公民教育模块则应包含文化多样性、社会问题、社会生活、全球问题等主题的高级内容。国际关系模块则应使学生了解国际准则、熟悉国际化进展和国际组织的相关内容，帮助学生形成全球意识。

2. 建设与欧洲统一的高等教育学制，推动学位学历互认

自加入博洛尼亚进程和哥本哈根进程之后，波兰就开始积极改革人才培养标准，试图与其他欧洲国家保持一致，这主要体现在学历互认制度、学分认定制度和资格框架制度三方面。

自 2007 年起，波兰高等教育学位制度开始改革，改革后的高等教育一般包括三个阶段的学习：第一阶段为本科教育，学制 6—8 个学期，授予学士学位；第二阶段为硕士教育，学制 3—4 个学期，授予硕士学位；第三阶段为博士教育，学制 6—8 个学期，授予博士学位。还有一种长周期学习，即本硕连读项目，学制为 10—12 个学期，授予硕士学位。申请硕士学位的学生必须符合下列至少一个标准：（1）提供在获得学士学位的国家申请硕士学位的机会；（2）确认外国高等教育机构提供的联合计划已经完成，并在提供联合计划的国家中至少获得一个国家的硕士学位；（3）根据国际协定予以承认。申请攻读博士学位（第三个周期）遵循与第

一和第二个周期相同的规则。从 2007 年起，波兰所有的大学都开始使用 ECTS 学分制，不同学位体系有相应的学分要求。这种欧洲通用的学分转换系统为欧洲其他国家学生在波兰的学历学位认定提供了极大的便利，也为波兰与各学校的人才资格互认、联合培养奠定了重要的基础。

为促进波兰与国外高校之间的学历互认，波兰先后签订了一系列国际文凭互认协议。在欧盟成员国、经合组织成员国获得的中等教育证书、文凭或其他教育文件，在波兰同样适用。经国家或省教育主管部门进行行政审查认可后，文件所有者可据此申请在波兰大学或高等教育机构学习。

2013 年，波兰政府参照欧洲资格框架和欧洲高等教育资格框架，构建了国家资格框架，框架包括八个级别，适用于波兰各级各类教育。学员可以通过正式和非正式的教育培训，获得国家认证资格，通过相应职业的资格考试后可以取得该职业的资格证书。随后，为增强资格框架的透明度，促进人员的国际流动，波兰政府于 2016 年发布了新的国家资格体系，采用更加统一的标准对正式和非正式教育培训进行认证。[①]

3. 促进学生的国际流动

虽然与其他 OECD 国家相比，波兰教育的国际化水平仍然不高，但是在"伊拉斯谟＋计划"、中欧高等教育交流计划以及其他多边和双边教育合作协议框架下，来波留学的学生不断增加，教育国际化水平不断提升。在 2014—2018 年间，通过"伊拉斯谟＋计划"参与国际流动的职业教育学生共有 46038 名，通过"知识教育发展"项目参与国际流动的职业教育学生有 43519 名。这些项目几乎都是短期的（少于 90 天），97% 的国际流动项目少于 4 周。在 2014—2018 年间，最受学生欢迎的目的地是德国（25%），西班牙（19%）、意大利（15%）、希腊（11%）、英国（10%）、葡萄牙（9%）和爱尔兰（4%）紧随其后。[②] 根据远景教育基金会

---

① 朱姗：《波兰终身学习特色及启示》，《成人教育》2018 年第 6 期。

② Cedefop Refernet Thematic Perspectives：International Mobility in Apprenticeships：Focus on Long-Term Mobility Poland，见 https://cumulus.cedefop.europa.eu/files/vetelib/2018/international_mobility_apprenticeship_Poland_Cedefop_ReferNet.pdf.

的数据显示，2018—2019学年共有78259名留学生在波兰学习，他们分别来自174个国家，比前一年增加了5516人。尽管波兰高等教育的入学总人数有所下降，但是波兰高等教育国际化水平反而有所提高。2018—2019学年，外国留学生占全国学生总数的6.37%，而10年前这一比例仅有0.71%。[①] 来自欧洲国家留学生人数一直占多数，主要来源国有乌克兰、白俄罗斯、德国、西班牙、捷克、挪威、瑞典等。2018—2019学年共有39203名乌克兰籍和7314名白俄罗斯籍学生留学波兰，在所有在波留学生中占比最大[②]，这与波兰政府制定的定向留学和奖学金计划有关。近年来，来自亚洲和非洲的留学生人数也不断上升，其中印度、中国、哈萨克斯坦、喀麦隆、津巴布韦等国的留波学生人数不断增长，这与波兰政府为援助发展中国家经济发展而设立的奖学金计划密切相关。

4. 支持各阶段教育教师的国际流动

自加入博洛尼亚进程以来，波兰政府对教育系统进行了一系列的改革，教师和学者的教育流动状况显著改善。目前而言，欧盟"伊拉斯谟＋计划"为教师的国际流动提供了最为重要的支持，但其他多边、双边教育合作协议如教学大师计划、中欧大学研究交流计划、富布赖特计划、移动＋计划等也为教师提供了流动机会。除此之外，波兰也通过将国际化纳入国家发展战略推动各阶段学术人员的国际流动。如《人力资本发展战略》规定，将流动作为工作人员发展的一个组成部分。根据该战略，流动既是交流和获得经验的工具，也是建立国际合作关系的工具。该战略主要目的就在于促进波兰学术人员向国际高等教育机构的外向流动和国际学术人员向波兰的内向流动。《负责任发展战略》也将人员的国际化流动看作是优先事项之一。

波兰并没有强制规定教师和学术人员必须参加国际流动活动。然而，

---

① Perspektywy Education Foundation：Foreign students in Poland 2019， 见 http：//www. studyinpoland.pl/en/news/82-foreign-students-in-poland-2019.

② Perspektywy Education Foundation：Foreign students in Poland 2019， 见 http：//www. studyinpoland.pl/en/news/82-foreign-students-in-poland-2019.

国家立法机构会定期对高等教育机构学术人员进行评估，并将其作为高等教育内部质量保证体系的一部分。在评估中，通常由独立机构制定详细的绩效评估标准。在定期评估学术人员以及评估其学术生涯发展成就时，适当考虑其国际化经验，如访问、交流、参与"伊拉斯谟＋计划"等。高等教育机构在向科学和高等教育部提交的年度报告中，也需要提供关于工作人员流动程度的信息。

（二）推动教学科研的国际化

推动教学科研的国际化是波兰高等教育国际化的重要内容之一。为推动教学科研的国际化，波兰政府与国际组织、其他国家签订了国际科研合作计划，在完善相应科研和奖学金制度的同时，加强高校科研国际合作，大力支持对外合作办学。

1. 加强高校科研国际合作

截至 2019 年底，波兰已与 40 多个国家签署了双边协议，涉及奖学金、资格认定、国际流动等多方面。协议国家覆盖非洲、美洲、亚洲以及大洋洲等多地。2015 年 9 月，波兰国家科学中心（National Science Center，简称 NCN）设立了"POLONEZ 计划"，为具有博士学位或至少同等研究经验的研究人员提供工资、家庭津贴，鼓励研究人员来波从事科研工作。申请者无国籍限制，但需在该计划推出前三年内在波兰定居或工作未满 12 个月。为鼓励研究者积极参与双边或多边合作框架下的国际科研项目，国家科学中心还设置了"HARMONIA 计划"，为国际科研项目提供资金支持，资金覆盖范围包括工资、旅费、出版费用等多方面，资助时间从 12—36 个月不等。

此外，波兰作为欧盟成员，还积极参与欧盟设立的多项科研计划，在基础研究、应用技术研究、前沿问题研究等方面开展广泛的科研国际合作。以"地平线 2020"（Horizon 2020）计划为例，该计划于 2014 年提出，研究内容主要包括基础研究、应用技术和应对人类面临的共同挑战三大部分，主要目的是整合欧盟各国的科研资源，提高科研效率，促进科技创新，推动经济增长和增加就业。波兰共有 2283 所高校或科研机构参与该计划，共获得 1577 项资助，占欧盟总数的 5.68%；由波兰科研机构提交的合格提案共 11999 项，占欧盟所有合格提案的 5.27%。[①]

2. 完善各类科研和奖学金计划

2011 年，波兰政府通过《高等教育法修正案》（Higher Education Laws Amendment Act），开始了新一轮的高等教育改革。法案规定，政府要增加高等教育公共支出，增加高等教育入学人数，增设各类奖助学金，加大对高校学生的资助力度。同年，波兰政府还修订了《1999 年国家学生资助计划法案》（National Student Financial Aid Scheme Act），进一步规定了国家学生资助计划委员会的职责和权限，规范了学生资助计划委员会的运作程序。

为促进科研成果转化，波兰政府采取了一系列措施鼓励高校科研成果商业化，通过政策引导和资金支持鼓励大学科研人员开展技术创新和发明创造，联合产业部门和科研院所开展协同创新活动，推动学术创业和创建衍生公司。2011 年，波兰成立了"500 强创新者科学—管理—商业化计划"，选派波兰 500 强科学家和创新者到美国著名大学接受科研成果商业化业务培训。[②]

此外，为提高科研质量，法案还重新界定了学术职业生涯发展途径，规定教师从事第二职业应经学校批准且不能影响当前科研工作。波兰政府还成立了国家研究委员会（National Research Council），将基础研究科研资助决策权下放至学术机构，全面实施竞争性科研资助机制，[③] 并要求对所有资助项目的前、中、后期进行全面的质量管理，根据项目进展和质量采取灵活的奖惩措施。

---

① European Commission：Horizon 2020 country profile for Poland，见 https：//ec.europa.eu/research/horizon2020/index.cfm? pg=country-profiles-detail&ctry=Poland#projects.

② 杨晓斐：《波兰高等教育转型发展新趋向及启示》，《比较教育研究》2015 年第 9 期。

③ 杨晓斐：《波兰高等教育转型发展新趋向及启示》，《比较教育研究》2015 年第 9 期。

二、波兰国际教育合作与交流政策的发展方向

2015 年波兰政府颁布了《高等教育国际化计划》(Internationalisation of Higher Education Programme),计划分为两个阶段:2016—2020 年以及 2020 年以后。该计划梳理了高等教育国际化存在的主要问题,并分别从政府和高校的角度为未来波兰高等教育国际化提出了发展方向。

该计划确立了未来波兰高等教育国际化的 3 大目标和 13 项子目标。三大目标包括:(1)通过提升波兰教学和科研质量提高波兰高校在国际教育市场上的竞争力;(2)发挥教育和科学技术在国民经济增长中的重要作用;(3)促进教育和科学技术的发展,提高波兰的国际地位。具体目标包括:(1)建设高质量的、具有吸引力的高等教育体系;(2)通过国际认证、新技术等途径提高波兰教育的吸引力;(3)加强学位互认、学分转换制度建设;(4)积极参与科研合作,增加波兰国际合作科研项目的数量;(5)与他国合作建设联合培养项目;(6)鼓励波兰学生参与国际流动;(7)吸引外国人员到波兰留学;(8)提高专业人员质量,提高外国人员在专业人员中所占比例;(9)吸引外国杰出科学家到波兰讲学;(10)加强高校学生、工作人员之间的联系;(11)完善课程制度,鼓励波兰学生参与国际科研合作;(12)完善奖学金制度以更有效地吸引国际学生;(13)加强波兰语课程网络建设,并与奖学金制度挂钩,吸引国际留学生。

具体而言,波兰国际教育合作与交流政策的发展方向包括:

(一)逐渐明确参与主体权利与责任

通过梳理波兰教育国际化的历史,可以发现波兰政府在推动国际化的进程中呈现出政府参与不够积极主动,各主体权责不明晰的特点。教育国际化多呈现自下而上的特点,政府履行监管职责,主要由各交流计划管理部门、各大高校推动波兰的教育国际化。受益于伊拉斯谟等计划,高校可以派遣高校工作人员参与国际流动,由波兰各大学校长自发成立的远景教育基金会,也在推动高等教育国际化研究过程中发挥重要作用。加入博洛尼亚进程和哥本哈根进程之后,为响应欧洲教育一体化进程,波兰政府对教育系统进行了改革,但由于缺乏国家顶层设计和整体统筹规划,完全

跟着欧洲进程走，忽视了波兰教育的独特性，严重阻碍了波兰高等教育国际化的发展。2015年波兰颁布了《高等教育国际化计划》，明确了政府和高校等各参与主体的责任。政府主要通过制定政策、筹措资金等进行宏观调控，通过与其他国家签署战略合作协议以及文凭互认、奖学金制度等吸引和留住外国留学生，而高校则负责开发国际化课程、开展国际学生交流项目、开展联合培养和合作办学等具体事宜。地方政府则负责推动区域水平的国际合作，通过多种形式为高校、国际学生提供信息咨询及相关保障，协调高校项目，确保与国家政策相统一。

（二）完善科研规划和奖学金制度

为了吸引来自世界各地的留学生，波兰政府制定了更加灵活且差异化的奖学金方案，如针对发展中国家的奖学金以及针对乌克兰留学生的伊拉斯谟计划。为推进科学研究的国际化，波兰政府参与了"地平线2020"计划，并通过了"玛丽·斯科沃多夫斯卡·居里行动"（Marie Sklodowska-Curie Action），设立奖学金吸引国外优秀研究者来波兰工作。该行动没有任何国籍限制，申请获批后研究者可以获得可观的工资和津贴，还有机会参加培训。波兰科学基金会还于2015年实施了"团队，欢迎，定居"（Team，Welcome，Homing）项目，吸引博士研究生或博士后研究人员到波兰进行科研工作，为有志于来波兰的外国研究者提供充足的科研经费和生活补助。此外，为推广波兰语，波兰政府设立了专门的基金资助波兰以外的31个国家的103所高校开设波兰语专业，培养波兰语教师。[①]

（三）建设国际化的管理团队

推动高等教育机构现代化建设也是高等教育国际化的重要内容之一。波兰政府正式开始教育国际化进程的历史并不长，在国际留学生管理方面存在管理缺位等不足，加之高校工作人员总体国际化水平并不高，为高校管理带来一定的困扰。为提高高校工作人员业务水平，增强工作人员跨文

---

① 李玲：《波兰高等教育国际化发展探析》，《教育文化论坛》2017年第9期。

化交流能力，波兰政府进行了一系列尝试，如实施"学校教育人员流动"计划，除了参与项目的普通活动外，学校工作人员还可以参加下列类型的出国项目：（1）教学任务：为提供在国外合作学校教书和工作的机会；（2）职工培训，主要形式有参加方法论课程、语言课程、专业课程、国外培训课程，参观国外的合作院校或其他与学校教育相关的组织等。此外，还通过调整工资待遇，完善工作签证制度，提供生活和住房津贴等形式吸引高级管理人才在波兰工作。波兰政府还计划投入 2370 万欧元用于知识教育发展运营计划以提高大学管理和行政人员管理能力。

此外，波兰还积极融合新技术，改革国际学生专业课程，积极推动与合作国家的联合培养和对外办学项目。总的来说，《高等教育国际化计划》为波兰推动高等教育领域的国际化起到了重要的作用，不管是从合作项目、国际学生的数量上，还是从政府、当地与其他国家教育合作的领域和范围来看，这一计划都取得了巨大成功。但是，不能否认的是由于缺乏一个统一的、系统的国家战略，波兰政府在应对国际合作与交流的多种形式时，准备不够充分。关于地方、高校、政府在国际化事务中所担任的角色尚不明确，这在一定程度上阻碍了波兰教育国际化的进程。

第四节　波兰与中国教育合作与交流的历史发展、现状和问题

波兰和中国的教育合作与交流具有悠久的历史。自中波建交以来，两国就签订了一系列有关教育文化合作的协议，两国教育合作与交流取得重要成就。当前两国正在建立全面战略合作伙伴关系，双方的合作变得更加紧密，在教育等领域的合作与交流也具有非常大的潜力。

一、波兰与中国教育合作与交流的历史发展

1949 年 10 月 7 日，中国和波兰建立大使级外交关系。中波建交之后不久，两国就开始互派留学生。1951 年 4 月，两国签订了文化合作协定，

这是我国与东欧国家签订的第一个文化协定。双方每年轮流派出文化代表团到对方国家商谈并签订文化合同年度执行计划。1954 年，中波两国在华沙签订了《中华人民共和国中央人民政府和波兰人民共和国政府技术和技术科学合作协定》，并成立中波科技合作联合委员会。该委员会每年举行一次会议（自 2002 年起改为每两年举行一次），确定双方合作项目，从此两国的科技合作具有政府协定的法律基础，走上制度化轨道。在中波政府间科技合作协定的推动下，两国许多科研或企事业单位建立了直接的对口合作关系，形成了多层次、多渠道、多部门、多形式、官民结合、繁荣稳定的合作关系。从 1959 年起两国文化合作执行计划改为两年签订一次，此后，两国又陆续签订了有关科学、宗教、广播、电影、卫生等合作协定、合同、议定书等。

20 世纪 80 年代两国关系正常化以后，中波在文化、教育等方面的合作也得到恢复和发展，每年文化交流、文艺团体互访不断，双方再次启动互派留学生进修生机制，并签订了一系列教育合作与交流、科研合作的协议。如 1987 年 3 月，中波双方签署了《中波 1987 年至 1989 年高等教育合作协议》。1995 年 4 月，中波两国在北京签署了《中华人民共和国政府和波兰共和国政府科学技术合作协定》。

进入 21 世纪后，中波双方的教育合作程度不断加深。2000 年，两国教育部代表在华沙签署《中华人民共和国教育部和波兰共和国国民教育部 2000—2002 年教育合作协议》；2003 年，双方代表在波兰举行会谈并签署了《中华人民共和国教育部副部长和波兰共和国国民教育与体育部部长华沙会谈纪要》；2004 年，双方签署《中华人民共和国教育部和波兰共和国国民教育与体育部长 2004—2006 年教育合作协议》。这些教育合作协议的签订为中波两国在高等教育领域的合作与交流提供了广阔平台。

除签订了一系列合作协议外，中波双方官方互访和民间文化交流也日益频繁。2006 年，"中国文化日"活动在波成功举办，克拉科夫孔子学院成立。2008 年，中波文化合作进一步加强，地方交往日趋活跃，波兹南密茨凯维奇大学孔子学院、奥波莱理工大学孔子学院、弗罗茨瓦夫大学孔子学院相继成立。2011 年 4 月，教育部高等教育质量保障代表团访波。2012 年 4 月，两国文化部签署 2012—2015 年文化合作议定书。6 月，"中波大学校长对话"在华沙举行。同年 8 月至 10 月，中方首次在波举办"中国文化季"活动。

二、波兰与中国国际教育合作与交流的现状

经过多年的发展，波兰与中国在教育文化领域的合作与交流取得重要进展。具体表现在：签订了一系列的教育合作协议、官方和民间文化交流不断开展、科研合作项目不断丰富、留学往来日益频繁、合作办学水平不断提高、合作交流机制初步建成、孔子学院建设稳步推进等方面。

（一）签订了一系列教育合作协议

波兰是"一带一路"沿线国家中较早与中国签署教育合作协议的国家。2010 年 5 月，教育部副部长陈希率中国高校校长代表团访问波兰，与波科学与高等教育部副部长在华沙签署《中华人民共和国教育部和波兰共和国科学与高等教育部合作意向书》。2011 年 12 月，波兰总统科莫洛夫斯基（Bronislaw Komorowski）访华期间，波兰科学高教部长库杰卡（Barbara Kudrycka）女士与袁贵仁部长在人民大会堂签署了《中华人民共和国教育部与波兰共和国科学与高等教育部教育合作协议》。同月，中波双方签订了《中华人民共和国和波兰共和国关于建立战略伙伴关系的联合声明》，为两国在互派留学人员、加强学历学位互认和校际交流、提升科技合作水平、深化教育合作等方面奠定了政策基础。2015 年 11 月，两国于北京签署了《中华人民共和国政府和波兰共和国政府关于共同推进"一带一路"建设的谅解备忘录》。2016 年，中波签署《中波学历学位互认协议》，增加了双方教育的认可度，助推中波留学教育的发展。[①]2016 年 6 月，两国于华沙签订了《中华人民共和国和波兰共和国关于建立全面战略伙伴

---

① 刘进、林松月：《"一带一路"沿线国家的高等教育现状与发展趋势研究（二十八）——以波兰为例》，《世界教育信息》2019 年第 10 期。

关系的联合声明》和《中华人民共和国政府和波兰共和国政府签署关于编制中波合作规划纲要的谅解备忘录》。

（二）官方互访、民间文化交流日益频繁

2012年12月，教育部副部长杜玉波率团访问波兰科学与高等教育部副部长，双方就深化教育合作、加强学历学位互认和校际交流等问题交换了意见。2013年4月，波兰行政与数字化部部长米哈乌·伯尼（Michał Boni）访问中国教育部，与杜占元副部长会见，双方就教育信息化发展的相关政策、现状及前景交换了意见。2013年6月，首届"中国—中东欧国家教育政策对话"在重庆成功举办，会议通过了《重庆共识》，中国教育部副部长郝平、波兰科学和高等教育部副部长达莉亚（Daria Lipinska-Nalecz）、波兰驻华大使霍米茨基（Tadeusz Chomicki）等中东欧国家代表出席活动。2013年11月，李克强总理出席在罗马尼亚布加勒斯特举办的"中国—中东欧国家领导人会晤"，期间会见了波兰总理图斯克（Donald Franciszek Tusk）。2016年10月11日，教育部部长陈宝生在北京会见了波兰副总理兼科学和高等教育部长雅罗斯瓦夫·戈文（Jaroslaw Gowin）。2018年12月，首届"一带一路"中波大学联盟艺术节暨艺术设计大赛在京开幕。2019年5月，第五批波兰青年政治家代表团访华。同年7月，"一带一路"中波大学联盟主办的首届"中波班列—互联互通"青年夏令营开营；9月，华沙理工大学孔子学院正式揭牌。

（三）科研合作广泛开展

在推动波兰—中国科研合作方面，波兰和中国还签署了一系列的交流合作协议。2018年3月，波兰国家科学中心与中国国家自然科学基金签署了谅解备忘录，为波兰与中国在基础研究领域的合作，促进两国在生命科学、科学技术以及社会科学领域的广泛合作提供了重要条件。2018年5月，在中国北京举行了波兰—中国跨政府科技合作委员会第37次会议。2019年，首个中波人工智能科学联合实验室在华沙揭牌。

（四）留学往来日益频繁

互派留学生是中波两国教育合作与交流的重要内容。2018年，波兰来华留学生总数为 1926 名，其中学历生 410 名（本科生 101 名，硕士生 258 名，博士生 51 名），非学历生 1516 名（普通进修生 742 名，高级进修生 27 名，短期留学生 747 名）。其中，中国政府奖学金留学生 361 名（学历生 177 名，非学历生 184 名）。[①] 根据联合国教科文组织数据中心（UNESCO Institute for Statistics）的数据显示，2017 年，我国共有 937 人赴波兰留学，占波兰留学生总数的 1.47%，位列波兰留学生生源国第 11 位。[②]

（五）合作办学水平不断提高

中国与波兰在中外合作办学方面进行了有益的尝试。根据教育部教育涉外监管信息网数据显示，截至 2020 年 7 月，由教育部审批和复核的中波合作办学机构 / 项目共有 11 个，涉及天津、重庆、河北、河南、辽宁、广西、甘肃和内蒙古等 8 个省（自治区、直辖市）。由地方审批报教育部备案的机构及项目共有 4 个，均集中在河北省。[③] 与其他"一带一路"沿线国家相比，中波合作办学水平相对较高。

（六）交流合作机制初步建立

近年来，中国、波兰教育合作的热情不断高涨，参与程度不断加深，受益水平不断提高，形成了大学校长论坛、教育政策对话、大学联盟等多种交流合作机制。2011 年 12 月，中波双方 50 余所大学校长出席了在北京外国语大学举办的"中波大学校长论坛"。2012 年，中国—中东欧国家合作（16+1 合作）机制成立。此后，我国与中东欧 16 国教育合作驶上"快车道"。目前，在"16+1 合作"框架下，教育领域有"中国—中东欧国家教育政策对话"和"中国—中东欧国家高校联合会"两个机制。2013 年 6 月，在中国—中东欧构架合作机制框架下，中国—中东欧国家教育政

---

① 教育部国际合作与交流司：《2018 年来华留学生简明统计》，教育部国际合作与交流司 2019 年版，第 7 页。

② UNESCO Institute for Statistics：Global Flow of Tertiary-Level Students，见 http：//uis. unesco.org/en/uis-student-flow#slideoutmenu.

③ 中华人民共和国教育部：《中外合作办学机构与项目名单》，见 http：//www.crs.jsj.edu. cn/aproval/orglists.

策对话正式建立，并在重庆举办首届对话。截至 2019 年，对话已成功举办 7 届。各国代表就各国高等教育发展和合作共同面临的挑战、学历学位互认、校企科研合作以及学术成果转化以及如何继续推进中国与中东欧各国教育务实合作等问题进行了深入讨论，加深了了解与共识。在此背景下，2017 年 3 月，来自中国、波兰两国的 23 所高校，50 多名校长和代表共同成立了"一带一路"中波大学联盟，为两国高等教育合作与交流搭建了重要平台，有力地推进了两国教育合作与交流。

（七）孔子学院建设稳步推进

海外孔子学院是我国推进汉语教学国际化、弘扬中华优秀传统文化的重要官方机构。截至 2020 年 7 月，我国在波兰共建 6 所孔子学院，分别是克拉科夫孔子学院、奥波莱孔子学院、密茨凯维奇大学孔子学院、弗罗茨瓦夫大学孔子学院、格但斯克大学孔子学院、华沙理工大学孔子学院。此外，还有 1 个孔子课堂：雅盖隆学院孔子课堂。[①] 据教育部数据显示，2004 年至 2013 年，我国共向波兰派出国家公派汉语教师 36 名，汉语志愿者教师 20 名。2003 年至 2013 年，我国向波兰赠送中文图书及音像制品共计 23638 册（套）。2009 年至 2013 年，我国向波兰提供孔子学院奖学金名额 170 人次。[②]

三、波兰与中国国际教育合作与交流的主要问题

当前两国已经签署了一系列教育合作与交流协议，构建了多种形式的对话交流合作机制，为推进两国开展更深入的教育合作与交流提供了重要平台和条件。但是，两国国际教育合作与交流仍然存在诸如现有合作水平不高、协同创新机制不够完善等问题。

---

① 　国家汉办：《关于孔子学院 / 课堂》，见 http：//www.hanban.org/confuciousinstitutes/node_10961.htm。

② 　中华人民共和国教育部：《中国与波兰教育合作与交流简况》，见 http：//www.moe.gov.cn/s78/A20/s3117/moe_853/201005/t20100511_87462.html.

（一）现有合作交流水平不高

2018 年，波兰来华留学生总数为 1926 名，其中学历生只有 410 名，占波兰来华留学生总数 21.29%；在非学历生中，高级进修生只有 27 名。此外，中国政府奖学金留学生只有 361 名，占波兰来华留学生总数的 18.74%。① 另据联合国教科文组织数据中心的数据显示，2017 年，我国共有 937 人赴波兰留学，只占波兰留学生总数的 1.47%，位列波兰留学生生源国第 11 位。② 总体来说，两国间的学生流动规模尚小，层次较低，高层次人才合作交流较少。从专业分布来看，波兰来华留学生所学习专业（类）主要有工科、管理、经济、教育、汉语言文学等，而我国在波留学生较多选择管理、理工、经济或医学等专业（类）。③ 此外，教育部审批和复核的中波合作办学项目共有 11 个，总体数量偏少，多为本科教育项目，博士和硕士项目较少。可见，当前两国在高精尖、优势专业的人才流动还有较大的合作空间。

（二）合作机制作用初现但总体仍处于起步阶段

根据 2005 年 7 月波兰政府颁布实施的《高等教育法》，公立高等教育机构的设立、撤销、合并或更名，须经国会法案批准；非公立高等教育机构的设立和学位授予，则须经主管高等教育的科学和高等教育部长批准；由波兰认证委员会（Polish Accreditation Committee）负责对波兰高等教育机构的教学质量进行监督。实际上，波兰的国际教育合作与交流项目大多基于欧盟、政府某部门甚至地方当局或第三方教育基金，涉及多个利益主体。因而，在管理过程中常出现职权交叉、权责不清、官僚主义等问题，缺乏对国际教育合作与交流项目进行整合、协调和监管的长效机制。虽然两国已经初步形成了教育政策对话会、校长论坛、大学联盟等多种机制，

① 教育部国际合作与交流司：《2018 年来华留学生简明统计》，教育部国际合作与交流司 2019 年版，第 7 页。

② UNESCO Institute for Statistics：Global Flow of Tertiary-Level Students，见 http：//uis. unesco.org/en/uis-student-flow#slideoutmenu.

③ 程鑫、卡她日娜·皮乐邦奇克、马丁·雅谷比：《波兰高等教育概况及中波高等教育合作》，《世界教育信息》2017 年第 17 期。

在此机制下两国开展了多种形式的合作与交流，但此类合作机制主要依托政治、经济对话机制，并没有建立独立的教育合作与交流机制，合作形式也多为论坛、讲座等形式，联系较为松散，作用和影响较为有限。

（三）文化背景差异较大，民间交流不够充分

波兰的官方语言是波兰语，近年来，英语、俄语、德语在波兰也逐渐普及。波兰高校为吸引国际学生不断扩大英语授课课程，取得了一定进展，但是大部分的前沿课程、专业课程仍以波兰语开展。国际学生需参加高校开设的语言课程，在达到规定的水平才能够正常选课。中国的高校也面临着类似的问题，大部分课程是以中文为媒介开设的，少部分是英语或中英双语课程，至于波兰语课程就更少了。外国留学生需达到一定的汉语水平方可申请相应的学位课程。虽然近年来，两国民间交流活动日渐频繁，但从数量来看两国文化推广活动仍较少，可见度不高，这也一定程度上限制了两国的教育交流合作。

（四）科研协同机制尚不健全

2018 年，波兰只有 4.9% 的科研成果进入世界前 10%，在欧盟国家中位列 24 位。[①] 在世界大学排行榜中只有华沙大学、雅盖隆大学等少数高校跻身世界 500 强，对于外国留学生的吸引力不足。当下，波兰高等教育机构间的科研协同机制尚不健全，科研布局过于分散，国际科研协同网络仍未成熟，缺乏卓越集群化发展优势。尽管高等教育研发开支不断提升，但仍远低于欧盟和 OECD 平均水平，产学研协同创新能力不足。此外，波兰博士教育的科研产出率较低，无法为波兰经济转型提供必要的高层次人才。[②] 相似地，尽管近年来我国高校不断推动国际化进程，在各大学排行榜中表现优异，但在具体管理实践中，仍然存在管理机制滞后、服务设施不完善、留学生管理制度不够健全等问题。受限于两国的高等教育国际

---

① European Commission：European Innovation Scoreboard 2018，Publications Office of the European Union，2018，p.36.

② 武学超、罗志敏：《波兰新一轮高等教育体制改革动因、向度及评价》，《比较教育研究》2020 年第 6 期。

化水平，中波高等教育机构间的科研协同机制尚不健全，尚有较大的合作空间。

（五）财政支持力度不够，奖学金来源较为单一

国际化给国家财政带来不小挑战，但是高质量的国际化项目却同样能带来不小的收益，对教学、科研都能产生积极影响。2018 年，波兰国民基础教育支出约 38.89 亿兹罗提（约合 9.3 亿美元），高等教育与科研经费支出约为 161 亿兹罗提（约合 38.5 亿美元），分别占 GDP 的 0.2% 和 0.8%。2019 年，波兰国内生产总值达 5871.14 亿美元，高等教育公共支出占 GDP 的 0.76%。① 另据 2018 年的数据显示，波兰高等教育机构收入达 245.92 亿兹罗提，高等教育成本达 238.86 亿兹罗提，高等教育国际科研合作资金占高等教育机构研究活动收入的比例为 8.27%。② 总的来说，波兰政府用于开展国际教育合作交流的资金较少。中国政府虽然也成立了如中国国家留学基金委员会等机构，还设立了中国政府奖学金吸引外国留学生，大力推动教育国际化水平，但是，中国的奖学金主要来源于政府，来源较为单一，种类不够丰富，不能够满足波兰留学生多样的留学需求。

第五节　进一步加强中国与波兰教育合作与交流的建议

中国和波兰具有良好的合作基础，两国在教育合作与交流领域存在巨大的发展潜力。在"一带一路"倡议下，波兰和中国应进一步扩大双方在科学研究领域的合作与交流，推进双方教育国际化进程，提升教育国际化水平，促进双方教育事业的发展与进步。结合《关于做好新时期教育对外开放工作的若干意见》《推进共建"一带一路"教育行动》《中国教育现

---

① 世界银行：《波兰》，2020-2-16，见 https://data.worldbank.org.cn/country/%E6%B3%A2%E5%85%B0。

② Central Statistical Office（GUS）：Higher education institutions and their finances in 2018，2019 年 10 月 31 日，见 https://stat.gov.pl/en/topics/education/education/higher-education-institutions-and-their-finances-in-2018，2，12.html.

代化 2035》和波兰《高等教育国际化规划》《负责任发展战略》《人力资本发展战略》等文件，本节提出进一步加强中国与波兰教育合作与交流的主要建议如下：

一、鼓励开展中波研究，为两国教育合作交流提供智力支持

加强中波两国教育合作与交流，两国应鼓励高校、科研机构开展中波研究，为两国教育合作交流提供智力支持，具体包括：（1）鼓励开展中波国情、政策、文化研究。我国应鼓励"一带一路"沿线国家学者开展或合作开展中国课题研究，增进沿线各国对中国发展模式、国家政策、教育文化等各方面的理解；支持两国高等学校、科研机构、社会力量开展中国研究、波兰研究、"一带一路"研究和教育对外开放战略研究。（2）支持大学智库合作，健全教育对外开放事业发展数据统计和发布机制。我国应建立教育对外开放专家咨询组织，建设研究数据平台，健全决策机制；鼓励两国开展"一带一路"教育法律、政策协同研究，构建中波教育政策信息交流通报机制，为两国政府推进教育政策互通提供决策建议，为中波两国开展教育合作交流提供政策咨询。（3）签署教育交流合作协议。两国应积极签署双边、多边和次区域教育合作框架协议，疏通教育合作交流政策性瓶颈，协力推进中波教育共同体建设。

二、支持有条件的学校开设语言课程和专业，促进中波语言互通

目前，国内开设波兰语专业的大学只有北京外国语大学、天津外国语大学、上海外国语大学、西安外国语大学、广东外语外贸大学、浙江外国语学院、北京第二外国语学院、哈尔滨师范大学、吉林外国语大学、四川外国语大学成都学院等 10 所高校。总体而言，开设波兰语的高校略少，招收的学生数量也远远无法满足未来我国与波兰教育合作的需要。推动中波两国教育合作与交流，两国应支持有条件的学校互设语言课程和专业，促进中波语言互通，具体应做到：（1）支持有条件的学校开设波兰语专业或课程，招收对波兰语感兴趣的学生，培养具有扎实语言基础的教育、科

研、文化、教学工作的高级专门人才。(2) 鼓励有条件的学校共同开发语言互通开放课程，创新波兰语多元人才培养模式，拓展中波语言学习交换项目、短期进修项目，联合培养、相互培养高层次的语言人才；发挥外国语院校人才培养优势，推进基础教育多语种师资队伍建设和外语教育教学工作。(3) 支持波兰高校开设汉语文化专业和课程，为在波兰开设的孔子学院提供支持，鼓励波兰高校与中国高校合作开设汉语课程或专业，传播中华文化，培养一批高素质的知华、友华的国际化人才。

三、完善中波学历、学分互认制度，推进中波两国签证便利化

当前阻碍我国与波兰开展深层次的合作与交流的一个重要原因就是双方学历、学分认证制度仍有待完善。虽然在 2016 年，我国与波兰签署了高等学历和职称互认协议，对消除学历认证障碍，促进我国与波兰高等教育交流合作起到了重要作用，但两国在培养体系、课程设置、学分认定等方面仍有较大差异。据此，两国应在学历、学分和签证制度方面开展合作，具体做到：(1) 推动学历学位认证标准连通，实现学分互认、学位互授联授；加快完善教育质量保障体系和认证机制，推进本国教育资历框架开发，助力中波学习者在不同种类和不同阶段教育之间进行转换。(2) 推进中波两国签证便利化。较为严格的签证制度也成为阻碍我国与波兰教育交流合作的重要障碍之一，两国应为双方研究人员办理签证、工作许可等服务提供帮助和支持。此外，还可设立专门的门户网站，为有意愿开展合作的机构或个人提供两国有关教育系统、质量认证、签证、社会福利和保障、工作、税务结算等方面的实用信息。

四、深化中波在艺术、科学等重点领域的科研合作

波兰地处欧洲心脏地带，虽然人口不多，面积不大，但是正是在这个人口不足 4000 万的小国先后涌现了 18 位诺贝尔奖获得者。此外，波兰还是著名钢琴家肖邦、著名天文学家哥白尼的故乡。直到现在，波兰仍是东西方文化交流的重要桥梁，其艺术教育在国际上也具有极高的知名度。

虽然近年来波兰大学在世界大学排行榜上的排名一直表现不佳，但是仍然不能忽视波兰在科技、生命科学领域的强大实力。波兰拥有较厚实的科学基础和优秀的科学传统，在数学、天文、物理、化学等基础研究领域，以及农业、新材料、新能源、矿山安全等应用技术领域，具有较强的优势和特色，在某些方面居欧洲或世界先进水平。2018年，世界知识产权组织公布的全球创新指数排名中，波兰名列第39位。[①] 在"一带一路"倡议重大机遇下，加强与波兰在艺术教育、科学领域的合作，对于促进我国高水平大学建设具有重要意义。推动中国和波兰教育合作与交流，两国可在艺术、科学等重点领域开展深入的科研合作，具体包括：(1) 鼓励有合作基础、相同研究课题和发展目标的学校缔结姊妹关系，逐步深化科研合作关系。(2) 支持高等学校参与国际重大科学计划和科学工程，建设一批高水平国际合作联合实验室、国际联合研究中心，促进高校科技国际协同创新，共同应对经济发展、资源利用、生态保护等两国面临的重大挑战与机遇。(3) 打造"一带一路"学术交流平台，吸引两国专家学者、青年学生开展研究和学术交流，选派高等学校优秀青年教师、学术带头人等赴国外高水平机构访学交流。

五、推动中波教育交流合作内涵式发展

当下波兰正进行新一轮的高等教育改革，其中重要的内容就是改革高等教育治理体制，切实提高高等教育活力，提高波兰高等教育的国际影响力。为此，波兰不断推进"卓越计划"（Excellence Initiative），积极参与国际高等教育科研网络，采取更加广域的可持续国际化战略，推动英语成为大学科研和教学的标准语言，激励青年研究人员跨国流动，加强与国外著名大学的跨国协同关系。[②] 目前我国与波兰教育国际化交流合作的薄

---

① 商务部国际贸易经济合作研究院等：《对外投资合作国别（地区）指南——波兰》，商务部国际贸易经济合作研究院等2019年版。

② 武学超、罗志敏：《波兰新一轮高等教育体制改革动因、向度及评价》，《比较教育研究》2020年第6期。

弱项目在中小学阶段，缺乏中小学之间的国际合作项目。推动中波国际教育合作与交流，两国应在各教育阶段开展深入合作，促进两国教育交流合作内涵式发展，具体包括：（1）我国可适当扩大与波兰合作办学的规模，合理拓宽中波合作办学的范围和内容，结合两国办学优势，因地制宜创新中波合作办学模式，完善监管、质量管理体系，推进中波合作办学政策法规建设，提升中波合作办学质量。（2）在基础教育领域，我国可鼓励有条件的学校、地方政府与波兰方面建立友好关系，并就学生和教师流动等方面展开深入合作，通过中外合作办学项目、短期访学、短期培训、国际实习等项目，提升学生、教师及教育管理人员的国际化水平；逐步将理解教育课程、丝路文化遗产保护纳入两国中小学教育课程体系；加强两国青少年交流，注重利用社会实践和志愿服务、文化体验、体育竞赛、创新创业活动和新媒体社交等途径，增进青少年对两国文化的理解。（3）根据我国教育对外开放战略布局，支持有条件、有意愿的高校在波兰开设分校，集中优势学科，选好合作契合点，做好前期论证工作，构建人才培养模式、运行管理模式、服务当地模式、公共关系模式，创新教材教法，提升我国教育国际影响力。

六、紧跟中波职业教育发展战略，深化中波职业教育领域的合作与交流

波兰加入欧盟后，大量劳动力外流，在农业、食品业、建筑业等方面的劳动力匮乏，熟练技工短缺。近年来，波兰一直强调发展学生的综合技能、建立终身教育体系。波兰颁布的《负责任的发展战略》《综合技能战略》也将开展职业教育培训、构建终身教育体系作为教育发展的优先事项之一。《中国教育现代化2035》也指出要构建服务全民的终身学习体系，加快发展现代职业教育，优化职业教育结构布局。在此背景下，开展中波职业教育合作与交流对于两国均具有重要意义。推动中波职业教育交流合作，我国应紧跟两国职业发展战略，深化交流合作，具体来说就是：（1）紧密对接《中国制造2025》，结合中波职业教育发展战略，改革职业

教育课程体系，积极参与制定职业教育国际标准；要发挥政府引领、行业主导作用，促进职业院校与行业企业深化产教融合。（2）鼓励中国优质职业教育配合领头行业企业走出去，推动职业教育品牌建设；探索开展多种形式的合作办学，通过合作设立职业院校、培训中心，合作开发教学资源和项目，开展多层次职业教育和培训，培养当地急需的各类"一带一路"建设者。（3）整合资源，积极推进与波兰在青年就业培训等领域的务实合作，共商共建区域性职业教育资历框架，逐步实现就业市场的从业标准一体化。（4）探索建立中波职业教师专业发展标准，促进职业教师流动，强化职业教师师资队伍建设。

七、拓展孔子学院办学功能，促进波兰孔子学院和孔子课堂特色发展

截至 2020 年 7 月，我国在波兰共建 6 所孔子学院和 1 个孔子课堂，从数量上来说并不足以满足当地学生广泛的汉语学习需求，从内容上来看也多限于语言教学。进一步加强中国与波兰教育合作与交流，两国要充分发挥孔子学院在传播中华文化，促进中波民心相通的重要作用，具体做到：（1）拓展孔子学院办学功能，以明确的目标定位促进孔子学院和孔子课堂协同发展；坚持服务当地、互利共赢的原则，充分发挥孔子学院作为综合文化交流平台的作用，促进中波人民之间的交流互鉴，努力为当地经济、教育文化发展提供服务。（2）深化教学内容改革，深入实施孔子新汉学计划，鼓励孔子学院和孔子课堂根据汉语教学大纲，结合当地学员的需求、当地文化特点和孔子学院具体运行情况，开发多样化的特色课程。(3) 建设网络孔子学院，丰富在线课程资源，满足学生的多样化需求。(4) 大力推广孔子新汉学计划，通过资助课题研究、攻读学位等方式，吸引波兰优秀青年来华考察访学，推动在波兰高校设立中国学教席，资助优秀著作和译著出版，支持波兰孔子学院举办中华文化研究学术会议等活动。(5) 健全中波孔子学院合作运行机制，完善管理制度，提升管理水平。(6) 支持更多社会力量助力孔子学院和孔子课堂建设，加强汉语教师和汉语教学志愿者队伍建设，建立健全质量考核评估体系，激发办学活力，促

进孔子学院协调发展、内涵发展。

八、推进中波国际教育合作与交流机制建设

当下，我国与波兰已经建立了教育政策对话、中波大学联盟、中波大学校长论坛等合作机制，但仍存在合作形式单一、机制不够健全等问题。为此，进一步加强中波两国教育合作与交流，两国应积极推进中波国际教育合作与交流机制建设，具体做到：（1）拓展两国教育合作交流渠道，建立稳定的对话机制，设立固定的协调机构，开展中波人文交流高层磋商，商定"一带一路"教育合作交流总体布局，协调推动中波教育双边合作机制、教育质量保障协作机制和跨境教育市场监管协作机制，统筹推进"一带一路"教育共同行动。（2）鼓励两国在大中小学等各阶段开展深入的交流。推动两国校长交流访问、教师及管理人员交流研修，推进两国在优质教育模式上的互学互鉴。（3）大力推进两国优质教学仪器设备、教材课件和整体教学解决方案输出，跟进教师培训工作，促进教育资源共享。（4）充分发挥中国—中东欧国家合作、中波教育政策对话、中波大学校长论坛等机制的作用，加强双方对彼此人文、历史的了解，促进中波双方民心相通。

九、完善科研奖励及奖学金制度，推进中波留学生往来

为推动我国教育国际合作与交流，我国设立了种类多样的奖学金和科研激励计划，以吸引境外留学生来华留学。此外，我国还成立了中国国家留学基金委等机构，统筹管理国家留学事务，开展与境外机构的合作。但是就目前来看，我国奖学金的主要来源仍是国家财政拨款，奖学金种类相对单一，无法满足日益多元的留学需求。为推动我国与波兰的国际教育合作与交流，两国应完善科研奖励及奖学金制度，推进中波留学生往来，具体做到：（1）我国应加强留学教育顶层设计，以国家公派留学为引领，吸引更多中国学生到波兰留学，坚持"出国留学和来华留学并重、公费留学和自费留学并重、扩大规模和提高质量并重、依法管理和完善服务

并重、人才培养和发挥作用并重"，完善全链条的留学人员管理服务体系。（2）在两国教育交流合作的重点交流领域互设定向奖学金和科研激励计划，形成以政府为主，高校、企业、教育基金会协同的多元化奖学金投入体系，充分发挥奖学金对促进两国留学生往来的重要作用。

十、加强互学互鉴，推动高等教育管理体制改革

当前，波兰正在进行新一轮的高等教育变革，具体涉及办学、科研创新、高等教育治理、国际流动等多方面的体制改革。《中国教育现代化2035》也指出，要推进教育治理体系和治理能力现代化，立足高校发展战略，完善现代大学制度，推动高等教育管理体制改革。在此背景下，两国可就高等教育改革开展深入对话，加强互学互鉴，增进互信，对接"一带一路"战略规划，创新人才培养模式，畅通国际教育交流合作渠道，建立两国高校协同创新机制，打造中波高校共同体。具体而言，两国应做到：（1）转变人才培养模式，推进教育教学改革，用国际视野审视人才培养质量，鼓励青年研究人员积极参与国际流动，构建国际化的课程体系，打造国际化的师资队伍；积极参与国际科研创新项目合作，拓展国际科研网络。（2）健全管理人员国际流动机制，通过跨国培训、短期访学、开设讲座等方式，提升管理队伍国际化水平。（3）建立健全留学生管理制度，在留学生招生、注册、培养、资助、就业等方面为双方留学生提供支持。

第三章　埃及国际教育合作与
交流政策研究

　　埃及，全称"阿拉伯埃及共和国"，横跨亚、非两大洲，大部分位于非洲东北部，只有苏伊士运河以东的西奈半岛位于亚洲西南部。西连利比亚，南接苏丹，东临红海并与巴勒斯坦、以色列接壤，北临地中海。埃及独特的地理位置使其成为连接亚非两大洲和阿拉伯东西部的桥梁，在阿拉伯、非洲和国际事务中均发挥着重要作用。埃及国土面积约100.1万平方公里，是人口最多的阿拉伯国家和人口第三多的非洲国家。截至2020年2月11日，埃及人口首次上升至9位数，成为全球14个人口过亿的国家之一。[1] 埃及是一个具有深厚宗教文化传统的国家，伊斯兰教为埃及的国教，阿拉伯语为官方语言。埃及国内的信徒主要为伊斯兰教的逊尼派，占总人口的84%；还有少量的科普特基督徒和其他信徒，约占总人口的16%。[2] 如今在全球化背景下，埃及人不仅注重自己的"法老后代身份"，更强调自身的"阿拉伯伊斯兰属性"，认同阿拉伯世界的整体性，注重与伊斯兰世界的联系，珍视阿拉伯和伊斯兰文化遗产。

　　埃及实施开放型市场经济政策，拥有相对完整的工业、农业和服务业体系。服务业约占国内生产总值的50%，工业以纺织、食品加工等轻

---

[1]　周辀：《埃及人口总数突破1亿》，《人民日报》2020年2月14日。

[2]　中华人民共和国外交部：《埃及国家概况》，2020年5月，https://www.fmprc.gov.cn/web/gjhdq_676201/gj_676203/fz_677316/1206_677342/1206x0_677344/。

工业为主。农村人口占总人口的 55%，农业占国内生产总值的 14%。石油天然气、旅游、侨汇和苏伊士运河是埃及的四大外汇收入来源。[①]2011年阿拉伯之春发生以来，埃及动荡局势对国内经济造成了严重冲击，人民生活水平下降，失业率居高不下。2014 年，阿卜杜勒·法塔赫·塞西（عبد الفتاح سعيد حسين خليل السيسي）总统上台后，采取了一系列经济改革措施，使埃及经济较之前略有好转。2018—2019 财年，埃及国内生产总值为51703 亿埃镑，人均国内生产总值 53815 埃镑。[②]

埃及实行宗教教育（爱资哈尔教育）与世俗教育并行的教育体制。教育按层级分为学前教育、小学教育、预备教育、中等教育和高等教育。2018—2019 学年，埃及世俗教育体系中大学前教育在学人数为 22453381人，共有 55214 所学校；爱资哈尔在学人数 1656836 人，共有学校 9420所。[③] 2018—2019 学年，埃及接受高等教育的学生达 310 万人，公立大学及爱资哈尔大学学生占比 72.9%，大学学院学生占比 1.1%，私立大学学生占比 6.3%，私立高等学院学生占比 14.2%，五年制高等技术学院（公立和私立）学生占比 4.8%，其他学院学生占比 0.8%。[④] 长期以来，埃及教育在阿拉伯和非洲地区处于领先地位，这得益于国家对教育的重视。自纳赛尔（جمال عبد الناصر）时期（1952—1970）以来，埃及就将教育视为国家发展的重要载体，实施免费的教育政策。穆巴拉克（محمد حسنى سيد مبارك）在 1992 年宣布，教育是埃及最大的国家工程，是新世界地区唯一的入口，是跟上世界技术革命，进入先进技术时代的唯一途径。[⑤] 如今，在新的国

---

① 中华人民共和国外交部：《埃及国家概况》，2020 年 5 月，https：//www.fmprc.gov.cn/web/gjhdq_676201/gj_676203/fz_677316/1206_677342/1206x0_677344/。

② 中华人民共和国外交部：《埃及国家概况》，2020 年 5 月，https：//www.fmprc.gov.cn/web/gjhdq_676201/gj_676203/fz_677316/1206_677342/1206x0_677344/。

③ Central Agency for Public Mobilizaiton and Statistics，"Egypt in Figures"，2019-03. https：//www.capmas.gov.eg/Pages/StaticPages.aspx？page_id=5035.

④ المصري اليوم، 14.2 % زيادة في أعداد الطلاب المقيدين بالجامعات الخاصة عام «2019—2018» 见 https：//www.almasryalyoum.com/news/details/1436871，2019-10-23.

⑤ [埃] 侯赛因·米卡勒·巴哈丁：《十字路口》，朱威烈、丁俊译，上海外语教育出版社 2005 年版，第 104 页。

内外环境下，塞西政府坚持将教育置于国家发展中的战略地位，提出"知识型经济"理念，强调知识、科研和创新在推动经济发展中的重要作用，并将 2019 年定为埃及的"教育年"，期待通过持续增加对教育和科研的投入，为所有埃及人提供无差别的高质量的教育与培训，促进埃及向知识型社会迈进。

第一节　埃及国际教育合作与交流政策的历史发展

埃及是四大文明古国之一，拥有悠久的历史、灿烂的文化和深厚的教育底蕴。埃及国际教育合作与交流政策伴随着埃及国家的历史变迁而不断变化，在不同的历史时期具有不同的重点和方向。

一、古埃及时期的国际教育合作与交流政策

埃及国际教育合作与交流的历史最早可以追溯到古代新王国时期，这一时期埃及出现了许多研究高深学问和培养专业人才的寺庙学校。据史料记载，当时的海立欧普立斯城（Helioplis）的太阳神庙（Sun-God Temple）教育水平极高，被誉为"最普通和渊博知识的中心"。当时该寺聚集了一批卓越的学者，其高级祭司是皇家天文学家，主要研究应用数学、天文学和物理学等重要学科。此外该寺还开设了几何、测量、调查、测容量问题的预备课程。该寺内藏有大量而丰富的图书资料，便于探索钻研，并经常举办学术研讨会，因而吸引了世界各地慕名而来的游学者。这里曾留下犹太的摩西（Moses）、希腊政治家梭伦（Solon）、哲学家泰勒斯（Thales）和柏拉图（Plato）等许多历史名人的足迹，从而使其成为当时名副其实的学术圣地。除了海立欧普立斯太阳神庙外，底比斯城（Thebes）的卡尔纳克神庙（Karnak）、孟菲斯神庙（Memphis）、埃德富神庙（Edfu）和赫拉克莱奥波利斯神庙（Heracleopolis）等也是古埃及重要的教育和研究场所。这些寺庙致力于天文学、数学、法律、建筑学医学

等科学知识的研究和传授，在学术和教育方面都作出了贡献。[①]

二、中世纪时期的国际合作与交流政策

中世纪时期的埃及饱受外族侵略，先后经历了希腊时代（前332—前30）、罗马时代（前30—641）和伊斯兰时代（641—1798）。希腊时期的统治者托勒密一世（Ptolemy I Soter）在埃及推行希腊化的教育政策，其修建的亚历山大博学园和图书馆，成为埃及国际教育交流的重要场所。博学园设文学、数学、天文学和医学四个部门，集科学研究与大学职能于一体，免费为来自世界各地的学者提供膳宿，又使学者们能够在宽松优越的环境中进行科学研究或文学创作。亚历山大图书馆因富藏典籍而闻名于世，并被称为"智慧宫"。博物馆和图书馆所创造的良好的研究条件和学术氛围吸引了各地的精英来此游历、学习、交流，为沟通东西方文化起到了重要作用。[②]罗马时期的埃及仍然沿用希腊时期的教育政策。阿拉伯人征服埃及后，埃及教育逐渐伊斯兰化，清真寺成为各级学校的教育场所，《古兰经》和"圣训"成为教育的重要内容。建于公元972年的爱资哈尔清真寺是当时伊斯兰世界文化和教育的中心。公元12—14世纪，爱资哈尔吸引了许多教授、学者乃至世界伊斯兰青年前来求学。埃及的中世纪是东西方各种文化交流、不同文明汇聚的时代，而教育交流是这一时期文明交流的重要渠道。是教育将古老的埃及文明传播散发出去，使古老的宗教衍生出犹太教、基督教和伊斯兰教；又是教育，通过高等院校、图书馆等形式，将希腊文化、罗马文化与阿拉伯文明有机结合，传承并保留了人类赖以生存和发展的宝贵财富，不仅为欧洲的文艺复兴奠定了基础，而且为近代伊斯兰文化与基督文化的交流与沟通做了文化与思想上的铺垫。[③]

---

① 季诚钧等：《埃及高等教育研究》，中国社会科学出版社2010年版，第3页。
② 李阳：《埃及近代以来教育发展与埃及现代化》，博士学位论文，西北大学世界近代史，2002年，第9页。
③ 李阳：《埃及近代以来教育发展与埃及现代化》，博士学位论文，西北大学世界近代史，2002年，第14页。

三、英法殖民时期的国际教育合作与交流政策

1798 年拿破仑（Napoléon Bonaparte）入侵成为埃及历史的一大转折点，揭开了埃及近代史的序幕。拿破仑入侵使埃及意识到自身的封闭落后，开始寻求富国强兵之路。

1805 年反法战争取得胜利后，穆罕默德·阿里（محمد علي）出任埃及总督，并作出了重要决策：不是严格限制西方思想文化的输入，而是引进、学习西方的思想文化和科学技术，努力发展本民族文化教育事业。阿里开办了语言学院，培养出许多有才能的翻译人员，把大批外文的军事、科技、政治、文化书籍译成阿拉伯文和土耳其文。阿里还聘请许多外国专家来埃及讲学和传授技术，并选派大批青年去欧洲学习。据统计，在 1813—1847 年间，埃及分九批向意大利、法国、英国等欧洲国家派遣留学生 319 名，花费 303360 埃镑，学习欧洲在军事管理、武器制造、建筑、工程、农业、海洋、矿业、机械、造船、化学等领域的先进经验。[1]

1863 年，阿里的子孙伊斯梅尔（إسماعيل）出任埃及总督，从小在法国接受教育的他，深受西方思想的影响。伊斯梅尔秉持开放的办学理念，鼓励外国资本在埃及开办学校。这一时期的埃及学校呈现百花齐放的局面，不仅有传统的伊斯兰教学校，还有科普特人、罗马人、犹太人和亚美尼亚人以及英国、美国等西方国家开办的学校。这些学校以本民族语言为教学语言，传授本土宗教文化知识。[2]

1882 年英国占领埃及，埃及历史进入了英国殖民统治时期。英国于 1888 年宣布所有学校的教学语言需采用英语、法语或其他外语。此后英国在埃及建立了 18 所英语学校，将小学至高中课程的教学语言改为英语，力图在埃及根植英语使其取代包括阿拉伯语、法语在内的其他语言。[3] 殖

---

[1] الموسوعة الحرة، التعليم في عصر محمد علي.
见 https://ar.wikipedia.org/wiki التعليم_في_عصر_محمد_علي, 2014-07-06.

[2] ألياس أيوبي، تاريخ مصر في عهد الخديو إسماعيل باشا، مؤسسة هنداوي للتعليم والثقافة، 2013،ص203.

[3] 李宁：《埃及语言教育政策变迁背景分析》，载张宏等主编《当代阿拉伯研究——中埃建交 60 周年纪念文集》，北京师范大学出版社 2017 年版，第 318 页。

民统治者严格限制埃及教育的发展，对教育的投资非常有限，埃及政府对外派遣留学生人数直线下降，甚至一度终止。埃及国际教育交流在这一时期处于被动的状态，主要受控于英国政府和其他西方国家。法国、意大利、希腊、美国均在埃及开设学校，传播西方文化，扩大西方国家的影响力，培养维护西方殖民统治的雇员。根据 1922 年意大利政府收集的关于埃及的外国学校的数据显示，法语学校有 30219 名学生，希腊学校有 2750 名学生，美国学校有 6500 名学生。[①] 英国广泛招收埃及上层子弟留学英国。据统计，1883—1919 年间埃及共有 289 名留欧学生，其中到英国留学 231 人，到法国留学 51 人，到欧洲其他国家留学 7 人。[②]

四、独立后的国际教育合作与交流政策

1922 年，英国被迫承认埃及为独立国家，但仍保留对埃及国际外交、少数民族等问题的处置权。

1952 年，埃及"自由军官组织"领导人贾马尔·阿卜杜·纳赛尔（جمال عبد الناصر）发动革命，推翻法鲁克王朝，废除君主制，宣布成立埃及共和国。纳赛尔时期的国际教育合作与交流政策注重教育输出。在独立初期，为了清除英国殖民影响，埃及政府对外语学校和外语教育实行打压政策，在高等教育领域逐步用法国、比利时、意大利等国教授代替英国教授。在科研合作方面，1967 年，埃及艾因夏姆斯大学建立了中东研究中心，同其他阿拉伯国家研究机构开展合作。在英国殖民统治时期，英国政府曾经为了自己的利益限制埃及与阿拉伯世界的联系。在纳赛尔执政以后，提倡"泛阿拉伯主义"，他爽快地承诺，所有阿拉伯人和穆斯林都可以到埃及接受教育，保证他们可以受到和所有埃及人相同的待遇，并愿为此承担所有费用。1959—1960 年，有来自 57 个阿拉伯国家共计 14349 名外国学生在埃及的中小学和高校学习，其中有 2259 名学生由埃及政府负

---

① Marta Petricioli, "Italian Schools in Egypt. British Journal of Middle Eastern Studies", Vol.24,, No.2（Nov.1997），pp.79-191.

② 李建忠：《战后非洲教育》，江西教育出版社 1996 年版，第 401 页。

担费用。此外，埃及还向非洲和阿拉伯国家输出教育模式，先后在苏丹喀土穆建立开罗大学分校，在黎巴嫩建立亚历山大大学分校——贝鲁特阿拉伯大学，向阿尔及利亚、利比亚、苏丹、黎巴嫩、伊拉克、沙特等亚非国家输送教师。[①] 如 1961—1962 年间，埃及向国外派遣了 300 名大、中、小学教师。纳赛尔时期向国外派遣留学生人数也在急剧增加，1959—1960 年为 349 人，到 1961 年则骤升至 20878 人。[②]

1970 年，纳赛尔逝世，穆罕默德·安瓦儿·萨达特 (محمد أنورالسادات) 出任埃及总统。这一时期埃及对外关系的最大变化是由亲苏联转向亲美国。在纳赛尔时期，因埃及主要依靠苏联，埃美关系冷淡，并在 1967 年"六·五"战争爆发后断交。萨达特执政后，埃美两国关系有所缓和，尤其是在 1973 年第四次中东战争爆发后，美国积极在埃及与以色列之间斡旋，促成埃以达成停火协议及两个军事脱离接触协议，埃美关系迅速改善。到萨达特去世时，美国已成为埃及的主要依赖对象，而埃及成为美国在中东的重要战略盟友。[③] 对外开放政策尤其是接受美国援助使埃及需要大量的懂英语的人才，在这一背景下埃及政府加强了外语教育。1978 年 7 月，教育部创办 12 所幼儿实验语言学校，以加强幼儿的英语教学，到 1981 年，埃及实验语言学校达 40 所。[④] 在高等教育中，部分学科用英语教学来提高学生的应用能力。同时，在外援项目中也包括了外语培训内容。1974 年建立了埃及教育与文化联合工作组，其工作要点是教育交流和培训埃及教师的英语。[⑤] 萨达特时期的埃及基础教育还得到了一些国际机构的资助，1980 年联合国儿童基金会资助 100 万美元，美国国际开发署在 1981—1985 年间每年资助 1000 万埃镑用于购买教学材料，美国国

---

① الأهرام اليومي. د.هدى جمال عبد الناصر،فلسفة مجانية التعليم فى عهد عبد الناصر.
　见 http://www.ahram.org.eg/NewsQ/448902.aspx.
② 李建忠：《战后非洲教育》，江西教育出版社 1996 年版，第 419 页。
③ 陈天社：《萨达特时期美国对埃及援助的效果与背景》，《山西大学报》（社会科学版）2006 年第 2 期。
④ 李建忠：《战后非洲教育》，江西教育出版社 1996 年版，第 421 页。
⑤ 王素、袁桂林：《世界教育大系——埃及教育》，吉林教育出版社 2000 年版，第 131 页。

际开发署还出资 3900 万美元用于在埃及的 5 个省建造新校舍和教室，创建学校 1000 所，班级 6595 个。①

1981 年 10 月 6 日萨达特总统遇刺身亡，同年 10 月 13 日穆罕默德·胡斯尼·穆巴拉克（محمد حسنى سيد مبارك）当选总统。穆巴拉克时期（1981—2011）的教育受到国际改革思潮的影响，从教育目标、原则、课程、教法、考试等各个方面都进行了不同程度的改革，在各级各类教育课程中渗透人权、民主、和平宽容的观念，推进教育民主化进程，促进教育与社会发展需求相适应，强调学校道德教育，国际理解教育也开始走入埃及课堂。为了提高各级各类学校教师水平，埃及派遣教师去国外培训。据统计，1993—1994 年有 400 名教师被送往国外进修；1994—1995 年，埃及派遣 20 名教师到法国大学学习法语，217 名教师前往美国大学进修数学、科学、英语专业。②

第二节　埃及国际教育合作与交流政策的现状

埃及是在穆巴拉克领导下进入 21 世纪的，2011 年埃及爆发"一·二五"革命，推翻了统治埃及 30 多年的穆巴拉克政权，但之后国内局势持续动荡，直到 2014 年 6 月阿卜杜拉·法塔赫·塞西（عبد الفتاح سعيد حسين خليل السيسي）当选总统，埃及才重新走向正轨。从 20 世纪末到 21 世纪，经历了新旧世界的更迭，面对飞速发展的科技，风云变幻的国内外局势以及全球化带来的挑战，埃及政府不断调整教育政策，规划埃及国际教育合作与交流的路径。

一、引进国际学校和加强外语教学

为了提升基础教育的质量，培养国际化人才，埃及鼓励引进国际学

---

① 李建忠：《战后非洲教育》，江西教育出版社 1996 年版，第 422 页。
② 王素、袁桂林：《世界教育大系——埃及教育》，吉林教育出版社 2000 年版，第 263 页。

校。在埃及的私立学校中，国际学校的地位不容小觑。截至 2015 年，埃及以英语为主要教学语言的国际学校有 188 所。① 截至 2019 年，以法语为主要教学语言的国际学校至少 17 所②，以德语为主要教学语言的国际学校至少 6 所③。虽然在数量上占比较小，但其因先进的办学条件、国际化的教育理念越来越受到埃及中产和上层家庭的青睐。在教学语言上，这些学校一般以对象国语言为主，有的还加设其他语言。在课程设置上基本与对象国保持一致，一些学校还可以直接对接国外教育体系。如开罗美国学校（Cairo American College）的授课遵循美国 AERO 标准（American Education Reaches Out），提供 AP 和 IB 课程供学生自由选择；开罗法国学校（LycéeFrançaisdu Caire）提供法国高中文凭考试，学生可通过考试直接进入法国大学学习；霍尔格达俄语学校颁发俄罗斯高中毕业文凭。根据英国文化协会 2020 年 1 月更新的数据，在埃及的英文学校中经过英国文化协会认证，进入 IGCSE（International General Certificate of Secondary Education）体系的有 147 所。④ 在学制上，大多数学校开设从幼儿园到高中的课程，以保证教育的连贯性。这些学校在生源上也呈现多样化特点，如现代英语学校（Modern English School）有来自 30 多个不同国家的学生⑤；

---

① The International School Consultancy, "International schools market reaches 8,000 schools", 2015-11, 见 https：//web.archive.org/web/20160304000123/http：//www.iscresearch.com/information/isc-news.aspx.

② International Schools Database, List of every French International School in Cairo, Egypt, 2019-05-30, 见 https：//www.international-schools-database.com/in/cairo? filter=on&language=French.

③ International Schools Database, List of every German International School in Cairo, Egypt, 2019-05-30, 见 https：//www.international-schools-database.com/in/cairo? filter=on&language=German.

④ British Council, "Egypt Attached Schools Contacts List", Updated January 2020, 见 https：//www.britishcouncil.org.eg/sites/default/files/british_council_attached_schools_february_2020.pdf.

⑤ International Schools Database, "Modern English School Cairo", 见 https：//www.international-schools-database.com/in/cairo/modern-english-school-cairo.

开罗美国学校（Cairo American College）学生国籍多达 50 个[①]。

自萨达特执政时期以来，埃及就非常重视中小学的外语教学。教育部出台的《2014—2030 埃及大学前教育战略计划》规定：埃及大学前（即中小学）的语言教学目标是让学生熟练地掌握阿拉伯语，除此之外至少掌握一门国际性语言，[②]对外语教学提出了很高的要求。埃及中小学类型有公立学校、私立学校和宗教学校。公立学校根据教学语言的不同又分为阿拉伯语学校和实验语言学校。阿拉伯语学校以母语阿拉伯语作为授课语言，小学一年级开始开设英语课程，初中开设法语、德语、西班牙语或意大利语作为第二外语。实验语言学校以英语作为授课语言，从幼儿园起就开设英语课程，初中开设法语或德语作为第二外语。截至 2017 年，埃及共有实验语言学校 2445 所。[③]私立学校分为普通私立学校、语言学校和国际学校。普通私立学校以阿拉伯语作为主要授课语言，教学大纲遵从政府安排，与公立学校相同。语言学校以英语、法语或德语等外语作为授课语言，教授政府规定的课程。

二、设立跨境高等教育机构

随着埃及高等教育大众化进程的推进，埃及民众接受高等教育的需求不断增加，公立高等教育系统和财政都面临着巨大压力。在这一背景下，穆巴拉克政府对 1958 年实行的禁止举办私立学校的政策实施解禁，重新选择了公立和私立高等教育并行发展的道路。1992 年，埃及政府颁布第 101 号法案《私立大学法》，其中第一条规定："允许建立由埃方持有主要股份的不以营利为主要目的的私立大学，私立大学的建立应由创建者提出申请，经教育部长提议，由共和国总统批准。"第五条规定："私立大

---

① 　World Schools，"Cairo American College"，http：//es.world-schools.com/escuela/cairo-american-college/.

② 　وزارة التربية والتعليم، الخطة الاستراتيجية للتعليم قبل الجامعي2014-2030، 2014، ص56-70.

③ 　اليوم السابع، التعليم: قاعدة بيانات لحصر أعداد المدارس على مستوى الجمهورية.
　 见 https：//cutt.ly/ugX2cyr，2017-09-24.

学自行管理资金，确定学费金额。私立大学可以接受来自埃及境内和境外的捐赠，并在第157号法律规定的范围内免征捐赠所得税。"① 由此，埃及产生了一批同国外机构合作建立的国际大学，如2002年建立的开罗德国大学和埃及法国大学；2005年建立的埃及英国大学和加拿大金字塔大学；2006年成立的埃及俄罗斯大学；2016年成立的埃及中国大学。这些大学由外方在技术、课程制定、质量保障和师资方面提供支持，并提供海外交流和实习机会。如埃及德国大学是一所按照德国工业大学模式建立的私立基金会大学，由德国巴符州的斯图加特大学、乌尔姆大学、图宾根大学等三所大学提供支持，是德国最大的海外办学项目。该校所有课程都是按照德国模式设置，并有德国教师参与教学活动，在埃及德国大学，德语是必修课之一。除了4门必修的德语课程，学校还为日后打算赴德交流学习的学生提供高级德语课程。② 埃及英国大学采取全英式培养模式，遵循英国教育质量标准，颁发英国学位证书。该校同英国拉夫堡大学、苏格兰玛格丽特皇后大学、伦敦南岸大学都建立了合作伙伴关系。

2018年8月2日，塞西政府出台《在阿拉伯埃及共和国和大学机构内建立外国大学分校法》（以下简称《埃及外国大学分校法》），鼓励外国大学来埃及开办分校，并在高等教育与科学研究部下设外国大学分校事务委员会 (مجلس شؤون فروع الجامعات الأجنبية)。《埃及外国大学分校法》明确了外国大学分校建立的流程、审批手续、质量监管、权利和义务等细则。其中第三条规定："允许外国一流大学在埃及开办分校，促进埃及高等教育系统发展，加强埃及高等教育系统同发达国家高等教育系统的联系，在国内为埃及学生提供全球教育机会，同时保留埃及学生的民族特性。"第五条规定："允许埃及大学同国外一流大学合作建立分校，授予两国大学学位。"第十六条规定："分校将在学术独立和自由的框架内运作；给予分校经营活动的便利、特权、授权和许可；鼓励相关政府和私人机构同分校建

---

① الجريدة الرسمية, قانون رقم 101 لسنة 1992 بشأن انشاء الجامعات الخاصة. 30 يولية سنة 1992 - العدد 31.

② 肖军、王婷钰：《德国在阿拉伯国家海外办学模式研究》，《比较教育研究》2020年第1期。

立联系，协助其更好地履行职责；为分校提供必要的行政便利以及履行科研职能所需的服务；为国际分校在其经费范围内提供能够满足其未来扩建需要的合适的选址；根据 1972 年第 49 号《大学组织法》条款简化分校大学学位认证程序。"① 《外国大学分校法》使外国大学在埃及办学拥有了法律依据，标志着埃及高等教育国际合作与交流迈上了新台阶。

三、推动学生的国际流动

促进学生流动是高等教育国际化的显著特征之一，也是埃及国际教育合作与交流政策一直以来关注的重点。

（一）入境流动

埃及是中东北非地区蓬勃发展的教育中心。2012 年，开罗是 QS 最佳留学城市排名中唯一上榜的非洲国家城市。尽管在 2011—2013 年间，由于政局动荡导致国际学生人数下降，但塞西执政后埃及国际学生数量正在稳步回升。目前，埃及是阿拉伯世界第三大最受国际学生欢迎的留学目的国，仅次于沙特和阿联酋。

根据联合国教科文组织的统计数据，埃及国际学生人数从 2003 年的 27158 人上升至 2016 年的 51162 人，2016—2017 学年国际学生为埃及带来了 1.86 亿美元的收益。② 埃及国际学生来源国的前十名分别是：马来西亚（4556 人）、印度尼西亚（2183 人）、泰国（2091 人）、尼日利亚（1291）、土耳其（397 人）、叙利亚（397 人）中国（342 人）、新加坡（258 人）、阿富汗（248 人）、索马里（221 人）。③

国际学生占高等教育在校生总数的比例虽然不断波动，但总体上呈上升趋势。根据埃及高等教育与科学研究部的数据，2007—2008 学年

---

① الجريدة الرسمية، قانون رقم 162 لسنة 2018بإنشاء وتنظم فروع للجامعات الأجنبية داخل جمهورية مصر العربية والمؤسسات الجامعية، 02 أغسطس 2018 - العدد 31.

② وزارة التعليم العالي والبحث العلمي، التعليم العالي فى ارقام بين عامي (2014 - 2017) .
见 http://portal.mohesr.gov.eg/ar-eg/Pages/Higher-education-in-numbers.aspx，2017-08-03.

③ UNESCO Institute for Statistics. Global Flow of Tertiary-Level Students，2016-12-07，见 http://uis.unesco.org/en/uis-student-flow#slideoutmenu.

至 2013—2014 学年间埃及国际学生人数占高等教育在校生的比例分别是 1.65%、1.95%、2.01%、2.03%、1.92%、1.96%、2.08%。从性别分布看，2013—2014 学年埃及国际学生人数为 47851 人，其中男生占比 68%，女生占比 32%。有 36% 的国际学生就读于埃及公立大学，33% 的学生就读于爱兹哈尔大学，19% 的学生就读于私立大学，还有一小部分学生分布在埃及私立高等学院和开放大学。从国际学生就读专业来看，在工科领域就读的学生最多，占比 38%，其次是医学专业和人文专业，分别占比 25% 和 23%。①

（二）出境流动

尽管与入境流动学生相比，埃及学生的出境流动规模较小，但在过去 10 年中，埃及出境人数增长迅速。自 2008 年以来，埃及海外求学人数增加了近两倍，从 12331 人增加至 2017 年的 31822 人。② 埃及是继沙特阿拉伯、摩洛哥和叙利亚之后阿拉伯世界第四大国际学生输出国。

2016 年埃及学生出国攻读学位的目的地国前十名分别是：阿联酋（5256 人）、沙特（4886 人）、美国（3461 人）、法国（2113 人）、英国（2010 人）、卡塔尔（1784 人）、马来西亚（1365 人）、乌克兰（1145 人）、加拿大（1128 人）和意大利（1021 人）。③ 其中三分之一的学生都在阿联酋和沙特学习，这主要是由于埃及同阿联酋和沙特之间天然的政治和文化联系，以及双方在学术和劳工移民方面的密切合作。

美国历来都是埃及学生热门的留学目的国。但是埃及赴美留学人数在经历了过去 10 年迅猛的增长后，目前却稍显动力不足。根据国际教育协会（Institute of International Education）的门户开放报告，2017—2018 年埃及赴美留学生人数自 2010—2011 学年首次出现下滑（详见图 3-1）。

---

① ‏وزارة التعليم العالي، التعليم العالي حقائق وأرقام (2013 – 2014).

② World Education News+Reviews，"Education in Egypt"，2019-02-21，见 https：//wenr. wes.org/2019/02/education-in-egypt-2.

③ UNESCO Institute for Statistics. Global Flow of Tertiary-Level Students，2016-12-07，见 http：//uis.unesco.org/en/uis-student-flow#slideoutmenu.

2017—2018 学年，埃及赴美留学生中 41% 的学生攻读本科，43% 的学生攻读研究生，短期实习（optional practical training）学生占比 12%，还有 4% 的非学历教育学生。[①]

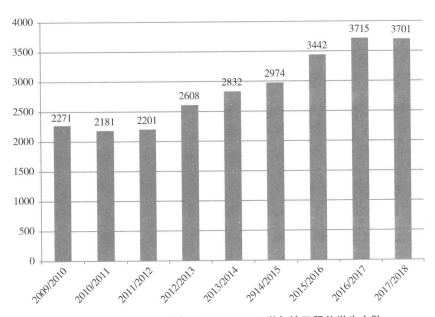

图 3-1　2009—2010 学年—2017—2018 学年埃及留美学生人数

资料来源：World Education News+Reviews，"Education in Egypt"，2019-02-21，https：//wenr.wes.org/2019/02/education-in-egypt-2.

四、加入国际或地区大学联盟

加入国际或地区大学联盟，是埃及高等教育进一步拓展国际教育合作与交流的途径。埃及已成为国际大学协会、非洲大学联盟、阿拉伯大学联盟以及中东、北非、东南亚大学国际联盟成员，并加入了中国发起的新丝绸之路大学联盟和"一带一路"高校联盟。

埃及私立大学也和境外私立大学建立了联盟组织。2008 年 7 月，由埃及科技大学组织发起，邀请来自肯尼亚、苏丹、乌干达、卢旺达、加纳

[①]　World Education News+Reviews，"Education in Egypt"，2019-02-21，见 https：//wenr.wes.org/2019/02/education-in-egypt-2.

等非洲九国的 22 所私立大学，成立了非洲私立大学联盟（African Union of Private University，AUPU），以共同应对非洲发展所面临的种种问题。具体合作内容有：开展合作研究，鼓励互派留学生，加强人才和资源交流，共同推进课程开发，合作培养研究生，推动学历互认，加强学者之间的交流和合作等。

在加入国际或地区大学联盟的基础上，埃及各个大学通过与各国政府、高校以及其他相关机构合作，通过虚拟大学建设实现资源共享。如艾因夏姆斯大学已与丹麦、土耳其、黎巴嫩、苏丹、塞尔维亚、巴勒斯坦、马耳他、塞浦路斯等国家的 10 所大学建立联盟组织，成立了地中海虚拟大学（MVU）。埃及与巴林、苏丹、科威特、黎巴嫩、沙特联合成立了阿拉伯开放大学（AOU）。由意大利政府牵头，联合开罗大学与赫勒旺大学共同建立了非洲—地中海远程教育大学（EMUDE）。埃及建立了埃及大学网（EUN），并同地中海大学网（UNIMED）、法语国家大学网（AUF）等国际大学网络组织建立了联系。此外，埃及和境外许多专业网络组织如阿维森纳（Avicenna）、远程教育网、地中海质量保障和认证网（QAA）也建立了广泛的联系。①

五、开展国际科研合作

促进国际科研合作，提升埃及高等教育科学研究水平是埃及教育国际合作与交流的又一重要举措。埃及同世界各国以及区域和国际组织开展了广泛的科研合作，在此列举埃及同美国、欧洲国家以及阿拉伯国家的科研合作。

（一）埃及同美国的科研合作

1995 年，埃及同美国签署了《美国—埃及科学技术协议》（TheU.S.-EgyptScienceandTechnologyAgreement）。该协议的总体目标是加强埃及和美国研究人员和科研机构之间的合作，促进埃及经济发展。具体的目标包

---

① 季诚钧等：《埃及高等教育研究》，中国社会科学出版社 2010 年版，第 195 页。

括：改善埃及的科研环境；提高埃及人力资源竞争力；资助科研项目；支持研发和创新；构建工业竞争力。在《美国—埃及科学技术协议》框架下埃美双方设立了美国—埃及科学技术联合基金项目（The U.S. - Egypt Science and Technology Joint Fund），为两国开展科研合作提供资金和制度保障。该基金由美国国际开发署和埃及高等教育与科学研究部共同资助，由美国国家科学院和埃及科学和技术发展基金负责实施。21 世纪以来，该基金为两国在农业、工程、健康、可再生能源和水资源等领域的合作提供了广泛支持。在该基金的支持下，美国威斯康星大学麦迪逊分校同埃及农业研究所开展了埃及牛群结核病的基因组特征研究；马里兰大学和埃及开罗大学进行了关于孕妇感染丙型肝炎问题的研究；亚利桑那州立大学同亚历山大大学合作开展了关于利用微藻生产可再生能源的研究。截至 2015 年，该基金为 120 多名青年科学家提供了资助，有 1 万多名埃及和美国科学家在该基金的支持下参与了 480 多个共同研究项目及 60 多场研讨会。[1] 为扩大两国科研合作范围，2015 年美国和埃及将与创新相关的活动纳入美国—埃及科学技术联合基金的资助范围，旨在帮助埃及建立完善的创新生态系统。截至 2020 年，在该基金的支持下已启动"创新埃及 2017—2018"和"创新埃及 2019—2020"两轮项目，该项目为埃及研究生、教师、科研人员和创业者提供为期 8 周的创业培训。[2]

（二）埃及同欧洲国家的科研合作

埃及和欧盟国家建立了完善的科研合作机制。在埃及和欧盟层面的科研合作方面，在 2001 年埃欧双方签署并于 2004 年正式生效的《建立欧洲共同体及其成员国为一方与阿拉伯埃及共和国为另一方的联盟的欧洲—地中海协定》（Euro-Mediterranean Agreement establishing an Association

---

① U.S. Embassy in Egypt, "Twenty Year Science and Technology Agreement between United States and Egypt Renewed", 2015-08-31. 见 https：//eg.usembassy.gov/twenty-year-science-technology-agreement-united-states-egypt-renewed/.

② The U.S.-Egypt Science and Technology Joint Fund, "Innovation", 2018-06-03, 见 https://sites.nationalacademies.org/PGA/Egypt/PGA_185826.

between the European Communities and their Member States，of the one part，and the Arab Republic of Egypt，of the other part）中，第四十三条确定了埃及同欧盟科学技术合作的目标，即："1.鼓励各缔约国科学界之间建立联系，特别是通过以下途径：埃及根据有关第三国参与的现有规定，参加共同体的研发计划；埃及参与分散式合作网络；促进培训与研究之间的协同作用；2.加强埃及的研究能力；3.促进技术创新、新技术转让和知识传播。"[①]2005年埃及同欧盟签署了《欧洲共同体和阿拉伯埃及共和国科学技术合作协定》（Agreement for scientific and technological cooperation between the European Community and the Arab Republic of Egypt），鼓励双方在共同关心的领域内开展科研合作。2017年，埃及与欧盟签署了关于参加"地中海地区科研与创新伙伴关系计划"（Partnership for Research and Innovation in the Mediterranean Area）的国际科技合作协议，在该计划下埃及能够同欧盟成员国及其联系国一样平等地参与欧盟科研创新计划。

从欧洲的具体国家来看，埃及同英国、法国、德国的科研合作较为密切。英国发展援助委员会设立的牛顿基金（The Newton Fund）是由15个英国项目执行单位分别与15个不同国家的合作伙伴联合开发、管理和资助的科研创新项目，埃及是唯一一个参与该基金的中东和北非国家。2014年，该基金在埃及下设"牛顿—穆沙拉法基金"（Newton-Mosharafa Funds），以纪念英国著名物理学家艾萨克·牛顿（Issac Newton）和埃及物理学家阿里·穆斯塔法·穆沙拉法（علي مصطفى مشرفة）。该基金由埃英双方各出资400万英镑，埃及方面的资金来源于高等教育与科学研究部，英国方面的资金由商业、创新和技能部提供。该基金的目标是："1.通过共同开发应对能源、健康、水、粮食生产和文化遗产挑战的解决方案，促进

---

① Official Journal of the European Union，"Euro-Mediterranean Agreement establishing an Association between the European Communities and their Member States，of the one part，and the Arab Republic of Egypt，of the other part"，2004-09-30，见 https：//www.fdfa.be/sites/default/files/atoms/files/463_Agreement%20in%20English_0.pdf.

埃及的经济和社会福利发展；2. 提高埃及科学和创新部门的能力；3. 增加埃及高质量科学研究和创新的数量；4. 在英国和埃及的科学和创新部门之间建立长期的互利伙伴关系；5. 将英国置于埃及科学和创新伙伴关系的首选合作伙伴。"① 该基金支持三大类活动：一是人员能力建设；二是关于发展专题的研究合作方案；三是创新伙伴关系。根据埃及政府的建议，该基金将优先支持水资源管理、可再生能源、粮食生产、考古和文化遗产、包容性医疗领域的项目。英国为埃及学术人员提供赴英学习交流的机会。在基金运行的第一年，有 64 名埃及学生获得英国大学博士学位奖学金，25 名青年研究者获得赴英短期研究奖学金，有超过 100 名学者接受了研究交流培训。埃英研究机构间还确立了 9 个研究伙伴关系，每个合作项目金额达 30 万英镑。② 再以德国为例，早在 1978—1979 年间，埃及和德国就签署了一系列双边科技合作协议，奠定了两国科研合作的基础。进入 21 世纪以来，埃德两国科研合作不断深化，形成了较为稳固的合作机制，并在水资源管理、医药科学、材料科学、可替代能源和生物科技等领域取得了巨大进展。在 2007 年埃德科技年的推动下，双方联合组建了德国—埃及研究基金，双方每年各出资 100 万欧元支持青年科学家在新领域的研究。2008—2015 年间，该基金共进行四次招标，有 51 个联合研究项目获得资助，涉及生物技术、医学、材料科学、水资源、可再生能源及人文社科领域。2013 年 11 月，德国在开罗设立德国科学中心，以帮助德国和埃及的教育和科研机构取得更加紧密的联系。③

（三）埃及同阿拉伯国家的科研合作

1976 年 8 月 16 日，埃及、约旦、阿联酋、苏丹、伊拉克、巴勒斯

---

① British Council，"Newton-Mosharafa Fund – Project Brief"，见 https：//www.bu.edu.eg/portal/uploads/NewsPDF/Newton-Mosharafa_Fund_Project_Brief_28092015.pdf.

② Egypt Independent，"Egyptian scholars awarded Newton-Mosharafa grants celebrated at British embassy"，2015-05-28，见 https：//www.egyptindependent.com/egyptian-scholars-awarded-newton-mosharafa-grants-celebrated-british-embassy/.

③ Federal Ministry of Education and Research，"Fields of Activity-Egyp"，2016-05-09，见 http：//www.internationales-buero.de/en/egypt.php.

坦、科威特七国牵头建立了阿拉伯科学研究委员会联盟（اتحاد مجالس البحث العلمي العربية），该联盟的目标包括：加强阿拉伯国家学术科研机构之间的密切合作；关注所有领域的科学研究，尤其是与阿拉伯愿景计划相关的研究；与相关机构合作推动阿拉伯语成为科研语言；为阿拉伯国家科研组织机构提供支持，使它们服务于阿拉伯社会经济一体化进程；规划和执行阿拉伯国家科研合作项目；为阿拉伯国家科研人员创造有利的研究环境。2017 年，阿拉伯国家联盟联合包括阿拉伯科学研究委员会联盟、阿拉伯大学联盟、阿盟教科文组织等下属机构正式出台了《阿拉伯科技创新战略》（الاستراتيجية العربية للبحث العلمي والتكنولوجي والابتكار），作为指导阿拉伯国家科研合作的文件。该战略的主要目标可以概括为三点：提高科学和工程训练水平、提升科学研究能力和加强区域和国际科研合作。该战略提出阿拉伯国家应在以下领域协同合作：水资源的发展与管理、核能、可再生能源、石油天然气、新型材料、电子学、信息技术、空间科学、纳米技术、农业畜牧业和渔业、工业和生产、荒漠化、气候变化、健康科学和生命技术以及其他前沿技术。

六、寻求国际教育援助

国际援助是埃及教育发展中不可忽视的力量。埃及教育改革项目或多或少地在资金、技术或经验层面都受到了外国政府或国际组织的援助。从国际组织来看，世界银行从 20 世纪 90 年代起对埃及各个教育阶段的改革项目提供援助（详见表 3–1）。其中正在进行的"支持埃及教育改革计划"，目标是改善埃及公立学校的教学和学习条件。该项目由五个部分组成：一是改善幼儿教育；二是提升教师和教育领导者能力；三是综合评估改革；四是教育技术基础设施建设；五是项目管理、沟通、监控和评价。①

---

① The World Bank，Supporting Egypt Education Reform Project，2019-12-11，https：// projects.worldbank.org/en/projects-operations/project-detail/P157809.

表 3-1 1993—2020 年世界银行援助埃及大学前教育改革情况

项目名称	起始日期	承诺额度（百万美元）
初等教育提升计划	1993—2003	56
中等教育提升计划	1999—2012	50
幼儿教育提升计划	2005—2014	20
高等教育提升计划	2002—2008	50
支持埃及教育改革计划	2018—2023	500

资料来源：根据世界银行官网信息整理制成。The World Bank，Projects & Operations. 2010-0810，http：//projects.worldbank.org/search？lang=en&searchTerm=education.

从各国对埃及的教育援助来看，教育是继社会治理和经济领域之后美国对埃及的第三大援助领域。2017 年美国共向埃及提供 3.7 亿美元的援助，其中教育领域 5300 万美元，分别是：基础教育领域 1500 万美元，高等教育领域 3500 万美元，其他教育领域 300 万美元。高等教育是继冲突、和平和安全领域后美国对埃及援助金额最多的领域。[1] 德国对埃及的教育援助侧重于技术教育领域。从 2000 年起，埃及在德国的援助下开始实施穆巴拉克—科尔计划（The Mubarak Kohl Initiative），该计划旨在通过先进的现代化技术和生产手段，培养符合社会需要的劳动力市场的人才。该项目计划在 22 座城市建立 35 所学校，涉及 13 种职业培训，计划容纳 6500 名学生。该计划所有拨款均来自德国，此外德国还派遣了许多专家担任教学工作。[2] 日本是亚洲国家同埃及教育往来较为密切的国家之一。2016 年埃及总统塞西访问日本时，埃日双方宣布建立埃及—日本教育合作伙伴关系（The Egypt-Japan Education Partnership），扩大两国在幼儿教育、基础教育、高等教育和职业教育领域的合作。日本对埃及在基础教育领域的援助侧重于教育理念和经验的传播。根据双方签订的协议，埃及将在日本的指导下在幼儿教育和中小学教育中普及日本全人教育的 Tokkatsu 教

---

[1] USAID. U.S. Foreign Aid by country，见 https：//explorer.usaid.gov/cd/EGY？fiscal_year=2017&measure=Obligations.

[2] 季诚钧等：《埃及高等教育研究》，中国社会科学出版社 2010 版，第 196 页。

育模式，促进埃及儿童的智育发展。日本政府将派遣专家、教师和志愿者为埃及提供技术指导，埃及教师将获得在日本培训的机会。日本对埃及在高等教育领域的援助较为注重技术合作与赠款援助之间的协同作用，典型的例子是埃及—日本科技大学（Egypt Japan University Of Science and Technology，E-JUST）。E-JUST 是日本政府在埃及援建的以工程类学科为主的研究型大学，日方将其视为扩大日本影响力的"科技外交平台"。自 2008 年以来，日方分两次向埃及政府提供建校资金 6000 万美元，另在 2016 和 2017 年无偿援助 2700 万美元的教研设备采购经费和价值 900 万美元的太阳能发电清洁能源系统。除赠款外，日方还在师资和日语文化教育方面向 E-JUST 提供支持。

第三节　埃及国际教育合作与交流政策的战略重点和发展方向

塞西政府执政后，对国内教育进行了全面的改革，改革政策中也涉及教育国际化的内容。2014 年，埃及教育部出台《2014—2030 埃及大学前教育战略计划》，其中涉及埃及大学前国际教育合作与交流的政策有：埃及大学前的语言教学目标是让学生熟练地掌握阿拉伯语，除此之外至少掌握一门国际性语言；在数学、地理、科学、语言等科目上采用国际教学大纲；按照国际标准建设评估体系；从国际伙伴关系协议中受益。[①]2015 年，埃及高等教育与科研部发布《2015—2030 年埃及高等教育发展国家战略》，对埃及高等国际教育合作与交流的目标、项目及途径作出了具体规定（详见表 3–2）。2016 年 2 月 25 日，埃及总统塞西宣布国家可持续发展战略《埃及 2030 愿景》，并将教育纳入改革的重要一环。埃及教育改革的目标是"在现有的高效、公平、灵活和可持续发展的体制下为埃及公民提供高质量的教育水平，将其培养成为有思想、有技术、懂科学的全面发

---

① وزارة التربية والتعليم، الخطة الاستراتيجية للتعليم قبل الجامعي2014-2030،2014، ص56-70.

表 3-2 《2015—2030 年埃及高等教育发展国家战略》
中教育合作与交流的目标、项目及途径

目标	措施
增强教师和学生的国际流动	同国外大学签署谅解备忘录；推动现有谅解备忘录的实施 增强教师、学生的研究能力；为学生提供参与国际交流及国际培训项目的机会
提高埃及大学的国际排名	在每个大学中建立国际排名办公室
通过政府派遣发展埃及海外文化代表处及海外研究系统	将科研系统与国家科研计划和优先事项相挂钩；确认学校和研究中心是否为海外学生选择了与国家科研计划相一致的新学科和稀有学科的研究项目

表格来源：Japan International cooperation Agency,"Egypt Higher Education Sector Co-operation Planning Survey in Egypt Scholarship Program Final Report",2017,pp.7-9.

展的人才，最大化地培养公民的创造力、责任心和包容性，从而提升国家在地区及全球的竞争力。"① 通过上述国家发展战略和教育改革文件可以发现，埃及教育国际合作与交流政策的战略重点和发展方向与其国内教育改革的愿景和目标相辅相成，主要有以下四个方面：

一、提升教育国际竞争力

埃及高等教育改革的首要任务是解决教育质量不高、国际竞争力不强的问题。根据世界经济论坛（World Economic Forum）发布的《2015—2016 全球竞争力报告》，埃及教育系统质量在 140 个国家中排在第 139 位，数学和科学教育质量排名第 131 位，教育管理质量排名第 139 位。从创新能力来看，《2015—2016 全球竞争力报告》显示，埃及创新能力在 140 个国家中排在第 133 名，科研机构质量排名第 128 位，产学研合作情况排名第 132 位。② 从世界一流大学排名来看，根据上海交通大学发布的 2014

① جمهورية مصر العربية، استراتيجية التنمية المستدامة: رؤية مصر2030.
见 http://enow.gov.eg/Report/Vision-Ar.pdf.

② World Economic Forum,"The Global CompetitivenessReport2015–2016",2015-10-01,见 http://www3.weforum.org/docs/gcr/2015-2016/Global_Competitiveness_Report_2015-2016.pdf.

年世界大学学术排名，开罗大学是唯一一所位列前 500 名的埃及高校，其他埃及的大学都排在 900 名以外。①

埃及政府在教育改革中强调普遍采用国际标准，着力提高埃及教育国际竞争力。2014 年，埃及通过的新宪法规定"政府教育支出不少于国内生产总值的 4%，并逐步增加至世界平均水平"；"高等教育支出不少于国内生产总值的 2%，并逐步增加至世界平均水平"；"科研支出不少于国内生产总值的 1%，并逐步增加至世界平均水平"。②

2016 年 2 月 25 日，塞西政府颁布国家可持续发展战略《埃及 2030 愿景》，充分肯定了教育在经济发展、社会进步和环境治理方面的基础性作用，并将"教育和培训"列入社会改革的重要一环。《埃及 2030 愿景》对教育发展提出了三个重要的战略目标，分别是提高教育质量、提供无差别的教育和提高教育竞争力。在提升教育质量和竞争力方面分别在基础教育和高等教育领域制定了国际化的目标（详见表 3–3）。

表 3–3 《埃及 2030 愿景》中关于教育国际竞争力的阶段性目标

教育阶段	教育国际竞争力指标	现阶段②	2020	2030
基础教育	基础教育质量排名	141/144	≤80	≤30
	国际数学与科学教育趋势研究（TIMSS）排名	科学：41/48；数学：38/48	30	20
高等教育	高等教育世界竞争力排名	118/148	75	45
	进入世界大学 500 强高校数量（上海排名）	1	3	7

资料来源：根据《埃及 2030 愿景》中的教育目标整理制成，见 http://enow.gov.eg/Report/Vision-Ar.pdf.

---

① HanaaOudaKhadriAhmed，"Strategic Approach for Developing World-class Universities in Egypt"，*Journal of Education and Practice*，2015（05）：125-145.

② دستور جمهورية مصر العربية2014، ص11-12.

　见 https://www.sis.gov.eg/Newvr/consttt%202014.pdf.

② 根据《埃及 2030 愿景》中的注释可知，现阶段多使用 2014 年的数据，个别采用 2013 或 2012 年的数据。

二、加强国际科研合作

为促进国家经济转型，埃及政府提出"知识型经济"理念，期待通过打造可持续发展的经济模式使埃及社会更具凝聚力和竞争力。面对以人工智能、生命科学和新能源等为核心技术的第四次技术革命，埃及政府尤其强调知识、科研和创新在提升国家综合竞争力中的重要作用。在这一背景下，埃及重视发挥高等教育的科学研究职能。2015年，埃及出台了《国家科技创新战略2015—2030》作为指导埃及科学研究改革的专项文件。该战略明确了埃及科学研究的愿景、使命和价值取向，规划了埃及未来科研发展的重点领域，提出"埃及科研要跟上世界生物技术、遗传工程、纳米技术和信息学的水平，缩小同世界工业技术与和平利用核能方面的科研差距。"[①] 该战略提出的一个重要的科研发展路径就是国际合作。埃及秉持这一理念，主要是基于两个方面的原因：一是埃及当前的科学研究能力十分有限，需要同国际伙伴建立关系，借鉴发达国家的经验，促进技术的落地。二是当前埃及所面临的很多挑战也是困扰世界各国的全球性问题，如粮食产量下降、流行疾病、环境保护等问题，这些无法依靠一国有限的科技力量去解决，需要世界各国的共同参与。[②]《埃及2030愿景》中对埃及高等教育科研能力制定了国际化的发展目标："到2020年，国际学术期刊论文发表增长率从13.6%上升至15%，2030年提升至20%；到2020年，获得世界大学科研资助的教师比例从0.2%上升至1%，到2030年上升至3%。"[③] 2018年4月21，塞西政府出台了《鼓励科学、技术和创新法》，给予了高等教育和科学研究机构一定的自主权，允许高等教育机构联合外

① وزارة التعلي العالي والبحث العلمي، الاستراتيجية القومية للعلوم والتكنولوجيا والابتكار 2015-2030.
见 https://www.bu.edu.eg/portal/uploads/NewsPDF/Scientific_Research_Innovation_5_0111 2015.pdf.

② وزارة التعلي العالي والبحث العلمي، الاستراتيجية القومية للعلوم والتكنولوجيا والابتكار 2015-2030.
见 https://www.bu.edu.eg/portal/uploads/NewsPDF/Scientific_Research_Innovation_5_0111 2015.pdf.

③ جمهورية مصر العربية، استراتيجية التنمية المستدامة: رؤية مصر 2030.
见 http://enow.gov.eg/Report/Vision-Ar.pdf.

部力量建立技术孵化器、科技园区和公司，并对科研所需设备和仪器实行免税政策。其中第五条规定："高等教育和科学研究机构可以开展一切符合其成立宗旨的活动。它们可以直接与个人、公司、银行、国内和国外的机构以及所有利益相关方签署协议，以满足研究项目的需要，而不受适用的法律、条例或政府决定的约束。"第七条规定："免征高等教育和科研机构研究项目所需要的进口工具、仪器和材料进口关税和增值税。"第九条规定："经有关科学当局批准的科研项目，其研究小组的奖金如果由外部赠款按照现行法规资助，则免征所有税费。"① 埃及政府制定的提升国际科研合作水平的路径有："在科研经费中为国际合作提供专项经费；各部门和相关方进行协调，了解埃及发展国际伙伴关系的需求；落实和推动现有的协议；签署新的平等伙伴关系协议；设立研究奖助金和能力建设奖助金，尤其要向阿拉伯和非洲国家提供奖助金；在欧盟和非盟设立负责科技创新的埃及常驻代表处；将埃及科研战略规划与非洲和阿拉伯目标联系起来，并共享研究资金。"②

三、引入海外优质教育资源

日益增长的高等教育需求同国内高等教育资源紧张之间的矛盾是埃及高等教育发展面临的一大困境。2011—2012 学年，埃及高等教育系统共为 280 万名 18—22 岁的学生提供教育服务，其中近 80% 的学生就读于公立大学。这个年龄段的学生约占埃及总人口的 30%。③ 埃及国际教育合作与交流的战略重点和发展方向是引入海外优质教育资源，一方面为了增加国内高等教育机构，缓解埃及公立高等教育系统的压力；另一方面为了使本国学生能够不出国门便可享受到国外的教育资源。由于经济上的限

---

① الجريدة الرسمية، قانون رقم 23 لسنة 2018 بإصدار قانون حواجز العلوم والتكنولوجيا والابتكار، ابريل2018، العدد16.

② Ministry of Higher Education and Scientific Research. National Strategy for Science, "Technology and Innovation 2030（2019 update）" http：//www.crci.sci.eg/wp-content/uploads/2019/12/National-Strategy-for-Science-Technology-and-Innovation-2030.pdf.

③ Mohsen Elmahdy Said, "Cairo University：The Flagship University of Egypt", in Flagship Universities in Africa, Damtew Teferra, Palgrave Macmillan, pp.57-89.

制，尤其是阿拉伯之春后埃镑兑美元汇率的大幅下降使埃及学生出国留学成本更高，国际教育很大程度上只局限于那些能够获得奖学金或家境富裕的埃及学生，绝大多数埃及学生并没有能力负担出国留学的费用。因此，同国外高等教育机构发展远程教育和大学分校是埃及解决这一问题的重要途径。

在远程教育方面，埃及积极同国外机构合作，共享优质教育资源。2003 年 2 月，阿拉伯开放大学（Arab Open University，简称 AOU）进驻开罗。阿拉伯开放大学是在联合国教科文组织赞助下成立的阿拉伯远程教育机构。该校与英国开放大学（UK Open University）建立了长期的合作关系，并获得了多数英语教材的使用权，包括英国开放大学本科英语语言文学、工商管理和计算机专业的课程，均采用英语授课。AOU 还获得了英国认证委员会（British Accreditation Council）的认证，并与联合国教科文组织开展电信和虚拟图书馆合作。除此之外，艾因夏姆斯大学计算机与信息科学院与地中海虚拟大学（MVU）建立了合作伙伴关系，开罗大学计算机与信息学院同阿维森纳（Avicenna）虚拟校园建立了合作伙伴关系。[①]

在海外分校方面，埃及政府通过立法将外国教育机构在埃及开设分校合理化、规范化和便利化，在高等教育与科学研究部下设外国大学分校事务委员会（مجلس شؤون فروع الجامعات الأجنبية）负责监管国际分校的教学研究活动，并在新行政首都打造外国大学分校中心，发挥集群效应。加拿大爱德华王子岛大学、德国国际应用技术大学、英国考文垂大学和赫特福德大学已成功进驻，埃及政府还同英国伦敦政治经济学院、东伦敦大学、中央兰开夏大学，奥地利维也纳大学、约翰内斯·开普勒大学、昆斯特大学、维也纳农业科学大学，西班牙加泰罗尼亚理工大学在建立分校方面签署了协议。[②]

① Ashraf S.Hussein，e-Learning in the Egyptian Public Universities：Overview and Future Prospective，2009-07-14，ICT-Learn 2009 Conference，Human and Technology Development Foundation，At Cairo，Volume：1.

② وزارة التعليم العالي والبحث العلمي، استراتيجية وزارة التعليم العالي والبحث العلمي 4.0.
见 http://portal.mohesr.gov.eg/ar-eg/Documents/Strategy_mohesr.pdf.

四、促进人员的国际流动

促进人员的国际流动是埃及国际教育合作与交流政策的又一战略重点和发展方向。埃及高等教育与科学研究部下设派遣和文化事务部门，专门负责促进学术人员的国际流动。该部门又细分为派遣司、留学生事务司、文化合作司三个单位。派遣司主要负责制定国家派遣学术交流人员的计划。留学生事务司主要负责制定埃及高校招收留学生的政策，管理外国留学生在埃及的学习和生活。文化合作司主要负责维护埃及同其他国家的文化教育关系，包括筹备学术会议、举办文化竞赛、组织专家互访等。

在出境流动方面，在 2014—2017 年间，埃及向外派遣学术人员数量从 553 名上升至 950 名，增长了 72%，共计花费 6.91 亿埃镑，培养领域涉及新能源、核能、海水淡化、农业、工程学，目的国有日本、英国、法国、美国和德国。[①] 同时，埃及政府积极同国外政府、教育科研机构设立奖学金计划，支持人员的双边流动。（埃及同部分欧盟国家设立的人员流动项目详见表 3–4）2015 年美国发起"美国—埃及高等教育倡议"（The U.S.-Egypt Higher Education Initiative），通过与埃及政府和私营部门合作，为埃及学生提供更多的国内和美国的高等教育机会。该倡议具体包括埃及公立大学奖学金、埃及私立大学奖学金，领导力奖学金、专业研究生奖学金和富布赖特项目（详见表 3–5）。

在入境流动方面，《埃及 2030 愿景》中规定了埃及留学生教育的阶段性目标，即："国际学生占高等教育在校生的比例从 2% 提升至 2020 年的 3%，并在 2030 年达到 6%。"[②] 为吸引国际学生来埃及留学，埃及高等教育与科学研究部发起"请来埃及学习"（ادرس في مصر）倡议，开通留学生在线申请平台、简化留学生申请程序，完善电子支付系统，并研发"来埃及

---

① وزارة التعليم العالي والبحث العلمي، التعليم العالي فى ارقام بين عامي (2014 – 2017) .
    见 http://portal.mohesr.gov.eg/ar-eg/Pages/Higher-education-in-numbers.aspx，2017-08-03.
② جمهورية مصر العربية، استراتيجية التنمية المستدامة: رؤية مصر 2030
    见 http://enow.gov.eg/Report/Vision-Ar.pdf.

学习"英阿双语应用程序，方便学生在手机上随时查询埃及高等教育机构信息。

表 3–4 埃及同部分欧盟国家的人员流动项目

国家	流动项目	支持该计划的机构	说明
芬兰	芬兰政府奖学金	芬兰国际流动中心	埃及学生每年都会获得该奖学金
	双边政府奖学金	芬兰国际流动中心	芬兰和埃及研究人员奖学金
法国	塔哈塔维奖学金	法国驻埃及大使馆	资助对象：在法国大学攻读硕士学位的埃及学生
	博士生助学金	法国驻埃及大使馆	资助对象：在埃及大学或法国大学攻读博士学位，并希望在法国大学或实验室完成部分研究的埃及学生
	博士后资助	法国驻埃及大使馆；埃及—法国科技发展基金	资助对象：在过去 10 年中获得学位并希望在法国实验室获得培训的埃及青年博士
	医学领域训练	法国驻埃及大使馆	资助对象：希望在法国大学医院完成医学训练的青年埃及医学博士或研究人员
	法国和埃及研究人员的短期科学访问	法国驻埃及大使馆	资助对象：希望在法国或埃及实验室进行短期访问（5 天）、召开会议或商榷合作项目的高级研究员
德国	德国—埃及长期研究奖学金项目	德意志学术交流中心	旨在支持埃及学生在德国攻读博士学位（42 个月）以及埃及大学同德国大学的联合培养博士生（24 个月）
	德国—埃及短期研究奖学金项目	德意志学术交流中心	为埃及硕士、博士和博士后在德国的学习和研究提供 3—6 个月的资助
	德国—埃及科学交流与卓越发展流动计划	德意志学术交流中心	旨在支持埃及和德国科研团队之间的交流，鼓励加强科研合作和技术转让，特别侧重资助年轻的科学家（硕士生和博士生）
	科学家交流计划	德意志学术交流中心	旨在支持德国和埃及科学家之间的共同教学和研究

续表

国家	流动项目	支持该计划的机构	说明
意大利	意大利—埃及科学技术合作执行计划（2013—2015）	意大利驻埃及大使馆；埃及科学研究与技术院	选定 9 个项目，对于每个项目每年资助一次在意大利的短期停留（最多 10 天）和一次长期停留（30 天），以及在埃及的一次短期停留（10 天）和一次长期停留
波兰	双边文化和科学活动协定		波方每年向埃方提供 120 个月在各领域的研究实习机会；埃方每年向波方提供 40 个月的科学研究实习机会，并为华沙大学波兰地中海考古中心提供 80 个月的实践机会

资料来源：Delegation of the European Union to Egypt，Research and Innovation cooperation between Egypt and European Union Member States，2015.

表 3-5　美国—埃及高等教育倡议奖学金项目详情

项目名称	执行伙伴	项目期限	总估算成本
埃及公立大学奖学金	美国—中东教育和培训服务协会	2015 年 4 月—2024 年 9 月	3200 万美元
埃及私立大学奖学金	美国国际教育研究所	2015 年 4 月—2022 年 11 月	2500 万美元
领导力奖学金	美国国际教育研究所	2010 年 5 月—2020 年 9 月	2370 万美元
专业研究生奖学金	埃及高等教育与科学研究部派遣司	2017 年 1 月—2022 年 9 月	3000 万美元
富布赖特奖学金	美国国务院教育与文化事务局	2014—2021	3200 万美元

资料来源：USAID，"Project Fact Sheet-U.S. -Egypt Higher Education Initiative"，2019-08-14，https：//www.usaid.gov/sites/default/files/documents/1883/USAIDEgypt_EH-EdH_HEI_April_2019_EN.pdf.

第四节　埃及与中国教育合作与交流的
历史发展、现状和问题

埃及和中国有很多共通之处，同为世界文明古国，都对人类文明和进步作出过巨大贡献，也都曾遭受过西方列强的殖民侵略。类似的历史命运使两国发展了较为紧密的外交关系，埃及是新中国成立后第一个与我国建交的阿拉伯和非洲国家。中国和埃及在教育领域的交流合作历史悠久。自21世纪以来伴随着两国关系的不断深化，中埃教育交流在机制建设、合作办学、学生交流和外语教育领域取得了一系列进展。如今在埃及社会大改革和我国"一带一路"倡议背景下，中埃教育合作与交流面临着新的机遇和挑战。如何使两国教育交流合作精准服务于双方战略发展是摆在两国面前的新的历史命题。

一、埃及与中国教育合作与交流的历史发展

中国学生赴埃及留学的历史最早可以追溯到1841年，学者马复初在赴麦加朝觐后转道前往埃及爱兹哈尔大学短期学习，这是我国近代史上有文字记载的第一位赴埃及留学的学生。在马复初之后，也有一些穆斯林前往埃及学习伊斯兰文化知识，但都是学生自发的个人行为。我国现代历史上穆斯林学子有组织地赴埃及留学的活动始于20世纪30年代。1930年8月，云南回教俱进会暨明德中学正式致函爱资哈尔大学请求接受穆斯林优秀学生留学深造。接到信函后，爱大校长当即回函同意云南回族学生留学爱大的要求。1931年10月21日，明德中学举行正式书面考试遴选留埃学生。经考试，纳忠被录取为公费生，马坚、张有成、林仲明被录取为自费生。明德中学修学主任沙国珍被公聘为留学生团指导员。他们组成了首届中国穆斯林留埃学生团。1931—1938年，中国各回族团体和学校派送到爱资哈尔大学的回族留学生，共6届33人。这批学子学成归国后为沟通中阿文化交流作出了卓越贡献。其中沙国珍、庞士谦、马坚、纳忠、纳

训、林仲明、刘麟瑞、马金鹏、张秉铎等人，成为国内外知名的阿拉伯伊斯兰文化学者，中国现当代高等院校中阿拉伯语专业的开设和阿拉伯伊斯兰历史文化课程的教学与研究的奠基人。① 在此期间，埃及也在积极推进同中国的教育交流。1931 年中国首批留学生抵达埃及后，受到了时任埃及国王福阿德一世（فؤاد الأول）的特别重视和关照。福阿德一世于 1932 年颁布诏书，批准在爱资哈尔大学成立专门的中国学生部，负责管理中国留学生事宜，并向中国伊斯兰学校赠送 400 本宗教书籍，向中国派遣两名爱资哈尔教授，以提高中国伊斯兰学校的办学水平。②

新中国成立后，1955 年 4 月，周恩来总理率领中国政府代表团出席在印尼万隆召开的第一届亚非国家首脑会议，期间会晤了埃及总统纳赛尔，双方就发展两国关系和文化交流达成了一系列共识。同年 5 月，埃及政府派出宗教基金部长艾哈迈德·哈桑·巴库里（أحمد حسن الباقوري）率领的友好使团到访中国，寻求发展两国关系的具体途径。访问结束时，双方签署了互助合作和文化交流协定，决定互派留学生和教师，这也是新中国成立以后与阿拉伯国家签订的第一个文化交流协定。③ 随后中国教育部开始组织留学生的选派工作，至当年 12 月底，新中国首批赴埃留学名单最终确定，他们是杨福昌、顾中和、夏珊安、郑守一、余章荣、温亮、李振中、金家桢。④1956 年 5 月 30 日，中埃两国正式建立外交关系，埃及成为同中华人民共和国建交的第一个阿拉伯国家，至此，中埃教育合作与交流开创了新的历史阶段，具体表现在以下方面⑤：

---

① 中国伊斯兰教协会：《中国穆斯林学生海外留学》，2012 年 5 月 25 日，见 http：//www. chinaislam.net.cn/cms/zjjy/lxs/201205/25-690.html。

② بوابة الأهرام، مصر والصين.. علاقات تاريخية قبل إعلان الجمهورية.. وشراكة استراتيجية بين القاهرة وثاني أكبر اقتصاد بالعالم. 见 http：//gate.ahram.org.eg/News/1575329.aspx，2018-09-01.

③ 王有勇：《中阿教育合作的现状与未来——从中埃教育合作谈起》，《阿拉伯世界研究》 2006 年第 1 期。

④ 何先锋：《中国留埃及学生历史与现状研究——以爱资哈尔大学中国留学生为例》，硕士学位论文，浙江师范大学世界史专业，2013 年，第 12 页。

⑤ 中华人民共和国驻阿拉伯埃及共和国大使馆：《中埃教育交流基本概况》，2006 年 3 月 15 日，见 http：//eg.china-embassy.org/chn/zaigx/jyjl/t79032.htm。

　　一是中埃教育高层接触形成机制。1996 年在北京举行了"面向 21 世纪教育中埃第一届高层研讨会",以后每年一次分别在北京和开罗举行,一直到 2003 年,总共举办了 7 届。2002 年 4 月,中国教育部部长陈至立应埃及教育部长侯赛因・卡迈勒・巴哈丁博士（حسين كامل بهاء الدين）的邀请访问埃及。访埃期间,陈至立部长与巴哈丁部长在穆巴拉克教育城共同主持了"第七届中埃高层教育研讨会"。2003 年 8 月,埃及教育部长巴哈丁率领埃及教育代表团访问北京,两国教育部共同举办了"第七届中埃高层教育研讨会"。中国教育部周济部长等有关领导和专家出席了会议。2004 年 10 月,中国教育部袁贵仁副部长率中国教育代表团访问埃及。访问期间,袁副部长会见了埃教育部长艾哈迈德・贾马勒・丁博士（أحمد جمال الدين）并签署"中埃 21 世纪虚拟学校"项目的合作谅解备忘录。袁贵仁还会见了埃及高等教育与科学研究部部长阿穆鲁・厄宰特・萨拉曼博士（عمرو عزت سلامة）,双方就中埃在高等教育领域的合作与交流进行了有益的探讨。2005 年 5 月,中国教育部张保庆副部长率领的高级教育代表团访问了埃及,会见了埃及高教与科研部长萨拉曼博士,就两国在高教和科研领域开展合作和交流进行了深入的探讨,回答了埃及高等教育界对中国教育改革的一系列问题,有力地阐明了中国政府对加强两国教育合作的态度。

　　二是中埃教育交流与校际合作日益密切。自 1956 年起,中埃双方签署了若干个文化教育交流协议。1997 年 11 月 17 日,中埃教育部在开罗签署了相互承认学历、学位证书的协议。北京大学、北京语言文化大学、北京外国语大学、北京第二外国语大学、上海外国语大学、上海师范大学、安徽大学、云南大学、暨南大学等十余所大学与埃及的开罗大学、亚历山大大学、艾因・夏姆斯大学、扎卡济克大学、明尼亚大学等大学签订了交流合作协议和合作项目,建立了广泛与密切的校际合作与交流联系。1963—2005 年,中方共派遣了 75 个教育代表团访埃,其中部长级代表团 15 个,埃方共派遣了 40 个教育代表团访华,其中部长和校长代表团 21 个。中埃双方在教师交流上合作密切,1956—2005 年,中方派遣了约 56

名教师来埃及艾因·夏姆斯大学和开罗大学教授汉语，埃方约有 12 名教师赴华教授阿拉伯语，促进了双方在教学领域的合作。①

三是两国留学生交流逐渐增加。1955—2005 年，根据两国政府交流协议，中国政府公派赴埃及留学的中国留学生约 420 名。从 1996 年开始，双方互派公派留学生的名额由 15 名增加到 20 名，其中研究生及高访学者的比例在不断增加，所学专业也由单一的语言文学扩展到理、工、农、医。学生中有在职的教师、记者、公务员、科研人员、在读研究生和本科生，学习时间一学年，语言均为阿拉伯语或英语，分别在开罗大学对口学院进修。埃及亦有数百名学生分别在中国的重点大学接受了高等教育，攻读理工农医和汉语专业的硕士、博士学位，很多学成回国的留华学生在埃及的各个领域发挥着作用。②

二、埃及与中国教育合作与交流的现状

进入 21 世纪以来，随着中埃友好关系的发展，埃及同中国的教育交流有了实质性的突破和进展，具体表现在中埃教育合作机制不断完善，联合办学开始起步，科研合作不断深化，埃及赴中国留学生规模不断扩大，外语教育合作不断加强。

（一）中埃教育合作机制不断完善

21 世纪以来建立的中埃教育合作机制主要有两种：一是中国同包括埃及在内的区域国家建立的多边教育合作机制；二是中国同埃及建立的双边教育合作机制。

在多边教育合作机制方面，2008 年，由教育部主办的"中阿（10+1）高教合作研讨会"在扬州大学举行，展现了中国和阿拉伯国家高等教育合作的广阔空间。作为会议的重要成果之一，中方 20 所高校与阿方 16 所高

---

① 中华人民共和国驻阿拉伯埃及共和国大使馆：《中埃教育交流基本概况》，2006 年 3 月 15 日，见 http://eg.china-embassy.org/chn/zaigx/jyjl/t79032.htm。

② 中华人民共和国驻阿拉伯埃及共和国大使馆：《中埃教育交流基本概况》，2006 年 3 月 15 日，见 http://eg.china-embassy.org/chn/zaigx/jyjl/t79032.htm。

校共签署 102 份合作意向书。①2009 年，中非合作论坛第四届部长级会议通过的《沙姆沙伊赫行动计划》，倡议实施"中非高校 20+20 合作计划"，选择中方 20 所大学与包括埃及在内的非洲国家的 20 所大学建立"一对一"的校际合作新模式。在该机制下，北京大学与埃及开罗大学、北京语言大学与埃及苏伊士运河大学等中埃高校开展长期一对一合作项目。2011 年，教育部与宁夏回族自治区政府联合举办第一届"中阿大学校长论坛"，为中国高校与阿拉伯高校的教育交流合作搭建了新平台。截至 2016 年，"中阿大学校长论坛"已成功举办了四届。

在双边教育合作机制方面，2016 年 3 月，中国和埃及在开罗签署了教育科技领域五份合作协议，它们是：《中华人民共和国教育部与阿拉伯埃及共和国高等教育与科学研究部关于合作设立中埃交流专项奖学金项目谅解备忘录》《中华人民共和国教育部与阿拉伯埃及共和国高等教育与科学研究部高等教育合作谅解备忘录》《中国教科文组织全委会与埃及国家教科文组织全委会合作谅解备忘录》《中华人民共和国科学技术部与阿拉伯埃及共和国高等教育与科学研究部关于科学园合作的谅解备忘录》和《中华人民共和国科学技术部与阿拉伯埃及共和国高等教育与科学研究部关于建立科技合作联合资助计划的谅解备忘录》。②

双边和多边交流机制的建立，以及国家层面教育协议的签订，为中埃教育交流提供了良好的平台和健全的机制，为实现中国同埃及乃至所有阿拉伯国家的教育合作奠定了基础。

（二）中埃联合办学开始起步

中埃联合办学的成果主要有埃及中国大学（The Egyptian Chinese University）和埃及—中国应用技术学院（Egyptian-Chinese Applied Tech-

---

① 中华人民共和国国务院新闻办公室：《中国和阿拉伯国家高等教育存在广阔合作空间》，2009 年 12 月 7 日，见 http://www.scio.gov.cn/ztk/dtzt/07/11/Document/485743/485743.htm。

② 中华人民共和国教育部：《中埃签署五项教育科技合作协议》，2016 年 3 月 28 日，见 http://www.moe.gov.cn/jyb_xwfb/s6052/moe_838/201603/t20160328_235600.html。

nology College）。创立埃及中国大学的想法最初在 2004 年由埃方提出，经过一年的考察与谈判，2005 年 4 月 24 日，中国辽宁大学和埃及国际教育集团在开罗签订了有关创建埃及中国大学的合作协议，这意味着埃及将诞生第一所中国大学。根据协议规定，埃及中国大学将分别在两国高教部门注册，总部设在开罗，并逐步在埃及各省区以及中东地区其他国家发展分校。协议规定，埃方将负责大学的基础建设等硬件投入，而中方则以"知识入股"的方式参与合作，将负责教学大纲、专业课程的设计以及教材的编写，主要课程每年拟派 8—10 名中国教师到埃及授课。①2013 年2 月 21 日，时任埃及总统穆罕默德·穆罕默德·穆尔西·伊萨·阿耶特（محمد محمد مرسى عيسى العياط）颁布第 118 号总统令，正式批准在开罗成立埃及中国大学。该校下设国际经济与贸易、药物科学与技术、物理医疗、工程技术四个学院，② 埃及中国大学同北京交通大学、辽宁大学、华北电力大学建立了合作伙伴关系。截至 2019 年，该校共有 2500 名学生。埃及中国大学校长、前埃及高等教育与科学研究部部长阿什拉夫·穆罕默德·阿卜杜勒·哈米德·希哈（أشرف محمد عبد الحميد الشيحي）表示，这所大学力图成为"在埃及传播中国文化的中心"。③

埃及—中国应用技术学院是两国在职业教育领域合作的典范。2016年 11 月，北京信息职业技术学院与埃及苏伊士运河大学、埃及 MEK 基金会初步签署了关于建立埃中应用技术学院的协议。根据协议，苏伊士运河大学提供伊斯梅利亚老校区的七栋旧校舍用来进行改造，作为埃中应用技术学院的教学楼。2017 年 8 月，三方再次签署了关于合作建设与运作埃中应用技术学院的协议，确认了办学方案等细节。根据协议规定，该学

---

① 中华人民共和国外交部：《埃及中国大学将在开罗诞生》，2005 年 4 月 26 日，见 http：//www.fmprc.gov.cn/zflt/chn/zfjmhz/t193151.htm。

② المصري اليوم، مرسي يصدر قرارات جمهورية بإنشاء 4 جامعات وإضافة 11 كلية جديدة. 见 http：//www.almasryalyoum.com/news/details/289830，2013-02-21.

③ شينخوا، مقالة خاصة: الجامعة المصرية الصينية جانب جديد للتعاون بين القاهرة وبكين. 见 http：//arabic.news.cn/2019-09/09/c_138378731.htm，2019-09-09.

院隶属于苏伊士运河大学，相对独立运作，面向埃及高中毕业生招生，毕业者将取得埃及苏伊士运河大学学位和北京信息职业技术学院高职毕业证书。北京信息职业技术学院将根据多年来举办职业教育和长期开展中外合作办学的经验，与苏伊士运河大学共同编制电子工程、通信工程、机电工程三个专业四年制应用型本科课程体系。在授课语言上计划以英语为主，并期望在未来逐步实现50%采用中文授课的设想。2017年5月，埃及苏伊士运河大学选派8名教授来到北京信息职业技术学院进行培训，为实施埃中应用技术学院的合作课程教学做准备。2018年2月，埃及政府正式批准苏伊士运河大学成立埃中应用技术学院。2018年6月21日，埃中应用技术学院正式揭牌。根据校方介绍，校舍一期工程已经建设完毕，包括两座教学楼和一座培训车间，在2018年9月份已正式投入使用。与此同时，二期工程也已经开始。①

（三）埃及赴中国留学生规模持续扩大

2006—2017年间，埃及来华留学生人数稳步攀升，从2006年的84人上升至2017年的1717人，年均增长率28%。埃及来华留学生中学历生占比较高，自2013年之后，有一多半的埃及留学生来中国进行学历教育。每年获得中国政府奖学金的埃及留学生人数也在不断上升，除了2006年外，获得中国政府奖学金的埃及留学生占埃及来华留学生的比例基本维持在30%上下（见表3–6）。分析教育部国际合作与交流司的数据得知，2006年，埃及来华留学生人数在阿拉伯国家中排名第9位，2017年埃及已成为继也门、苏丹之后阿拉伯国家中来华留学生人数最多的国家。2011—2017年，埃及每年都是继也门、苏丹之后获得中国政府奖学金人数最多的阿拉伯国家。

---

① اليوم السابع، اليوم افتتاح الكلية المصرية الصينية التكنولوجية بجامعة القناة.
见 https://cutt.ly/WgCpLyT，2018-06-21.

表 3-6　2006—2017 埃及来华留学生情况

年份	埃及来华留学生总人数	学历生人数	学历生占比	中国政府奖学金生人数	政府奖学金生占比
2006	84	31	37%	11	13%
2007	117	53	45%	30	26%
2008	190	84	44%	57	30%
2009	337	126	37%	92	27%
2010	464	215	46%	147	32%
2011	576	270	47%	169	29%
2012	715	331	46%	175	24%
2013	745	400	54%	198	27%
2014	838	500	60%	229	27%
2015	1067	643	60%	264	25%
2016	1352	826	61%	401	30%
2017	1717	1023	60%	575	33%

资料来源：根据教育部国际合作与交流司编写的《来华留学生简明统计》(2006—2017) 中的数据整理制成。

（四）中埃外语教育合作不断加强

语言是沟通的桥梁。随着中埃友好关系的不断深化，培养精通汉语和阿拉伯语的人才越来越受到两国政府的重视。进入 21 世纪以来，埃及掀起了"汉语热"，从 1958 年艾因·夏姆斯大学的中文系开始，截至 2020 年埃及已有 2 所孔子学院、3 所独立孔子课堂、2 所孔院下挂孔子课堂，16 所埃及高校开设了中文系或汉语课程，在校注册学习汉语专业学生人数已超 2000 人，在孔院及汉语教学点学习中文的埃及学生则高达 5 万人次。[1] 除此之外，汉语教学也走进了埃及基础教育课堂。位于埃及十月六日城的中埃友好示范学校由中方援建，在 2009 年投入使用。2011 年该校

---

[1] 埃及留学服务网：《埃及〈今日消息报〉发表教育参赞宋波署名文章》，2020 年 7 月 21 日，见 http://www.tochinajob.com：8080/publish/portal21/tab5198/info143427.htm。

在中学部开设汉语课，成为埃及首个教授汉语的全日制普通中学。[1] 中国高校的阿拉伯语教育也取得了长足发展。1978 年，国内仅有 8 所高校开设阿拉伯语言专业，讲授阿拉伯文化。截至 2018 年初，国内已有 50 余所高校开设阿拉伯语专业。[2] 我国阿拉伯语专业的开拓者与奠基者，如马坚、纳忠、林忠明、马宏毅、刘林瑞等，都曾留学于埃及爱资哈尔大学。埃及通过提供语言学习奖学金、定期举办教学培训班、向中国派遣阿拉伯语教师等方式，对中国的阿语教学提供支持

（五）中埃科研合作不断深化

中国和埃及的科研合作始于 20 世纪 60 年代中期。21 世纪以来，两国在中埃科技合作联合委员会和"中非科技伙伴计划"框架下，积极推进双边科研合作，包括共同建立科学实验室、先进技术示范基地、启动学术和技术交流活动，并积极促进两国高校学者和专家的互访。1987—2018 年间，双方共召开八次中埃科技联合委员会会议，确立了一系列短期交流和长期合作项目，如中科院海洋研究所同苏伊士运河大学开展的海参增养殖项目；西北农林科技大学同埃及科学技术研究院开展的养殖场废弃物资源化利用项目；华中农业大学同本哈大学开展的水稻种植项目等。据统计，1985—2016 年间，两国在国际学术期刊上联合发表论文 1615 篇，其中 2015 年 344 篇，涉及物理、天文学、医学、工程学、生物化学、遗传与分子工程、农业与生物科学、化学、材料科学、计算机、数学、环境科学、药学、能源、兽医、微生物和免疫学、社会科学等 29 个学科领域。[3]2014 年 12 月，中国科技部与埃及科学研究部签署《关于共建中埃可再生能源联合实验室的谅解备忘录》。2018 年 4 月，国家自然科学基金

---

[1]　中华人民共和国驻埃及阿拉伯共和国大使馆：《宋爱国大使出席向中埃友好示范学校赠送教学设备交接仪式》，2011 年 10 月 11 日，见 http：//eg.china-embassy.org/chn/zxxx/t866312.htm.

[2]　中国伊斯兰教协会：《马坚与新中国高校阿拉伯语专业创建和发展》，2018 年 11 月 24 日，见 http：//www.chinaislam.net.cn/cms/zt/mhtml/cszx/201811/24-12802.html.

[3]　اليوم السابع، التعليم العالى: استراتيجية للتعاون العلمى مع الصين ونشرنا 1615 بحث علمى مشترك. 见 https：//cutt.ly/ZgCaueR，2016-03-02.

委员会与埃及科学研究技术院正式启动联合资助研究项目，以进一步推动两国科研合作交流。

（六）中国对埃及进行教育援助

为更好地解决埃及日益增长的教育需求与师资力量匮乏、教育资源分布不均之间的矛盾，中国政府在埃及启动了远程教育援助项目。该项目位于埃及穆巴拉克教育城内，由中国政府无偿援助，中兴通讯公司承建。该项目是 21 世纪以来中国在埃及援助的最大的教育项目之一。

项目一期工程在埃及全国范围内设有 33 个远程教学点，于 2002 年 8 月建成并投入使用。二期扩容工程于 2007 年 6 月竣工，在一期工程的基础上新增 110 个远程教学点，覆盖埃及 27 个省的远程教育网络，集远程教学、远程试验、远程探讨、远程考试、远程辅导及远程会议为一体。中国政府还向教育城捐赠 60 余种约 400 册介绍中国的图书和光盘。截至 2015 年，该项目已累计培训 70 万人次，受到了埃及政府和人民的一致好评。2016 年 1 月，埃及教育部长与中兴通讯公司区域经理进行了会晤，商讨再次扩大埃及远程教育项目。新的协议包括将远程教学点增至 1000 个，覆盖到埃及的所有省份。①

此外，中国还在埃及全额援建了两所小学。一所是上面提到的位于吉萨省十月六日城的中埃友好示范学校。这所学校占地 11 万平方米，于 2008 年建成，2009 年投入使用，开设从幼儿园到中学的课程。2011 年，中国政府向中埃友好师范学校捐赠了价值 10 万美元的教学设备，以支持学校现代化教育。另一所是位于埃及姆努菲耶省希宾库姆市，于 2009 年开工，2013 年竣工。学校占地面积 9000 平方米，包含幼儿园、小学、初中、高中四个教育阶段，设有教室、图书馆、清真寺、音乐室、舞蹈室、机房、多媒体室、实验室等教学活动场所。学校建成后，中方赠予该校 76000 美元的教学设备。②埃方表示，希望通过借鉴中国基础教育的先进

---

① اليوم السابع، لتعليم ، دراسة مشروع إنشاء مراكز تدريب عن بعد فى المدارس.

见 https：//www.youm7.com/story/2016/1/21/2549270，2016-01-21.

② اليوم السابع، المدرسة الصينية بالمنوفية أحد جسور التواصل الحضارى بين مصر والصين.

见 https：//www.youm7.com/story/2013/10/9/1289243/2013-10-09.

经验，将这两所学校发展成为埃及公立学校的典范。

三、埃及与中国教育合作与交流的问题

埃及与中国教育合作与交流虽然取得一定的进展，但与两国政治经济关系以及两国合作的潜力来讲，仍然处于偏低的水平，而且在教育合作与交流中也存在一些亟待解决的问题。

（一）两国教育合作与交流协议落实不到位

随着中埃教育合作与交流的日趋频繁，双方政府、高校、科研机构之间签署的协议也越来越多。但是一些协议在实施过程中，存在实际情况与预期不符、后续跟进不到位的问题。如在埃及中国大学建立的过程中，按照辽宁大学同埃方2005年签订的协议，该校计划在2006年中埃建交50周年之际正式招生，2006—2007学年先开设国际商务和信息技术两个专业，招收900名本科生。但直到2013年，埃及才颁布总统令批准该校成立，2016年该校工程技术学院才开始首届招生，比计划推迟了10年。2006年辽宁大学同埃方签署关于在埃及中国大学建立孔子学院的协议，双方初步商定埃及中国孔子学院将于2007年5月正式挂牌并投入使用[1]，但项目至今并未得到落实。

（二）两国学生流动水平偏低

学生的国际流动是高等教育合作与交流的重要方面。虽然中埃两国学生国际流动的历史源远流长，但是两国学生流动水平仍然偏低。从留学生数量上来看，虽然在"一带一路"倡议背景下，中国政府鼓励埃及学生来华留学，且埃及来华留学生人数处于上升趋势，但是相较于美国、法国、英国这些西方国家，中国仍是埃及学生留学的边缘选择。同时，中国学生赴埃及留学规模也十分有限。在公派留学方面，1955年到2005年，中国政府一共派出约420名留学生赴埃学习。[2]在自费留学方面，绝大多

---

[1]　新华网：《中国辽宁大学与埃及教育集团合作建设孔子学院》，2006年11月20日，见 http://www.chsi.com.cn/jyzx/200611/20061121/696708.html。

[2]　中华人民共和国驻阿拉伯埃及共和国大使馆：《中埃教育交流基本情况》，2006年3月15日，见 http://eg.china-embassy.org/chn/zaigx/jyjl/t79032.htm。

数中国赴埃留学生是穆斯林，以学习人文社科专业为主。他们在爱兹哈尔大学、中学、预科学习阿语、历史、教理、教法等专业，少量中国自费生在开罗美国大学学习考古学和中东政治。

（三）两国教育合作与交流不对等

中埃教育合作与交流存在"赤字"问题，主要体现在埃及对两国教育合作与交流的支持力度不如中国，尤其是在阿拉伯语教育方面。这也是中国同阿拉伯国家教育合作与交流中存在的普遍问题。相较于中国对阿拉伯汉语教育倾注的心血——开办孔子学院、捐赠教材、举办研修班等，阿拉伯国家对中国的阿语教育支持力度有限且形式单一，难以满足中国日益增长的阿拉伯语学习需求。中国同一些阿拉伯语国家签订了文化教育协议，但执行得不够理想。中国同埃及的协议就执行得不够好。双方在互派留学生上做得还算可以，但在互派教师上，埃方做得略差些。自20世纪90年代起，埃及根据两国有关协议派给中国的阿拉伯语教师均从爱兹哈尔派出，但均是其下属中学的普通教师，他们有的从未到过非阿拉伯国家，有的甚至没出过国，英语不行，对现代语言教学了解甚少，更是没有教过非阿拉伯人，所以到中国后，一是生活难以习惯，二是不懂教外国人学习阿拉伯语方法，三是为宗教所困，难以胜任工作。[1]

第五节　进一步加强中国与埃及教育合作与交流的建议

中国同埃及的教育合作与交流伴随着中埃关系的发展不断深化。1956年5月，中埃建立大使级外交关系。1999年4月，中埃建立战略合作关系。2006年6月，中埃签署关于深化战略合作关系的实施纲要。2014年12月，埃及总统塞西访华，中埃建立全面战略伙伴关系。2016年1月，习近平主席访问埃及，两国签署关于埃及参加"一带一路"倡议的谅解备

---

[1]　中华人民共和国驻沙特阿拉伯王国大使馆：《中国的阿拉伯语教学》，2001年9月8日，见 http://sa.china-embassy.org/chn/whjy/t153294.htm。

忘录，共同促进两国政治、经济、文化合作与交流。在这一背景下，中埃教育合作与交流迎来新的机遇和挑战。一方面，教育作为文化交流的载体愈加受到两国政府的重视。2016 年 1 月，两国联合发表的《中华人民共和国和阿拉伯埃及共和国关于加强两国全面战略伙伴关系的五年实施纲要》第四十条指出："双方欢迎通过交换教学大纲、学习计划、教材等发展公共教育的相关材料，交流教育管理制度、文凭制度方面的信息与经验，促进教育领域合作。同时加强互派汉语和阿拉伯语教师方面的合作。"第四十一条指出："双方欢迎近年来中埃高校间签署的合作协议，鼓励两国高校、学术机构和院系间保持并加强交流，同时鼓励增加双方奖学金及学术资助金名额、开展合作办学等。中方愿向埃方提供更多理科专业的赴华硕士和博士研究生奖学金名额。"[①] 另一方面，"一带一路"倡议下中埃教育合作与交流面临新的挑战，如何开展更大范围、更高水平、更深层次的教育合作与交流，如何寻求教育交流的最佳契合点和合作的最大公约数，是未来两国需要共同解决的问题。针对新形势、新机遇和新挑战，我们对中埃教育合作与交流提出以下建议。

一、促进中埃两国战略对接

未来中埃教育合作与交流的重要方向是服务两国战略对接。埃及拥有独特的区位优势和地区枢纽地位，是推进"一带一路"倡议的重要合作伙伴。现阶段，埃及正处于国家转型的关建时期，面临着经济衰退、通货膨胀、人民生活水平下降、失业率居高不下的严重问题。塞西政府上台后提出"经济振兴计划"，推出包括新行政首都、苏伊士运河走廊经济带、"斋月十日城"市郊铁路等大型经济发展计划。我国提出的"一带一路"倡议目的是促进经济要素的有效自由流动、资源高效配置和市场深度融合，通过构建新的合作模式，带动沿线国家经济共同发展。中埃战略规

---

① 新华网：《中华人民共和国和阿拉伯埃及共和国关于加强两国全面战略伙伴关系的五年实施纲要》（全文），2016 年 1 月 22 日，见 http://www.xinhuanet.com//world/2016-01/22/c_1117855474.htm。

划具有极强的对接基础,"一带一路"契合埃及优先发展经济、推进工业、吸引外资的发展方向。因此,埃及大力支持中国"一带一路"倡议。塞西总统在 2015 年访华期间指出,埃及全面支持"一带一路"倡议,强调双方在"一带一路"框架下执行相关项目的紧密关系。在埃及总统塞西的领导下,埃及加快同中国"一带一路"倡议进行合作对接,充分利用基础设施建设和产能合作两大抓手,充分发挥双方在经贸、金融、机械、电子、能源开发利用等领域的相互优势,推动埃及经济复苏,实现互利共赢。2016 年 1 月,为进一步改善中埃贸易质量和水平,在两国商务部门主持下,中埃共签署了 12 项贸易协定,贸易金额达 6040 万美元。① 在这一背景下,教育交流合作需助力双方战略对接。两国要进一步加强语言人才培养,为中埃关系发展架起沟通的桥梁。双方需要合作培养技能人才,为中埃大型基础设施建设工程提供人力支撑。双方还需要在沙漠化防治、可持续农业、气候变化领域加强合作,应对共同面临的挑战,并打造可再生能源、航空航天、核能等领域的科研合作新亮点,为中埃两国的可持续发展作出贡献。

二、推动两国教育合作与交流双向平衡发展

当前中埃教育合作与交流基本处于"单向输出,单方支持"模式,以我国教育资源向埃及流动为主要方向,以我国政府支持为主导力量。未来要逐步改变这种不平衡的状态,促进两国教育合作与交流双向发展。我国要充分利用埃及的教育资源,挖掘埃及教育潜力,争取埃及政府的支持,促进我国相关学科的发展。我国教育至少有三点可以从与埃及的教育合作与交流中受益:一是阿拉伯语,二是埃及学,三是国别区域研究。在阿拉伯语教育方面,一是推动我国高校与埃及高校建立校际交流关系,通过共同举办研讨会、定期互访、互派教师、开办培训班等方式增加我国阿

---

① 商务历史:《埃及与"一带一路"的关系》,见 http://history.mofcom.gov.cn/? bandr=ajyydyldgx。

语专业师生同埃及高校师生的互动。二是要进一步争取埃及政府对中国阿拉伯语教育的支持，推动埃及政府增加中国学生赴埃留学奖学金生名额，增加向中国派遣阿语教师人数，提高向中国派遣教师质量，增加向中国捐赠阿拉伯语原版书籍。在埃及学方面，我国埃及学相较于欧美国家起步较晚，在规模和研究水平上仍存在一定差距，主要原因之一是我国进入埃及实地考古的时间较晚。2018 年，中国考古队才首次赴埃及进行考古挖掘，在此之前我们很难掌握一手资料，研究也不可避免地落后于西方。未来中国要进一步争取埃及政府对中国埃及学发展的支持，增加考古人员赴埃考古机会，鼓励双方在文物挖掘和文物保护方面进行交流合作。在国别区域研究方面，加大政治、经济、历史、文化、教育等各专业人才赴埃留学力度，开展田野调查，进一步丰富和完善对埃及的国别研究。

三、增加两国教育合作与交流的参与主体

中埃教育合作主要是由政府引导，自上而下进行的。在"一带一路"背景下，吸纳更多民间智慧和社会力量参与教育合作与交流，有利于推动两国人民"民心相通"。首先，中埃教育合作要充分调动企业的力量。随着"一带一路"倡议在阿拉伯地区的推进，越来越多的中资企业前往埃及发展。根据商务部《对外投资合作国别（地区）指南——埃及（2019版）》的数据，在埃及的中资企业有 119 家。① 中资企业可以向当地学生提供奖学金、给予技能培训和实习机会，与高校合作举办校园招聘会，如2017 年苏伊士运河大学举办的首届埃及中资企业校园招聘会，近 20 家驻埃中资企业携 300 余个岗位参会，为毕业季的埃及学子送上了一份厚礼。② 这种将经贸与教育结合的形式，既可以提高中资企业在埃及社会的知名

---

① 商务部国际贸易经济合作研究院：《对外投资合作国别（地区）指南——埃及》（2019版），2019 年 11 月，第 140—144 页，见 http://www.mofcom.gov.cn/dl/gbdqzn/upload/aiji.pdf。
② 新华网：《中资企业校园招聘会在埃及举行》，2017 年 5 月 1 日，见 http://www.xinhuanet.com//world/2017-05/01/c_1120899876.htm。

度，推动中资企业的本地化进程，吸纳更多的埃及人才，同时又可以为两国教育合作贡献力量，可谓是一举多得。其次，中埃教育合作要充分调动民间组织的力量。埃及中国学生学者联合会是埃及中国学生学者的联谊和服务型团体，设有办公室、宣传部、文体部、学习部和外联部五个部门，是埃及规模最大、服务对象最多的学生组织，其成员及服务宣传范围涵盖开罗大学、爱兹哈尔大学、苏伊士运河大学、艾因·夏姆斯大学、坦塔大学、亚历山大大学、法鲁斯大学、卡夫尔·谢赫大学八所高校以及语言学校、爱资哈尔高中的广大中国留学生和学者。未来中埃教育合作与交流中要进一步发挥中国学生学者联合会的作用，为中国学子在埃及的学习生活提供保障。

四、丰富两国教育合作与交流内容

从两国的教育发展战略来看，中埃教育合作与交流在合作办学方面还有很大的发展潜力。埃及高等教育发展的重要政策之一就是吸引海外优质教育资源。我国《推进共建"一带一路"教育行动》中提出"丝绸之路"合作办学推进计划，鼓励有条件的高校境外办学。我国同埃及的合作办学刚处于起步阶段，在办学类型和办学数量上都有很大的扩展空间。我国同埃及的合作办学可以重点关注职业教育领域。大力发展职业教育，促进教育同劳动力市场接轨是埃及教育改革的重要举措。2014年埃及总统塞西访华时，与中国部分高校校长、教育和科研机构代表见面。他表示，埃方期待将中国职业教育引入埃及，愿意为中方在埃及推广职业技术教育和培训提供一切必要的帮助，以为埃及经济复苏和改善失业率创造条件。[1] 与此同时，"一带一路"倡议下我国职业教育"走出去"战略的内在诉求，为中埃职业教育合作办学提供了良好的契机。2016年1月，两国联合发表的《中华人民共和国和阿拉伯埃及共和国关于加强两国全面战

---

[1] 人民网：《埃及总统塞西：期待中埃科教合作成果为"一带一路"倡议添彩》，2014年12月23日，http://world.people.com.cn/n/2014/1223/c1002-26261862.html。

略伙伴关系的五年实施纲要》第四十二条指出："埃方表示期待吸取中方在教育和高级技术培训等领域的先进经验，包括获得额外的埃及赴华培训学生名额、与中方在应用技术培训领域开展合作等。"① 我国同埃及的职业教育合作办学首先要充分了解埃方的产业发展需求和职业教育规划，消除合作中信息不对称和指向不明确的问题。其次，双方要在合作办学中深化产教融合，探索"学习＋生产"的双重路径，服务中国企业在地区的项目建设。

五、充分评估中埃教育合作与交流项目

我国在同埃及教育交流合作的过程中，应充分考虑政治、经济、文化和制度因素的影响，建立和完善风险评估机制。在同埃及签订教育合作协议时，应充分考虑埃及的社会情况，包括宗教问题、民族主义、风俗习惯、办事效率、安全形势等，制定切实可行的实施计划，尽可能地规避项目风险。尤其是在海外办学方面，我国高校不能为了"出海"而"出海"，而是要深入分析埃及的办学环境和教育管理体制，评估项目收益情况，这种收益不仅包括经济收益，还应包括学术声誉。因此，我国高校赴埃办学需要谨慎决策。此外，双方要建立长期有效的沟通机制，积极推动项目进展，确保已经签订的协议落到实处。对于长期搁置的协议，双方可以考虑废除或重新商议。

---

① 　新华网：《中华人民共和国和阿拉伯埃及共和国关于加强两国全面战略伙伴关系的五年实施纲要》（全文），2016 年 1 月 22 日，见 http://www.xinhuanet.com//world/2016-01/22/c_1117855474.htm。

第四章 沙特国际教育合作与交流政策研究

　　沙特，全称"沙特阿拉伯王国"，位于阿拉伯半岛，东临波斯湾，西临红海，同约旦、伊拉克、科威特、阿联酋、阿曼、也门等国接壤，并经法赫德国王大桥与巴林相接。沙特国土面积约 225 万平方公里，是继阿尔及利亚之后阿拉伯世界国土面积第二大的国家。截至 2019 年，沙特共有人口 34268528 人。[①] 沙特以伊斯兰教为国教，阿拉伯语是沙特的官方语言。在沙特的伊斯兰教信徒中，逊尼派占 85%，什叶派占 15%。[②] 沙特是君主制王国，禁止政党活动，无宪法，《古兰经》和先知穆罕默德的圣训是国家执法的依据。沙特是阿拉伯世界中的经济强国，隶属于二十国集团成员，也跻身于全球 20 大经济体行列。2019 年沙特国内生产总值为 7930 亿美元，人均国内生产总值 2.32 万美元。[③] 石油工业是沙特经济的主要支柱，石油收入占国家财政收入的 87%，占国内生产总值的 42%，占出口收入的 90%。[④] 近年来，国际油价低迷，导致沙特经济下行压力增大。为

---

① The World Bank, Population, "total-Saudi Arabia", 见 https：//data.worldbank.org/indicator/SP.POP.TOTL？locations=SA.

② 中华人民共和国外交部：《沙特阿拉伯国家概况》，2020 年 5 月，见 https：//www.fmprc.gov.cn/web/gjhdq_676201/gj_676203/yz_676205/1206_676860/1206x0_676862/。

③ 中华人民共和国外交部：《沙特阿拉伯国家概况》，2020 年 5 月，见 https：//www.fmprc.gov.cn/web/gjhdq_676201/gj_676203/yz_676205/1206_676860/1206x0_676862/。

④ Forbes："Best Countries for Business 2018-Saudi Arabia"，2012-11-20，见 https：//www.forbes.com/places/saudi-arabia/#5482b1684e5c.

摆脱对石油产业的高度依赖，沙特政府推进多元化发展战略，于 2016 年推出《沙特阿拉伯愿景 2030》和《2020 国家转型规划》。

沙特现代教育事业起步较晚。1932 年正式建国时，全国没有一所正规的小学。经过多年的艰苦努力，逐渐形成了完整的教育体系，包括学前教育、初等教育、中等教育、高等教育、职业技术教育、成人教育。截至 2017—2018 学年，沙特学前、小学、初中、高中和成人教育学校共计 37447 所，共有学生 5522906 人，教师 475903 人。[1] 高等教育是沙特较为年轻，但发展迅速的教育部门。1949 年之前，沙特没有一所高等院校。1949—1954 年，沙特创办了 4 所高等院校。1957—1981 年，又创立了 7 所大学，其中 3 所传统宗教大学和 4 所世俗现代化大学。20 世纪 80 年代后，沙特高等教育规模迅速扩张，截至 2019 年，沙特共有公立大学 29 所，私立大学 13 所，高等教育学院近百所。人力资源被认为是沙特经济转型至关重要的因素，沙特政府正致力于深化教育改革，包括课程改革、教师培训、增加教育机构数量、发展技术教育、改善教育管理体制等措施，以确保沙特青年做好在未来知识经济中工作的准备。

第一节　沙特国际教育合作与交流政策的历史发展

沙特是世界三大宗教伊斯兰教的发源地。公元 7 世纪，先知穆罕默德在麦加创立了伊斯兰教，之后其继承人一路开疆拓土，建立了横跨亚、非、欧三大洲的阿拉伯帝国。在这一辉煌时期，世界各地的穆斯林纷纷来圣城麦加和麦地那游学。公元 16 世纪，阿拉伯半岛沦为奥斯曼帝国的属地，后又沦为英国的"保护地"，历经周折，最终在流亡海外的阿拉伯贵族首领阿卜杜勒·拉赫曼·本·费萨尔（عبد الرحمن بن فيصل）之子阿卜杜勒—阿齐兹·本·阿卜杜·拉赫曼·本·费萨尔·阿勒沙特

---

[1] وزارة التعليم، خدمة توفير معلومات إحصائية عن التعليم العام.

见 https://www.moe.gov.sa/ar/Pages/StatisticalInformation.aspx.

（عبد العزيز بن عبد الرحمن بن فيصل آلسعود）的带领下，于 1927 年 5 月 20 日正式脱离英国的统治独立，于 1932 年 9 月 22 日正式宣布建国。沙特现代教育事业起步较晚。在石油收入涌入之前，沙特的教育基本上是非正式的传统的宗教教育，大多数学生在隶属于清真寺或宗教学者的库塔布学校接受教育，学习内容主要为《古兰经》。同时，以伊斯兰教瓦哈比教派立国的沙特，在文化上呈现"保守且单一"的特点，因此，早期沙特国际教育合作与交流的规模和程度都十分有限，无法与教育积淀深厚的国家相比拟。石油收入的涌入推动了沙特现代教育的发展，也使沙特教育不可避免地被卷入国际化的浪潮中。

一、建国初期的国际教育合作与交流

在正式建国之前，一些沙特人曾去往沙姆地区（今叙利亚、约旦、黎巴嫩、巴勒斯坦一带）进行宗教交流，但都是自发的个人行为。1925 年，沙特在利雅得成立教育局。1927 年，沙特政府向埃及派遣了第一批留学生，共计 14 人，学习教育学、伊斯兰教法学、技术教育、农业、医学和汽车专业，以为新国家的建设做准备。两年后，沙特政府又派出第二批共 3 名员工前往英国马可尼公司（The Marconi Company）接受培训，以为沙特建立通信网络做准备。在这之后，沙特政府又派出第三批学生前往意大利学习航空航天技术，为在国内建立航空运输公司做铺垫。[1] 正式建国后，沙特政府建立了沙特教育局（教育部前身），还在全国开办了 12 所小学，招收了 700 名儿童，迈出了沙特现代教育事业的第一步。这一时期沙特教育面临的首要问题是师资短缺，全国上下几乎找不到一位合格的教师，所有的教师都需从叙利亚、埃及等其他国家引进，这给政府的财政造成了不小的负担。在这一背景下，沙特政府开始以为本国培养教师为目的向国外派遣留学生。1935 年，沙特政府派遣 10 名学生去英国学习。1936 年，又向瑞士和土耳其派遣一批留学生。同年，沙特国王下令建立

---

① وزارة التعليم العالي، التعليم العالي في المملكة العربية السعودية ـ المسيرة والإنجاز، 2014، ص 207-208.

"派遣预备学校"（مدرسة تحضير البعثات），专门为输送沙特学生出国留学做准备，这所学校就是现在位于圣城麦加的阿卜杜勒·阿齐兹国王高中。①

这一时期，石油的开采及外国资本的进入对沙特现代教育事业的发展起到了推动作用。1933 年，沙特同加利福尼亚标准石油公司（SOC，今美国雪佛龙公司前身）签署合作勘探和开采石油协议，为此成立阿美石油公司。根据沙特政府同美国公司签署的协议，阿美石油公司必须在可行的范围内雇佣沙特阿拉伯公民。然而，在 1933 年，阿美石油公司活动的东部省地区几乎没有一个能够从事现代工业或使用现代技术的人。为此，阿美石油公司为其业务建立了独立的培训和教育系统，以满足沙特政府在协议中的条款。到 1940 年，有 22 名沙特雇员在达赫兰接受特殊培训，有 26 名雇员被派往巴林接受培训。第二次世界大战后，培训范围逐渐扩大，到 1950 年，超过 4000 名沙特员工（约占沙特劳动力的 40%）接受了约 144 种不同工艺和行业的培训。阿美石油公司还赞助了当地的日校，提供英语、打字、簿记等与职业培训有关的课程。②

二、20 世纪 50 年代至 70 年代中期的国际教育合作与交流

1949 年，沙特成立了第一所高校——麦加法学院，即今天的乌姆库拉大学；同年，沙特政府派出 30 名学生去美国学习。1953 年，沙特教育局升格为教育部，成为全国教育机构的最高管理部门，由法赫德·本·阿卜杜勒·阿齐兹·阿勒沙特（فهد بن عبد العزيز آلسعود）亲王担任王国的第一任教育大臣。在任职期间，他主持制定了沙特发展教育的中长期规划，并仿效西方教育模式创建了各级各类学校。1952—1954 年，沙特相继成立了师范学院、伊斯兰法学院和阿拉伯语学院。1957 年，沙特签署"阿拉伯文化统一协议"，在教学目标、课程、考试和教师资格等方面与其他阿拉

①　وزارة التعليم العالي،التعليم العالي في المملكة العربية السعودية ―المسيرة والإنجاز،2014،ص208-209.

②　Leigh E. Nolan，"Keeping The Kingdom：The Politics of Higher Education Reform in Saudi Arabia"，doctoral dissertation，The Fletcher School of Law and Diplomacy，2011，pp70-71.

伯国家实现了统一，确立了 6–3–3 的普通教育体制。1957—1975 年，沙特成立了 5 所著名的公立大学，分别是沙特国王大学、伊斯兰大学、法赫德国王石油矿产大学（成立时名为石油矿产学院）、阿卜杜勒·阿齐兹国王大学、穆罕默德本·沙特·伊玛目伊斯兰大学，奠定了沙特高等教育体系的基础。

这一时期沙特教育国际合作与交流体现在两个方面：一是对外派遣留学生，二是沙特大学与西方国家大学建立合作。在出境流动方面，1949—1960 年，不足 100 名沙特学生在美国学习，占比不到阿拉伯留学生总数的 4%；而到 1965 年，超过 500 名沙特学生在美国学习；到 1969 年，在美国的沙特留学生超过 1000 名。到 1976 年，沙特留美学生超过 3000 人，并且在此后的两年成倍增长，在 1979 年达到 8000 人。[1] 这一时期沙特对外派遣留学生的主要目的是快速为国家培养技术官僚。正如沙特商务部长在 1978 年所言："沙特阿拉伯有两大问题：人力资源和基础设施，我们试图通过培训和教育来解决第一个问题，而简单地通过建设来解决第二个问题。美国在这里扮演着重要角色。"[2] 只要学生符合条件并且不学习"与传统相抵触的东西"，就可以得到政府的资助。1975 年，沙特内阁的三分之一以上的成员曾在美国大学学习，学习领域包括石油、工业、农业、水利、商业、信息、劳工和外交事务。[3]

1963 年成立的石油与矿产学院（College of Petroleum and Minerals）旨在服务国家石油经济发展，提供石油领域最重要的几门课程：科学、工程科学和应用工程。这所大学的管理体制与沙特其他大学不同，它与阿美

---

[1] William A. Rugh, "Education in Saudi Arabia: Choices and Constraints", Middle East Policy, Vol. IX, No.2, (June2002), p.49.

[2] Leigh E. Nolan, "Keeping The Kingdom: The Politics of Higher Education Reform in Saudi Arabia", doctoral dissertation, The Fletcher School of Law and Diplomacy, 2011, p.97.

[3] Katrina Thomas, "America as Alma Mater", Saudi Aramco World Magazine, Vol.30, No. 3 (1979). 见 https://archive.aramcoworld.com/issue/197903/america.as.alma.mater.htm.

石油公司和沙特石油部建立了独立伙伴关系，最大限度地减少了沙特政府对课程的干预。石油与矿产学院建立在原来租给阿美石油公司的土地上，由阿美石油公司提供资金，并参与课程的设计和发展。该所学校与沙特当时其他高等教育机构不同的是，其采用英语作为教学语言，教师来自世界各地。它还与国际教育专家、西方科学机构建立了合作。该校是当时唯一获得西方教育认证的沙特大学，其项目获得了美国工程技术认证委员会（ABET）的认可，还得到了美国麻省理工学院、普林斯顿大学、密歇根大学、科罗拉多矿业学院的支持，这些大学组成了一个访问认证委员会，负责该校的学术评估、并对课程、研究和实验提出具体建议。①

三、20 世纪 70 年代中期至 20 世纪末的国际教育合作与交流

1973 年沙特学校首次提供英语教学，在小学 4—6 年级每周教授四次，一次 45 分钟。由于当时缺乏合格的英语教授，沙特英语教师主要从邻国阿拉伯国家，即埃及、叙利亚、巴勒斯坦、约旦和苏丹引进。②

1975 年沙特高等教育部成立，同年成立了费萨尔国王大学，至 80 年代中期，沙特共有 7 所大学，包括 3 所传统宗教大学和 4 所世俗现代大学。这一时期，沙特教育国际合作与交流主要体现在两个方面：一是学生的国际流动，二是国际化的师资力量。从学生的国际流动来看，政府不仅增加了公费派遣留学生数量，还允许学生自费出国学习。据统计，1980—1981 年，有 11921 名沙特留学生在外求学，其中 90% 的学生都受到了沙特政府的资助，目的国前三名分别是美国、埃及和英国。从留学生的层次看，本科生最多，占比 72.1%；其次是博士生和硕士生，学习领域主要

---

① Leigh E. Nolan, "Keeping The Kingdom: The Politics of Higher Education Reform in Saudi Arabia", doctoral dissertation, The Fletcher School of Law and Diplomacy, 2011, pp.93-94.

② Osman Z. Barnawi & Sajjadllah Alhawsawi, "English Education Policy in Saudi Arabia: English Language Education Policy in the Kingdom of Saudi Arabia: Current Trends, Issues and Challenges", in English Language Education Policy in the Middle East and North Africa, Kirkpatrick, Robert, Springer, 2017, pp.199-222.

有工程学、社会学、医学和自然科学。1980—1981 年，有 13808 名外国留学生来沙特学习，占总学生人数的 25.3%，这些学生主要来自阿拉伯国家，学习人文科学、社会学和教育的居多。①

在国际化师资方面，1978 年沙特高等教育中外籍教师所占比例高达 50%—70%。除外语专业外，外籍教师主要为理工科专业。外籍教师的大量流入弥补了沙特国内师资缺口，但也带来了负面影响。如教师素质不稳定、缺乏工作责任感、传播不同的文化观念造成学生文化价值观混乱等。根据 1993 年的数据，沙特公立大学非沙特籍教师仍占相当大的比例。例如，沙特国王大学沙特籍男性教师为 955 人，女性为 241 人；而非沙特籍男性教师则达到 1178 人，女性教师 322 人。法赫德国王石油矿产大学沙特籍男教师 228 人，没有沙特籍女性教师；而非沙特籍男性教师为 466 人，女性 1 人。而在其他如阿卜杜勒·阿齐兹国王大学、费萨尔国王大学、乌姆库拉大学等，非沙特籍教师人数也远远超过 50%，甚至达到 80% 左右。②

四、进入 21 世纪以来的国际教育合作与交流

进入 21 世纪以来，沙特开启了国内教育改革的新征程。这一时期的教育改革是诸多国际化因素推动的结果，其中的重要因素包括轰动全球的"9·11"恐怖袭击事件以及沙特加入世界贸易组织。根据美国媒体报道，2001 年"9·11"恐怖袭击事件中的 19 名劫机者中有 15 名沙特公民，这引发了西方对沙特教育体制的热烈讨论。迫于美国的压力以及对自身教育的反思，沙特开始尝试改变其围绕宗教激进主义进行的封闭教育模式，将西方新自由主义意识形态应用于沙特教育改革的政策前沿，主要体现在课程改革、权力下放、丰富教育参与主体等方面。2005 年沙特加入世界贸

---

① وزارة التعليم،إحصاءات التعليم بالتفصيل1980-1981 .
见 https：//departments.moe.gov.sa/Pages/PageNotFoundError.aspx？requestUrl=https：//departments.moe.gov.sa/departments/SchoolAffairsAgency/Pages/PageNotFoundError.aspx.

② 刘园：《沙特阿拉伯王国高等教育发展研究》，硕士学位论文，西北大学国际关系，2012 年，第 28 页。

易组织，标志着其国内顺应全球化趋势的努力迈出了实质性一步，沙特积极在各领域融入国际合作框架。在这一背景下，沙特教育改革的出发点就是顺应国际教育发展趋势，培养符合 21 世纪时代需求的公民。

2005 年，沙特教育部公布的《2004—2014 十年发展规划》指出，沙特教育发展的愿景是："培养兼备伊斯兰价值观念和足够知识、实践技能的新一代男女青年，使他们拥有实用的知识、技能和态度，能够积极地应对现代化变革，能够灵活、高效地使用先进技术，参与国际科学和实践竞争。"[1] 这份规划为沙特2004—2014年十年的教育发展制定了16个具体的目标，其中第四个目标是："参考国际考试标准，在地区和国际水平上培养学生的学术和文化能力，使他们能够在不同年龄段的数学和科学测试中取得国际领先成绩。"达到这一目标的具体操作途径有："（1）加强教育部同各国在文化教育领域的交流与合作，并建立适当的沟通管理渠道；（2）加强教育部对教育文化活动的参与；（3）提升国际及地区教育组织项目的效益；（4）确保根据国际标准培养学生的学术（科学）素养；（5）鼓励学生参与国际数学和科学测试。"[2] 第九个目标是："以伊斯兰价值观为基础制定教学大纲，促进男女学生个性发展，帮助他们融入社会，培养他们的科学思维能力和生活技能，从而实现自我教育和终身学习。"根据规划，实现这一目标的途径有："（1）制定确保穆斯林学生个性发展的教学大纲，使其为自己的信仰感到自豪，并在实践和行为上忠于自己的国家；（2）根据伊斯兰价值观和当代国际发展趋势制定教学大纲；（3）重点培养学生的思维、分析和沟通能力；（4）教学大纲将囊括新的实用性问题；（5）为学生提供各种社交场合所需要的技能；（6）培养学生自我教育和终身学习的能力；（7）为学生提供处理前沿信息和知识所需的技能；（8）通过使用计算机、教育技术和资源来激活教育过程；（9）增加学生参加活动的时间，

---

①　Kingdom of Saudi Arabia Ministry of Education，"The Executive Summary of the Ministry of Education Ten-Year Plan（2004-2014）"，second edition 2005，p.12.

②　Kingdom of Saudi Arabia Ministry of Education，"The Executive Summary of the Ministry of Education Ten-Year Plan（2004-2014）"，second edition 2005，p.13.

每周三小时；（10）使学生具备合理安排休闲时间的能力；（11）培养学生履行家庭责任所需要的能力。"①

2007 年，沙特政府耗资 24 亿美元启动了"阿卜杜拉·本·阿卜杜勒·阿齐兹国王公共教育发展项目"（مشروع الملك عبد الله بن عبد العزيز لتطوير التعليم العام），该项目的主要目标是关注教育质量，确保沙特公共教育学生具备参与全球化进程和应对全球化挑战的能力。该项目成立之初主要关注四个领域：课程开发、教师培训、改善教育环境和改善课外活动。

2009 年，沙特高等教育部出台"加速卓越计划"（Accelerated Program for Excellence），旨在提升高等教育质量，打造世界一流大学。涉及教育国际化的目标有：使教学和科研跻身世界一流水平；同地区和国际研究机构建立伙伴关系；培养具有国际竞争力的学生；将排名指标作为成就卓越的指导方针。计划中还提出，截至 2013 年至少要有 5 所沙特大学进入泰晤士高等教育世界大学排名，其中至少 3 所进入前 150 名。截至 2015 年，至少 3 所大学进入上海交大世界大学学术排名。②

2012 年，沙特颁布《公共教育发展国家战略计划》，该计划是对沙特阿卜杜拉·本·阿卜杜勒·阿齐兹国王公共教育发展项目的进一步阐述。根据该计划，沙特未来十年基础教育发展的愿景是："通过高质量的教育系统，发掘学生的最大潜能，使他们拥有健全的人格，能够参与社会的发展，培养他们对宗教和国家的归属感。"③沙特《公共教育发展国家战略计划》的制定有五个基础，这五个基础分别回答了 21 世纪背景下沙特教育需要解决的几个问题：一是沙特教育应该培养什么样的人才？即"培养坚守伊斯兰信仰、价值观和道德的国民，使他们拥有健全的人格，达到卓越的学术成就，具备终身学习的技能，以及服务国家和社会发展的积极态

---

①   Kingdom of Saudi Arabia Ministry of Education，"The Executive Summary of the Ministry of Education Ten-Year Plan（2004-2014）"，second edition 2005，p15.

②   Larry Smith ＆AddulrahmanAbouammoh. Higher Education in Saudi Arabia，Achievements，Challenges and Opportunities ［M］. Springer. 2013：24.

③   المملكة العربية السعودية، مشروع الاستراتيجية الوطنية لتطوير التعليم العام، ص16.

度。"二是学校应该在沙特教育中承担什么样的责任？即"使学校成为拥有自主发展能力的教育机构，在规划、评估以及发展过程中享有充分的自主权，学校和教师成为教育发展进程中的重要责任方，向所有学生提供能够发展他们个性、挖掘他们潜能的教育。"三是地方教育局应该发挥什么样的作用？"地方教育局在教育、财政和行政方面拥有更大的自主权，负责其管辖地区学校的发展，赋予地方教育局对地区教育规划的权利，确保所有学生都有机会学习并取得成功。"四是国家教育部的职责是什么？即"教育部主要负责制定教育政策、规划、标准和课程大纲，负责改善教育环境并发挥高度领导作用：为地方教育局和学校提供资源和工具，支持教育实践中的创新、卓越和竞争，支持教育过程，使教育局和学校能够根据国际标准为所有学生提供学习机会。"五是教育过程中的参与主体问题，沙特要充分调动社会力量参与国家教育发展，"通过建立相关机制，使家庭、清真寺、媒体、法律机构、私营机构、高等教育机构以及其他相关国家机构切实参与到教育中。"[①] 在此基础上，该计划制定了沙特基础教育改革的 10 个目标，其中第二个目标是："改进课程、教学方法和评估程序，以对学生学习产生积极影响。"该目标强调了 21 世纪国际化背景下沙特学生既要加强传统的阿拉伯语和伊斯兰科目的学习，还要注重科学、技术、工程和数学以及英语、社会科学科目的学习，该目标具体包括 8 个维度：将 21 世纪所需的技能融合到课程中；提高学生的伊斯兰科目成绩；提高阿拉伯语能力（阅读、理解、写作、会话和听力）；提高学生科学、技术、工程和数学成绩；提高学生的社会科学科目成绩；提高学生英语能力（阅读、理解、写作、会话和听力）；为学生接受高等教育、职业技术培训以及进入劳动力市场做好更充分的准备；实现现代课程与学生学习质量评估系统之间的协调。[②] 第九个目标是"发挥技术在提升和改善学习效果方面的作用"。该目标体现了在互联网背景下沙特追赶国际技术教育潮流的

①　المملكة العربية السعودية، مشروع الاستراتيجية الوطنية لتطوير التعليم العام، ص16.

②　المملكة العربية السعودية، مشروع الاستراتيجية الوطنية لتطوير التعليم العام، ص36.

决心，具体包括5个维度：建立国家教育门户网站，提供丰富的教育内容，为教师和学生提供经验分享的平台；创建电子课程内容，帮助学生学习课程的基本概念；培养教师应用教育技术的能力；建立电子教师培训系统；为所有区域的学生提供高质量的教育机会。①

2016年4月25日，为摆脱对石油经济的依赖，实现社会多元转型，打造"阿拉伯与伊斯兰世界的核心，投资强国与链接三大洲的枢纽"，沙特政府正式颁布了《沙特阿拉伯王国2030愿景》，不但对国家发展方向和目标作出了规划，而且把教育作为未来发展的重点，要求提高教育的质量和国际竞争力。

第二节　沙特国际教育合作与交流政策的现状

相比于埃及、阿联酋、卡塔尔这些阿拉伯国家，沙特教育体系较为封闭，开放程度不高。但随着国内政治和经济的改革需要，沙特政府正积极促进教育开放，鼓励开展国际教育合作与交流。

一、外国学校

沙特政府于1997年7月颁布《外国学校条例》（لائحة المدارس الأجنبية），一方面肯定了外国学校在沙特存在的合法性，另一方面规范了外国学校在沙特的办学。该条例第一条指出："沙特外国学校是指采用非沙特教学大纲的学校。"第三条规定："教育部负责授权和监督外国学校及其附属机构。"第四条规定："外国学校是私立机构，经费来源于学费和捐赠。"第五条规定："外国学校不允许接收沙特本国学生，除非从国外回来的不具备在沙特学校学习条件的本国学生，可由教育部长根据其情况每年进行批准，一般不超过三年。"② 根据国际学校咨询公司（International Schools

---

① المملكة العربية السعودية، مشروع الاستراتيجية الوطنية لتطوير التعليم العام، ص40.

② المملكة العربية السعودية، لائحة المدارس الأجنبية.
　见 https://www.moe.gov.sa/ar/Documents1pdf/ لائحة%20المدارس%20الأجنبية.

Consultancy）的数据，截至 2020 年 2 月，沙特共有英文国际学校 278 所，教职员工 27308 人，就读学生共计 334149 人。[①] 这些国际学校采用国外的教学体系，拥有国际化的教育视野，具备国际化的生源和师资力量。以吉达美国国际学校（The American International School of Jeddah）为例，该校的使命是"通过真正的美国教育来激励和促进学习者，培养他们对知识的热爱，使他们能够追求自己的梦想，成为成功的全球公民。"[②] 该校提供标准的美国教育课程，获得了美国中部各州大学院校协会及沙特教育部的认可，2019—2020 学年，该校共有来自 50 多个国家的 1050 名学生以及 30 个不同国家的 268 名教职员工。[③]

在沙特，越来越多的家长开始考虑让孩子进入国际学校学习。2014 年《沙特公报》报道的一项乌姆库拉大学的研究显示，70% 的沙特父母希望孩子进入国际学校读书，12% 的父母表示不确定，只有 8% 的父母明确表示不愿意孩子接受国际学校教育。[④] 为了满足广大家长的要求，沙特教育部取消了"外国学校原则上不允许招收沙特学生"的规定，只要外国学校满足特定条件，即可招收沙特本国学生。沙特教育部还鼓励外资创建国际学校。在私立教育机构的组织架构下，教育部负责向外国教育部门投资颁发执照并接受咨询，加快决策过程，为投资者提供服务。沙特将按照最高质量标准增加国际学校和学院的数量，并希望吸引投资者开办特殊教育学校，为寄宿学校的学生提供住宿，以满足教育阶段的多样性，并满足

---

① International Schools Consultancy Research，"Saudi Arabia International Schools Market Intelligence Report 2019-2020"，https：//www.flipsnack.com/ISCResearch/saudi-arabia-market-intelligence-report-2019-2-sampler.html.

② American International School of Jeddah，"Mission，Vision & Values"，https：//www.aisj.edu.sa/about/mission-vision-values.

③ U.S. Department of State，"American International School of Jeddah：2019-2020 Fact Sheet"，2020-02-11，https：//www.state.gov/american-international-school-of-jeddah-2018-2019-fact-sheet/.

④ Saudi Gazette，"Why Saudi families prefer international schools"，2019-05-09，http：//saudigazette.com.sa/article/83775/Why-Saudi-families-prefer-international-schools-.

不同类型和不同阶段的特定学生群体的需求。①

二、海外办学

为了解决沙特子女海外教育问题并传播阿拉伯伊斯兰文化，自1974年沙特政府在巴基斯坦伊斯兰堡开设第一所海外学校以来，沙特已在全球17个国家开办了20所基础教育学校。（见表4-1）沙特海外学校由沙特教育部和外交部共同监督管理。教育部主要负责教学工作。沙特教育部下设沙特海外学校总局，负责制定教学大纲、派遣教师和行政管理人员等事宜。外交部负责建校拨款、教师津贴发放等财务工作。根据沙特教育部的规定，沙特海外学校一律采用阿拉伯语教学，遵循沙特国家教学大纲，提供从学前教育到小学、初中和高中的部分或全部课程。据统计，2011年，沙特20所海外院校共有学生7000名，教师600名，其中沙特教育部派遣教师212名。沙特海外学校的学生主要来自旅居国外的沙特公民和其他伊斯兰国家的学生。以土耳其安卡拉的沙特海外学校为例，该校有103名沙特学生和其他来自18个伊斯兰国家的106名学生。② 沙特政府在伦敦、莫斯科、罗马、拉巴特、安卡拉、吉隆坡、雅加达、吉布提、伊斯坦布尔、维也纳、新德里、巴黎和阿尔及尔13个城市的沙特海外学校开设阿拉伯语教学中心，为母语为非阿拉伯语的学习者提供阿拉伯语教育。

表4-1 沙特海外学校分布

大洲	国家	数量	所在城市	合计
亚洲	巴基斯坦	2	伊斯兰堡、卡拉奇	8
	印度	1	新德里	
	土耳其	2	安卡拉、伊斯坦布尔	

---

① 中华人民共和国驻沙特阿拉伯王国大使馆经济商务处：《沙特教育部鼓励外资创建国际学校》，2020年7月14日，见 http://sa.mofcom.gov.cn/article/sqfb/202007/20200702985719.shtml.

② جريدة الرياض، إدريس 20 أكاديمية ومدرسة سعودية في الخارج نجحت في مهمة «التنوير» وكسب احترام العالم. 见 http://www.alriyadh.com/664788, 2011-09-05.

续表

大洲	国家	数量	所在城市	合计
	中国	1	北京	
	马来西亚	1	吉隆坡	
	印度尼西亚	1	雅加达	
欧洲	俄罗斯	1	莫斯科	8
	法国	1	巴黎	
	意大利	1	罗马	
	德国	2	波恩、柏林	
	英国	1	伦敦	
	奥地利	1	维也纳	
	西班牙	1	马德里	
非洲	阿尔及利亚	1	阿尔及尔	3
	摩洛哥	1	拉巴特	
	吉布提共和国	1	吉布提	
北美洲	美国	1	华盛顿	1

资料来源：根据海外沙特学校总局官网信息整理制成，https：//departments.moe.gov.sa/External SaudiSchools/AboutUs/Pages/default.aspx。

三、学生的国际流动

（一）出境流动

根据联合国教科文组织的统计，沙特是全球十大学历教育留学生输出国之一。2017 年，沙特有 5% 的高等教育阶段学生出国留学。[①] 长期以来，沙特政府一直凭借雄厚的经济实力资助沙特学子赴海外深造。2005 年，沙特政府启动奖学金项目"两圣寺监护人对外派遣计划"（برنامج خادم الحرمين الشريفين للابتعاث الخارجي）。该项目支持所有高中阶段以上的

---

① World Education News+Reviews，"Education in Saudi Arabia"，2020-04-09，见 https：// wenr.wes.org/2020/04/education-in-saudi-arabia.

学习，重点支持医学、药学、基础科学（化学、物理、数学）、工程学、计算机、法律、会计、电子商务专业，派遣目的国涉及全球 50 个国家，新增了中国、新西兰、韩国、新加坡等之前政府奖学金未涉足的国家。该项目实施头七年的派遣人数就已经超过了沙特国家历史上派遣留学生人数的总和。[①] 在这一政策的推动下，沙特出国留学生人数呈迅猛增长态势。20 世纪 90 年代末至 21 世纪初，沙特出国留学人数一直在 10000—12000 左右徘徊，而在该奖学金项目的推动下，沙特出国留学生人数在 2011 年达到了 52000 人，这一数字在 2016 年上升至 90245 人。[②]

2016 年后，由于国际油价下跌，政府财政紧张，沙特对外派遣人数有所下降且条件更加严格，从广泛资助学生赴美国大学留学，到仅资助拿到沙特政府认定的美国前 100 名的大学或前 50 学科录取通知书的学生赴美国学习。政府也不再保证对所有学生回国旅费的资助。虽然资助数量有所下降，但沙特并未停止该奖学金项目。从留学目的国来看，沙特是美国第四大外国学生来源国——仅次于中国、印度和韩国，同时也是英国、加拿大、澳大利亚等全球主要留学目的国的重要生源。根据国际教育研究所（IIE）门户开放报告数据，约有 51% 的沙特留学生在美国攻读本科学位，15% 的沙特学生在美国攻读硕士学位，12% 的沙特学生在美国攻读博士学位。工程学是最受沙特学生欢迎的领域，其次是商科，2018—2019 年度这两个专业的沙特学生分别占沙特留学生总数的 30% 和 19%。[③]

（2）入境流动

根据沙特教育部 2016 年公布的数据，沙特基础教育阶段中有沙特籍学生 4895466 名，其中 4174535 人就读于公立学校，654011 人就读于私

---

①　وزارة التعليم العالي،التعليم العالي في المملكة العربية السعودية —المسيرة والإنجاز،2014،ص21.

②　World Education News+Reviews，"Education in Saudi Arabia"，2020-04-09，见 https：//wenr.wes.org/2020/04/education-in-saudi-arabia.

③　World Education News+Reviews，"Education in Saudi Arabia"，2020-04-09，见 https：//wenr.wes.org/2020/04/education-in-saudi-arabia.

立学校，还有 66920 人就读于国际学校。非沙特籍学生 1109594 名，其中 733251 人就读于沙特公立学校，111072 人就读于私立学校，265271 人就读于国际学校。在非沙特籍学生中人数较多的有也门学生 252842 名，叙利亚学生 131297 名，缅甸学生 41209 人。[①]

根据联合国教科文组织的数据，在高等教育阶段，2011—2016 年间在沙特留学的外国留学生人数逐年攀升，从 2011 年的 34922 人上升至 2016 年的 79854 人。2016 年，国际学生占沙特高等教育学生总数的 4.9%。[②] 沙特国际学生大多来自阿拉伯国家，2016 年，沙特国际学生生源国前十名分别是叙利亚（9552 人）、也门（9519 人）、埃及（4886 人），约旦（4485 人），巴基斯坦（4442 人），巴勒斯坦（2369 人）、尼日利亚（2093 人）、印度（2063 人）、印度尼西亚（1829 人）、阿富汗（1398 人）。[③] 沙特向国际学生提供金额可观的奖学金。例如阿卜杜拉国王科技大学为硕士和博士生提供全额学费支持，免费住房和医疗服务，并提供每年 2—3 万美元的生活补助。在沙特上学的外籍学生中，有相当数量的学生在宗教大学学习。始建于 1961 年的麦地那伊斯兰大学面向全世界招收穆斯林青年，提供包括机票、住宿、学费以及生活费在内的全额奖学金资助。2012 年该校招收学生 5453 名，其中国际学生 2536 名，占比 46.5%，国籍多达 165 个。[④]

四、教师的国际流动

沙特聘请外国教师的历史可以追溯到建国时期，当时国内缺乏合格的小学教师，只能聘请外国教师。如今，在基础教育领域，因本国教师基

---

① جريدة الرياض، عدد طلاب وطالبات التعليم العام يتجاوز ستة ملايين.
见 http://www.alriyadh.com/1539755，2016-10-11.

② UNESCO Institute for Statistics. Global Flow of Tertiary-Level Students，2016-12-07，见 http：//uis.unesco.org/en/uis-student-flow#slideoutmen.

③ UNESCO Institute for Statistics. Global Flow of Tertiary-Level Students，2016-12-07，见 http：//uis.unesco.org/en/uis-student-flow#slideoutmen.

④ وزارة التعليم العالي،التعليم العالي في المملكة العربية السعودية —المسيرة والإنجاز،2014،ص227.

本可以满足教学需求，沙特公立学校不再聘用外籍教师。[①] 自 2019—2020 学年起，沙特教育部启动了针对教师的专项派遣计划，输送符合条件的沙特教师在世界一流大学攻读数学、化学、物理、生物、科学和计算机领域的硕士学位，以提升沙特师资专业化水平。该计划共有 120 个名额，其中男女教师各 60 个名额。派遣目的国有 10 个，分别是：美国 25 个名额，澳大利亚 25 个名额，英国 15 个名额，中国 15 个名额，日本 10 个名额，韩国 10 个名额，新加坡 10 个名额，香港 10 个名额，芬兰 5 个名额，新西兰 5 个名额。[②] 同时，沙特政府还向海外沙特学校输送教师。2018—2019 学年沙特向外派出教师 60 名，去往吉布提、澳大利亚、塞内加尔、马尔代夫、尼日尔、布基纳法索、加纳、巴林、中国 9 个国家的沙特海外学校从事管理或教学工作，多数教师教授伊斯兰和阿拉伯语课程，还有少数教师教授物理、数学、化学、生物、英语课程。[③]2019—2020 学年，沙特向外派出 130 名教师[④]，2020—2021 学年，沙特计划向外派出 330 名教师。[⑤]

在高等教育领域，沙特高校中的外籍教师占据很大比例。根据沙特教育部的数据，2012—2013 学年至 2016—2017 学年间，沙特高等教育中外籍教师的人数比例维持在 40% 左右。（见表 4–2）除外语专业外，外籍教师主要为理工科专业。

---

① ‎وزارة التعليم السعودية تؤكد عدم توظيف معلمين أجانب في المدارس الحكومية‎
见 https://arabic.arabianbusiness.com/content/338970，2018-05-06.

② ‎وزارة التعليم، يتضمن توفير 120 مقعدا للابتعاث بواقع 60 للمعلمين ومثلها للمعلمات.‎
见 https：//www.moe.gov.sa/ar/news/Pages/a-t-2019-m.aspx.

③ ‎وزارة التعليم،أسماء المعلمين الموفدين للتدريس في الخارج للعام الدراسي 2018-2019.‎
见 https：//www.moe.gov.sa/ar/news/Documents/ifad-1440.pdf.

④ ‎وزارة التعليم، التعليم تصدر قراراً بإيفاد 130 معلماً للتدريس في الخارج.‎
见 https：//www.moe.gov.sa/ar/news/pages/i-f-1440-5.aspx.

⑤ ‎اليوم السابع، السعودية: إيفاد 330 معلما للتدريس فى الخارج للعام الدراسى المقبل.‎
见 http://dwz.date/dhgM，2020-07-21.

表 4–2　2012—2013 学年至 2016—2017 学年沙特高校教师国籍分布情况

年份	2012—2013	2013—2014	2014—2015	2015—2016	2016—2017
教师总人数	64689	73776	76985	79784	83884
非沙特籍教师人数	26933	31392	31542	31723	34124
非沙特籍教师占比	42%	43%	41%	40%	40.7%

资料来源：根据沙特教育部公布的历学年高等教育数据整理而成，https：//departments.moe.gov.sa/Statistics/Educationstatistics/Pages/HEStats.aspx。

在一些沙特公立大学中，外籍教师人数已经等于或大于本国教师人数。（见表 4–3）以 2015—2016 学年为例，在 28 所公立大学中，有 11 所大学的外籍教师人数等于或超过一半。其中，北部边境大学外籍教师的比例高达 77%；法赫德国王石油矿产大学外籍教师比例高达 63%，且 90% 以上的教师具有欧美留学经历。为提高师资水平，该校还制定了面向全球聘用优秀教授的招聘计划，在选拔教师时通常会参照汤森路透（Thomson Reuters）提供的全球"高被引科学家"名单。该校还建立了追踪指标以确认具有潜力的研究者。通过这一追踪机制，大量优秀的博士后研究员以及研究生获得资助展开研究，并有机会留校任教和获得晋升。①

表 4-3　2015—2016 学年沙特部分公立大学教师国籍情况

大学名称	教师总数	沙特籍	非沙特籍	非沙特籍占比
北部边境大学	895	203	692	77%
法赫德国王石油与矿产大学	1041	383	658	63%
哈费尔巴廷大学	584	244	340	62%
迈季迈阿大学	1987	813	1174	59%
比沙大学	795	358	437	55%
哈立德国王大学	3344	1519	1825	55%

① 马青、黄志成：《沙特阿拉伯王国建设世界一流大学体系：动力、战略及实践》，《比较教育研究》2017 年第 2 期。

续表

大学名称	教师总数	沙特籍	非沙特籍	非沙特籍占比
费萨尔国王大学	1976	1025	951	51%
纳季兰大学	1576	745	831	52%
苏坦姆·本·阿布杜勒·阿齐兹王子大学	2034	983	1051	52%
哈伊勒大学	1935	967	968	50%
吉赞大学	2555	1274	1281	50%

资料来源：根据沙特教育部公布的 2015—2016 学年高等教育数据整理而成，https：//departments. moe.gov.sa/Statistics/Educationstatistics/Pages/HEStats.aspx。

五、国际合作与交流协议

沙特与 29 个国家建立了文化、教育和科研合作关系，签署了具体协议、谅解备忘录和执行计划（见表 4-4）。沙特高校致力于同外国高校发展伙伴关系。例如，法赫德国王石油矿产大学成立了国际合作办公室。该办公室的主要职责有建立和维护国际关系和协议，开展国际协议谈判，代表学校参加国际活动，与国际组织合作维护学校利益，促进师生交流，整理访问学者报告，举办国际合作会议等。该校与美国、英国、德国、阿联酋、日本、韩国的 19 个高校、企业、政府部门在学生交流和科研合作领域建立了合作伙伴关系。[1] 吉赞大学成立了对外派遣、招收留学生和国际合作处专门负责国际合作与交流事宜，该大学同美国、加拿大、荷兰、瑞典、土耳其、日本、英国、西班牙、马来西亚、澳大利亚、新西兰、韩国、芬兰的 39 所高校建立合作关系。[2]

---

[1]　King Fahd University of Petroleum and mineral，Office of International Cooperation，"An international University with GlobalImpact"，https：//www.dropbox.com/s/0pf6ahmd7iznipp/OIC%20Brochure.

[2]　جامعة جازان، الجامعات التي وُقعت بينها وبين جامعة جازان.
　　见 http://www.jazanu.edu.sa/Administrations/ica/Pages/MU.aspx.

表 4-4 沙特高等教育部国际合作与交流协议／谅解备忘录／执行计划

序号	协定国	协议／谅解备忘录	签署时间
1	哈萨克斯坦	科学和教育合作备忘录	1994/09/17
2	伊朗	合作备忘录	2001/05/28
3	中国	文化和教育合作协议	2002/12/24
4	约旦	科学文化合作备忘录	2003/12/14
5	叙利亚	科学和教育合作备忘录	2004/10/4
6	苏丹	科学和教育合作备忘录	2004/04/17
7	阿尔及利亚	科学和教育合作备忘录	2004/12/22
8	菲律宾	科学和教育合作备忘录	2005/01/10
9	印度	科学和教育合作备忘录	2006/06/11
10	南非	谅解备忘录	2006/12/03
11	巴基斯坦	科学和教育计划	2006/02/02
12	马来西亚	科学和文化合作协议	2006/01/31
13	奥地利	谅解备忘录	2006/04/24
14	阿塞拜疆	科学和教育合作备忘录	2007/01/15
15	韩国	谅解备忘录	2007/03/24
16	波兰	科学和教育合作备忘录	2007/06/20
17	突尼斯	执行计划	2007/10/27
18	意大利	谅解备忘录	2007/6/11
19	法国	高等教育和科学研究合作协议	2008/01/13
20	埃及	执行计划	2008/02/24
21	吉布提	科学和教育合作备忘录	2008/05/27
22	荷兰	科学和教育合作备忘录	2009/05/12
23	摩洛哥	科学和教育合作备忘录	2010/05/01
24	阿根廷	科学和教育合作备忘录	2010/02/15
25	土耳其	科学和教育合作备忘录	2010/03/10
26	新西兰	科学和教育合作备忘录	2010/05/28
27	澳大利亚	合作备忘录	2010/05/27
28	日本	科学和教育合作备忘录	2010//07/06

续表

序号	协定国	协议/谅解备忘录	签署时间
29	芬兰	科学和教育合作备忘录	2011/02/15

资料来源：根据沙特教育部国际合作总局官网信息整理制成，https：//departments.moe.gov.sa/InternationalCooperation/products/FactsAndAchievements/Pages/Agreements.aspx。

六、国际教育会议和国际图书展览

举办国际教育会议和国际图书展览是沙特教育国际合作与交流的又一重要途径。国际高等教育展览会（International Exhibition & Conference on Higher Education）是沙特高等教育部在首都利雅得举办的年度高等教育交流活动，旨在促进本国高等教育机构与国际高等教育机构的合作，为它们提供稳定的交流平台。截至 2019 年，该会议已成功举办 8 届。在 2010—2014 年间五届国际高等教育展览会上，沙特高等教育机构同国际高等教育机构共签署 152 项协议。[①] 沙特利雅得国际图书展是由沙特文化与新闻部主办的每年一届的大型图书展览会，是国际教育、文化和新闻出版界的联合盛会。在 2018 年利雅得国际图书展上，有来自全球 27 个国家的 520 家出版社参展，吸引了 911635 名访客。[②] 沙特还先后参加了埃及开罗国际书展、摩洛哥卡萨布兰卡国际书展、印度新德里国际书展、阿曼马斯喀特国际书展、巴林国际书展、阿联酋阿布扎比国际书展、瑞士日内瓦国际书展、突尼斯国际书展、美国国际书展、韩国首尔国际书展、中国北京国际图书博览会、叙利亚阿拉伯书展、莫斯科国际图书展、阿尔及利亚国际书展、也门萨那国际书展、阿联酋沙迦国际书展、科威特阿拉伯书展、安曼国际书展、奥地利维也纳国际书展、土耳其伊斯坦布尔国际书展、卡塔尔多哈国际书展、黎巴嫩贝鲁特阿拉伯书展、英国伦敦国际书

---

① The Organizing Committee of IEHE，" IECHE Post Show Report 2014"，2016-08-18，见 http：//www.ieche.com.sa/documents/IECHE-Post-Show-Report-2014.pdf.

② اليوم السابع، سبع معلومات في ختام معرض الرياض الدولي للكتاب2018.
见 http：//dwz.date/dhhq，2018-03-25.

展、捷克布拉格国际书展、匈牙利布达佩斯国际书展、德国莱比锡国际书展和日本东京国际书展。沙特的参展单位有文化与新闻部、伊斯兰事务、基金和宣教部、法赫德国王国家图书馆、阿卜杜勒·阿齐兹国王公共图书馆、国家技术教育和职业培训机构，以及伊斯兰大学、费萨尔国王大学、沙特国王大学、法赫德国王石油矿产大学、塔伊夫大学、吉赞大学等众多高校。① 沙特高教部国际合作总局展览司在这些展览中负责引进优秀的海外图书，并组织将其翻译成阿拉伯语，做成电子书籍入驻高校图书馆。

第三节　沙特国际教育合作与交流政策的战略重点和发展方向

沙特政府寄希望于教育合作与交流改善本国教育质量，推动国家经济转型，并巩固其在阿拉伯伊斯兰世界的核心地位。沙特国际教育合作与交流政策的战略重点和发展方向主要包括创建世界一流大学、加强国际科研合作、拓展跨境高等教育、推广阿拉伯语和伊斯兰文化。

一、创建世界一流大学

沙特经济转型背景下对人力资源的需求使沙特政府尤其关注"大学"这一培养人才的教育机构。根据西班牙国家研究委员会下属的网络计量学实验室（Cybermetrics Lab）2006 年发布的世界大学排行榜中，沙特没有一所高校出现在排名前列，唯一上榜的法赫德国王石油矿产大学在世界3000 所高校中排名 2998 位。② 因此，改善沙特高等教育质量，建设一流大学成为沙特政府关注的焦点。

---

① وزارة التعليم، قائمة معارض الكتاب الدولية التي تشارك فيها المملكة العربية السعودية الدولي.
见 https：//departments.moe.gov.sa/InternationalCooperation/products/FactsAndAchievements/Pages/InternationalBookFairs.aspx.

② Mohammed N. Al-Kabi, "Towards Building World Class Universities in the Arab World", 2014-06-07，Conference Paper of The 4th International Arab Conference on Quality Assurance in Higher Education.

2004 年沙特成立国家学术认证与评估委员会（National Commission of Academic Accreditation and Assessment），该委员会的目标是监督与评价各类高等院校设置认证标准及认证步骤，为改善教育质量提供支持。该机构还联合国外机构提供质量保障、质量管理以及教学评价策略的培训，如英国文化教育协会（British Council）开展的"高等教育卓越计划"（Excellence in Higher Education Project）。[①]

2005 年沙特政府设立的阿卜杜拉国王奖学金计划，资助沙特学子出国深造，一方面为沙特经济发展培养优秀的人才，另一方面为沙特高等教育培养优秀师资，以解决国内教师数量不足、质量不高的问题。

2009 年沙特高等教育部委托法赫德国王石油矿产大学发起一项针对改革沙特高等教育体系的长期战略规划——高等教育未来计划，也称为"阿法格计划"（AFFAQ Project）。该计划主要有四个目标：（1）研究所有与沙特高等教育相关的主要问题与事务，根据沙特高等教育的总目标确定每一问题的解决方法；（2）为高等教育机构持续性的战略实施以及运行规则设置一个机制；（3）为高等教育制定一份拥有清晰愿景、价值观、行为测量标准的长期规划，并且确定不同部门的需求、资助水平、资源以及清晰的执行路径；（4）为高等教育制定一份五年期的详细发展规划。[②] 在阿法格计划下沙特为创建世界一流大学采取的具体措施有：完善质量保障体系、实施奖学金计划、发展高校学术领导力、完善高校质量保障体系。同年，沙特高等教育部成立学术领导力中心（Academic Leadership Center），开展高等教育领导力及管理方面的培训项目，帮助学术领导和行政人员获得建设世界一流大学体系所必需的技能和领导力。

2016 年，沙特政府颁布国家发展战略《沙特阿拉伯愿景 2030》，提出"缩小高等教育人才培养同就业市场的差距。至 2030 年至少有五所沙特大学跻身世界大学前 200 名，学生成绩要高于国际教育指标平均值。对此，

---

① 杨蕾：《跟跑国家世界一流大学体系建设策略研究》，《比较教育研究》2019 年第 1 期。

② 马青、黄志成：《沙特阿拉伯王国建设世界一流大学体系：动力、战略及实践》，《比较教育研究》2017 年第 2 期。

我们要制定一套现代化的课程体系，在文学、数学、技能和品格等方面设立严格的考核标准。我们将与私营部门密切合作，确保高等教育所培养的人才符合就业市场的需求。我们还将建立一个中央学生数据库，记录学生从普通教育到高等教育的情况，以为教育决策提供支持。"①

沙特建设世界一流大学成果显著，根据上海交大 2019 世界大学学术排名，沙特有 4 所大学进入世界大学 500 强，分别是沙特阿卜杜勒·阿齐兹国王大学（101—150）、沙特国王大学（151—200）、阿卜杜拉国王科技大学（201—300）、法赫德国王石油矿产大学（401—500）。②

二、加强国际科研合作

沙特正在经历从单一的石油经济体系向多元化经济体系的艰难转型，迫切需要提升科学、研究和创新水平。沙特高等教育机构积极同国外机构开展科研合作。2009 年，沙特国王大学启动"国际研究伙伴关系计划"（International Scientific Partnership Program），旨在促进与国际大学和科研机构建立合作伙伴关系，吸引世界著名学者到访学校。在该项目的支持下，来自全球 40 多个国家的科学家到访沙特国王大学，其中美国的学者最多，其次是中国和印度的学者。这些来访学者中到访工程学院的人数最多，占比 77%，到访健康学院的人数占比 15%，到访人文学院的人数占比 8%。在该项目的支持下，沙特国王大学国际论文合作发表数量逐年增多，2013—2016 年，沙特国王大学共发表论文 12419 篇，其中在"国际研究伙伴关系计划"下的合作发表量 2584 篇，占比 20.8%。③ 法赫德国王石油矿产大学与麻省理工学院在能源研究方面建立了合作，与斯坦福大学和剑桥大学在石油与天然气研究领域建立了合作，与加州理工学院和慕尼

---

① المملكة العربية السعودية، رؤية المملكة العربية السعودية 2030.
见 https://vision2030.gov.sa/sites/default/files/report/Saudi_Vision2030_AR_2017.pdf.
② Shanghai Ranking, "Academic Ranking of World Universities 2019", 见 http://www.shanghairanking.com/ARWU2019.html.
③ جامعة الملك سعود، حقائق وأرقام عن البرنامج.
见 http://ispp.ksu.edu.sa/ar/node/1183.

黑工业大学在炼油和石化方面建立了科研合作关系，与佐治亚理工学院在地理信号处理方面建立了合作。①

2009 年 9 月成立的阿卜杜拉国王科技大学是一所专攻理工领域的国际化研究型大学，其办学宗旨是促进全球的科技研究水平。为了更好地提升院校的科研能力，国王科技大学设计了三项战略。第一项战略为"特殊伙伴项目"，该项目使用理解备忘录形式与海外研究机构合作，协助建立国王科技大学本校科研实验室。例如国王科技大学与伍兹霍尔海洋研究所（Woods Hole Oceanographic Institute）合作建设了致力于红海生物科学研究的国际试验站。第二项战略为"学术卓越联盟计划"，通过与世界顶尖高校合作开发国王科技大学课程与教育项目。在此计划下，国王科技大学已经与诸多知名院校签署了一系列协议，包括斯坦福大学的计算机科学领域、加州伯克利大学的机械工程领域以及剑桥大学的生物工程领域。第三项战略为"全球研究合作项目"（Global Research Partnership），国王科技大学通过该项目资助其他国家知名院校的科学家与工程师开展对沙特、中东领域发展相关的重要研究课题，以使国王科技大学的研究足迹遍布全世界。②

三、拓展跨境高等教育

沙特扩展跨境教育的路径以虚拟教育为主，实体教育为辅。在跨境教育合作伙伴选择上呈现多元化特点，不仅在传统高校之间开展跨境教育合作，同时还同国际教育集团、国际组织、企业、媒体和信息科技公司开展跨境教育合作。

在实体教育方面，2011 年沙特政府授权人力资源发展基金与职业技术培训工会（Technical & Vocational Training Corporations）发起卓越学院

---

① King Fahd University of Petroleum and Minerals，Office of International Cooperation-Research，见 https：//oic.kfupm.edu.sa/ShowStatic.aspx？ ContentID=4.

② 马青：《理想与现实：沙特阿拉伯王国高等教育国际化发展研究》，《比较教育研究》2019 年第 6 期。

项目（College of Excellence）。该项目是沙特政府为改善本国职业教育体系作出的重要举措，体现了沙特政府对高等教育国际化的诉求：沙特政府面向全球选择最佳的教育提供商，让它们在沙特成立新型的自治学院，这些学院由海外教育供应商独立运营，并受该项目监管与资助。沙特政府希望通过该项目培养具有良好英语技能、最大限度接触西方教育实践以及具备专业知识的人才资本。沙特通过卓越学院项目已经同 14 个国际教育供应商达成合作关系，共在沙特开设了 37 所技术职业学院，其中 19 所为男子学院，18 所为女子学院。这些学院由沙特政府通过公开竞标选择。在卓越项目中，有 24 所为英国院校和企业开办，其他院校的供应方来自澳大利亚、加拿大、德国等国的院校与企业。①

在虚拟教育方面，2003 年，阿拉伯开放大学（Arab Open University）在沙特设立分校。阿拉伯开放大学是在联合国的支持下建立的阿拉伯远程教育大学，总部设在科威特，在巴林、埃及、黎巴嫩、约旦、阿曼、苏丹设有分校。阿拉伯开放大学与英国开放大学（UK Open University）建立了长期的合作关系，并获得了其多数英语教材的使用权，包括英国开放大学本科英语语言文学、工商管理和计算机课程，均采用英语授课。2007年，沙特颁布国家通讯和信息计划，旨在推动信息技术在各级教育，尤其是高等教育中的应用。之后，沙特与马来西亚开放大学合作建立国家电子学习和远程学习中心，以实现沙特在伊斯兰价值观的基础上传播科学与知识的使命。2008 年，沙特建立非营利性伊斯兰虚拟大学——知识国际大学（Knowledge International University），该校汇集了来自阿拉伯世界以及英国、美国等国家的学者，为世界范围内的学生提供伊斯兰研究和古兰经研究学士学位学习机会。2011 年，沙特第一所公立远程教育大学——沙特电子大学（Saudi Electronic University）成立。该校的使命是"通过在线和实体教育相结合的模式，为各个社会阶层的人提供高质量的教育和

① 马青：《理想与现实：沙特阿拉伯王国高等教育国际化发展研究》，《比较教育研究》2019 年第 6 期。

现代化培训。传播伊斯兰和阿拉伯科学知识，增加沙特王国的国际影响力。"① 该校设有行政与金融学院、计算机与信息学院、健康科学学院和理工学院，提供本科、研究生学位教育及成人教育。该校同美国富兰克林大学在设计和评估电子课程方面建立了合作，与俄亥俄大学在课程评估方面建立了合作，与佛罗里达理工学院在健康科学课程方面建立了合作，与英孚教育集团在英语教育方面建立了合作，与美国 Blackboard 公司在技术层面搭建了合作关系。

四、推广阿拉伯语和伊斯兰文化

作为伊斯兰教的发源地，沙特一直将推广阿拉伯语和伊斯兰文化视为自己义不容辞的责任，重视阿拉伯语和伊斯兰文化在世界范围内的传播。沙特在这方面的努力主要体现在以下几个方面：第一，招收国际学生来沙特大学学习，并向他们提供奖学金。沙特国王大学、乌姆古拉大学、伊玛目大学、麦地那伊斯兰大学设有专门面向非母语者的阿拉伯语学院。其中麦地那伊斯兰大学的建校目的就是"为伊斯兰、阿拉伯语和穆斯林学生服务"，该校的招生注册官网设有阿拉伯语、乌尔都语、英语、法语、汉语、俄语、印尼语七种语言。第二，在海外推广阿拉伯语教育。沙特在其海外学校中下设阿拉伯语教学中心，举办阿拉伯伊斯兰文化研讨会，并对外派遣阿拉伯语教师，向国外捐赠《古兰经》及阿拉伯语教材。第三，设立阿拉伯伊斯兰学术讲席。1976 年沙特捐赠金额 600 万美元，在美国南加州大学建立费萨尔国王伊斯兰文化和思想讲席，这是沙特在海外捐赠的第一所伊斯兰阿拉伯文化研究中心，旨在在美国学术机构中传播伊斯兰阿拉伯文化和思想。这样的机构还有在美国加利福尼亚大学建立的阿卜杜勒·阿齐兹国王讲席、在美国哈佛大学设立的法赫德国王讲席、在英国伦敦大学非洲和东方研究院设立的法赫德国王讲席等。② 第

---

① Saudi Electronic University，"Partners in Success"，见 https：//seu.edu.sa/sites/ar/About SEU/Pages/Partners.aspx.

② مركز الملك عبد الله بن عبد العزيز الدولي، جهود المملكة العربية السعودية في خدمة اللغة العربية، 2013، ص147-151.

四，同国际组织合作传播阿拉伯语。在沙特与摩洛哥的共同努力下，联合国大会于 1973 年 12 月 18 日决定将阿拉伯语作为第六种官方语言，这一天也被定为世界阿拉伯语日。2007 年，沙特出资 300 万美元同联合国教科文组织启动了"苏尔坦·本·阿卜杜拉·阿齐兹·阿勒沙特王子助力改善阿拉伯语在联合国教科文组织现状"项目（Prince Sultan bin Abdul Aziz Al Saud's contribution to the improvement of the presence of the Arabic language in UNESCO），该项目致力于推动阿拉伯语在联合国教科文组织中的应用，包括阿语网站维护、阿语书籍的出版以及重要会议上的阿语翻译服务。①2015 年 12 月 18 日，在联合国世界阿拉伯语日庆祝活动上，沙特苏尔坦·本·阿卜杜勒·阿齐兹·阿勒沙特基金会表示将再捐助 500 万美元推广阿拉伯语和文化；2016 年 6 月 3 日，基金会与联合国教科文组织正式签署了确认合作意向书。②

第四节　沙特与中国教育合作与交流的
历史发展、现状和问题

　　1990 年 7 月 21 日，中国和沙特建交。建交以来，两国友好合作关系全面、快速发展，双方交往频繁，合作领域不断拓宽。2008 年 6 月，两国建立战略性友好关系。2012 年 1 月，两国决定在战略框架内进一步提升双边关系水平。2016 年 1 月，两国建立全面战略伙伴关系，并决定成立中沙高级别联合委员会。中沙教育合作与交流从两国建交开始起步，经过 30 年的发展，取得了一系列成果。

①　UNESCO，"Contribution to the improvement of the presence of the Arabic language in UNESCO"，2011-05-19，见 http：//www.unesco.org/new/en/unesco/partners-donors/the-actions/programme-support/improvement-of-the-presence-of-the-arabic-language-in-unesco/.

②　UNESCO，"Saudi Arabia strengthens support to UNESCO for the promotion of the Arabic language"，2016-06-03，见 http：//www.unesco.org/new/en/media-services/single-view/news/saudi_arabia_strengthens_support_to_unesco_for_the_promotion/.

一、沙特与中国教育合作与交流的历史发展

中国和沙特的友谊源远流长。早在公元 7 世纪，穆罕默德的弟子就曾远涉重洋来到中国传播伊斯兰教。公元 15 世纪，明朝著名航海家郑和下西洋时曾到过沙特。1990 年 7 月 21 日，中沙两国正式建交，两国关系随即进入全面发展时期，在文化教育领域的合作与交流也逐渐起步。中沙文化教育交流最初主要集中在宗教和阿拉伯语教育领域。在宗教交流方面，1991 年 12 月，中国国家宗教事务局副局长宛耀宾带领一个中国穆斯林代表团访问沙特阿拉伯，这是两国建交后首个穆斯林访问团。此后，中国穆斯林经各种途径赴麦加朝觐的人数不断增长，1990 年为 1480 余人，1991年为 1517 人。① 沙特国王从财力上对中国修缮和新建清真寺予以大力资助，并出版和印刷阿拉伯语和中文译文的双语版《古兰经》免费赠送给中国穆斯林。在阿拉伯语教育方面，1990 年，沙特向北京大学赠送一套功能齐全、设备完整的语言实验室。1995 年又出资援建了北京大学与马坚伊斯兰学术研究基金会，还给中国有阿拉伯语专业的各大学赠送了 30 册一套的《阿拉伯世界大百科全书》。②

1999 年，为进一步深化两国教育交流合作，双方签署了《中华人民共和国政府与沙特阿拉伯王国政府教育合作协定》，标志着中沙教育合作与交流迈上新台阶。该协议第一条规定："双方同意加强两国在高等教育领域的合作，主要内容包括：1. 鼓励两国高等院校的负责人、学者、专家和研究人员互访。2. 鼓励两国研究人员参加在对方国家举办的国际科技学术会议。3. 鼓励两国高等院校互相交换学术资料。4. 鼓励在沙特高校开展汉语教学和在中国高校开展阿拉伯语教学。5. 鼓励两国高等院校共同进行学术研究。6. 鼓励加强两国在高等院校科技成果转化方面的合作。7. 互换奖学金并鼓励各自国家的学生到对方国家留学。"第二条规定："双方同意

---

① 商务历史：《沙特阿拉伯与中国的经贸合作》，见 http://history.mofcom.gov.cn/? bandr=stalbyzgdjmhz。

② 中华人民共和国驻沙特阿拉伯王国大使馆：《中国的阿拉伯语教学》，2001 年 9 月 8 日，见 http://www.chinaembassy.org.sa/chn/zsgx/jyjl/t153294.htm，2018-09-20。

加强技术教育和职业培训领域的合作，主要内容包括：1.鼓励技术教育专家或代表团互访。2.鼓励进行技术教育和职业培训领域的经验和信息交流。3.两国间相互开设短期技术培训课程。4.在开展技术教育和职业培训方面共同进行研究和探讨。"①

二、沙特与中国教育合作与交流的现状

21世纪后中沙两国友好关系进入全面快速发展时期，双方交往频繁，合作领域不断拓宽。在这一背景下，两国在教育尤其是高等教育领域的合作与交流也有了丰硕的成果，具体体现在教育互访频繁，校际交流活跃、双边留学生规模扩大、图书互赠和互译成果丰富。具体情况如下：

（一）两国教育互访频繁

2002年12月23日至26日，应中国文化部邀请，沙特高教大臣哈立德·本·穆罕默德·安卡里（الدكتور خالد بن محمد العنقري）率文化教育代表团对中国进行友好访问，双方签署了《中华人民共和国政府和沙特阿拉伯王国政府文化教育合作协定》，第二条规定："缔约双方鼓励两国在教育领域开展合作与交流，具体如下：1.为两国教育机构中的教师、专家以及学生的互访提供便利，以便他们执行事关双方共同利益的项目，这种互访可以包括学术研究领域。2.根据两国正在实施的计划，为教师和教育行政人员提供培训机会。3.双方在学生领域进行合作，在对方国家共同举办展览并进行互访。4.双方邀请对方出席在本国举办的教育会议和研讨会，以便交流经验和信息。5.双方互换信息学、计算机、数学、科学教育方面的经验。6.双方鼓励由两国其他部门确定的合作，并通过相应阿机构予以落实。"②2009年6月5日至9月9日，应中国教育部邀请，沙特

---

① 中华人民共和国外交部：《中华人民共和国政府与沙特阿拉伯王国政府教育合作协定》，1999年10月30日，见 https://www.fmprc.gov.cn/web/ziliao_674904/tytj_674911/tyfg_674913/t6343.shtml。

② 中华人民共和国—条约数据库：《中华人民共和国政府和沙特阿拉伯王国政府文化教育合作协定》，2002年12月24日，见 http://treaty.mfa.gov.cn/tykfiles/20180718/15318768 53406.pdf。

高等教育大臣哈立德·本·穆罕默德·安卡里（الدكتور خالد بن محمد العنقري）一行访问中国，中方 10 所大学与沙特 7 所大学共签署了 13 个教育合作协议，这是中沙教育合作的一次突破，标志着中沙教育合作实现了跨越式发展。①2017 年 3 月，沙特国王萨勒曼·本·阿卜杜勒·阿齐兹·阿勒沙特（سلمان ابن عبد العزيز آل سعود）访华期间，两国签署了《中沙教育合作谅解备忘录》。萨勒曼国王还专程到访北京大学，出席阿卜杜勒·阿齐兹国王公共图书馆北京大学分馆落成典礼，同时接受北京大学名誉博士学位称号。

（二）两国校际交流活跃

中沙两国高校之间的校际交流日趋活跃，在理工科和人文社科领域皆建立了直接的联系，涉及形式有科研合作、联合培养、会议研讨等。在理工科领域，沙特法赫德国王石油矿产大学已与华中科技大学、北京航空航天大学、中国石油大学、南京航空航天大学建立了科研合作关系，涉及能源、通信、电子科学领域，包括校际交流、学生培养、客座教授等项目。阿卜杜勒·阿齐兹国王大学与北京大学、中国人民大学、中国地质大学建立了研究合作，涉及中医、地球科学、自然灾害预警、经济研究领域。沙特阿卜杜拉国王科技大学与香港科技大学在海洋生态及纳米技术领域开展了协同研究，与中国科学院大学签署协议设立联合培养项目，双方将在互认课程学分、共同指导、共同资助的基础上进行人才培养。沙特国家研究中心阿卜杜勒·阿齐兹国王科技城与中国石油大学共同启动催化裂化硫转移机制、沙特原油直接脱硫技术两个合作项目，与中国科学院北京基因组研究所启动椰枣基因组测序项目。

在人文社科领域，中沙两国高校和智库通过开展学术论坛的形式积极为两国双边关系发展、语言教学合作建言献策。北京语言大学阿拉伯研究中心和沙特阿卜杜拉·本·阿卜杜勒·阿齐兹国王阿拉伯语国际服务中心联合举办了"中国沙特阿拉伯语教育论坛"，探讨中国阿拉伯语教育的

---

① 中华人民共和国中央人民政府：《教育部部长周济会见沙特高等教育大臣安卡利一行》，2009 年 6 月 10 日，见 http://www.gov.cn/gzdt/2009-06/10/content_1336265.htm。

新模式；西北大学中东研究所和沙特国王大学联合主办、西安外国语大学阿拉伯语系协同举办了"中国—沙特阿拉伯王国学者论坛"，为中国和沙特高校学者的交流提供了平台；上海外国语大学与沙特费萨尔国王伊斯兰研究中心签署了合作协议，双方在学术交流、联合培养博士方面建立了合作关系。对外经贸大学与沙特卡西姆大学签署了校际合作协议，在阿拉伯语教学与研究领域展开多层次、多形式的合作，卡西姆大学通过师生互访、联合研究等途径支持对外经贸大学阿语专业的发展。

（三）两国留学生规模扩大

在 2000 年之前，沙特并非是中国学生留学阿拉伯的首选国家，中国也不是沙特政府公派留学生的目的国。1995 年仅有 125 名中国学生在沙特留学。在进入 2000 年之后，在沙特留学的中国学生数量稳步攀升，2003 年在沙特的中国留学生有 254 人，比 1995 年翻了一番。2016 年有 875 名中国学生在沙特学习，是 1995 年的 7 倍。[①] 与此同时，沙特来华留学生人数也逐渐增多。根据教育部国际合作与交流司的数据，2000 年沙特来华留学生仅有 21 人。沙特来华留学人数的快速增长出现在 2005 年之后，这一年沙特政府斥巨资启动奖学金项目"两圣寺监护人阿卜杜拉国王奖学金计划"，第一次将中国列为政府公费派遣目的国之一。2007 年沙特来华留学生人数共计 289 人，是继也门之后来华留学生人数最多的阿拉伯国家。2010 年，沙特来华留学生人数首次破千，共计 1179 人，一跃成为阿拉伯世界来华留学生人数最多的国家。2013 年沙特来华留学生人数创历史新高，达 2089 人。2013 年之后有所下降，基本维持在每年 1000 人左右。[②] 沙特来华留学生人数受沙特国内留学生派遣政策影响较大。2013 年以来沙特来华留学生人数出现回落的主要原因是，受油价下跌和陷入也门战争的影响，沙特经济受到重创，政府不得不削减包括教育在内的财政

---

① UNESCO.Saudi Arabia inbound internationally mobile students by country of origin，http：//data.uis.unesco.org/，2018-09-30.

② 来华留学生数据来源：教育部国家合作与交流司编写的历年《来华留学生简明统计》（内部资料）。

支出，采取提高申请资格、缩减资助金额等措施收紧公派留学生，影响了沙特来华留学生人数。

（四）两国图书互赠互译成果丰硕

图书和音像资料承载着一个国家的历史和文化，是对外交流的重要窗口之一。通过图书互赠互译，促进双方教育文化交流，服务于中国阿拉伯语教育和沙特汉语教育，是中沙教育合作与交流的体现之一。2010年 5 月 10 日，沙特阿拉伯驻华大使馆文化处向西安外国语大学东方语言文化学院赠送第一批近 200 本装帧精美的阿拉伯文原版书籍，支持学校阿语专业建设，图书内容涉及阿拉伯语语言、文化、历史等方面。① 2013 年，沙特应邀作为第一个来自阿拉伯世界的主宾国参加了第 20 届北京国际图书博览会。2014 年，在第 21 届北京国际图书博览会上，沙特阿拉伯王国高等教育部国际合作司司长萨利姆·本·穆罕默德·马立克（سالم بن محمد المالك）、沙特阿拉伯王国驻华大使叶海亚·本·阿布杜勒·凯利姆·宰德（يحيى بن عبد الكريم الزيد）出席仪式，并向北京大学、北京外国语大学、北京语言大学、对外经济贸易大学、天津外国语大学、南京理工大学、上海外国语大学、北京第二外国语学院、山东大学、华东师范大学等国内 10 所高校分别赠送 50 种 / 套的教育类、历史文化类图书。② 2017 年 3 月，阿卜杜勒·阿齐兹国王公共图书馆北京大学分馆正式落成。该分馆共有藏书 23474 册，其中 22818 册阿文原版图书为沙方捐赠图书③，为中国阿拉伯语学习者提供了丰富的资料。

在优秀图书作品互译方面。2011 年，北京大学阿语系教授仲跻昆荣获第四届阿卜杜拉国王世界翻译奖。2014 年，上海外国语大学阿语系教授朱威烈荣获第七届阿卜杜拉国王世界翻译奖。该奖项设立于 2006 年，

---

① 西安外国语大学：《沙特驻华大使馆向东语学院赠送一批阿拉伯文原版图书》，2010 年 5 月 12 日，见 http://www.xisu.edu.cn/info/1080/7084.htm，2018-09-30。

② 人民网：《第二十一届北京国际图书博览会开幕 沙特阿拉伯王国向我高校赠书》，2014 年 8 月 27 日，见 http://world.people.com.cn/n/2014/0827/c1002-25552415.html。

③ 阿卜杜勒·阿齐兹国王公共图书馆北京大学分馆：《馆藏现状·北京大学阿语系教授仲跻昆荣获第四届阿卜杜拉国王世界翻译奖》。

旨在推动阿拉伯语和其他语种在人文、教育、科技等领域的互译。中国两位教授先后获此殊荣，充分体现了中沙文化教育交流的成果。2013 年，沙特驻华使馆文化处与中国高等教育出版社签署合作谅解备忘录，为双方未来的合作奠定了良好的基础。根据此备忘录，中国高等教育出版社将根据沙特读者需求，推荐高教社精品图书进行翻译并在当地出版发行，让沙特人民更好地了解当代中国的教育、文化和社会情况，促进两国人民的友好往来。①

三、沙特与中国教育合作与交流存在的问题

（一）两国在教育领域缺乏互知与互信

沙特 1990 年与中国正式建立外交关系，是与中国建交最晚的一个阿拉伯国家。虽然近年来中沙关系大步向前，取得了跨越式发展，在政治上达成了高度互信，在经济上实现了互利共赢，但在教育领域双方还是缺乏互知与互信。造成这一问题的原因主要有两个方面。首先中沙两国教育合作与交流的历史较短。1990 年建交后，两国的合作与交流起初主要在经贸领域，在人文领域的交流局限于宗教和阿拉伯语方面。中沙广泛的教育合作与交流开始于 20 世纪末，至今只有 20 多年的历史，且合作与交流的内容不够广泛，导致对彼此教育的了解缺乏广度和深度。其次是因为教育合作与交流一直没有得到彼此的重视。沙特一直将美国等西方国家的教育作为自己交流借鉴的对象。作为阿拉伯和伊斯兰世界的"领头羊"，沙特一直将自己教育输出的重点对象放在阿拉伯和伊斯兰国家。我国既不在沙特引进教育经验的国家榜单上，也不在沙特教育输出重点对象国的名单上。与此同时，我国一直以来都把学习与借鉴的目光放在发达国家，中东教育研究处于边缘化和冷门化位置，对沙特的教育制度、政策和情况不够了解，不能很好地从宏观上把握教育合作与交流的重点和方向，在微观层

---

① 高等教育出版社：《沙特阿拉伯王国驻华大使馆文化处与我社签署合作谅解备忘录》，2013 年 12 月 24 日，见 http://www.hep.com.cn/news/details? uuid=c89023c5-1432-1000-91f0-2be8b052dfd5&objectId=oid：c8909664-1432-1000-91f2-2be8b052dfd5。

面上缺乏对实践措施细则的制定，在一定程度上影响了两国的教育合作与交流的进程。

（二）两国教育合作与交流面临语言障碍

语言是两国政治、经济、文化交流的基石和桥梁。但从目前的情况来看，语言人才的缺乏仍是两国教育合作与交流面临的主要困境之一。汉语和阿拉伯语同为世界上最难的语言，选择学习的学生人数本来就少，能够精通的人就更少之又少。从沙特的汉语教学来看，沙特汉语教育与埃及、阿联酋等阿拉伯国家相比较为滞后。截至2019年，沙特只有沙特国王大学开设了中文本科专业。2019年12月10日，沙特第一所孔子学院——吉达大学孔子学院才落成。沙特政府奖学金项目虽然将中国纳入了公费派遣目的国，但是语言学习并不在沙特政府的重点支持领域。从中国的阿拉伯语教学来看，虽然改革开放以来中国的阿拉伯语教学有了长足的发展，开设阿语的高校越来越多，招生规模也逐年扩大，但是作为小语种中的小语种，学习人数还是十分有限。加之阿语本身的难度，中国高校每年能够培养的高质量阿语人才还是很有限的。因此，如何培养更多合格的语言人才仍是两国教育合作与交流需要解决的问题。

（三）两国高等教育合作与交流的层次较浅

从留学生层次来看，沙特来华留学生学历层次不高，多集中在非学历教育或本科阶段，研究生较少。2016年，沙特来华留学生共计1293人，其中非学历教育生355人，占比27.5%；学历生938人，其中本科生704人，占比54.4%；研究生234人，占比18.1%。[①] 从留学生所学专业来看，我国前往沙特的留学生以自费的穆斯林学子和公费派遣的语言学习者为主，因此，学习的专业较为单一，主要为阿拉伯语和宗教知识。从校际交流来看，中沙高校合作与交流尚不成体系。两国高校之间虽然建立了一些联系，但大多是高校的自发行为，缺乏国家宏观政策的推动，缺乏诸如高校联盟、高等教育峰会等长效机制的引导，校际交流呈现碎片化、形式化

---

① 数据来源：教育部国际合作与交流司《来华留学生简明统计2016》。

状态。

第五节　进一步加强中国与沙特教育合作与交流的建议

沙特在我国"一带一路"倡议中具有重要的战略地位。从地理位置来看，沙特所在的亚洲西部阿拉伯半岛位于亚、非、欧三大洲交汇处，俯瞰阿拉伯海、地中海、红海、黑海和里海，沟通印度洋和大西洋，是我国"一带一路"建设中重要的交通枢纽。从务实合作方面来看，沙特拥有丰富的油气资源和极具潜力的投资市场，是我国共建"一带一路"的天然合作伙伴。从地区影响力来看，沙特是伊斯兰教的发源地，是先知穆罕默德的故乡，其文化影响力波及阿拉伯和伊斯兰世界，可以成为我国在地区推进"一带一路"倡议的门户国家。因此，加强两国的高等教育合作与交流，为"一带一路"倡议下同沙特的务实合作培养更多的优质人力资源显得尤为重要和必要。未来中沙教育合作与交流可从以下几个方面入手：

一、增强两国教育互知互信

要想与一个国家深入开展教育合作与交流，首先要了解这个国家教育形成的背景，以及它的教育制度、政策和发展趋势等等。之前我国教育研究的对象主要集中在欧美发达国家，其目的是借鉴先进经验，以促进我国教育改革与发展，而对沙特这样的阿拉伯国家的研究很少，对他们的教育政策、制度、发展趋势、优势学科等问题知之甚少。未来我国要重视对沙特教育的专项研究，填补对沙特教育基础性研究的空白，加强对沙特教育的田野调研，增加对沙特教育政策文件的追踪和解读，以准确把握中沙教育合作与交流的发展方向，精准制定中沙教育合作与交流的政策。与此同时，两国要加强在教育信息方面的互通有无，不断更新双方人员流动、校际交流协议、科研合作项目等方面的具体数据，以实时了解两国教育交流合作的动态，便利学者的研究和有关部门的政策制定。

加强两国在教育领域的了解有赖于稳固的交流合作机制。当前两国的教育合作与交流依赖的平台主要有两种，一是中国同包括沙特在内的众多阿拉伯国家建立的教育交流机制，如中阿大学校长论坛。这种交流机制囊括了中国同阿拉伯世界所有国家的教育交流，缺乏对沙特教育合作与交流的聚焦性。第二种是中国同沙特一国建立的广泛的合作与交流机制，如中沙高级别联合委员会。这种交流机制囊括了中沙政治、经济、文化交流的方方面面，缺乏对教育领域的专注性。因此，未来可以搭建诸如中沙高校联盟、中沙高等教育峰会等两国教育合作与交流的专项平台，以促进两国教育交流的深度化、规范化和长期化。

二、加强语言人才的培养

"一带一路"倡议的推进离不开语言人才的支撑。但从目前来看，不论是沙特的汉语人才还是我国阿拉伯语人才的缺口还十分明显。因此，加强语言人才的培养是未来中沙教育合作与交流的一个重要任务，一方面要加大我国阿拉伯语专业的建设，另一方面要积极地在沙特推广汉语。

中国在阿拉伯语人才培养方面，要以政策、制度等形式增加对阿拉伯语人才培养的投入，增加阿拉伯语专业点，扩大人才培养规模，以长效制度保证阿语人才培养的长期性和稳定性。要加强阿语教师队伍建设，创新阿语人才培养模式，在语言学习中加入国际理解教育，培养一批精通语言又了解沙特民族宗教文化的综合型外语人才。同时在中小学以必修课或者选修课开设阿拉伯语作为外语课程之一，增加开设阿拉伯语为第二外语的高校数量，将语言与自然科学、社会科学、工程技术专业相结合，培养既掌握语言又精通技能的复合型人才。

在沙特的汉语人才培养方面，我国要抓住沙特当前"汉语热"的历史机遇。2019 年 2 月，沙特王储兼副首相、国防大臣穆罕默德·本·萨勒曼（محمد بن سلمان بن عبد العزيز آل سعود）访华结束之际，沙特官方宣布计划将汉语纳入本国所有教育阶段课程中。沙特教育部长哈姆德·本·穆罕默德·阿勒·谢赫博士（الدكتور حمد بن محمد آل الشيخ）在"将汉语纳入教育"研讨会中强调，鉴于中国现在以及未来在世界上的经济地位，汉语是重要的战略选择。沙特汉语教育需要同中方进行合作，建立联合工作组，制定综合计划，并增加向中国大学派遣留学生人数。[①] 在这一背景下，教育部中外语言交流合作中心可以协同中国高校同沙特大学就开展汉语教学进行商讨，加快推进沙特孔子学院和孔子课堂的建设，着手筹办中文系或中文专业以及汉语培训与文化交流中心，促进汉语和中国文化在沙特的推广。

　　此外，两国还应加大在语言人才培养方面的合作力度，拓展政府间语言学习交换项目，联合培养高层次语言人才，支持本国语言学习者到对方国家攻读学位；鼓励中沙教师交流互访，促进两国教师在教材编写、教学研讨等领域开展交流合作。

三、推进两国的学历、学位互认工作

　　推进中沙学历、学位互认是两国进一步扩大高等教育合作与交流的必要步骤。目前，在所有阿拉伯国家中，我国只与阿尔及利亚（1991）和埃及（1997）签署了"学历学位互认协议"。此外，与海湾国家科威特和卡塔尔在教育文化协定中也指出要尽可能地便利学历学位互认工作。我国与沙特尚未在此领域签署任何协议。沙特高等教育学历体系与我国有所不同。沙特大学采用学分制度，30 个学分代表本科一年的全日制学习。因此，四年的学士学位至少需要完成 120 个学分。大学通常使用 A-F 的等级量表或平均学分绩点进行衡量。沙特高等教育学历体系分为 6 个层次：副文凭（Associate Diploma）、副学士学位（Associate Degree）、学士学位（Bachelor Degree）、研究生文凭（Higher Diploma）、硕士学位（Master）、博士（Doctor）。各个层次的文凭和学位要求不同：（1）副文凭：学生需要完成一年的课程，修读 30 个学分，该学位证书旨在证明学生在高等教育领域进行了较短时间的学习。（2）副学士学位：学生通常需要两年的全日制学习，修够至少 60 个学分，提供以就业导向的课程，或是通识课程以

---

① وزارة التعليم، بحضور مسؤولي السفارة الصينية ومديري الجامعات السعودية- وزير التعليم يدشن ورشة
见 https://www.moe.gov.sa/ar/news/Pages/ch-l2547.aspx. إدراج اللغة الصينية في التعليم.

为学士学位的学习做准备。(3)学士学位,通常需要 4 年,至少 120 个学分,工程、建筑、医学和药剂学的时限长度为 5 年,课程以专业课程为主,加之较少的通识教育课程。(4)研究生文凭,通常是在完成学士学位之后,需要至少一个全日制学年或同等的兼职学习时间,至少需要修读 24 个学分。该课程旨在为那些希望提高专业技能和知识,但不符合硕士学位入学条件,或不想修读硕士学位的学生提供高级学术和专业研究机会。研究生文凭通常涉及高级专业相关课程,可能需要完成一个主要或次要项目。完成研究生文凭的学生可以继续攻读硕士学位,但需要满足特殊入学要求或完成额外的理论或应用研究后才能继续学习。(5)硕士学位:年限为 1—3 年,分为学术硕士和专业硕士,学术型硕士需要完成 24 个学分和一篇论文,专业硕士需要完成 39 个学分和一个重要项目。(6)博士学位:至少需要两年时间,通常包括至少 12—30 个学分的课程。① 可见,沙特的人才培养体系与我国有较大差异,双方需要制定合适的制度安排,推动学历、学位互认工作。

四、扩展两国科研合作

2014 年 6 月,习近平主席在中阿合作论坛第六届部长级会议上提出中阿共建"一带一路",构建以能源合作为主轴,以基础设施建设和贸易投资便利化为两翼,以核能、航天卫星、新能源三大高新领域为突破口的"1+2+3"合作格局,得到阿拉伯国家热烈响应。② 沙特是我国同阿拉伯国家在核能、航天卫星、新能源三大高新领域开展科研合作极具潜力的伙伴。沙特政府正致力于降低国家经济对石油的依赖,实现产业多元化发展,在这一过程中需要高新科技发挥引领作用。首先,我国同沙特在发展包括核能在内的新能源领域具备战略契合点。沙特政府正致力于促进能

---

① National Commission for Academic Accreditation& Assessment, "National Qualifications Framework for Higher Education in the Kingdom of SaudiArabia", 2009-05.

② 人民网:《踏上中阿全方位合作新征程》,2018 年 7 月 6 日,见 http://opinion.people.com.cn/n1/2018/0706/c1003-30129731.html。

源结构多样化并挖掘可再生能源的发展潜力。根据《沙特阿拉伯 2030 愿景》，沙特计划到 2030 年增加可再生能源发电 9.5 吉瓦。2017 年 1 月 16 日，沙特宣布将于 2032 年前在新能源领域投资 300—500 亿美元，计划在未来 10 年内推出 30 个太阳能和风力发电项目，在 2023 年之前实现可再生能源发电量占全国总发电量的 10%。① 我国《国家中长期科学和技术发展规划纲要（2006—2020 年)》将"能源"列为我国科学技术发展的重点领域及优先主题，提出"在提高油气开发利用及水电技术水平的同时，大力发展核能技术，形成核电系统技术自主开发能力。风能、太阳能、生物质能等可再生能源技术取得突破并实现规模化应用"。因此，新能源可以成为未来两国扩展科研合作的方向之一。其次，航空航天领域也是中沙科研合作极具潜力的领域。包括沙特在内的阿拉伯国家近年来都在积极发展航天事业，希望在空间技术上有所突破。而我国正在大力推进"一带一路"空间信息走廊工程建设，综合我国在通信、定位、遥感等技术领域的综合优势，为阿拉伯国家等"一带一路"沿线国家和地区社会经济提供空间信息支撑。我国同沙特的航空航天合作已取得了一定成就，2018 年我国嫦娥四号"鹊桥"中继星成功发射，随之一同升空的"龙江二号"微卫星搭载了沙特光学相机，开启了中沙两国在月球和深空探测领域合作的先河。

---

① 《"2030 愿景"背景下沙特能源战略转型》，《人民日报》2017 年 12 月 12 日。

第五章 泰国国际教育合作与交流政策研究

　　泰国位于东南亚大陆的中部，国土面积为51.3万平方公里，[①] 东北部与老挝毗邻，东部与柬埔寨接壤，西北部与缅甸相通，南面与马来西亚相连。泰国从公元13世纪前后立国，至今大约有800年的历史。[②] 泰国过去被称为"暹罗"，1949年5月11日改为现国名"泰国"，意指"自由的国土"。1932年以前泰国是一个君主专制国家，直至1932年人民党发动政变并执政，泰国由此成为一个推行资本主义的君主立宪制国家。据泰国国家统计局统计，截至2019年，泰国人口为6655万人，人口密度高，每平方公里约130人。[③] 人口分布不均匀，中部平原人口稠密，其面积仅占1/5，但人口却占40%，而北部和西北部人烟稀少。[④] 泰国自古就是一个笃信宗教的国家，宗教在泰国历史文化发展过程中起着非常重要的作用。泰国境内有多种宗教，主要有佛教、伊斯兰教、基督教、印度教和锡克教

①　National Statistical Office, *Statistical Yearbook Thailand 2019*, Bangkok：Ministry of Digital Economy and Society，2019，p. 9.

②　冯增俊、李志厚：《泰国基础教育》，广东教育出版社2004年版，第1页。

③　National Statistical Office, *Statistical Yearbook Thailand 2019*, Bangkok：Ministry of Digital Economy and Society，2019，p. 9.

④　สำนักงานสถิติแห่งชาติ กระทรวงดิจิทัดเพื่อเศรษฐกิจและสังคม, *จำนวนประชากรจากการทะเบียน จำแนกตามอายุ เพศ ภาค และจังหวัด ปี พ. ศ.* 2562，2019年，见 http：//statbbi.nso.go.th/staticreport/page/sector/th/01.aspx.

等。其中，佛教为国教，国内大多数居民信奉佛教。据 2019 年泰国国家统计局统计，信奉佛教人口占全国人口 93.6%，[①] 所以泰国素有"黄袍佛国"之称。泰国境内大大小小有 30 多个民族，其中 40% 以上是泰族；[②] 其次是老挝族、马来族、高棉族等。据统计，截至 2011 年，泰国华人约有900 万人，约占泰国人口 14%，[③] 他们在政界、工商界、学术界、医药界、工程界、艺术界等都有很高的建树。泰国自 20 世纪 60 年代初实施第一个国民经济与社会发展规划以来，经济逐渐起飞，发展迅速。到 20 世纪 80年代中期，泰国已成为世界上最有发展前途的国家之一，1990—1995 年国内生产总值增长率均在 8% 以上，被誉为亚洲"四小虎"之首。[④] 直到1997 年，泰国遭到金融风暴袭击，经济严重受挫，但在政府的积极调整下，1999 年经济又迅速回升，并以新的姿态走向新世纪。[⑤]

为了顺应全球化的发展，提高新一代在国际环境和跨文化社区的适应能力和竞争力，泰国十分重视与世界各国的教育合作与交流，致力于推动教育国际化发展，培养国际化人才。泰国是东南亚联盟的创始国，自2003 年东盟第九次峰会提出建立东盟共同体的倡议后，泰国更是积极与东盟国家开展各种教育合作与交流活动。因此，泰国把教育开放作为一项基本教育政策，推行双边和多边合作战略，开展与其他国家之间的全方位、深层次的教育合作与交流，提高国家教育质量以及国际化水平。

中国和泰国山水相连、文化相通、经济互补。自 1975 年建交以来，中泰两国一直保持着和谐的友好近邻关系，频繁开展经贸、教育等方面的合作与交流。"泰国 4.0 战略"和"东部经济走廊"发展规划与中国"一带一路"倡议的高度契合，更为中泰教育合作与交流提供了千载难逢的契

---

① National Statistical Office，*Statistical Yearbook Thailand 2019*，Bangkok：Ministry of Digital Economy and Society，2019，p. 9.

② 冯增俊、李志厚：《泰国基础教育》，广东教育出版社 2004 年版，第 2 页。

③ National Statistical Office，*Statistical Yearbook Thailand 2011*，Bangkok：Ministry of Information and Communication Technology，2011，p. 8.

④ 冯增俊、李志厚：《泰国基础教育》，广东教育出版社 2004 年版，第 3 页。

⑤ 冯增俊、李志厚：《泰国基础教育》，广东教育出版社 2004 年版，第 4 页。

机。在这一新的历史机遇下，研究泰国新时期教育对外开放政策，总结两国教育合作与交流已经取得的交流成果，厘清其中存在的问题，并探究进一步加强两国教育合作与交流的路径，具有十分重要的价值和意义。

第一节　泰国国际教育合作与交流政策的历史发展

泰国国际教育合作与交流是一个循序渐进的过程，并随着国内外环境的变化而变化。内部因素主要是本国社会繁荣稳定发展需求；而外部因素是全球变化趋势，包括全球政治、经济、通讯科技等方面的变化，因而泰国国际教育合作与交流政策发展在程度上、领域上、广度上随着本国发展需求以及全球变化趋势而逐渐延伸、更新和扩大。

一、君主专制时期的教育合作与交流政策（**1932 年以前**）

泰国在 1932 年以前是一个封建君主专制的国家，其行政管理权高度集中，国王拥有至高无上的权力。[①] 泰国的君主专制时期先后历经素可泰王朝（Sukhothai，1238—1438）、阿瑜陀耶王朝（Ayutthaya，1350—1767）、吞武里王朝（Thonburi，1767—1782）和曼谷王朝（Rattanakosin，1782 年至今）初期，在这相当长的历史时期内，泰国逐渐发展和形成了两种不同类型的教育：一是面向王室和贵族子弟提供的宫廷教育，二是面向平民在寺院和家庭中进行的宗教教育和家庭教育，都属于传统教育，其教育对外合作与交流十分有限。[②] 直至曼谷王朝拉玛五世朱拉隆功（Chulalongkorn，1869—1910）和拉玛六世哇栖拉兀（Vajiravudh，1910—1925）时期，积极发展对外教育合作与交流，泰国教育才由传统教育走向现代化教育。

---

① ลิขิต ธีรเวคิน, *ความเป็นมาของระบบการศึกษาไทย*, 2016 年，见 http://www.manager.co.th/Daily/ViewNews.aspx? NewsID=9520000122025.2016, 12.

② ปริยาภรณ์ ตั้งคุณานันต์, *การศึกษาไทย：จากอดีต ปัจจุบัน สู่อนาคต*, วารสารครุศาสตร์ ปีที่15 ฉบับที่ 1, พ.ศ.2559, หน้าที่1.

　　公元 1238 年，被中国史书称为"暹国"的素可泰王朝在泰国北部建立。素可泰时期的教育政策主要是发展宗教教育，其次是艺术教育。[①] 素可泰三世王兰甘亨（Ram Kamhaeng，1279—1298）统治时期是素可泰王朝全盛时期，为了加强中央特权，统一人民思想信仰，他积极提倡佛教和艺术。兰甘亨国王从锡兰（斯里兰卡）引进小乘佛教（又称为上座部佛教），他不但请来了锡兰高僧传经，而且派人到锡兰学习佛经，同时大兴土木修建寺庙。当时全国上下，一律信奉小乘佛教。另外，兰甘亨国王很推崇艺术发展。据记载，公元 13—14 世纪，素可泰王国从中国引进制陶工艺，并从中国请来一批制造陶瓷的工匠，在宋胶洛县开窑烧瓷，教授泰国百姓烧制陶瓷。素可泰时期陶瓷艺术以宋胶洛陶瓷最负盛名。宋胶洛陶瓷不但在王朝版图内进行买卖，还出口到马来西亚、印尼、印度、菲律宾和锡兰，给素可泰王朝带来了可观的经济收入。[②]

　　公元 1350 年乌通王（Uthong）战胜素可泰王朝，开启了阿瑜陀耶王朝（1350—1767）。据史书记载，阿瑜陀耶王朝鼎盛时期王宫瑰丽，佛塔如林，商业繁华，在东南亚首屈一指。泰国众多学者认为，这主要是由于阿瑜陀耶王朝国王采取了对外开放政策，允许亚洲和欧洲国家商人在国都大城府汇集、交易，海陆贸易和文化交流非常频繁。阿瑜陀耶王朝时期的教育政策是继续倡导佛教教育，并强调开展读写算、外语方面的教育。[③] 据《阿瑜陀耶编年史》记载，波隆摩·戴莱洛迦纳王（Boromma Trailokkanat，1448—1488）非常重视佛教教育交流，不仅派人从锡兰（斯里兰卡）引进佛教律藏，还派遣僧侣使节到邻国发展友好关系。[④] 当

---

① จีระพันธุ์ พูลพัฒน์, *พัฒนาการของการบริหารการศึกษาไทยสมัยการปกครองระบอบสมบูรณาญาสิทธิราชย์* (พ. ศ. 1826-2474), มหาวิทยาลัยเกษตรศาสตร์ และคณะศึกษาศาสตร์ จุฬาลงกรณ์ มหาวิทยาลัย, พ. ศ. 2532, หน้าที่4-5.

② 段立生：《泰国通史》，上海社会科学院出版社 2014 年版，第 50—51 页。

③ จีระพันธุ์ พูลพัฒน์, *พัฒนาการของการบริหารการศึกษาไทยสมัยการปกครองระบอบสมบูรณาญาสิทธิราชย์* (พ.ศ.1826-2474), มหาวิทยาลัยเกษตรศาสตร์ และคณะศึกษาศาสตร์ จุฬาลงกรณ์ มหาวิทยาลัย, พ. ศ. 2532, หน้าที่5-6.

④ 段立生：《泰国通史》，上海社会科学院出版社 2014 年版，第 85 页。

时全国 90% 以上的民众信奉佛教，每个村寨都建有佛寺，这些佛寺成为村寨的文化教育中心。1555 年，一批葡萄牙传教士到达阿瑜陀耶城，泰国开始接触西方教育，随后接踵而来的还有西班牙人（1589）、荷兰人（1608）、英国人（1612）和法国人（1662）等。在那莱王（Narai，1656—1688）统治时期，泰国允许西方传教士自由传教，以及教儿童读书识字。① 例如，当时西方传教士还建立了一所学校，除了传播基督教以外，还讲授建筑、天文、军事技术和海上贸易等西方知识，这让泰国人逐渐接受了西方的坚船利炮、建筑式样和科学技术等西方文明。此外，为了从商业贸易和文化交往中获得好处，以及掌握各国的技术和知识以及各种外语，那莱王派王族成员去法国留学。在外语方面，最早是巴利文、梵文、中文、柬埔寨语、缅甸语，后来是法语、英语的教育一直受到阿瑜陀耶王朝国王的重视。基于此，那莱王统治期间被普遍认为是泰国历史上最开放的时期之一。但是，1688 年那莱王去世后，暹罗发生驱逐西方殖民者的群众运动，自此，暹罗王室一直谨慎地执行着歧视西方、防止西方商人涌入暹罗的政策，这导致泰国与西方国家的教育交流也从此中断了。②

直到 19 世纪中叶，曼谷王朝拉玛四世蒙固国王（Mongkut，1851—1868）继位，才重新开始了与西方国家的教育交流。拉玛四世自少年时代便与英美来暹罗的传教士有所接触，以后又跟随暹罗宫廷中的英美医生学习英语和地理、数学、化学、物理等自然科学知识。他还阅读了大量的西方报刊书籍，对西方了解深刻且颇有好感。在面对西方帝国主义和殖民主义在全球扩张时，他认为与西方接触所带来的危险远比拒绝西方而招致的危险要小得多。因此，他决定放弃传统的闭关锁国政策，采取了打开国门，主动向西方学习的政策。蒙固国王首先在宫廷中推行西方教育，打破了暹罗寺院式教育的传统。他引进西方国家教师在皇宫内进行授课，课程

---

① จีระพันธุ์ พูลพัฒน์, *พัฒนาการของการบริหารการศึกษาไทยสมัยการปกครองระบอบสมบูรณาญาสิทธิราชย์* (พ. ศ. 1826-2474), มหาวิทยาลัยเกษตรศาสตร์ และคณะศึกษาศาสตร์ จุฬาลงกรณ์ มหาวิทยาลัย, พ. ศ. 2532, หน้าที่5-6.

② 田禾、周方冶：《泰国》，社会科学文献出版社 2005 年版，第 227 页。

内容包括数学、科学、天文、地理以及历史等。例如，他最先邀请一位英国女教师安娜·李奥诺文斯（Anna Leonowens）来暹罗，在皇宫内为王子、公主及部分贵族子女教授英语和其他近代科学知识。[①] 李奥诺文斯在皇宫里办学，她是第一位将西方教育引进暹罗皇宫的西方人。在她培养的学生中，有后来在暹罗大力推行教育改革运动的拉玛五世朱拉隆功大帝，有诸位辅佐拉玛五世教育改革的具有现代科学文化知识的亲王和女亲王，在王室领导层形成了一个主张教育改革的核心梯队，引起了暹罗的教育革命。与此同时，蒙固国王允许和支持西方传教士进入泰国从事宗教和世俗活动，让泰国人接受西方思想、艺术、技术等方面的教育。蒙固国王在位期间，基督教长老会传教士在泰国创办了王朗学堂（Wang Lang School）。该校后来成为泰国最成功的女校——瓦塔纳威达亚学院（Wattana Wittaya Academy）。1852 年，基督教新教传教士创办了泰国第二所私立学校——曼谷基督教学院（Bangkok Christian College）。此外，在 1858 年，蒙固国王还采用西方传教士和商人带来的印刷技术建立了印刷所，这一举措促进了文明的发展和交流，以及知识与文化的方便快捷传播。拉玛四世主动恢复引进西方文明的开明思想和改革举措，为后来拉玛五世朱拉隆功国王旨在推行向西方学习的教育改革奠定了基础。

在拉玛五世朱拉隆功和拉玛六世哇栖拉兀统治时期，国家教育现代化进程大大加快。首先，泰国积极引进西方人才，鼓励外籍教师到泰国任教。朱拉隆功国王非常重视通过学习外国先进经验来促进本国的教育发展。朱拉隆功国王不仅从国外聘请了医疗、法律、工程等领域大量专家帮助泰国推进教育现代化进程，同时，他还把英语学习列入新的教育要求的一部分。他认识到掌握良好的英语技能的重要性，认为英语不仅是进一步学习前沿知识所必需的"钥匙"，也是与外国人交流的关键媒介。朱拉隆功国王在王宫里建立了一所英语学校，为王子和王室子弟出国深造做好外语方面的准备，并在王宫外建立了许多为平民子弟提供教育的学

① 段立生：《泰国通史》，上海社会科学院出版社 2014 年版，第 178 页。

校。其次，留学教育在这一时期蓬勃发展起来。在拉玛五世和拉玛六世统治时期，开始采取成批派遣优秀学生出国学习的措施。朱拉隆功国王曾于 1897 年和 1907 年两赴欧洲，在 15 个月时间内对 14 个国家进行深入访问和考察。通过这些访问和考察，他不仅收获了有关国家和文化的丰富知识，还与英国、法国、德国和俄罗斯等诸多重要的和有影响力的欧洲国家建立起良好的关系。与此同时，出访国外的经历也促使朱拉隆功国王形成了派遣优秀的泰国学生到欧美和日本留学的政策。他不仅送自己儿子去英国留学，而且在 1887 年设立了"国王奖学金"（King's Scholarships）项目，用于派遣聪颖泰国学生到欧美国家留学。据统计，拉玛五世朱拉隆功派遣的奖学金留共有 206 位学生，其留学国家以欧洲国家为主，例如英国、德国、匈牙利、丹麦和法国等国家，主修英语、法语、德语、军事、外交、法律、医学、工程学等专业。[①] 此外一些官员也被派往瑞士、美国、埃及、日本和印度等国，学习他们的教育制度和教学模式。拉玛六世执政后，继承其父教育改革事业，继续执行允许贵族子弟出国留学和派遣优秀学生出国深造的政策。随着教育特别是高等教育的发展，使得泰国留学教育的规模和专业方向不断扩展。据统计，拉玛六世派遣的奖学金留学生共有 304 位学生。[②] 出国的留学生，毕业之后带着西方国家的文化思想回到泰国，例如民族主义、实力主义、行政事业、法律以及经院哲学，成为泰国各个领域的杰出人才，甚至成为某些领域的开拓者。这样，泰国已经拥有一批受过良好西方教育的知识分子，他们在吸收西方文化成果的基础上形成了本民族的政治思想流派，促进了泰国科学技术的发展和文化艺术的繁荣。再次，允许和鼓励外国传教士在泰国办学。在朱拉隆功时期，通过捐助和提供土地来特别支持新教和天主教士建立的一些新式西方学校。西方传教士创办的教会学校既有男校又有女校，不仅提供英语、医学、地

---

① สำนักงานคณะกรรมการข้าราชการพลเรือน, *วิวัฒนาการของนักเรียนทุนเล่าเรียนหลวงและนักเรียนทุนรัฐบาล*, กรุงเทพมหานคร: สำนักงานคณะกรรมการข้าราชการพลเรือน, พ. ศ. 2540.

② สำนักงานคณะกรรมการข้าราชการพลเรือน, *วิวัฒนาการของนักเรียนทุนเล่าเรียนหลวงและนักเรียนทุนรัฐบาล*, กรุงเทพมหานคร: สำนักงานคณะกรรมการข้าราชการพลเรือน, พ. ศ. 2540.

理、天文等课程学习，也提供儿童教育，为泰国公共教育的发展奠定了基础，并为泰国培养很多领导者和各方面人才。

除此之外，拉玛五世和拉玛六世积极地引进西方现代教育的模式，先后学习与借鉴英国、法国、德国等西方国家的教育经验，参照这些国家教育管理模式，建立和发展了泰国现代学校教育制度。在拉玛五世朱拉隆功时期，泰国借鉴西方教育模式，采取了积极发展正规世俗教育制度的政策。例如，1871年朱拉隆功国王在王宫中开办了一所学校来教育年轻的王子和贵族子弟。这是第一所现代意义上的泰国学校，它拥有自己独立的教师、课表和校舍。在1887年，朱拉隆功国王还建立了教育局（Department of Education），以监督和管理王国的教育和宗教事务。① 教育局的建立意味着泰国的教育由此成为一种国家规划的事业，意味着教育发展和管理比以往更具系统性。1892年，朱拉隆功大帝将教育局更名为教育部（Ministry of Education），并于1898年颁布了第一个"全国教育规划"，该规划分为两部分：第一部分涉及曼谷地区的教育，第二部分侧重各府的教育。② 拉玛六世曾留学欧洲，因此他力推欧洲的教育制度模式。1916年，拉玛六世以法国和德国的模式为基础建立了泰国第一所综合大学朱拉隆功大学，而且师资主要从欧洲国家引进，因而朱拉隆功大学的大多数课程是全英文教学模式，国际化人才培养主要服务于本国政府部门，并旨在培养更多优秀的政府官员。1918年拉玛六世颁布《私立学校法案》和《泰国民办学校管理条例》，旨在强化对私立学校特别是华人和外国传教士建立学校的管理。综上所述，拉玛五世和拉玛六世时期积极发展对外教育合作与交流政策，对本国教育进行现代化改革，将泰国带入了现代世界。

---

① Office of the Educational Council, *Education in Thailand*, Bangkok：Ministry of Education，2017, p.2.

② Office of the Educational Council, *Education in Thailand*, Bangkok：Ministry of Education，2017, p.2.

二、君主立宪制时期国际教育交流与合作政策（1932 年至今）

20 世纪 30 年代的世界经济危机直接导致了泰国 1932 年 6 月 24 日的政变，以欧美留学归国人员为主体的暹罗人民党推翻了素可泰王朝以来相沿 600 多年的君主专制统治，建立了以泰王为国家元首的君主立宪制。为了维护新型的政府，泰国政府学习西方教育理念和教育制度模式，推动泰国义务教育、教育制度等方面的改革，颁布了《1932 年全国教育计划》，该计划强调实施四年的初等教育和八年的中等教育。1933 年，泰国政府提出了扩大教育机会、发展扫盲教育、发展各级教育等重要计划。1936 年，泰国进一步完善了《1932 年全国教育计划》，明确提出政府的目标是"使每个公民都有权接受教育，以充分实现每个公民的民主权利"，[1] 并建立起包括学前或幼儿园教育、初等教育、中等教育、大学预科教育和高等教育等在内的五个层次的教育体系。

二战后初期，泰国处于较长的动荡时期，政治上由于战时泰政府与日本侵略者相勾结，受到盟军的攻击，导致国内政治危机，政变时有发生；经济上由于实行国家资本垄断政策，排斥私营企业，加上国有企业管理不善，造成了巨额亏损。[2] 与此同时，整个世界形成了以美国为首的资本主义与以苏联为首的社会主义两大阵营对立。这一时期的教育国际合作与交流在很大程度上受到政治因素的影响。泰国政府鉴于国际国内形势的变化，选择了以美国为首的资本主义阵营，并在 1950 年与美国签订了教育合作协议，获得美国多项教育援助。例如，美国的和平队（The Peace Crops）基金会、富布赖特（Fulbirght）基金会、美国大学校友会（American University Alumni：AUA）、美国战地服务团（American Field Service：AFS）等，为泰国提供了不少教育帮助。一方面，为了培养大学教师，泰国政府鼓励教师申请美国不同的基金会的奖学金到美国攻读更高的学位，同时美国高校（例如印第安纳大学）也给泰国大学教师深造提

---

① 段立生：《泰国通史》，上海社会科学院出版社 2014 年版，第 294 页。

② 冯增俊、卢晓中：《战后东盟教育》，江西教育出版社 1996 年版，第 11 页。

供许多奖学金项目，在很大程度上增强了泰国高等教育师资力量；另一方面，为了促进泰国学生对西方国家文化的了解，泰国政府在 1962 年通过 AFS 项目派出第一批中学生去美国、德国、法国等西方国家参加教育交流活动。这些交流项目极大地加强了泰国青少年的国际意识，为培养国际化人才打下了良好基础。

二战以后，泰国政府积极参与多边双边合作教育合作，并从与国际组织和他国的合作交流中获得很大的收益。1949 年，泰国加入了联合国教科文组织（UNESCO），积极开展多边教育合作与交流，该组织也多次派员到泰国进行指导，协助泰国制定教育改革计划，帮助设立各种教育研究中心以及赠送有关图书设备，并且资助教师到国外进修，这些都很好地促进了泰国教育发展。1954 年，泰国政府接受了联合国教科文组织的教育和训练计划，制定了"泰国国际合作计划"（TICP）。该计划的合作项目包括 6 个方面：（1）双边计划；（2）每年国际训练课程计划（AITC）；（3）发展中国家技术合作计划（TCDC）；（4）校际交流计划（ITP）；（5）其他 TICP；（6）第三世界国家训练计划（TCTP）。[①] 从 1961 年开始，泰国政府开始向其他发展中国家提供奖学金，特别是邻近国家。20 世纪 60 年代以来，教育在泰国政府的经济发展战略中扮演了越来越重要的角色。为了支持教育发展，泰国政府接受了外国对本国基础设施发展和其他项目的贷款和技术援助。这些贷款是通过各种渠道提供的，如世界银行、亚洲开发银行（Asian Development Bank，简称为 ADB）、加拿大国际发展署（Canadian International Development Agency，简称 CIDA）和美国国际开发署（United States Agency for International Development，简称为 USAID）等，而技术援助则由一些国家提供，包括德国、加拿大、澳大利亚和日本等。

冷战结束后，泰国实行全方位、多元的外交战略，积极参与国际组织的活动以促进国家的发展。为了保持技术上的优势，以更多的改革方式

---

① 冯增俊、李志厚：《泰国基础教育》，广东教育出版社 2004 年版，第 147 页。

促进教育的发展，泰国与许多国家和地区性的组织合作，并与联合国的多个组织、国际教育局、国际教育规划研究所、国际教育成就评价协会、亚太经济合作组织、亚洲技术研究所、东南亚教育部长组织等合作，实施了许多教育改革项目。例如，1994年开始，泰国加入亚太经济合作组织"人类资源发展工作组教育论坛"，并参与了一系列重要活动。如亚太大学流动（UMAP）、亚太地区学校教育统计等。泰国是东南亚国家联盟（简称"东盟"）的发起国之一。自1967年东盟成立后，泰国就把与东盟成员国的关系作为其对外政策的支柱和基石，特别强调同东盟其他国家的团结和合作。泰国与东盟其他成员国在政治、经济、文化方面的联系极为密切。1996年6月，在泰国曼谷成立了东南亚国家教育规划与管理人才构建政策研究室。由此可见，泰国政府把对东盟积极进取的教育合作与交流政策带入21世纪。

20世纪末至21世纪初，为了顺应全球化的发展，泰国政府努力调整国内教育政策，大力推动教育国际化进程。首先，继续大力支持海外学习与训练。在泰国，学生和政府官员都有机会到国外进行学习和训练。学习优秀的中学生和大学生可以获得国王和政府提供的奖学金去国外学习。学生出国留学奖学金名额从1994年的145名增加到1996年的1763名，其中以留学英国和美国的学生居多，占了80%。他们中的大多数人学习工程专业和商业管理课程。[①] 其次，大力发展国际教育，采用各国学生都能接受的国际课程和媒体，以英语为媒介进行教学。到1996年为止，泰国有26所国际学校和学院，其中13所在曼谷，其余分布在其他府。[②] 在这些国际学校和学院中，外国学生与泰国学生的比例是72：28，外国教师与泰国教师的比例是89：11。[③] 再次，推动高等教育国际化发展。自1990年制定《高等教育第一个十五年长期发展规划（1990—2004年)》以来，泰国高等教育积极响应并参与国际组织的相关教育活动，促进师生国际流

---

① 冯增俊、李志厚：《泰国基础教育》，广东教育出版社2004年版，第148—149页。

② 冯增俊、李志厚：《泰国基础教育》，广东教育出版社2004年版，第153页。

③ 冯增俊、李志厚：《泰国基础教育》，广东教育出版社2004年版，第152—153页。

动，加强国际课程开发和鼓励与国外高校联合办学，努力推进高等教育国际化进程。此外，泰国的第七个和第八个高等教育五年计划，即《高等教育计划（1992—1996 年）》和《高等教育计划（1997—2001 年）》，都涉及要加强泰国高等教育机构国际化，并鼓励高等教育机构在国际学术界发挥更大的作用，致力于将泰国发展成为国际化的先锋和东南亚国际教育的中心。最后，输出海外居民教育服务。1993 年，泰国部长会议正式批准向海外的泰国儿童和青年提供教育、宗教和文化等服务，并授权非正规教育司在泰籍儿童较为集中的地区如美国、法国、澳大利亚等国家设立补习学校和夏季学校。从 1984 年至 1996 年，共有 7103 名学生参加了由朱拉隆功大学教育学院组织的、在美国的泰国寺庙举办的夏季学校。①

　　泰国自 1932 年实行君主立宪制至今，共发生大小军事政变 20 余次，政权的交替频繁，但历届政府对待外国教育机构和国际组织的政策一直宽松友好。2001 年泰国他信政府上台，强调泰国必须"采取积极的进取型外交政策，面向世界，有效地适应国际形势变化，以此支持国内经济建设和维护国家利益"②。2002 年，泰国首次设立国际组织事务局，专门负责泰国与国外机构和国际组织的合作交流事项，并积极推动国际组织在泰国设立办事处和开展各项国际活动等事务。此后，无论泰国哪个政府上台，国际组织事务局一直存在，并发挥着与外国教育机构和国际组织协调沟通的作用。总而言之，泰国政府在国际教育合作和交流方面扮演着积极的角色，并采取"以夷制夷"对外教育政策，从容应对全球的变化与挑战。

第二节　泰国国际教育合作与交流政策的现状

　　自 20 世纪末以来，泰国出台了一系列重要教育政策文本，这些政策文本引导和规划了泰国 20 多年的教育国际合作与交流实践的发展。以下

---

① 　冯增俊、李志厚：《泰国基础教育》，广东教育出版社 2004 年版，第 153—154 页。

② 　新华网：《泰国总理提出实行"进取性外交政策"》，2003 年 3 月 13 日，见 http：//news.sina.com.cn/w/2003-03-13/092570546s.shtml。

将分别从泰国高等教育领域、职业教育领域、与东盟有关的国际教育合作与交流政策文本进行阐释。

一、高等教育国际合作与交流政策

泰国十分重视与世界各国的高等教育合作与交流，致力于推进高等教育的国际化发展。自第一个高等教育十五年长期发展规划（1990—2004年）实施结束后，泰国的高等教育国际化逐步取得了一些成果，特别是在国际课程、国际学生人数和合作伙伴关系等方面。接着，2007年泰国高等教育委员会办公室发布了《高等教育第二个十五年长期发展规划（2008—2022年）》，继续对泰国高等教育国际化发展作出具体规划：（1）增加师生的国际流动性和多样性，特别是加强与东南亚国家学生的交流；（2）提高学生学习外国语言和文化的强度和效率；（3）增设双语课程、国际性专业和国际教育课程；（4）鼓励与周边国家合作办学；（5）按照大学的类型制定教师引进及进修资助标准，引进联盟高校项目教师和鼓励教师选择到世界顶尖大学进修；（6）建立与国外学术科研部门的友好合作关系；（7）面向东盟发展高等教育，积极响应东盟教育一体化发展，与东盟国家签署相互承认高等教育学历学位协定，加强与东盟国家高等教育机构的合作与交流，努力成为东盟活动中的主角。2014年，泰国教育部高等教育委员会对52所公立和私立大学进行调查。调查结果表明，有97%的高等教育机构将国际化作为其使命的一部分，大约60%的高校已经制定了高校层面的国际化方案。此外，2018年，为了保持与《国家教育规划（2018—2037年）》和《国家二十年战略（2018—2037年）》的一致性，有效促进国家发展，高等教育委员会办公室任命的小组委员会在审议第三个十五年高等教育计划草案（2017—2031年）时同意将该计划的期限从15年调整为20年，并重新命名为《高等教育二十年长期发展规划（2018—2037）》，该规划鼓励高等教育机构和教育人员在国际学术界发挥更大的作用，泰国高等教育机构要积极深化高等教育国际化和加强学术科研国际合作与交流，提高高等教育发展水平，使其能够与发达国家高等教育相媲美，并努力将泰国发展成为东南亚国际教育和培训中心。

为了推动高等教育国际化发展，泰国十分重视提升高等教育教师国际化水平。泰国政府通过派遣高校教师留学国外继续进修的"送出去"策略和引进国外优秀师资的"引进来"策略，全面加强师资队伍国际化建设。1992年政府批准了大学部在国民经济和社会第七个五年规划（1992—1996年）和第八个五年发展规划（1997—2001年）中拟定的高等学校人力资源发展计划，大学部因此获得了政府拨款以实施名为"国家稀缺教师培养基金"的方案，由国家教育委员会选出的公立高等学校教师将获得国家提供去国外留学、学习硕士及博士课程的奖学金。1997年2月，政府也出台了为私立高等学校教师进修而设立的专门流动资金政策。2003年10月13日，泰国拉玛九世普密蓬·阿杜德国王（Bhumibol Adulyadej）签署颁布了《2003年泰国私立高等教育法》。该法的第二章第34条对私立高等董事会制定学校发展规划和决策学校各项业务活动的职权作出了具体规定。其中，第11项规定："充分发挥私立高等学校发展教育的优势。积极引进国内外优秀人才，吸纳大量集经验、知识、技术与智慧于一体的知识分子，打造先进、全面的高级教师团队。"①

为了规范与外国高等教育机构的学术合作，泰国教育部于2007年发布了《教育部关于泰国与外国高等教育机构学术合作指导方针的公告》（Announcement of the Ministry of Education on Guidelines for Academic Cooperation between Thai and Foreign Higher Education Institutions B.E. 2550 (C.E. 2007)），提出了泰国高等教育机构与外国高等教育机构开展学术科研合作的相关规章制度。此外，为了提高泰国高等教育机构的质量，同时也为了把泰国发展成为未来东盟地区的教育中心，全国维持和平与秩序委员会（National Council for Peace and Order）于2017年专门出台了《关于促进国外高潜力高等教育机构的教育管理》（The Promotion of Education

---

① 李泉鹰、唐敏莉：《泰国高等教育政策法规》，广西师范大学出版社2013年版，第147页。

Provision by Renowned Foreign Higher Education Institutions）的政府公报，该公报不仅支持国外高潜力高等学校在泰国传授现代化与高品质的科技与科学知识，而且明确提出要加强与国外高潜力高等学校之间的教育管理与科研合作。

为了鼓励和支持高等教育机构与国际相关组织之间的合作与交流活动，2003 年泰国政府还专门在教育部高等教育委员会办公室设立了国际合作战略局（Bureau of International Cooperation Strategy），负责高等教育的合作与交流活动。泰国国际合作战略局主要有以下五项职责：（1）制定学术发展和高等教育管理国际合作的战略；（2）开展国际高等教育合作与交流活动；（3）针对教育服务贸易的自由化，提供指导性建议并制定实施措施，以增强高等教育机构的国际竞争力；（4）促进和鼓励高等教育机构最大限度地利用国际优质资源发展高等教育；（5）与其他相关国际组织合作并为其提供支持。

2019 年 4 月 26 日，泰国通过了《2019 年高等教育法》，这是泰国至今唯一一部高等教育法。该法律于 2019 年 5 月 1 日正式实施。这部法律涉及高等教育的各个方面，引导泰国高等教育在未来较长一段时间内发展。该法律的第三章"研究与创新"对泰国高等教育领域的国际科研合作作出了专门规定。该章第 39 条指出为了鼓励使用高等教育机构的研究与创新成果，高等教育机构要支持在研究与创新方面的人力资源开发，加强与国外教育机构的合作以及促进学术人员的国际学术交流。此外，高等教育机构有权与地方政府机构、私营部门、民间组织、国外或国际机构成立联合科学研究小组，共同将研究成果转化为具体实践成果。

为了培养应对全球迅速变化的挑战和满足当前国家改革迫切需要的21 世纪创新型人才，泰国高等教育、科学、研究与创新部于 2019 年 8 月公布了《高等教育、科学、研究与创新的政策与战略（2020—2027）》。该战略拟通过增强 21 世纪泰国人的国际创新能力，带领国家走向发达国家行列，实现人人就业、社会稳定和环境可持续的目标。该战略的第 1.1项是关于建立开发和利用优质人力的生态机制，要求建立激励泰侨科学家回泰国工作和吸引海外顶尖科研人才来泰国发展的机制；建立在高等教育机构、公共研究机构和工业部门之间人才交流机制，鼓励和支持国内外研究人员和专家的流动，以确保知识和技术的转移和交流；建立引进和支持国内外研究人员和专家的体制和机制。与此同时，泰国高等教育、科学、研究与创新部公布了《科学、研究与创新计划（2020—2022)》。该计划是实施《高等教育、科学、研究与创新的政策与战略（2020—2027)》的具体配套方案。此外，泰国人力资源开发和高等教育研究与创新基金部于2019年11月15日公布了2020年预算的关键计划，该计划支持国内外研究人员的研究和创新，并计划在2022年之前至少实现1000名以上国内外研究人员和专家的流动，以吸收前沿知识和技术。①

二、职业教育国际合作与交流的政策

2017年9月，泰国教育部职业教育委员会办公室发布了《职业教育发展规划（2017—2036年)》，该规划根据《国家二十年战略（2017—2038)》《国家教育规划（2017—2038)》以及《第十二个国民经济和社会发展规划（2017—2021年)》确定了国家职业教育人力发展的目标和方向。为了充分提高职业人才培养的质量并达到国际标准，该规划涉及相关国际合作与交流的战略方向包括：(1) 将本国的职业资格框架与东盟或其他国家的职业资格框架进行比较，并进行调整，力图培养国际化职业教育人才，以此增强本国职业人才的竞争力；(2) 根据学生的专长加强职业教育培养，使之达到国际质量标准要求；(3) 优化外语教学策略，提高职业教育学生的外语表达能力；(4) 发展与国外职业教育合作的实习项目；(5) 开展提高职业教育教师的英语能力与21世纪技能的项目；(6) 与国

---

① หน่วยบริหารและจัดการทุนด้านการพัฒนากำลังคน และทุนด้านการพัฒนาสถาบันอุดมศึกษา การวิจัยและการสร้างนวัตกรรม, *ชื่อแผนงานสำคัญ โครงการสนับสนุนการทำวิจัยและนวัตกรรมระดับหลังปริญญาเอกหลังปริญญาโท และบัณฑิตศึกษา รองรับอุตสาหกรรมยุทธศาสตร์*, กรุงเทพฯ: สำนักงานสภานโยบายการอุดมศึกษา วิทยาศาสตร์ วิจัยและนวัตกรรมแห่งชาติ, พ. ศ2563, หน้าที่1.

际高标准专业协会合作开展专业教师俱乐部发展项目;(7)借助日本政府援助基金发展职业教育项目;(8)把与国外职业教育合作的项目数量列入衡量发展职业教育的指标体系;(9)发展国际标准职业教育项目,提高职业教育管理,使泰国成为东南亚区域职业教育中心。

三、与东盟有关的教育合作与交流政策

伴随全球知识经济和区域经济的发展,东盟在 2003 年的第九次峰会上就提出了建立东盟共同体的倡议,而教育一体化是东盟一体化的重要组成部分。紧接着,在 2004 年第 10 届东盟首脑会议上,各国领导人签署并通过了《万象行动计划(2004—2010 年)》(Vientiane Action Programme 2004—2010),主张加强东盟地区国家间的师生交流,加强东盟地区人力资源的开发和东盟大学网络的建设。2007 年第 12 届东盟首脑会议制定了《东盟宪章》(ASEAN Charter),该宪章明确提出教育是驱动东盟经济发展和社会变革的主要驱动力,要通过加强教育、终身学习以及科学技术领域的合作,共同开发东盟人力资源,并强化东盟共同体意识等。2009年第 14 届东盟首脑会议通过了《东盟一体化行动工作计划》(ASEAN Integration Work Plan),主张加强东盟教育的合作与交流,建立东盟教育学术共同体,并主张增加东盟高等教育机构教师培训项目,共同提高高等教育机构的质量。2010 年,东盟开始实施"SEAMEO INNOTECH 区域教育计划"(SIREP),制定了"东盟国家教学能力统一标准"(Teaching Competency Standards in Southeast Asian Countries)。为了适应该标准,东盟各国相继制定了本国教师教学核心素养框架。为了配合东盟一体化教育战略实施,泰国按照东盟教育质量标准框架,在 2010 年颁布了《教师教育质量标准框架》后,又进一步制定了《教师质量指标体系》(Teacher Quality Indicators)。[1] 截至 2019 年,泰国共举办了 12 届教师专业发

---

[1] 施晓光、努尔潘:《东盟一体化视域下的泰国教师教育发展》,《教师发展研究》2017年第 3 期。

年度大会（Annual Congress for Teacher Professional Development），简称
EDUCA①，这是泰国主动迈向东盟共同体的重要举措，它不仅自觉以"教师专业发展"促进教育变革，彰显泰国发挥自身力量促进东盟共同体内涵式发展的积极态度，还以实际行动为东盟教师专业发展提供了"样板"。②EDUCA 现已成为通过合作与交流促进教师专业发展的典范，获得了泰国教师和教育工作者的广泛认同，它也必将在东盟教育一体化进程中发挥更大的作用和影响力。此外，东盟各国领导通过《东盟教育工作计划（2011—2015 年）》，该计划提出东盟成员国教育发展的主要任务，包括培养东盟意识、促进师生跨境流动和教育国际化发展等。在此背景下，泰国以积极的态度和行动参与和推进东盟共同体的发展。

2011 年 8 月 23 日，泰国前总理英拉·西那瓦（Yingluck Shinawatra）在议会上发布《2011 年英拉政府政策》，提出与私营部门和教育机构合作培养符合东盟经济一体化需要的人才，为 2015 年走向东盟共同体做准备。2012 年，泰国众议院秘书长发布了《走向东盟共同体》，要求加强与东南亚国家的教育合作与交流。同年，泰国教育部发布公告，为了保持与东盟国家学年的一致性，泰国高等教育机构一年两学期的开学时间分别调整至 8 月和次年 5 月，并且要求所有泰国高等教育机构在 2014 年正式实施。

2012 年，教育部发布《2015 年泰国东盟共同体教育战略计划》，提出教育发展的五大战略措施：（1）增强东盟意识。主要强调在泰国教师、学生和公民之间分享东盟知识和建立对东盟的积极态度。（2）提高泰国学生

---

① EDUCA 一词起源于芬兰，用以指称"教育及教材展览会"，第一届展览会由赫尔辛基会展中心于 1991 年主办，它后来逐渐发展成为北欧最具影响力的教育展览和教育培训活动。2007 年，笔克上市有限公司（PICO, Thailand Public Company Limited）将 EDUCA 这一教育品牌引入泰国，在原有框架的基础上将国际会议、专题论坛、工作坊、展览会四项活动融为一体，以全国教师专业发展大会的形式推出。为了便于表达和传播，泰国教育界和新闻媒体沿用了 EDUCA 这个专有名词，指称泰国"教师专业发展年度大会"。

② 周堞薇、张荣伟：《合作与交流：泰国教师专业发展年度大会的核心理念——基于 EDUCA 2019 的探讨》，《福建教育学院学报》2020 年第 4 期。

和公民成为东盟共同体成员国的能力。在这一战略中，主要是确保泰国学生具备英语、东盟成员国的外语能力，掌握信息、通信技术和与职业相关的技能，以适应工业变革，提高个人能力和抓住更好的就业机会。(3)提高教育水平，加强东盟成员国之间的教育交流。该战略旨在提高泰国的教育标准并促进东盟各级教育机构之间的教育网络，最终目标是就学历条件达成共同协议。此外，它旨在继续建立大学网络，并通过电子学习改善和支持学生与教师的交流和专业互动，通过电子学习改善远程学习和终身学习系统，促进和改善职业教育和与工作有关的培训，以及增进东盟社区成员之间的合作。(4)通过就教育达成的共同协议，为东盟免费教育区做准备。(5)提高青少年的素质，使他们成为泰国成功融入东盟的主体。

2014 年 9 月 12 日，泰国巴育·詹欧差（Prayut Chan-o-cha）总理在议会发布《2014 年巴育政府政策》，要求确立国际化的世界观，建立与国际的友好关系，与国际组织或外国进行教育、文化、贸易、人力资源开发等方面的合作与交流；加强外语教育；提升泰国在东盟的角色分量和机会使用；培养工业部门劳动力，以支持泰国走向东盟共同体。

2015 年，东盟 10 国领导人在马来西亚签署了《关于建立东盟共同体的 2015 吉隆坡宣言》，宣布 2015 年年底正式建成东盟共同体。会议同时通过了愿景文件《东盟 2025 吉隆坡宣言：携手前行》（Kuala Lumpur Declaration on ASEAN 2025：Forging Ahead Together），该文件提出建设东盟经济共同体、东盟政治安全共同体以及东盟社会文化共同体这三大共同体。2016 年 9 月在第 28 届东盟峰会上，东盟各国领导人通过了《2025 年东盟互联互通总体规划》（Master Plan on ASEAN Connectivity 2025），旨在创建互联互通的东盟，提高东盟意识和东盟竞争力。而东盟的互联互通不仅仅在于交通信息等基础设施的物理性流通和投资贸易的制度性流通，还在于教育、文化等领域的人员的自由流动。

为了应对来自国际 / 跨境 / 跨国教育的竞争以及邻国的学生和教师以及专业人员的数量增加，泰国通过教育部制定了政策和战略计划，以加强和增强教育人员和机构的权能。在全球战略上，教育部正在通过教育委员会办公室为泰国跨国教育的管理制定政策指南；在地区尤其是在东盟战略上，2015 年泰国教育部发布了《东盟教育战略计划》，要求在 2015 年至 2019 年间提高泰国师生对东盟的理解力和外语能力，与东盟发展更紧密的关系，保持相同的技术步伐，增进东盟内部的凝聚力。在《东盟教育战略计划》的第 5 个战略中，要求着重开发相关机制，制定具体相关标准、法规和指南，促进东盟地区师生流动。此外，2016 年 5 月 30 日，泰国教育部基于《2016 年巴育政府政策》有关教育方面的政策，发布了《面向未来的教育改革：国家稳定、繁荣和可持续发展》文件，该文件指出泰国必须调整培养本国人才策略，为走向东盟共同体做准备，并加快进入东盟共同体的步伐。

进入 21 世纪以来，尤其是 2016 年"泰国 4.0 战略"推出以来，泰国政府更加积极推动国际教育合作与交流，这主要体现在 2018 年出台的《国家二十年战略（2018—2037 年）》，即为推动国家向"泰国 4.0"（Thailand 4.0）迈进的首个国家长期发展战略。该战略把"发展人力资本"作为战略目标之一，要求改进教育体系，培养掌握 21 世纪技能、能够使用英语和第三语言进行沟通、具有国际水平的学术成就的人才。该战略要求改进学习过程，让国民意识到泰国在东南亚和国际社会的角色、责任和地位，增进对多元文化的认识，学会求同存异，理解不同的价值，掌握邻国语言，促进人员流动，包括交换青少年、在亚洲的短期实习工作；提高教育机构国际化水平，建立学术合作网络，促进学生、教育人员的流动和交流以增强学术能力；实施引智计划，建立集中多元化智慧和顶尖科技人员的机制，建立与世界各国科研机构的合作，以增强自身能力和竞争力；通过长期和短期的工作模式，吸引外国专家和居住在国外的泰国公民，为国家技术创新作出贡献。此外，2019 年 7 月 25 日，泰国内阁颁布《2019 年内阁政策》，该政策第 8 项是关于改革学习过程并促进各年龄段泰国人的潜力发展的条款，其中 8.2 条强调培养能够使用英语和第三外语进行沟通和寻求知识的新型人才；第 8.3 条要求吸引世界各地优秀人才与泰国人合作：在早期阶段，重点引进国外研究人员和专家，与其共同研发目标行业领域的前沿技术，以及为高潜力人才群体提供合作或与其他网络合作的空间，为国家创造新知识和带来创新。综上所述，泰国政府出台一系列国际教育合作与交流政策，为继续推动 21 世纪国际化人才培养、科学研究国际合作以及扩大与东盟国家教育合作与交流指明了方向。

第三节　泰国国际教育合作与交流政策的战略重点和发展方向

解读泰国近 20 多年来的国际合作与交流政策，可以发现其战略重点和发展方向包括推进人才培养的国际化、推进科学研究创新的国际化、扩大与东盟的教育合作等几个方面。

一、推进人才培养的国际化

培养国际化人才，是泰国教育国际合作与交流政策的首要目标。为此，泰国积极推进各教育阶段的外语教育，促进学生的流入与输出，促进教师的"引进来"与"走出去"，推行合作办学，实现人才的国际化培养。

（一）推行外语教育

为了更好地推进国际化，加快与国际接轨，泰国大力推行国家外语课程，在国家教育系统实施基于现代外语领域的普通教育计划，实施范围涵盖了从基础教育阶段到高等教育阶段的所有学校。

在基础教育阶段，根据《2008 年国家基础教育核心课程》（The Basic Education Core Curriculum）的规定，学前教育机构要实施外语（主要是英语）教育，使学生具备基本的听、说能力。在学前教育阶段，主要开设的外语是英语、汉语，部分有条件幼儿园还开设西班牙语、东南亚国家语言。在小学阶段，从小学一年级到小学三年级，学生必须学习一门外语，每年学习 40 个小时；从小学四年级到六年级，每年学习 80 个小时。在初中阶段，即七年级至九年级，所有学校都开设了 120 个课时的外语必修课，3 个必修学分。在双语班或双语分班中，学时数应加倍。在高中阶段，即十年级至十二年级，标准外语课时是 240 个小时，6 个必修学分。

在职业教育阶段，《职业教育战略规划（2017—2036 年）》要求加强职业教育学生外语学习，优化英语教学，提高职业教育学生的英语表达能力。2020 年 3 月，教育部职业教育委员会办公室公布了《2020 年高级职业证书课程大纲》，规定外语是核心能力必修课程，分三个学期学习，一共 7 个学分。

在高等教育阶段继续加强学生的外语课程学习。以朱拉隆功大学经济学院为例，本科生阶段，依据朱拉隆功大学经济学院《经济学学士学位课程（2018 年修改版）》要求，学生在本科学习期间完成 15 个学分外语课程学习，分布在 5 个学期之内，每个学期完成 3 个学分外语学习，外语学习课程分别为：《体验英语 1》（Experiential English 1）、《体验英语 2》（Experiential English 2）、《经济学英语》（English for Economics）、《经济学英语写作》（English Writing for Economics）、《经济学英语口语》（Oral English Communication for Economics）；在硕士和博士学位学习阶段，英语水平未达到学校规定标准的研究生需要完成英语学术写作和英语学术阅读两门课程，各 36 个课时，且通过相应外语考试。此外，培养外语专业教师的课程，要求除了必修第一门外语课程以外，还必须选修第二外语，完成相应的课时，并达到外语等级要求。

（二）基础教育阶段提供国际学校

在基础教育阶段，泰国与美国、英国、新加坡等国家合作在泰国开设国际学校，国际学校受教育部私立教育委员会办公室的监督，国际学校的政策、规则、法规和标准由教育部根据部长理事会的决议制定。根据泰国教育部私立教育委员会的统计数据，截至 2015 年，泰国国际学校数量已从 2011 年的 133 所学校逐渐增加到 2015 年的 161 所学校，其中，有 95 所国际学校位于曼谷，其余的则位于其他省份。① 这些国际学校提

---

① Office of the Educational Council, *Education in Thailand*, Bangkok：Ministry of Education, 2017, p. 154.

供国际课程主要有：美国课程、英国课程、新加坡课程、国际文凭课程（International Baccalaureate Curriculum）和其他国家课程。国际学生数量逐年增加，从 2011 年 3.3 万名增至 2015 年约 4.5 万名学生。[①]（见表 5–1）

表 5–1　2011—2015 年泰国国际学校和学生数量

年度	国际学校数量（单位：所）			国际学生数量（单位：人）		
	曼谷	其他地区	合计	曼谷	其他地区	合计
2011	88	45	133	22879	10169	33048
2012	91	47	138	24052	11384	35436
2013	93	50	143	29123	12901	42024
2014	95	59	154	30206	13261	43467
2015	95	66	161	27257	17240	44497

资料来源：Office of the Educational Council, *Education in Thailand*, Bangkok：Ministry of Education, 2017, pp.154-156.

泰国国际学校的教学语言以英语为主，但也有少数国际学校同时使用中文和英文作为教学语言。泰国的国际学校还于 1994 年成立泰国国际学校协会（International Schools Association of Thailand），截至 2017 年，共有 128 所国际学校参加该协会，其质量获得了美国西部学校与学院认可协会（WASC）、新英格兰学校与学院认可协会（NEASC）等认可机构的认可。[②]近几十年来，泰国教育部私立教育委员会办公室和高等教育委员会办公室、商务部贸易谈判司及泰国国际学校协会以及其他社会机构积极参与泰国国际教育服务推广活动。

（三）高等教育机构开设国际课程

泰国的公立和私立高等教育机构使用英语为主要教学媒介，向本科

[①]　Office of the Educational Council, *Education in Thailand*, Bangkok：Ministry of Education, 2017, pp.154-156.

[②]　Office of the Educational Council, *Education in Thailand*, Bangkok：Ministry of Education, 2017, p.156.

生和研究生提供广泛的国际课程以及证书课程。

　　泰国高校许多国际课程是与世界上著名大学合作的，并为学生提供在泰国和国外获得学习和生活经验的机会。有些合作的国际课程还提供双学位，例如，朱拉隆功大学沙辛工商管理研究生院（Sasin Graduate Institute of Business Administration of Chulalongkorn University）与美国西北大学凯洛格管理学院（Northwestern University's Kellogg School of Management）和宾夕法尼亚大学沃顿商学院（Wharton School of the University of Pennsylvania）合作提供 MBA 课程；由德国亚琛工业大学（RWTH Aachen University）和泰国曼谷国王科技大学（King Mongkut's University of Technology North Bangkok）联合建立的诗琳通国际泰德工程研究生院（TGGS）（Sirindhorn International Thai-German Graduate School of Engineering（TGGS））提供工程学硕士和博士学位课程；泰国农业大学（Kasetsart University）和澳大利亚维多利亚科技大学（Victoria University of Technology）联合提供热带农业和国际贸易本科双学位课程等等。① 此外，泰国大学与国外大学联合开发国际课程。例如，泰国朱拉隆功大学、国王科技大学、农业大学等五所高等教育机构参与了东盟大学联盟在 2016—2019 年间发起的"东南亚协调项目"（Tuning Asia-South East）。该项目联合东盟以及法国、比利时、西班牙、荷兰等国家和有关国际组织，利用欧洲学分转换系统和学位认可机制，对土木工程、医学和教师教育三个专业的课程内容进行调整。②

　　据泰国高等教育委员会办公室统计，2014 年，泰国高等教育机构一共提供了 769 门国际课程，实行学分制，可授予学士学位、硕士学位和博士学位。其中包括 249 门本科生课程、290 门硕士学位课程、224 门博士

---

① Office of the Educational Council，*Education in Thailand*，Bangkok：Ministry of Education，2017，p.157.

② Tuning Asia-South East，Description of Tuning Asia-South East，2019-10-10，见 https：// tuningasia-southeast.org/# description.

学位课程和其他6门学位课程（见图5–1）。① 在这些国际课程中，公立高校开设661门国际课程，占比86%，包括184门本科生课程、262门硕士学位课程、215门博士学位课程和其他6门学位课程；私立高校开设108门国际课程，占比14%，包括65门本科生课程、28门硕士学位课程和9门博士学位课程（见图5–2）。② 泰国高校不断增加国际课程，并采用符合

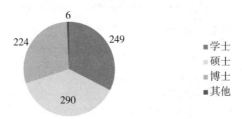

图5–1　2014年根据学习层次分类泰国高等教育机构国际项目情况

资料来源：Office of the Educational Council，*Education in Thailand*，Bangkok：Ministry of Education，2017，p.159.

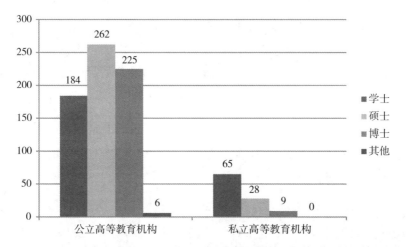

图5–2　2014年根据教育机构类型分类泰国高等教育机构国际项目情况

资料来源：Office of the Educational Council，*Education in Thailand*，Bangkok：Ministry of Education，2017，p.159.

---

① Office of the Educational Council，*Education in Thailand*，Bangkok：Ministry of Education，2017，pp.158-159.

② Office of the Educational Council，*Education in Thailand*，Bangkok：Ministry of Education，2017，p.158.

国际惯例的课程设置、学分制度以及学位资格等，以满足本国和外国学生的需求，不断推进人才的国际化培养。

（四）促进学生的流入与输出

1. 促进学生的流入

泰国积极招收外国留学生。泰国是世界上首批加入世界贸易组织（World Trade Organization，WTO）并对教育服务贸易作出承诺的国家之一，其高等教育在自然人流动（Movement of Natural Persons）方面基本不设"门槛"。2013 年，泰国高等教育委员会办公室对高等教育机构招收外国留学生情况进行了调查。调查结果显示，泰国 105 所高等教育机构共招收了 18814 名外国学生，其中泰国易三仓大学（Assumption University）招收留学生最多，共有 2912 名；其次是泰国玛希顿大学（Mahidol University），招收 1328 名留学生。[①] 据统计，在 2011—2013 年，泰国高校留学生中，以中国留学生人数最多，其次是东盟国家的留学生，例如缅甸、老挝、越南和柬埔寨。值得注意的是，在 2011—2013 年，美国留学生的数量跃升至第五或第六位。[②]（见表 5–2）

表 5–2　2011—2013 年赴泰留学人数前十位的国家（单位：人）

序号	2011		2012		2013	
	国家	数量	国家	数量	国家	数量
1	中国	8444	中国	6965	中国	6663
2	缅甸	1481	缅甸	1198	缅甸	1610
3	老挝	1344	越南	980	老挝	1372
4	越南	1290	老挝	833	越南	1083
5	柬埔寨	955	美国	746	柬埔寨	1018
6	美国	830	柬埔寨	645	美国	774

① Office of the Educational Council，*Education in Thailand*，Bangkok：Ministry of Education，2017，p.160.

② Office of the Educational Council，*Education in Thailand*，Bangkok：Ministry of Education，2017，pp.164-165.

续表

序号	2011		2012		2013	
	国家	数量	国家	数量	国家	数量
7	韩国	601	韩国	493	日本	686
8	印度	375	不丹	391	韩国	553
9	孟加拉国	374	日本	369	不丹	454
10	日本	345	印度尼西亚	368	印度尼西亚	425

资料来源：Office of the Educational Council, *Education in Thailand*, Bangkok：Ministry of Education, 2017, p.165.

从留学生所选择的专业领域来看，在 2011—2013 年，主要集中在商业管理、国际贸易、泰语、英语、佛学、市场营销、管理学、泰国研究、商务英语、泰国语言与文化、医学、旅游管理等专业。其中，最受外国留学生欢迎的专业是商业管理，而其他受欢迎的专业领域是泰语、国际贸易、传播泰语、市场营销、英语和佛学。①（参见表 5–3）

表 5–3　2011—2013 年留学生在泰国学习的十大学科领域（单位：人）

序号	2011		2012		2013	
	学习领域	数量	学习领域	数量	学习领域	数量
1	商业管理	3136	商业管理	2014	商业管理	2564
2	国际贸易	1212	泰语	987	国际贸易	814
3	泰语	1180	国际贸易	914	泰语	750
4	英语	740	泰语交流	550	英语	616
5	市场营销	565	市场营销	465	佛学	455
6	泰语交流	500	国际贸易管理	354	市场营销	389
7	管理	601	对外泰语	341	管理	367
8	佛学	379	英语	317	泰国研究	365
9	商业英语	344	管理	311	商业英语	272

① Office of the Educational Council, *Education in Thailand*, Bangkok：Ministry of Education, 2017, pp.162-163.

序号	2011		2012		2013	
	学习领域	数量	学习领域	数量	学习领域	数量
10	旅游管理	333	商业英语	256	泰语和文化	240

资料来源：Office of the Educational Council，*Education in Thailand*，Bangkok：Ministry of Education，2017，p.163.

从留学生攻读的学位分布来看，在 2011—2012 年，大学本科学历水平的外国学生人数从 13397 人急剧减少至 10384 人，2013 年又增至 18814 人（参见表 5-4）。[1] 另据泰国高等教育委员会办公室统计，2018 年赴泰留学生共 19703 人，这与前几年赴泰留学人次相比，总人数增加了近 1000 人。[2]

表 5-4　按学习层次分布高等教育机构外国学生人数（单位：人）

学习层次	年度				
	2009	2010	2011	2012	2013
证书	2613	2078	1722	1488	1218
学士	12465	13138	13397	10384	11785
硕士	3141	3371	4031	3830	4327
博士	459	656	667	721	985
研究生学历	192	56	12	196	99
其他	182	352	480	380	400
总数	19052	19651	20309	16999	18814

资料来源：Office of the Educational Council，*Education in Thailand*，Bangkok：Ministry of Education，2017，p.166.

---

[1]　Office of the Educational Council，*Education in Thailand*，Bangkok：Ministry of Education，2017，p.166.

[2]　陈倩倩、赵惠霞：《"一带一路"视角：泰国高等教育的国际化范式与启示》，《西部学刊》2019 年第 6 期。

2. 促进学生的输出

泰国注重开展国际学生交流项目。2006 年，泰国参加了"亚欧会议奖学金计划"（ASEM Scholarship Programme）的双向奖学金项目（Duo-Thailand Fellowship Programme）。该项目要求泰国高等教育机构与欧洲30 个亚欧会议欧洲成员国之间交换一对学生（分别来自泰国大学和欧洲大学），2006—2016 年，泰国双向奖学金项目共获得 5000 万泰铢的资助，通过支持结对和双向流动来增强泰国高等教育机构与 30 个欧洲成员国高等教育机构之间的学生交流。[①] 在 2006—2017 年，泰国教育部高等教育委员会办公室通过双向奖学金项目为 326 位师生提供了国际交流的机会。[②] 泰国还是亚欧会议教育进程（ASEM Education）的重要成员，并于2015—2017 年、2018—2020 年参加亚欧会议教育进程推出的工作实习计划（Work Placement Programme），促进本国实习生与欧洲和亚洲地区实习生的相互交流。泰国教育部规定，所有归高等教育委员会管辖的高等教育机构学生都可以申请参加该项目。此外，泰国还积极拓宽多边合作项目，加强与世界各国的教育合作与交流。例如，泰国拓展了 1994 年以来与奥地利、越南、印度尼西亚等国家建立的大学联盟，并在此基础上推动建立了东盟—欧洲学术大学联盟（ASEA-UNNET）。该联盟包含 17 个国家的83 所大学，促进亚洲和欧洲大学之间师生流动、教学、研究等方面的多边合作与交流。[③]

泰国还积极参与了许多国际学生交流援助项目，其中持续时间最长的、影响最为深远的国际学生交流援助项目是"科伦坡计划"（Colombo Plan）。这是澳大利亚于 1950 年面向亚洲国家推出的高等教育交流援助项目。据统计，截至 2012 年，泰国学生借助"科伦坡计划"到澳大利亚学

---

① Office of the Higher Education Commission，*DUO-Thailand Fellowship Programme 2006-2016*，Bangkok：Ministry of Education，2016，p. 1.

② ASEM-DUO，*ASEM-DUO Fellowship Program*，Seoul：ASEM-DUO，2017.

③ ASEAN-European Academic University Network，Mission Statement，2019 年 11 月 16 日，见 https：//asea-uninet.org/ about-us/mission-vision-statement/。

习交流的人数达到 5 万人次。[①] 相似的项目还有美国国际开发署（USAID）推出的为期五年（2014—2019）的"通过教育和培训连接湄公河项目"（Connecting the Mekong through Education and Training）。该项目是一个以市场为导向的人力资源开发培训项目，通过将教育的主要利益相关者（政府、企业、学校等）联系起来，培养东盟国家年轻人的技能。除此之外，泰国还与日本文部科学省、德国学术交流中心（DAAD）等签署了学生交流协议，扩大了本国学生的国际交流机会。

（五）促进教师的"引进来"与"走出去"

1、促进教师的"引进来"

泰国教育部赋予基础教育机构充分权力来聘请外籍教师，但是必须符合教育部发布的相关规定。所有具有合格资格和教学经验且符合标准的外籍教师都可以申请，但年龄不得超过 60 岁，如果国际学校需要聘用 60—69 岁外籍教师，则必须向教育部报备，并请教育部批准，但 70 岁以上的外籍教师不在批准范围之内。[②] 根据泰国教育部私立教育委员会的统计数据，截至 2015 年，泰国引进基础教育阶段的国际教师已从 2011 年的 4604 人逐渐增加到 2015 年的 6898 人。其中，4247 人在曼谷，其余的则位于其他省份。[③]（见表 5-5）

表 5-5 2011—2015 年泰国聘请的基础教育阶段国际教师数量（单位：人）

年度	国际教师数量		
	曼谷	其他地区	合计
2011	2971	1633	4604
2012	4068	1888	5956

[①] 郑佳：《泰国高校国际学生流动的原因、路径及特点》，《比较教育研究》2014 年第 11 期。

[②] Office of the Educational Council, *Education in Thailand*, Bangkok：Ministry of Education，2017，p.155.

[③] Office of the Educational Council, *Education in Thailand*, Bangkok：Ministry of Education，2017，pp.154-155.

续表

年度	国际教师数量		
	曼谷	其他地区	合计
2013	2020	4156	6176
2014	4471	2081	6552
2015	4247	2651	6898

资料来源：Office of the Educational Council, *Education in Thailand*, Bangkok：Ministry of Education，2017，pp.154-155.

同时，泰国高等教育机构非常重视引进外籍教师，认为外籍教师在英语语言的掌握、国际课程的开发等方面具有优势。聘请外国教师，让学生从顶尖的国外专家和来自世界一流大学的客座教授那里获得更广阔的视野。根据泰国教育部高等教育委员会办公室公布的数据，2015—2017年，泰国高等教育机构引进外籍教师的数量整体在增加，泰国每年从近百个国家聘请约3000位外籍教师。[①] 以2017年的数据为例，泰国从100个国家聘请了2838位外籍教师。[②] 外籍教师主要来自美国、中国、菲律宾等国家，其中以美籍教师最多，611位，占比21.5%；其次是中国教师，共397位，占比13.9%；菲律宾教师236位，占比8.3%，占据第三（见表5–6）。从表5–6数据还可以看出，泰国高等教育机构从全世界50%以上的国家引进教师，他们不仅承担外语教学，还参与专业课教学，有助于多元文化课程的开发，提升泰国高等教育的国际化水平。

表5–6　2015—2017年泰国高等教育机构国际教师的国籍分布（单位：人）

国家	2015年	2016年	2017年
美国	584	633	611

---

① 陈倩倩、赵惠霞：《"一带一路"视角：泰国高等教育的国际化范式与启示》，《西部学刊》2019年第6期。

② 陈倩倩、赵惠霞：《"一带一路"视角：泰国高等教育的国际化范式与启示》，《西部学刊》2019年第6期。

续表

国家	2015 年	2016 年	2017 年
中国	334	434	397
英国	241	278	229
菲律宾	213	235	236
日本	183	219	177
印度	114	124	136
澳大利亚	83	90	83
加拿大	81	103	67
缅甸	78	82	87
德国	64	74	64
法国	56	85	77
韩国	48	78	73
越南	28	35	43
马来西亚	26	29	29
意大利	24	28	32
奥地利	20	38	12
瑞士	20	—	10
新西兰	19	34	22
印度尼西亚	18	23	23
其他	416（82 个国家）	477（78 个国家）	473（81 个国家）
总计	2580（101 个国家）	3021（96 个国家）	2838（100 个国家）

资料来源：陈倩倩、赵惠霞：《"一带一路"视角：泰国高等教育的国际化范式与启示》，《西部学刊》2019 年第 6 期。

2. 促进教师的"走出去"

为保持和加强国家人力资本竞争力，泰国教育部加大力度提高学校管理人员、教职工的国际化视野、专业化知识以及创新能力，以提升泰国教育质量的国际化水平。

首先，设立奖助学金项目，为教师提供到国外深造、攻读硕士或博士学位的机会。在国家奖助学金上，例如，泰国政府从 1992 年开始就批准了大学部在国民经济和社会第七个和第八个五年发展规划（1992—2001）中拟定的高等学校人力资源发展计划，并以实施名为"国家稀缺教师培养基金"方案的拨款，为高校教师提供去国外留学、学习硕士及博士课程的奖学金。在高校奖助学金上，例如，朱拉隆功大学为鼓励本校教师 / 研究员到国外高校或研究机构从事合作研究，每年从学校预算中出资专门设立海外科研奖助学金。

其次，接受国外援助教师培训项目。例如，美国通过美国大学校友会语言学院和国际教育资源网络（International Education and Resource Network，简称 IEARN）长期为泰国教师提供英语教学技能培训。在泰国教育部组织和协助下，英国文化协会（British Council）为泰国教师提供了英语教学（English language teaching）、学校领导力（Schools leadership）、信息与传播教学（Information and communication teaching）、以学生为中心的创造性学习（Creative student-centred learning）、专家网络（Professional networking）、学校链接（Schools links）等方面的培训。澳大利亚向泰国提供英语教师交换项目（Exchange of English Teachers）、促进英语教学项目（Improvement of English Teaching Project）。此外，泰国还获得其他国家政府的援助资金支持，如日本、荷兰、以色列、印度等。

再次，与国外高校合作为教师提供专业发展培训。例如，2010 年，澳大利亚倡议建立一个名为"东南亚教育专业人员发展"（Developing Educational Professionals in Southeast Asia）的项目。在澳大利亚的倡导下，泰国 4 所皇家大学与澳大利亚、印度尼西亚、老挝和越南的高校合作为大学教师提供专业发展培训。泰国还参与由澳大利亚—东盟理事会发起的澳大利亚—东盟桥梁学校合作项目（Australia–ASEAN BRIDGE School Partnerships Program）。该项目支持澳大利亚的学校与东南亚国家的姊妹学校建立国际学校合作伙伴关系，为两个地区的教师提供流动和培训项目，使泰国、缅甸、越南等东南亚国家的教师能够分享教学实践经验，提升教学技能。

（六）推行合作办学

泰国的高等教育机构与英国、美国、日本、中国和澳大利亚等国的知名院校签署联合办学协议，建立合作学位项目，联合培养学生。根据泰国教育部高等教育委员会办公室国际合作战略局公布的数据，2015—2016 年，泰国与 23 个国家和地区开展了 135 项合作学位项目（collaborative degree programmes），包括联合学位（joint degree）、双学位（dual degree）、国家学位（national degree）以及三联学位（triple degree）这四种合作学位项目类型。其中，以合作双学位项目数量最多（77 项），占比 56%；其次是国家学位项目（51 项），占比 37%。[①] 在合作学位项目的学位层次方面，学士学位的合作项目最多，高达 54%；其次是硕士学位项目，占 32%；博士学位项目则仅占 14%。[②] 截至 2016 年，泰国共有 40 所高等教育机构参与合作办学，其中，公立大学（Public University）17 所，皇家大学（Rajabhat University）10 所，皇家理工大学（Rajamangala University of Technology）2 所，而私立大学（Private University）11 所。[③] 此外，泰国的高等教育机构继续积极寻求与美国、中国、日本以及澳大利亚等国家的顶尖高校开展合作，通过合作办学培养满足经济发展需求的高素质创新人才。例如，2017 年，泰国拉卡邦先皇技术学院（King Mongkut's Institute of Technology Chaokuntaharn Ladkrabang）就率先与美国卡内基梅隆大学（Carnegie Mellon University）合作建立分校，围绕泰国十大战略产业和"东部经济走廊计划"，预计在未来 20 年内培养 50 名

---

① Bureau of International Cooperation Strategy, Collaborative Degree Programmes between Thai and Foreign Higher Education Institutions Academic Year 2015/16（August 2015-July 2016），Bangkok：Office of the Higher Education Commission，2017，pp.1-16.

② Bureau of International Cooperation Strategy, Collaborative Degree Programmes between Thai and Foreign Higher Education Institutions Academic Year 2015/16（August 2015-July 2016），Bangkok：Office of the Higher Education Commission，2017，pp.3-7.

③ Bureau of International Cooperation Strategy, Collaborative Degree Programmes between Thai and Foreign Higher Education Institutions Academic Year 2015/16（August 2015-July 2016），Bangkok：Office of the Higher Education Commission，2017，pp.8-9.

"世界级的创新者"、80 名博士毕业生和 200 名硕士毕业生。①

在合作学位项目的学科领域方面，根据泰国教育部高等教育委员会办公室国际合作战略局公布的数据，2015—2016 年，泰国与国外的合作学位项目主要分布在十大学科领域，分别为工程制造（27 项），人文艺术（23 项），商业、行政与法律（22 项），自然科学、数学（12 项），医学（12 项），服务（9 项），教育（9 项），信息技术（8 项），农业（8 项），社会科学（5 项）。其中，工程制造所占比重最高，占比 20%；其次是人文艺术，占比 17%；再次是商业、行政与法律，占比 16%。②可见，工程制造、人文艺术和商业、行政与法律学科是重点合作领域，尤其是工程制造学科，这与泰国《第十一个高等教育发展规划（2012—2016 年）》提出要提高扩大 STEM 教育的教育机构比例以及增加 STEM 学科毕业生比重的规划相一致。

二、推进科学研究的国际化

推动科学研究的国际化，是泰国教育国际合作与交流的又一重大举措。为此，泰国加强了高校之间的科研国际合作，加强高校与国际组织的科研合作，实施国外顶尖科研人员引进计划。

在加强与国外高校科研合作方面，例如，自 1999 年以来，泰国教育部高等教育委员会与法国政府合作推出了"法泰高等教育与科研合作项目"（Franco-Thai Cooperation Programme in Higher Education and Research），旨在加强泰国和法国高等教育机构之间的科研合作。该项目围绕工程技术、基础科学、能源、环境、生物、旅游业、农业、卫生等 7 个领域开展联合研究，并对泰国的硕士生、博士生、博士后等初级研究人员进行科研学术

---

① 阚阅、徐冰娜：《"泰国 4.0 战略"与创新人才培养：背景、目标与策略》，《比较教育研究》2019 年第 10 期。

② Bureau of International Cooperation Strategy，Collaborative Degree Programmes between Thai and Foreign Higher Education Institutions Academic Year 2015/16（August 2015-July 2016），Bangkok：Office of the Higher Education Commission，2017，pp.3-5.

指导和能力建设。[①]

　　在加强高校与国际组织科研合作方面，2014 年至今泰国孔敬大学（Khon Kaen University）药学院与联合国儿童基金会合作，研发青少年预防艾滋病的药物。泰国玛希顿大学（Mahidol University）与联合国儿童基金会合作，针对儿童保护问题进行调研并寻找保护路径。泰国朱拉隆功大学与世界银行合作开展知识管理项目（Knowledge Management project）研究。

　　为了引进国外先进的科学与技术，泰国不仅鼓励支持泰侨科学家回泰国工作，而且吸引外国顶尖科学家赴泰进行研究。为此，泰国制定了一系列引进国外顶尖科研人员的政策和计划。首先，2018 年，巴育政府出台了《国家二十年战略（2018—2037 年）》，提出要实施引智计划，集中多元智慧，包括建立集中科技人员多元化智慧机制，建立与世界各国研究院的合作关系，引进外国专家和居住在海外的泰国科学家来协助国家发展所需的技术和创新发展。其次，2019 年巴育政府颁布了《2019 年内阁政策》，该政策也重视引进世界各地顶尖科研人才，使其成为技术变革的领导者，并将其先进经验和专业技术知识传递给泰国人员，这将有助于为国家创造新产品和带来革新。其中第 8.3 条关于吸引世界各地优秀人才来泰国工作，明确提出要重点引进国外研究人员和专家，借助其力量共同研发目标行业领域的前沿技术，并为高潜力国外人才群体提供合作或与其他网络合作的空间，以此激活创新，为国家创造新技术和新产品。同年 8 月，泰国高等教育、科学、研究与创新部发布了《高等教育、科学、研究与创新的政策与战略（2020—2027）》，明确提出要建立激励泰侨科学家回泰国工作和吸引海外顶尖科研人才来泰国发展的机制，鼓励和支持国内外研究人员和专家的流动，以确保知识和技术的交流、共享和转移。此外，2019 年 11 月 15 日，泰国人力资源开发和高等教育研究与创新基金部公

---

① European Commission, *Franco-Thai Mobility Programme/PHC Siam*, 2019 年 4 月 26 日，见 https://euraxess.ec.europa.eu/worldwide/asean/franco-thai-mobility-programme-phc-siam-call-proposals-2020-2021.

布了 2020 年预算的关键计划,实施支持研究人员的研究和创新项目,该项目并计划在 2022 年之前实现至少 1000 名国内外研究人员流动。①

三、扩大与东盟的教育合作与交流

泰国是东盟重要创始国,泰国积极借助东盟的平台,加强与东盟区域内国家在教育领域的合作与交流,力图成为覆盖东南亚国际教育中心。

（一）积极推动东盟国际组织落户

泰国首都曼谷设有东南亚教育部长组织、东南亚国家联盟、东盟大学联盟、东南亚高等教育机构协会（ASAIHL）等东盟国际组织的总部或办事处,是东南亚地区拥有东盟国际组织最多的城市。位于泰国的诸多东盟国际组织以及在泰国举行的各种国际教育会议使泰国加强了与东盟在教育领域的联系。例如,东南亚高等教育机构协会成立于 1956 年,旨在协助其成员国高校通过相互合作增强学校的实力,并提供高水平的教学和科研服务。东南亚教育部长组织于 1965 年成立,是由东南亚地区国家教育主管部门组成的地区性国际组织,旨在促进该地区在教育、科学和文化方面的区域合作,实现国家间在师生流动、教师专业发展、科学研究等方面的教育合作与交流。东盟大学联盟（ASEAN University Network,简称 AUN）成立于 1995 年 11 月,其核心目标是促进学术交流,提升东盟意识,增进东盟高校学生之间的了解,进而促进东盟各国科学家、学者之间的合作,推进东盟区域的学术与专业人才的培养。

（二）积极参与东盟的教育合作与交流项目

一方面,泰国高校积极参与东南亚教育部长组织高等教育区域发展中心（SEAMEO RIHED）的各种学生交流项目,其中最具代表性的

---

① หน่วยบริหารและจัดการทุนด้านการพัฒนากำลังคน และทุนด้านการพัฒนาสถาบันอุดมศึกษา การวิจัยและการสร้างนวัตกรรม, ชื่อแผนงานสำคัญ โครงการสนับสนุนการทำวิจัยและนวัตกรรมระดับหลังปริญญาเอกหลังปริญญาโท และบัณฑิตศึกษา รองรับอุตสาหกรรมยุทธศาสตร์, กรุงเทพฯ: สำนักงานสภานโยบายการอุดมศึกษา วิทยาศาสตร์ วิจัยและนวัตกรรมแห่งชาติ, พ. ศ2563, หน้าที่1.

就是东盟国际学生流动项目（ASEAN International Mobility for Students Programme，简称 AIMS Program）。该项目是由东南亚教育部长组织高等教育区域发展中心（SEAMEO RIHED）和马来西亚、印度尼西亚及泰国政府将 2009 年启动的 M-I-T 学生流动试验项目（Malaysia-Indonesia-Thailand Student Mobility Pilot Project）扩展而来的。① 这是为所有东南亚教育部长组织成员国创建的一个国际学生流动项目，旨在加强东南亚区域学生的区域与国际意识，开发全球化的人力资本。AIMS 项目主要包括学期项目和两周短期项目，来自 9 个成员国 77 所大学提供的语言文化、国际贸易、工程、经济、旅游、医学、农业、食品科学技术、生物多样性与海洋科学、环境科学与管理等专业，为东南亚区域学生提供了一个十分广泛的学习交流机会。根据泰国教育部高等教育委员会的统计，2010—2019 年泰国在 AIMS 项目的支持下，共接收 813 名学生，派出 759 名学生。②

另一方面，泰国积极支持东盟奖学金（ASEAN Scholarship）中的东盟大学联盟学生交换项目（AUN Student Exchange Programme）和东盟学习奖学金（ASEAN Studies Scholarships）项目。AUN 的秘书处设在泰国朱拉隆功大学内，经费由泰国政府承担，其旨在加强东盟高校之间的学习合作与交流研究。AUN 学生交换项目不仅为东盟学生提供在 AUN 成员大学学习的机会，还提供整个交换学习期间的奖学金，极大地促进了 AUN 成员大学之间的学生流动。③ 受东盟大学联盟的影响，泰国与东盟国家的高等教育机构合作与交流日益频繁和扩大。

（三）积极倡导与东盟的教育合作与交流活动

首先，泰国政府部门设立一系列学生双向流动项目和奖学金项目，

① SEAMEO RIHED，M-I-T Student Mobility Programme Pilot Project Review 2010，Bangkok：SEAMEO RIHED，2010，p. 4.

② Bureau of International Cooperation Strategy，*Asian International Mobility for Student (AIMS) Programme Thailand*，2019 年 2 月 26 日，http://www.inter.mua.go.th/.

③ ASEAN University Network，*Scholarships*，2019 年 11 月 18 日，见 http://www.aunsec.org/scholarships.php.

开展与东盟区域教育合作与交流。例如，泰国教育部高等教育委员会和泰国文官委员会（Civil Service Commission of Thailand）与区域内的高校开展了广泛的合作，先后出台系列学生流动的项目，为泰国学生提供出国学习交流活动的奖学金。与此同时，泰国国际关系厅设立助学金项目，为邻国学生提供到泰国职业、高等教育机构学习的奖学金。例如，招收邻国学生就读职业教育类学校，减免学生学费，提供免费住宿；完善相关配套条件，包括简化邻国学生入境泰国学习的条例，开设国际课程，完善与邻国高等院校间的学分转换等。据统计，2011—2013 年，在泰国高校留学生中，东盟国家的留学生数量位居第二，仅次于中国，主要来自缅甸、老挝、越南和柬埔寨等国家。①

其次，泰国教育部积极扩大与东盟高等教育机构的合作伙伴关系网络，将东盟大学联盟（AUN）、大湄公河次区域（Greater Mekong Subregion）的 6 个国家（包括柬埔寨、老挝、缅甸、泰国、越南和中国）列为合作伙伴。② 同时，在大湄公河区域有关国家的同意和支持下，泰国教育部积极协助东南亚教育部长组织，成立了"大湄公河次区域高等教育协调工作组"（GMS Higher Education Coordinating Task Force）。③

再次，泰国教育部教育委员会办公室大力推动与东盟国家共同创建东盟资历参照框架。例如，为了响应东盟一体化教育战略实施，泰国按照东盟教育质量标准框架，在 2010 年颁布了《教师教育质量标准框架》后，又进一步制定了《教师质量指标体系》。泰国教育部还在国内建立全国东盟知识中心，让广大民众了解东盟国家政治、经济及其社会文化，并提供

① Office of the Educational Council, *Education in Thailand*, Bangkok：Ministry of Education，2017，pp.164-165.

② 陈倩倩、赵惠霞：《"一带一路"视角：泰国高等教育的国际化范式与启示》，《西部学刊》2019 年第 6 期。

③ Porntip Kanjananiyot and Chotima Chaitiamwong，"The Internationalization of Thai Higher Education over the Decades：Formidable Challenges Remain！"，in *Education in Thailand： An Old Elephant in Search of a New Mahout*，Gerald W. Fry（ed），Singapore：Springer Nature Singapore Pte Ltd.，2018，p. 287.

对民众进行外语培训的活动，使其能够掌握并熟练运用至少英语或一门东盟国家语言。例如，泰国在全国设立 928 个东盟非正规教育研究中心，为人们提供英语和东盟国家语言课程的培训，2018 年度还为此投入 8600 万泰铢的财政支持。①

第四节 泰国与中国教育合作与交流的历史发展、现状和问题

泰国与中国之间的教育合作与交流源远流长，特别是进入 21 世纪以来，泰国与中国之间的教育合作与交流不断深化，取得了丰硕的成果。

一、泰国与中国之间的教育合作与交流的历史发展

泰国和中国是近邻，自古以来就有密切的往来。在元代、明代和鸦片战争前的清代，泰国的各个王朝和中国之间的政治、经济、文化联系都十分密切。两国间除了频繁的官方的"朝贡"贸易外，民间贸易也有很大发展。明代时期，中泰两国官方和民间的科学技术文化交流日益增多。例如，中国的制瓷技术、天文历法在明代传到了暹罗。在教育交流方面，泰国与中国之间的交流主要集中在语言教学方面。例如，明代在培养外语翻译人员的"四夷馆"中设立了"暹罗馆"，招收学员学习泰语。中国也曾于 1515 年和 1577 年聘请泰国使者中的翻译作为泰语教师。泰国方面，在 14 世纪末，曾派出留学生到中国"入监（国子监）读书"。在整个明代，明王朝遣使访问暹罗达 19 次，暹罗使臣到中国访问达 102 次，这是古代泰中关系史上双方使节往来最频繁的时期。

1840 年鸦片战争以后，由于帝国主义的侵略，近代中泰官方交往在 1854 年中断。不过，中泰民间的交往不断增加，特别是大批中国劳工在

---

① Office of the Non-Formal and Informal Education，*แผนปฏิบัติการประจำปีงบประมาณ พ. ศ. 2561 ของสำนักงาน ก. ศ.*，Bangkok：Ministry of Education，2018.

这一时期移民泰国，例如，仅 1900 年到 1906 年间，就有至少 24 万潮州人到达泰国。[①] 海外华侨华人为了保存和发展中华文化，1908 年在曼谷的石龙军路开办了第一所华文学校。此后，泰国的华文学校蓬勃发展，到 1938 年华文学校数量达到 294 所。[②] 但由于 1938 年 12 月政变上台的銮披汶·颂堪（Plaek Phibunsongkhram）政府对外采取亲日政策，对内推行民族沙文政策，实行排华政策，并以颁布《民校条例》为由，关闭了 242 所华文学校，[③] 剩下的华文学校风雨飘摇，苟延残喘。1941 年日本进驻泰国后，实行同化政策，关闭了泰国的华人学校，全泰国的华文学校几乎荡然无存，致使当时懂得中国教育和文化的人越来越少，进一步导致泰国和中国的教育合作与交流的减少。二战结束后，中国成为战胜国，泰国政府暂时解除了对华文的限制，华文学校重新获得了发展机会，如雨后春笋般涌现，1947 年底，正式注册的华文学校有 426 家。[④] 然而好景不长，1948 年銮披汶·颂堪再次执政，由于他一味地追随美国，不但在国际上拒不承认新中国，还在国内延续之前的反华排华政策，导致华文学校再次遭受重创陷入沉寂。[⑤] 除此之外，1958 年 10 月沙立·他那叻（Sarit Thanarat）上台后，在美国的授意下宣布禁止同中国进行一切交往。很多华文学校又先后遭到了被迫停办的命运，到 1985 年仅剩下 100 余所学校，在困难之中苦苦支撑。[⑥] 从 1958 年 10 月到 1972 年 8 月的 14 年中，中泰两国政府与民间的往来全部停止，再一次让泰国和中国的教育合作与交流进入了寒冬时期。[⑦]

直到 1975 年中泰建交以后，两国之间的政治、经济和文化交流才迅速发展，迫切需要大量通晓中泰文的双语人才。在这种形势下，泰国政府放松了对华文教育的限制，一些公立大学，如朱拉隆功大学、法政大学、

[①] 田禾、周方冶：《泰国》，社会科学文献出版社 2005 年版，第 247 页。

[②] 段立生：《泰国通史》，上海社会科学院出版社 2014 年版，第 295 页。

[③] 段立生：《泰国通史》，上海社会科学院出版社 2014 年版，第 295 页。

[④] 赵惠霞、秦娟：《泰国华文教育发展演变及影响》，《东南传播》2019 年第 10 期。

[⑤] 赵惠霞、秦娟：《泰国华文教育发展演变及影响》，《东南传播》2019 年第 10 期。

[⑥] 段立生：《泰国通史》，上海社会科学院出版社 2014 年版，第 295 页。

[⑦] 田禾、周方冶：《泰国》，社会科学文献出版社 2005 年版，第 284 页。

农业大学和诗纳卡琳威洛大学等先后办起了中文系。例如，泰国的朱拉隆功大学在北京大学的支持下，开设了中文专业，增设了汉语硕士专业。这开启了泰国和中国在教育合作与交流方面的新篇章。为了促进泰国中文专业的发展，北京大学每年会派教师到朱拉隆功大学，帮助那里的教师改善课程设计，分享中文教学经验。朱拉隆功大学的中文专业学生也可以到北京大学进行实地调研。中泰两国领导人也高度重视加深两国在文化、教育、科技等方面的交流。1978 年中泰签订《中华人民共和国政府和泰王国政府科学技术合作协定》，约定在平等、互不干涉内政和互利等原则的基础上，加强两国之间的科学技术合作。自两国科学技术合作协定签订后，泰国派出科技人员到中国学习淡水养鱼、绿肥栽培、陶器生产等技术；中国派出技术人员前往泰国学习橡胶生产、家禽饲养等技术。到 1985 年初，两国已经顺利地完成了 120 多项科技合作项目。此外，泰国私立大学如爱博大学、博仁大学和郎希大学等也从中国聘请教师来校教授中文。1994 年，泰国华人集资创办了华侨崇圣大学，这是泰国华侨华人创办的第一所大学。陈贞煜院长以夜校的方式在泰华著名慈善家谢慧如先生所创办的东方文化书院教授中文，取得了很大的成绩，学员发展至千人。[①] 此外，泰国还兴办了一些专门教授华文的学校，如中华语文学校、中华国际学校和洲际语言学校等。1990 年，泰国民办教育委员会辖下的华文学校共有 130 所，其中全日制学校 120 所，夜校 10 所。[②]

　　1996 年，我国文化部与泰国教育部签署了两国间第一份文化交流的官方文件——《中泰文化合作谅解备忘录》，开启了两国文化交流新阶段。紧接着，1997 年，两国又签署了《中泰文化合作谅解备忘录 1998—2000 年度实行计划》，用实际行动推动两国文化交流。1999 年两国签署了《中华人民共和国和泰王国关于 21 世纪合作计划的联合声明》，这份声明对文化领域的交往也进行了专款论述："双方将加强在文化、教育、卫生、体

---

① 段立生：《泰国通史》，上海社会科学院出版社 2014 年版，第 295—296 页。

② 段立生：《泰国通史》，上海社会科学院出版社 2014 年版，第 296 页。

育、环保等方面的交流与合作，并在联合国教科文组织、儿童基金会以及亚太经合组织和其他国际和地区合作组织的框架下加强协调与配合。"①这份声明对中泰双方的文化交流进行了规划，文化交流机制也逐渐形成。1999年，中泰两国签订了《关于高等教育合作谅解备忘录》，为两国的高等教育合作与交流提供了制度保障。2005年，泰国国防部的17名官员在华侨大学进行为期一年的汉语课程学习，②这宣告了泰国政府官员中文学习项目的正式启动。2006年，泰国汉语教育由民间组织形式迅速扩展并转变成两国政府的合作。

2007年5月两国签署《中华人民共和国教育部与泰王国教育部关于相互承认高等教育学历和学位的协定》，促进中泰两国高等教育学历学位互认，并推动两国高等学校的学分互认。2009年，中泰签订《中泰教育合作协议》，加强了中泰两国在科技、教育和文化等领域的合作与交流。在职业教育领域，中泰于2013年还签署了《中华人民共和国教育部与泰王国教育部关于加强在职业教育领域合作的谅解备忘录》，为双方职业教育合作的深化和拓展提供了框架。2013年，中国提出共建"一带一路"倡议以来，中泰两国还相继签署了《中华人民共和国和泰王国关于建立全面战略合作伙伴关系的联合声明》《中泰战略性合作共同行动计划（2012—2016年)》《中泰关系发展远景规划》《中国政府和泰国政府联合新闻公报》《中华人民共和国文化和旅游部与泰王国文化部2019年至2021年文化交流执行计划》等系列文件。双方均表示，愿积极开展地方合作与交流，不断扩大民间交往，夯实中泰友好的社会基础；同意继续加强两国人文、教育特别是职业教育等领域的合作；承诺双方将在两国教育合作协议和相互承认高等教育学历和学位的协定框架下，扩大学生流动规模，加强双方学生交流、人才培养以及在教育机构、语言教学方面的合作，深化两国政府部

① 《中华人民共和国和泰王国关于二十一世纪合作计划的联合声明》，《中华人民共和国国务院公报》1999年第22期。

② 吕挺、崔丽丽：《公共外交视角下的泰国政府官员中文学习项目》，《东南亚纵横》2015年第7期。

门、教育机构和民间组织的教育与研究合作，加强高科技创新领域的合作，提升发展人力资本合作的质量。2014 年两国签订的《中泰铁路合作谅解备忘录》和《中泰农产品贸易合作谅解备忘录》等经贸方面的备忘录也都提及加强中泰职业教育在铁路和农业等方面的合作与交流。

二、泰国与中国之间的教育合作与交流的现状

中泰关系自 1975 年建交以来就一直十分友好，两国教育合作与交流频繁，且在深度和广度上不断拓展，并取得丰硕的阶段性成果。

（一）汉语教育

21 世纪以来，中泰两国政府大力推动汉语教育。2006 年，中国国家汉办与泰国教育部所属的 5 个教育委员会正式签署了《中泰汉语教学合作框架协议》；同年，泰国前教育部部长徒龙·猜森（Tulong Chaisen）提出，在泰国中小学教育中推广汉语教育，并将汉语教育纳入泰国国民教育体系。①泰国因而成为世界上第一个把汉语教育纳入国民教育体系的国家。2012 年 4 月，中泰双方发表《中华人民共和国和泰王国关于建立全面战略合作伙伴关系的联合声明》，明确指出将大力"在对方国家推广本国语言文化并设立文化中心，为在泰国的孔子学院和孔子课堂以及在中国的泰语角和泰语研究提供支持"，加强双方学生的相互交流以及在教育机构、汉语教学等方面的合作。②2013 年 10 月，中泰两国发布《中泰关系发展远景规划》，泰方欢迎中国在泰国增设孔子学院。

泰国孔子学院数量位居全球排名第 7 位，且在"一带一路"沿线国家排行靠前。截至 2018 年底，泰国已建立 16 所孔子学院。③泰国不但是东盟区域内最先建立孔子学院的国家，而且是东盟十国内拥有孔子学院数

① 李昊：《中泰合作背景下泰国高校汉语教学的发展及问题》，《华文教学与研究》2010年第 1 期。

② 中华人民共和国中央人民政府：《中泰关于建立全面战略合作伙伴关系的联合声明》，2012 年 4 月 19 日，见 http://www.gov.cn/jrzg/2012-04/19/content_2117598.htm。

③ 国家汉办：《2018 年度孔子学院发展报告》，2019 年 5 月 28 日，见 http://www.hanban.org/confuciousinstitutes/node_10961.htm。

量最多的国家。孔子学院不仅是中国在泰国推广汉语和传播中国文化的重要窗口，而且是中泰教育合作与交流的语言平台。根据泰国教育部高等教育委员会公布的数据，中国从 2006 年开始派出赴泰汉语教师志愿者，数量逐年增加，从 2006 年仅 16 名到 2016 年 276 名，累积总数为 2104 名。①泰国是国家汉办派出汉语教师志愿者人数最多的国家。在中国政府的大力协助之下，泰国政府也积极推动汉语教育，泰国开设汉语课程的中小学校从 2007 年的 490 所上升至 2015 年的 898 所。② 截至 2019 年，泰国有 134 所高等教育机构开设了汉语相关专业课程。③ 泰国政府部门机构也积极开展汉语学习，2018 年泰国议会上议院与农业大学孔子学院专门设立了"泰国上议院议员汉语培训班"，目的是为了使泰国议员更多地了解和熟悉中国语言文化，促进中泰政府高层的交流。④

（二）合作办学

中泰两国签署学位学历互认协议后，中国高校与泰国高校积极开展合作办学。中泰高校教育合作中常见的合作办学模式是"N+N"模式，学生既要在国内院校学习又要在国外院校的学习，在完成学业后可获得国内外院校提供的文凭或学习证明。根据泰国教育部高等教育委员会办公室国际合作战略局公布的数据，2015—2016 年间，泰国与中国开展的合作学位项目数多达 47 项，占据泰国与其他国家和地区合作学位项目总数（136 项）的 33%，明星多于排名第二的美国（21 项）和排名第三的英国（14 项），中国已成为泰国首要的合作伙伴。⑤ 据统计，中泰高校间的合作

① 国家汉办驻泰国代表处：《第十六批中国汉语教师志愿者抵泰》，2017 年 6 月 20 日，见 http://www.hanban thai.org/zhiyuanzhe/zhiyuanzhenews/2017-07-06/6229.html。

② 杜巧红：《泰国孔子学院中国文化活动调查研究——以泰国宋卡王子大学孔子学院为例》，硕士学位论文，广西师范大学文学院，2017 年，第 13 页。

③ 人民网：《汉语成为泰国最受欢迎的外语之一》，2019 年 3 月 15 日，见 http://world.people.com.cn/n1/2019/0315/c1002-30978275.html。

④ 中华人民共和国驻泰王国大使馆：《吕健大使出席"泰国上议院议员汉语培训班"开学典礼》，2019 年 11 月 15 日，见 http://www.chinaembassy.or.th/chn/sgxw/t1716232.htm。

⑤ Bureau of International Cooperation Strategy, Collaborative Degree Programmes between Thai and Foreign Higher Education Institutions Academic Year 2015/16 (August 2015-July 2016), Bangkok: Office of the Higher Education Commission, 2017, p.10.

学位项目中主要是面向本科生的（85%），其次是硕士生（15%）。[①]

在双方合作的高校方面，云南和广西等中国西南地区高校与泰国高校合作占了近60%，[②]这与云南、广西的地理位置以及签署的"一带一路"教育行动国际合作备忘录是密切相关的。2016年11月，教育部与云南、广西等六省区签署了"一带一路"教育行动合作备忘录，其中强调云南和广西地处中国西南边陲，是面向东南亚的重要门户，将围绕建立与东盟各国教育部门工作交流机制，开展以面向东盟国家为重点的国际人文交流，建成面向东盟的教育国际合作与交流高地。据统计，2019年，广西和云南分别有30所和29所院校开设泰语专业或泰语选修课程，是中国开设泰语专业及泰语辅修课程最多的两个省（区）。[③]

在中泰高校合作办学项目的学科设置方面，总体上分布广泛，但语言类（包括汉语和泰语）项目比重偏多。据泰国教育部国际合作战略局公布的数据，在47个中泰合作办学项目中，一共涉及8大学科领域，分别为语言类、经贸类、教育类、中医类、艺术类、旅游类、工程类和自然科学类。其中语言类占比51%，占了半数以上；其次是经贸类，占比15%。[④]我国高校根据中泰对大批高质量汉语和泰语人才的需求，与泰国高校积极开展语言类的学位合作项目。例如，云南师范大学在和东盟尤其是泰国的众多高校开展合作过程中，逐渐形成自己的区域特色专业。该校与泰国南邦皇家大学、清迈皇家大学、清迈大学等多所泰国高校合作开设了对外汉语本科教育"3+1"合作学位项目。该项目将人才培养放在面向东南亚的

---

① 张成霞、胡彦如：《泰国高等教育国际化的经验与实践——以高校国际合作学位项目调查为例》，《东南亚纵横》2016年第2期。

② Bureau of International Cooperation Strategy，Collaborative Degree Programmes between Thai and Foreign Higher Education Institutions Academic Year 2015/16（August 2015-July 2016），Bangkok：Office of the Higher Education Commission，2017，p.172.

③ 李灵珠：《中泰教育合作交流研究——基于2014—2019年5年时间的分析》，《西部素质教育》2019年第18期。

④ Bureau of International Cooperation Strategy，Collaborative Degree Programmes between Thai and Foreign Higher Education Institutions Academic Year 2015/16（August 2015-July 2016），Bangkok：Office of the Higher Education Commission，2017，pp.28-162.

国际坐标系中思考其定位，以泰国为主要合作对象，致力于培养有国际竞争力的、高层次的对外汉语教学的专门人才。

（三）职业教育合作与交流日趋活跃

随着 2010 年中国—东盟自由贸易区的建成以及 2013 年"一带一路"建设的推进，中泰积极开展职业教育的合作与交流。根据全国职业教育对外合作与交流网公布的数据，仅 2016 年，我国各省区市就和泰国开展了 22 个职业教育合作办学项目和短期交流项目，其中包括 2 项职业教育合作办学的项目（1 项语言学科和 1 项财经贸易）和 20 项职业教育交流项目（考察交流、学历进修、短期交流等活动）。从 20 项职业教育合作与交流项目看，总体分布较广泛，包括语言、铁路、农业、教师教育、财经贸易、旅游等 6 个领域。其中，语言类有 7 个，占 35%；铁路类 6 个，占30%；农业类 3 个，占 15%；教师教育类 2 个，占 10%；财经贸易和旅游类各 1 个，各占 5%。[①] 可见，职业教育合作与交流方面除了一直以来比较重视的语言学科以外，铁路和农业方面的合作与交流也在逐渐增加。

在铁路领域的职业教育合作与交流方面，在 2014 年国务院总理李克强与泰国签署了《中泰铁路合作谅解备忘录》后，泰国教育部就启动了铁路技术人才培养和储备计划，并鼓励泰国高校在泰国教育部职业教育委员会办公室的协助下与中国铁路院校开展高铁培训班、合作办学、建设实训基地等多种形式的职业教育合作与交流。2015 年泰国班普职业学院率先寻求和武汉铁路职业技术学院的合作，签署《中泰联合培养铁路人才备忘录》，决定在铁道交通运营管理、高速铁路动车乘务、高速动车组检修技术等五个铁路专业实行人才联合培养，武汉铁路职业技术学院也定期为泰国院校的教师进行铁路专业技术培训。与此同时，广西柳州铁道职业技术学院与泰国东北皇家理工大学合作建立"泰中轨道交通学院"，并在泰国成立了柳州铁道职业技术学院大城府分院（Liuzhou Railway Vocational

---

① 全国职业教育对外合作与交流网：《2016 年各级单位上报对外合作项目情况》，2018 年 1 月 7 日，见 https：// www.cevep.cn/ cevNavProjectAction.fo？ method=list&index=19&from=singlemessage。

Technical College Ayutthaya Campus），旨在培养铁路运输、城市轨道交通及工程建设专业人才，并提供有关铁路工程技术和铁路信号自动控制的文凭课程。此外，柳州铁道职业技术学院还开办了 6 期泰国轨道交通职业教育师资培训班。①

在农业领域的职业教育合作与交流方面，在 2014 年《中泰农产品贸易合作谅解备忘录》签署后，中泰两国不断扩大农产品贸易合作并深化双方在农业教育方面的合作与交流。广西和云南等省区的高职院校也积极配合中泰共建农业互联互通计划，培养和输送了一大批生产服务一线的高素质职业技术人才。例如，云南农业职业技术学院和泰国黎逸农业技术学院开展农林牧渔类的合作交流项目，为泰国培养了一批中职和高职层次的农业技术人才。②2016 年间，中国不仅接待了泰国超高产大豆交流团、桑树种植交流团等 4 个交流团，还派出了蔬菜和水果生产技术交流团等 4 个交流团。此外，中国政府也向泰国提供农业技术专业指导和展示农业示范区建设，还为包括泰国在内的东盟国家举办了生物技术、橡胶生产加工技术和粮食安全信息系统等多期培训班。③ 可见，中泰两国在农业领域的职业教育合作与交流日趋活跃。

此外，两国职业院校合作意向越来越高。2018 年，在重庆市教育委员会、孔敬大学孔子学院、泰国教育部职业教育委员会的共同指导下，重庆工程职业技术学院等中方 19 所院校与泰国南邦技术职业学院等泰方 18 所院校共计 37 所职业院校共同发起成立了中泰职业教育联盟，④ 并通过了

---

① 广西壮族自治区人民政府：《积极参与实施〈推进"一带一路"教育行动计划〉广西教育"走出去请进来"成果丰硕》，2018 年 11 月 28 日，见 http：//www.gxzf.gov.cn/sytt/20181128-723751.shtml。

② 全国职业教育对外合作与交流网：《2016 年各级单位上报对外合作项目情况》，2018 年 1 月 7 日，见 https：// www.cevep.cn/ cevNavProjectAction.fo? method=list&index=19&from=singlemessage。

③ 《第 11 次中泰农业合作联合工作组会在上海·金山举行》，2017 年 8 月 28 日，见 https：//www.sohu.com/a/167886146_734909。

④ 新华网：《中泰职业教育联盟 2019 年会暨中泰高等职业教育在线课程建设交流会在渝举行》，2019 年 5 月 15 日，见 http：//www.xinhuanet.com/webSkipping.htm。

《中泰职业教育联盟章程》，承诺联盟将联合举办中泰职业教育展览会，为联盟机构中的学生和老师提供长期和短期的交流和联合培训项目，为学生设置特殊的职业课程，创建职业技术培训基地。联盟的成立标志着中泰两国职业院校的合作进入了发展的快车道，也为两国的教育合作与交流搭建了桥梁。2019 年 1 月，河北工业职业技术学院与泰国清莱职业学院和泰国教育部职业教育委员会北部第二区职业教育中心签署了《中泰"一带一路"职业教育国际合作框架协议》。① 同年 4 月，该学院在泰国清莱职业学院挂牌，开启了以"互联网 + 国际教育合作"为特色的境外办学。

（四）学生流动

学生流动是泰国与中国开展国际教育合作与交流的重要形式。泰国和中国自建交以来，便大力鼓励和支持青少年赴对方国家学习和交流。自 2007 年 5 月两国签署《中华人民共和国教育部与泰王国教育部关于相互承认高等教育学历和学位的协定》以及 2009 年中泰签订《中泰教育合作协议》之后，泰国来华留学生人数增长迅猛，从 1999 年的仅 512 人次上升至 2016 年的 23044 人次，泰国已成为来华留学生第三大生源国。② 据教育部统计，2018 年共有 196 个国家和地区的外国留学人员在全国的 1004 所高等院校学习，其中泰国留学生 28608 人，跃至第二，已经成为来华留学生第二大生源国。③

近年来，中国一直是泰国第一大留学生来源国。据统计，2017 年，中国赴泰留学生人数就高达 6400 余人，占其总留学生人数的 37.85%，而泰国第二大留学生来源国缅甸仅 1100 人，占比 6.48%，远远低于中国。④

----

① 中国高职高专教育网：《河北工业职业技术学院举行中泰"一带一路"职业教育国际合作签约仪式》，2019 年 1 月 7 日，见 https://www.tech.net.cn/news/show-83416.html。

② 教育部：《2016 年度我国来华留学生情况统计》，2018 年 1 月 1 日，见 http://www.moe.edu.cn/jyb_xwfb/ xw_fbh/moe_2069/ xwfbh_2017n/xwfb_170301/170301_sjtj/201703/ t20170301_297677.html。

③ 教育部：《2018 年来华留学统计》，2019 年 4 月 12 日，见 http：//www.moe.gov.cn/jyb_ xwfb/gzdt_gzdt/s5987/201904/t20190412_377692.html。

④ Number of Foreign Students in Thai Higher Education Institutions (2012)，2018-01-03. 见 https：//drive.google.com/file/d/0B0tJlz-N98SrRGFmb3V0e DJPTnM/view.

此外，赴泰留学的中国学生选择的学科主要集中在英语、工商管理、泰语、旅游管理和酒店管理等学科。① 中国还积极借助东盟平台加强与泰国的教育合作与交流，实现 2025 年双方学生流动总规模达到 30 万人次的目标。②

三、泰国与中国之间的教育合作与交流存在的问题

尽管目前中泰两国教育合作与交流发展总体趋势良好，取得了一定成绩，但同时需要注意到，双方教育合作交流中依然存在着一些问题。这些问题主要表现在双方合作与交流内容单一、合作办学水平较低以及学生流动水平偏低等方面。这些问题如果不能合理和及时地解决，将成为影响未来双方教育合作与交流进展以及充分发挥各自教育优势的障碍。

（一）两国合作与交流内容有待丰富

两国在进行教育合作与交流的过程中，不管是在学历教育合作还是非学历教育交流，都是以语言学习作为主要内容。仅以中泰的合作办学为例，根据泰国国际合作战略署公布的数据，2016 年，中国是泰国首要的合作伙伴，合作项目数多达 47 个。然而，据统计，从合作学位项目的学科比例来看，语言（51%）、财经贸易（15%）等是中泰合作学位项目的主要学科领域，工程类占 9%，而自然科学和艺术类仅占 2%。③ 除此之外，据调查，孔子学院和孔子课堂所主要负责的教学活动依然是汉语教学和中国文化传播。

此外，根据全国职业教育对外合作与交流网公布的数据，2016 年，我国各省区市和泰国开展了 22 个职业教育合作办学项目和短期交流项目，

---

① Thai Higher Education：At a Glance 2017，2018 年 1 月 3 日，见 https：//www. docdroid. net/gRZK1HB/thai-higher-ed-2017-a4-final.pdf。

② 中国教育新闻网：《第四届北京东盟留学生运动会举行》，2018 年 11 月 16 日，见 http：//www.jyb.cn/zgjyb/ 201811/t20181116 _1263407.html。

③ Bureau of International Cooperation Strategy，Collaborative Degree Programmes between Thai and Foreign Higher Education Institutions Academic Year 2015/16（August 2015-July 2016），Bangkok：Office of the Higher Education Commission，2017，pp.28-162.

其中包括 2 项职业教育合作办学的项目和 20 项职业教育交流项目（考察交流、学历进修、短期交流等活动）。从 20 项职业教育交流项目来说，与泰国的职业合作与交流主要集中在语言学科（35%），其次是铁路学科（30%），农业学科（15%）、教师教育（10%），而旅游学科和财经贸易学科仅占 5%。[①] 泰国是东南亚乃至全世界著名的旅游国家，旅游业十分发达，成为泰国创汇最多的经济部门，但中泰两国在旅游业领域的合作交流项目十分少。农业教育的合作也是如此。泰国是传统的农业国家，农业在泰国的经济发展中拥有举足轻重的地位，但两国在农业领域的合作学位项目也相对较少，因此很有必要增加农业领域的合作学位项目。同时，其他特色学科和"一带一路"建设亟须学科领域的合作项目的比例也较低。这种状况与"泰国 4.0 战略"背景下大力培养十大战略产业人才的目标存在不少偏差。中泰两国在职业教育合作与交流学科上，忽视了其他学科领域的重要价值，使得中泰两国教育合作与交流的空间受限。

（二）两国留学生流动水平有待进一步提升

学生流动是两国高等教育交流的最重要方面。尽管两国鼓励和支持青年赴对方国学习，不断扩大双边留学人员规模，但总体来看，两国留学生流动水平偏低。

首先，从流动规模来看，中国赴泰国留学生数量有待增加。尽管 2013 年"一带一路"倡议提出后，中国到泰国留学的学生数量快速增长，且跃至泰国第一大留学生来源国，但是，中国赴泰国留学生数量在中国派出留学生总数中所占比例还很低。

其次，从留学层次来看，在对方国留学的学历层次偏低。从 2014 年和 2015 年泰国来华留学生来看，学历学生比例较低，非学历学生比例较高。泰国来华留学生中仅 41.4% 为学历生，其中学历生中 67.3% 就读本

---

① 全国职业教育对外合作与交流网：《2016 年各级单位上报对外合作项目情况》，2018 年 1 月 7 日，见 https：//www.cevep.cn/cevNav ProjectAction.fo？ method=list&index=19&from=singlemessage。

科，25.2% 在硕士阶段学习，博士阶段仅占 4.7%。[①] 国内学者的有关研究也表明，泰国乃至东盟国家来华留学生有高层教育留学生比例低、非学历学生比例高、奖学金留学生比例低、汉语专业留学生人数高以及集中在广西、云南省区等特点。

再次，从学科分布上来看，以人文社会科学为主，特别是语言学习占首位，而理工农医等专业的学习所占比例很低。2017 年，23% 在泰中国留学生学习旅游管理专业，20% 的在泰中国留学生学习泰语专业，酒店管理 6%，英语和工商管理约 5%。[②]

（三）两国合作办学尚处于初级阶段

尽管两国合作办学机构和合作办学项目日益增加，但是仍然存在着诸多问题，合作办学水平尚处在初级阶段。

首先，中泰合作办学项目的学历层次以本科教育为主，存在着低水平重复的问题。截至 2016 年，中泰高校间合作学位项目共有 47 个，其中本科项目 36 个，约占 76.6%；硕士研究生项目仅有 11 个，约占 23.4%。[③] 从学历层次来看，中泰高校合作学位项目中八成以上是本科生项目，且还没有相关的博士生项目。此外，多数合作办学项目是在双方系、学院或者教研室的基础上，而不是在校级层次上进行的。职业教育合作与交流以考察交流、学历进修、短期交流等交流项目为主，长期系统的合作办学项目较少。

其次，从合作办学的学科设置上，虽然随着 2013 年 "一带一路" 建设的推进以及中泰铁路、农贸合作的深化，铁路和农业方面的职业教育合作与交流逐渐增加，但还远远不够。据泰国教育部国际合作战略局公布的数据，2015—2016 学年，在中泰高校合作办学项目中，一共涉及 8 大学

---

① 根据教育部国际合作与交流司 2014 年、2015 年来华留学生简明统计的相关数据统计。

② Thai Higher Education：At a Glance 2017，2018 年 1 月 3 日，见 https：//www. docdroid. net/gRZK1HB/thai-higher-ed-2017-a4-final.pdf。

③ 张成霞、胡彦如：《泰国高等教育国际化的经验与实践——以高校国际合作学位项目调查为例》，《东南亚纵横》2016 年第 2 期。

科门类，分别为语言类、经贸类、教育类、中医类、艺术类、旅游类、工程类和自然科学类。其中语言类占比51%，占了半数；其次是经贸类，占比15%；再次是工程类和教育类，各占比9%；中医和旅游类各占6%；自然科学和艺术类仅占2%。① 由此得出，中泰双方在医学、教育、旅游、工程等学科领域合作还存在巨大空间，尤其是工程制造学科，这也是实现泰国"4.0战略"与"一带一路"建设对接的重要领域。

再次，从合作高校上看显得过分集中，无论是在高等院校还是职业院校都主要集中在云南、广西等西南省区。据泰国教育部国际合作战略局统计，2015—2016学年，与泰国高校开展合作学位项目的有广西、云南、北京、上海、福建、重庆、四川等15个省区市的高校，一共45所高校，其中，广西和云南高校各7所，各占15.6%；台湾高校5所，占11.1%；上海高校4所，占8.9%；北京、四川、江苏和福建高校各3所，各占6.7%；重庆、广东和陕西高校各2所，占4.4%；黑龙江、辽宁、天津和江西高校仅各为1所，占比2.2%。② 由此可见，中国与泰国高校签署合作协议的高校主要集中在广西和云南，其次是北京，其他省份较少甚至没有。而两国间合作高校地理分布的过分集中，不利于高校的务实对接和协议的真正履行。中国在教育合作与交流中非常看重成果和结果，功利性相对较强。但是民间的教育交流不是一朝一夕就能达到理想的结果的。一般情况下，民间的教育交流在短时间内效果不是特别明显，需要长期坚持和积累才能产生重要影响。

---

① Bureau of International Cooperation Strategy，Collaborative Degree Programmes between Thai and Foreign Higher Education Institutions Academic Year 2015/16（August 2015-July 2016），Bangkok：Office of the Higher Education Commission，2017，pp.28-162.

② Bureau of International Cooperation Strategy，Collaborative Degree Programmes between Thai and Foreign Higher Education Institutions Academic Year 2015/16（August 2015-July 2016），Bangkok：Office of the Higher Education Commission，2017，p.172.

第五节　进一步加强中国与泰国教育合作与交流的建议

随着"一带一路"倡议的实施以及泰国"4.0"战略的不断推进，如何在崭新的历史机遇下，拓展两国教育合作与交流的范围，积极探索培育两国合作与交流的新领域，提升两国教育合作与交流的水平，形成更大范围、更广领域、更高层次的教育国际合作与交流，是摆在两国面前新的历史命题。基于两国教育合作与交流存在的问题，对未来中泰教育合作与交流提出如下建议：

一、丰富两国教育合作与交流的内容

第一，赋予泰国孔子学院新使命，将汉语教学与职业教育相融合。随着"一带一路"建设的推进，泰国对汉语人才的需求进一步增长，孔子学院应该因地制宜、应时而变，培养"一带一路"建设中所需的汉语人才。孔子学院应将汉语教学与职业教育相融合，开展特殊的汉语与技能培训，促进中泰两国职业教育的深入交流。在中泰铁路合作深入的背景下，泰国教育部启动了铁路技术人才培养和储备计划，考虑到将来泰国社会需要大量熟悉铁路专业知识且具备汉语交际能力的本土人才，泰国孔子学院应积极与中国铁路院校开展合作，开设应对泰国国内需求的职业院校高铁培训班。这种开展专业技术教育的孔子学院可以促进中泰在相应领域内开展教育合作与交流，并将中国文化、语言教育与专业技术教育结合起来，使中国文化与语言扎根于当地的社会经济发展中。

第二，拓展职业教育合作与交流的空间，加强经贸和旅游类等领域的项目合作。一方面，自2013年"一带一路"倡议后中国企业到泰国投资步伐加快。据2017年统计，仅泰中罗勇府工业园内就有橡胶、汽配、机械、电子等在内的90多家中国企业入驻。① 中资企业对泰国本土化技

---

① 张志乔：《服务"一带一路"职业教育国际化迎来新契机——以中泰经贸合作为例》，《中国国际财经》2017年第22期。

能人才需求日益增多，然而泰国职业教育毕业生的数量和质量却面临着无法满足当前经济发展需求的困境。另一方面，泰国是旅游大国，拥有丰富的旅游资源以及独特的文化习俗，吸引着世界各国游客。以我国为例，2008—2018 年中国赴泰国旅游的人数急剧增加，从 2008 年 93.74 万人次增至 2018 年 1062.52 万人次。① 因此，中泰双方应积极推进在旅游服务贸易类项目的交流和合作。此外，中国应继续在泰国推广鲁班工坊，输出我国职业教育。即基于泰国当地产业所需要的人才，以国际化教学标准为基础，以工程实践创新项目为主线，以国家示范区优质资源为支撑，为中国的产品技术和产能输出服务，并在泰国开展职业教育和技术技能培训，培养泰国当地熟悉和掌握中国技术、产品、标准的技术技能人才。

第三，联动两国的高校和企业，发展科学研究合作项目。两国高校要加强开展实质性合作研究项目，避免低水平重复，注重向科学与创新领域倾斜。当前医学、生物技术、药理学、护理学、兽医学、农业学、工程学等诸多领域对双方来说都具有优先性。中泰两国学者和科学家应携手努力，开展重大科技攻关，加强大科学领域的前沿合作，形成和支持一批有影响力的科技合作项目，资源共享，优势互补，互利共赢。两国需要以创新为目标，以科技合作为引领，提升高等教育合作与交流的层次。

二、提升两国人员流动规模和质量

首先，继续增强中国对泰国留学吸引力，扩大来华泰国留学生数量，保持中国作为泰国最大留学目的国地位；加强泰国教育留学市场的开发，增加中国赴泰国留学生数量；提升两国在对方国留学的学历层次，鼓励更多留学生在对方的硕士和博士阶段学习；发挥国家公派留学对高端人才培

---

① 卢树文、姜文辉：《中泰双边旅游服务贸易发展现状、问题与对策》，《现代经济信息》2020 年第 E 期。

养的调控作用，加快培养国家战略亟须人才；改变两国留学生以语言类学科为主的专业格局，鼓励更多中国学生赴泰国学习生物技术、旅游管理、农业技术、药学等泰国高校具有传统优势且对我国未来发展意义重大的专业，鼓励更多泰国留学生在中国学习工程、技术、医学等自然学科。另外，要提高双方留学生培养质量，并将留学生的培养重点从教学转移到改善毕业生的就业前景上来，提升留学满意度和吸引力。

其次，促进两国高校教师与科研人员的流动，特别是高水平专家的流动。为此，需要在以下方面作出努力：成立中泰科技人才合作组织，加强双方科技人才信息沟通；扩大两国学者长期或短期访学进修的机会，帮助其熟悉对方国的教育制度和学术优势；鼓励两国学者建立常态性工作联系，为以后共同进行科学研究创设条件；定期组织学术交流会和专家研讨会，开展学术对话，确立共同研究课题；两国政府提供资金支持，鼓励教师和学者围绕共同感兴趣的科研项目进行合作探究；政府及时出台有关惠及对方国人才政策、待遇标准，激励并落实双方科技人才引进工作；加强两国科研规范的融通和学术标准的兼容，拉近两国合作发表学术成果的需求；加强两国学位学历标准的互认，消除两国教师和学者双向流动的障碍。

再次，中泰两国应该加强基础教育领域的合作与交流，开展教师交换项目，以合作分享为目的，以教学为平台，以项目为依托，共同促进两国基础教育发展；鼓励两国学校充分发挥各自主动性，开展学术交流和师生交流等相关活动；尝试借鉴中美"千校携手"的合作框架，以双方政府的教育组织、政府机构以及民间组织作为依托，联系中国和泰国的相关组织机构，多方面全方位地开展各式各样的教育合作与交流。

三、提高两国合作办学的水平和层次

首先，针对合作主体不对等的状况，需要双方进一步政策沟通，在互利共赢、共同发展的原则基础上健全和完善在合作办学领域的相关法规和配套政策，完善准入制度，简化审批程序，完善评估认证，强化退出机

制，加强信息公开，健全质量保障体系。此外，两国要围绕服务"一带一路"倡议、泰国"工业4.0"战略和泰国EEC特区（东部经济走廊）发展规划，就中泰职业教育合作发展、合作模式创新、质量认证评估、信息化教育资源输出、职业教育标准互认等工作进行广泛深入的交流和研讨。中泰两国要从政府层面加强对中泰合作院校的审核与管控，严格把关，出台相关政策措施，提升合作办学的成效。

其次，针对双方合作定位偏低的状况，需要双方充分利用对方的优质教育资源，选择有较好市场前景的学科专业，在做好本科生联合培养项目的同时，逐步放开硕士生、博士生的联合培养。在合作契合点的选择上，重点围绕两国亟须的自然科学与工程科学类专业建设，引入对方的优质教育资源。以同济大学的佛罗伦萨校区为示范，它既结合了同济大学设计专业的优势，又发挥了意大利艺术设计的优势，构建融入佛罗伦萨当地、利于双方合作的人才培养模式、运行管理模式、服务模式以及公共关系模式。此外，泰国旅游资源丰富，旅游业发达。中国的高校可以充分结合泰国的旅游资源优势，在泰国开办旅游学院，培养旅游类专业人才。在旅游学院具体的实施过程中，中国和泰国应以合理和科学的教学体系与课程设计作为人才培养的重要主题，结合泰国当地的就业市场和教育文化市场，以旅游业作为导向，开办接受程度相对较高的专业。并且，泰国和中国在合作开设旅游学院的过程中，需要加强与泰国旅游企业的沟通联系，培养当地社会需要的旅游业专门人才。

再次，促进中泰两国的高水平教育合作。"泰国4.0战略"涉及的十大战略产业和《中国制造2025》中的相关内容有极高的相似性和互补性，这为深化两国教育在十大战略产业方面人才培养奠定了坚实的基础。[①] 因此，深化在十大战略产业的卓越人才培养将成为中泰高等教育合作与交流新的战略重点。例如，基于"一带一路"倡议与"泰国4.0战略"的对接角度，联合两国顶尖高校开展合作，通过合作办学、提供联合学位项目以

---

① 常翔、张锡镇：《泰国东部经济走廊发展计划》，《东南亚纵横》2017年第4期。

及国际课程开发等方式，培养十大战略产业需求的高素质创新人才。结合两国发展战略实际，寻找合作的契合之处，增加两国高层次的教育合作与交流，扩大相互协作范围，共同提升教育质量，实现两国教育合作与交流的可持续发展。

第六章　印度国际教育合作与交流政策研究

　　印度（全称印度共和国）是南亚次大陆最大国家，东北部同中国、尼泊尔、不丹接壤，孟加拉国夹在东北国土之间，东部与缅甸为邻，东南部与斯里兰卡隔海相望，西北部与巴基斯坦交界。东临孟加拉湾，西濒阿拉伯海，海岸线长 5560 公里。印度国土面积约为 298 万平方公里（不包括中印边境印占区和克什米尔印度实际控制区等），居世界第 7 位。人口13.24 亿人，居世界第 2 位。印度有 100 多个民族，其中印度斯坦族约占总人口的 46.3%，其他较大的民族包括马拉提族、孟加拉族、比哈尔族、泰卢固族、泰米尔族等。世界各大宗教在印度都有信徒，其中印度教教徒和穆斯林分别占总人口的 80.5% 和 13.4%。①

　　印度独立后在经济方面有较大发展。20 世纪 90 年代以来，在市场经济全面改革背景下，印度服务业发展迅速，占 GDP 比重逐年上升，印度现已成为全球软件、金融等服务业重要出口国。2006 年，印度推出"十一五"计划（2007—2012），提出保持国民经济 10% 的高速增长，创造 7000 万个就业机会，将贫困人口减少 10%，大力发展教育、卫生等公共事业，继续加快基础设施建设，加大环保力度。2011 年 8 月，印计划

---

① 中国驻印大使馆：《印度国家概况》，2020 年 4 月，见 https://www.fmprc.gov.cn/ce/cein/chn/gyyd/ydgk/t9381.htm。

委员会通过"十二五"（2012—2017）计划指导文件，提出国民经济增速9%的目标。根据国际货币基金组织的经济调查数据，印度 2018—2019 财年主要经济数据如下：国内生产总值 2.72 万亿美元，国内生产总值增长率 6.8%，人均国内生产总值 2038 美元。①

在教育方面，1968 年根据教育委员会的建议，印度国会通过决议，规定了印度各邦以及中央管辖区统一的学制为"10–2–3"制，即小学和初中 10 年，高中 2 年和高等教育 3 年。在行政管理方面，印度是联邦制国家，教育实行地方分权制，由国家教育部制定国家教育政策，邦教育局直接行使管理职责，而 9 个直辖区（印度共有 20 个邦和 9 个中央直辖区）的教育则由中央统管。印度教育经费主要来源于国家预算、各邦和中央直辖区的拨款、各社团组织提供的款项。普通学校（特别是小学）主要靠地方拨款。② 目前，印度在教育方面依然存在较多问题：文盲率居高不下，师资严重缺乏，教育机会不均等，基础教育质量低下。如何实现"公平、卓越和扩张"这三大目标是印度教育目前以及未来的长期目标。

第一节　印度国际教育合作与交流政策的历史发展

印度历史悠久，是世界上最早出现文明的地区之一。在几千年的文明史中，教育是印度文明的重要组成部分，印度国际教育合作与交流的历史同印度的历史发展时期是密切交织在一起的。

一、古印度时期的国际教育合作与交流

古印度作为四大文明古国之一，曾经创造了光辉灿烂的印度河文明，其繁荣的宗教文化传播到亚洲其他国家并对它们的思想意识、文化艺术和风俗习惯都产生重要影响。佛教的繁荣激发了宗教传播中心的成立，佛

---

① 中国驻印大使馆：《印度国家概况》，2020 年 4 月，见 https：//www.fmprc.gov.cn/ce/cein/chn/gyyd/ydgk/t9381.htm。

② 赵中建：《印度的教育制度及其存在的问题》，《外国教育动态》1986 年第 6 期。

教大学应运而生，成为印度高等教育的起源。有印度学者认为，印度高等教育的历史可以追溯到公元前5世纪的塔卡西拉（Takshashila），它曾是知识与文化的中心，因众多优秀的哲学家和学者而闻名。建于公元5世纪的那烂陀大学（Nalanda）也是一个具有纪念意义的里程碑，它是最早的寄宿制大学之一，在其顶峰期吸引了远在中国（尤其是西藏地区）、朝鲜、希腊和波斯的学者和学生。我国著名高僧义净和玄奘都曾前往这所佛教最高学府和学术中心求法。公元前5世纪以来，印度的塔卡西拉、建志补罗（Kanchipura）、那烂陀大学、奥丹达普里寺（Odantapuri）、超戒寺（Vikramashila）等古印度当时著名的寺院，尽管是佛教机构，但它的教学研究并不局限于佛学，还有很多世俗的学科，包括文学、哲学、逻辑学、天文、数学、语言、医药等等，因此被称为当时极负盛名的学术中心，[①]吸引了世界各国的学生和学者前往求学。最值得注意的是，这个时期的印度向世界其他地区预示了高等教育国际化的内涵，即国际化不是一个附加物，而是定义高等教育精神的信条。[②] 总而言之，这个时期佛教在东亚各国的广泛传播，促进了东方国家宗教人士和学者的流动，这些可能是印度国际教育交流的萌芽。

二、殖民地时期的国际教育合作与交流

在殖民时期，印度在英国人的主导下创立起具有现代意义的高等教育系统，直接移植了英国高等教育模式。1813年，英国议会通过新的《宪章法案》（Charter Acts）继续授权东印度公司负责管理殖民地的教育事务。随后，英国伯爵马考利（Thomas Babington Macaulay）受殖民政府委托，开始起草有关印度高等教育发展的报告，并于1835年提交了一份名

---

① Bhattacharya Jonaki, Pal Prasenjit. "Higher Education in India: Recent Issues and Trends", Research Journal of Educational Sciences, Vol. 4, No.1 (January 2016), p.10.

② Yeravdekar V R, Tiwari G. "Internationalization of Higher Education in India: Contribution to Regional Capacity Building in Neighbouring Countries", Procedia-Social and Behavioral Sciences, Vol. 157 (November 2014), pp. 373-380.

为《马考利备忘录》（Macauley Minute）的报告，并指出："鉴于政府没有足够的资金在印度本土实施大众式教育，（殖民政府）应该建立只能面向少数精英阶层的高等教育机构。"①此主张受到当时的总督威廉·本廷克（William Bentinck）的支持。1854年，东印度公司对印度教育发展情况进行全面调查后发布了后来被称作《伍德教育急件》的报告，以完善和健全印度各级教育制度，旨在为英国政府培养一批受过教育的印度人在政府中担任次要职位和充当中间人。在《伍德教育急件》的指导下，1857年，英国人按照伦敦大学模式，在印度的孟买、加尔各答和马德拉斯等三个主要城市建立了三所具有近代意义的大学，印度现代高等教育制度开始起步。但正如马克思所言："英国在印度要完成双重使命，一是破坏的使命，即消灭旧的亚洲式的社会；另一个是重建的使命，即在亚洲为西方式的社会奠定物质基础。"②因此，英国在印度建立起的现代教育制度，并非是为了印度本国的社会经济发展考虑，而是为了自身的殖民扩张利益。从印度殖民地时期的高等教育发展轨迹来看，这一时期主要是为了满足殖民政府统治的需要而被动移植英国高等教育模式，虽然其目的是服务宗主国、防止大规模社会变革的发生，但也为印度近代高等教育发展注入了许多国际化元素。③只不过这一时期印度的国际教育合作与交流对象局限于英国，并未建立起与世界其他国家的文化和教育联系。

三、独立后的国际教育合作与交流

1950年印度独立后，面对百废待兴的局面，亟须确立一条适合印度国情的发展道路。印度需要摆脱贫困，首先需要摆脱对西方资本主义国家的依赖，在政治和经济上消除殖民影响，实现印度的工业化。在此背景下，教育成为印度摆脱贫穷落后现状、改变长期依赖英国的状态的重要工具。印度在教育发展方面面临着两大重要任务，即建立现代教育制度和扩

---

① 施晓光：《印度高等教育政策的回顾与展望》，《北京大学教育评论》2009年第2期。
② 《马克思恩格斯选集》第1卷，人民出版社2012年版，第857页。
③ 刘婷：《印度高等教育国际化历史、现状及特点》，《世界教育信息》2016年第18期。

大教育规模，以及恢复与周边和世界其他国家的联系。

一方面，刚刚独立的印度满目疮痍，为了实现工业、农业和科技的发展，急需扩大教育规模，培养大量社会经济发展所需要的人才。因此，建立起具有现代意义的教育制度，成为印度的首要发展任务。1964 年，为了适应国家发展的需要，改革教育制度，印度成立了科塔里教育委员会（Kothari Commission）。1966 年科塔里委员会的报告提出，为促进印度教育的发展，需要建立 10–2–3 新学制，加强和扩大各种职业技术学校中所实施的职业课程，在初中（8—10 年级）和高中（11—12 年级）阶段分别设置 1—3 年的职业教育课程。该报告还要求高等教育要以探索新知识、培养专业技术人员、服务国家为使命，提高教学和科研水平，改善大学的组织和管理，促进各类高等学校的协调，提高高等教育的生产率。委员会的研究报告为 1968 年印度政府正式通过《国家教育政策》奠定了基础。在新政策引领下，高等教育提供者也开始走向多样化。印度原本只有大学和学院两种类型院校，这一时期专业院校、开放大学、自治院校、培训中心、企业大学、联盟和网络都开始兴起。在此期间，还出现了在监管环境之外运作的文凭和学位。① 在这个阶段，印度的高等教育规模也获得了空前的发展，具体表现为大学和学院数量的迅速增加和高校入学人数的激增。印度刚刚独立时，仅有 20 所大学和 636 所学院，而到了 1965 年已经有多达 2370 所高校，在 15 年间增加了 1700 多所，发展速度非常迅猛。②20世纪 50 年代至 60 年代，大学生入学人数每年增幅达 13%—14%，随后逐渐递减，进入年增长 4%—5% 的稳定增长期。③

另一方面，印度在被殖民期间与外界的隔绝与封闭使印度不能适应全球发展趋势，因此加强与其他国家的联系就显得非常必要。复杂的国内和国际背景推动了双边合作与交流的形成，高等教育的国际化开始得到了

---

① Kriti Dagar："Internationalization of Indian Higher Education：A one-way traffic？"，2018-08-30，http://www.obhe.ac.uk/documents/view_details? id=1075，2018-3-20.
② 刘婷：《印度高等教育国际化历史、现状及特点》，《世界教育信息》2016 年第 18 期。
③ 王涛：《印度高等教育国际化发展评略》，《评价与管理》2012 年第 4 期。

印度高等教育机构和政府更为明确和综合的战略指导。印度由于当时薄弱的综合国力及低迷的高等教育发展水平，在教育全球伙伴关系中经常扮演被援助者的角色，但是印度能够很好地利用这一资源并借机为世界一流大学建设打下坚实基础。印度之所以能够拥有世界公认的一流理工学院并培养出一大批优秀的信息技术人才，与联合国教科文组织、经济合作与发展组织以及美国、德国等发达国家的资助与合作是分不开的。例如 1951 年创建的第一所印度理工学院卡拉格普尔分校就以麻省理工学院为原型构建起学术、科研和管理制度，从而在制度上实现了与国际一流学校的接轨，在师资队伍方面则招揽印度杰出科学家和国际范围内最优秀的教师，使得该学院能够在短短几年之内发展成为高水平的教学科研型大学。此外，印度政府通过与联合国教科文组织达成合作，在孟买建立了印度理工学院孟买分校。之后 1956—1973 年间孟买分校接受了苏联的大量援助，苏联给孟买分校大量资金和教学科研设备援助，还派出 59 名专家和 14 名技术员到孟买指导。为了培养孟买分校一流的教师和科研人员，联合国教科文组织又提供奖学金让苏联培养了 27 名印度教师。此外，1956 年尼赫鲁总理访问联邦德国期间，德国政府提出帮助印度建立一所高等理工学院。在德国提供的 20 位专家指导、20 位优秀教师、1800 万卢比设备支持等全方位援助和支持下，马德拉斯分校于 1959 年建立。此后，印度与德国一直保持着密切的国际合作，1981 年签署了印德第五个合作协议，两国继续加强大学间的合作和学术交流，进一步交换访问学者。印度理工学院坎普尔分校的"坎普尔印美项目"（1962—1972）又是一个非常成功的国际合作典范，该分校 10 年间接受了美国大学联盟 200 多名专家指导，先后派遣了 50 余位教师和技术人员在美国联盟大学接受科研训练，并接受了 750 万美元的设备和 720 万美元的书籍资料。①

　　在这一时期，印度作为发展中国家，还向国外派遣了很多留学生，1976 年达到了 15000 多人。为了吸引在外学成的人员回国工作，政府制

---

① 安双宏：《印度教育战略研究》，浙江教育出版社 2013 年版，第 121—124 页。

定了一些优惠政策，例如，提供较高的工资和较好的住房，允许免税带回生活用品等，另外还建立"英才中心"安置留学归国人员。① 同时，印度在南亚区域中心的地位以及与非洲国家的历史联系，再加上印度相对完整的高等教育体系，使得印度在独立后仍继续接待外国留学生，但数量较少。

第二节　印度国际教育合作与交流政策的现状

为了促进国际教育合作交流的广度与深度，印度通过计划委员会发布的各个"五年计划"、《国家教育政策》等宏观政策在国家层面引导和规范教育的国际化发展，通过制定双边和多边协议建立起全球合作伙伴网络。此外，在具体的领域上，印度则通过提出学生流动、教师流动、研究合作、跨国机构设立等方面的政策和计划，加强印度教育与海外的密切联系。从政策和计划的实施结果来看，确实取得了一定成效。

一、国家宏观政策与协议

（一）国家政策

印度每五年发布一次的"五年计划"中的教育部分，以及《国家教育政策》是印度国家层面上对教育的最高规划和宏观管理，决定了教育的基本发展方向。其中教育国际化相关内容在政策文本中占到越来越突出的地位，反映了印度政府层面对教育国际化重视程度的增加。

1986 年《国家教育政策》（1992 年修订版）粗略提到，中央政府有责任关注教育的国际化发展，不过当时印度尚未把国际化视为教育发展的重要环节。印度计划委员会早期发布的各个"五年计划"虽然对于经济、农业、科学和技术等领域的国际合作非常重视，但也没有给予教育国际化充分的关注。直到 2011 年，第十二个"五年计划"（2012—2017）才开

---

① 顾明远等：《印度教育》，吉林教育出版社 2000 年版，第 427 页。

始明确提出教育的国际化战略，其中包括：增加教师和学生交流计划；促进教学和科研机构的国际合作；从国际最佳实践中学习不同的教学模式；加强信息通信技术的使用。另外，报告还指出：印度将建立一个全球适用的学术学分体系以及国际公认的课程体系；印度还将成立一个专业国家机构——国际教育中心，旨在帮助指定院校建立专门的国际化中心。

2016 年新出台的《国家教育政策（草案）》进一步为教育国际化制定了更为明确的目标：（1）将鼓励来自世界前 200 名的选定的外国大学通过与印度大学合作的方式在印度建立自己的分校。印度将制定相关规则、条例以便外国大学可以向学生提供印度和来源国都承认的学位。（2）由于国际化是一个双向过程，如果需要，印度的院校也可以根据相关法案、法规中的适当立法和修正案在国外设立分校。（3）为了提高印度学生在国外的欢迎程度并吸引国际学生，将鼓励印度高等教育机构努力实现与国际水平相一致的国际化课程，以使其在全球范围内与世界上排名最高的院校保持一致。由于许多国际学生来印度进行文化和印度相关的研究，这些领域将被开发以满足国际学生的需求。（4）高等教育机构将为国际学生提供语言和桥梁课程，帮助他们克服因高级课程所导致的语言障碍或困难。（5）进一步审查准许外国教师加入印度高等教育机构的规范和规定，鼓励更多外国教师加入印度高等教育机构，改进外国学生和教师在签证、注册和延长逗留期限以及税收方面的规则和条例。（6）国际化将作为政府向高等教育机构分配额外财政资源的考量标准之一。（7）政府将与那些在高等教育机构和研究项目方面建立起严格、有力和可靠的批准、认可、评估和质量保障体系的国家开展对话；努力组建一个成员国体系，该体系内所有成员国将彼此承认经认证高等教育机构所颁发的证书。

（二）双边和多边协议

为了促进教育的国际合作与交流，提升教育质量和声誉，印度与众多国家签订了双边协议，并加强与多边组织以及全球性组织之间的联系。

1. 双边协议

截至 2013 年，印度已与 51 个国家签订教育交流计划（Educational

Exchange Programmes，EEPs）和谅解备忘录（Memorandum of Understandings，MoU），包括美国、英国、中国、法国、德国、澳大利亚、加拿大、新西兰、葡萄牙、挪威、韩国、马来西亚、泰国、缅甸、蒙古、墨西哥、巴西、亚美尼亚、坦桑尼亚、圭亚那、以色列、匈牙利、叙利亚、乌兹别克斯坦、斯里兰卡、阿富汗、克罗地亚、厄瓜多尔、卢旺达、沙特阿拉伯、埃塞俄比亚、越南、阿曼、南非、智利、科威特、博茨瓦纳、土库曼斯坦、印度尼西亚、莫桑比克、俄罗斯、特立尼达和多巴哥、毛里求斯、也门、卡塔尔、塔吉克斯坦、布隆迪、白俄罗斯、爱沙尼亚、捷克共和国和秘鲁。印度与这些国家主要通过以下几项举措进行合作：学者、学生和研究人员的交流；分享信息、出版物；组织联合研讨会、讲习班和会议等；努力实现资格的相互承认；发展院校联系。①

从具体计划和方案来看，印度与发达国家建立起双边教育交流或合作计划，包括设置双学位项目、建立研究合作关系、构建人员流动计划等方式，以促进本国教学和研究的改进。同时，印度大学也开始愈来愈注重本国教育的输出与援助，与教育欠发达国家的高等教育机构加强合作，主要通过提供双学位课程、学生和教师交流、合作研究，以及分享课程开发和学术治理方面的印度经验等方式。印度与重点国家合作计划的具体情况如下：

在英印合作上，印度作为英国的前殖民地，双方保持着非常密切的联系。例如，2006年，英国与印度制定了名为"英国—印度教育与研究倡议"（United Kingdom-Indian Education and Research Initiative，简称UKIERI）的双边协定，两国每年共同投资合计500万英镑以实施教育、技能培训和创新领域的合作计划，英国方面由商业、能源和工业战略部，外交和联邦事务部，苏格兰政府，威尔士政府和就业和学习部资助；印度方面则由人力资源开发部，科技部，技能发展和创业部，大学拨款委员

---

① Ministry of Human Resource Development，*Annual Report 2013—2014*，New Delhi：Government of India，2013，pp. 144-145.

会，全印度技术教育委员会和 EdCil 有限公司负责。2011 年，英印两国已经完成了第一期项目，在加强两国基础教育、中等教育、高等教育、继续教育以及专业教育等各级各类教育的合作与交流方面作出了重大贡献。2011 年开始，英印双方继续执行 UKIERI 第二期计划。第二期 UKIERI 计划包括 4 个方面的内容：一是发展领导能力，即培养双方中小学、大专院校的学生和职工在学习和学术方面的领导能力；二是创新合作伙伴，即提升双方继续教育机构和高等教育机构的创新能力；三是技能开发，即到 2022 年，用 12 年的时间，凭借英国的技能教育优势，让印度 5 亿人能够接受技能培训；四是促进印度与英国相关人员的交流，增强双方在学习和学业成绩方面的相互认可度。此外，在英国大学、科学和城市部长格雷格·克拉克（Greg Clark）和印度人力资源开发部长的支持下，英国和印度在 2014 年 11 月 13 日联合发起了一项大规模计划——"印度英国计划"（Generation UK-India Programme），计划在 2015—2020 年间安排 25000 个英国年轻人到印度学习和交流。该方案的目标是促进英国和印度青年之间的互动、接触和理解，建立长期信任和合作，并使两国互惠互利。这一愿景有三个核心的具体目标：培养更具全球竞争力的英国劳动力、加强两国之间的理解和接触、在英国和印度的外向流动方面创造阶段性变化。①

澳大利亚与印度在职业教育领域也建立起了合作框架。澳大利亚—印度教育委员会（Australia-India Education Council，AIEC）下成立了一个单独的技能工作小组，由印度大学拨款委员会组织举办职业教育领袖培训研讨会，该研讨会的重点是提升 40 所新印度社区学院领导者的领导能力和组织能力。领导力发展研讨会旨在与印度领导人分享澳大利亚院校的体制机制，并加强印度社区学院与澳大利亚职业培训机构的联系。印度与瑞士在职业教育和培训领域也有着非常深远的合作，2008 年在纪念瑞士和印度建交 60 周年之际，启动了"瑞士—印度职业教育与培训倡议"的

---

① CII，AIU. *Trends in Internationalization of Higher Education 2015 in India*，New Delhi：Confederation of India Industry，2015，p. 76.

试点项目（Swiss VET Initiative India，SVETII），计划将瑞士双轨职业教育与培训模式引入印度，旨在提高瑞士公司在印度的竞争力，并为印度的年轻工人提供与劳动力市场需求高度相关的双轨职业教育与培训。2016年瑞士与印度新签署的谅解备忘录又为未来的合作提供了新的框架，使得两国在职业教育领域更紧密地合作。

美国与印度的战略合作伙伴关系也十分稳固。目前印度与美国之间既有一些短期的留学项目，更有一些联合学位、双学位或结对计划，能够促进两国学生流动和学术交流。例如班加罗尔的爱美达大学（Amrita University）和纽约州立大学（SUNY）提供双学位课程，允许学生获得两个管理硕士学位。为了提升印度高等教育机构的研究标准和成果产出，印度和美国在管理、工程、医学和生物技术等各大领域都有很多的合作研究项目。2012年美国—印度教育基金会（The United States-India Educational Foundation，USIEF）共同推出了"奥巴马—辛格21世纪知识倡议"（Obama-Singh 21st Century Knowledge Initiative，OSI）项目，旨在加强美国和印度高等教育机构之间的合作并建立伙伴关系，交流活动包括但不限于课程设计、研究协作、团队教学、重点系列交流、研讨会等活动，强调通过活动设计来培养专业知识，推进奖学金和教学，并促进合作院校之间可靠、长期的沟通。[①]

印度和德国也建立起长期的战略伙伴关系计划（Indo-German Strategic Partnership Programme，IGSP），2014年举办的印德会议达成了以下协议：双方同意将计划执行期从2015年延长至2019年；印度对德国建立国际人文和社会科学高级研究中心的倡议表示支持；双方同意进一步加强德国与印度理工学院、印度科学教育和研究院的现有合作，并根据德国学术交流中心（Deutscher Akademischer Austausch Dienst，DAAD）的科学工程科研奖学金（Research Internships in Science and Engineering，

---

① BUCSA. "Obama-Singh 21st Century Knowledge Initiative"，2018-03-24，见 http：//www. bu.edu/asian/2012/08/28/obama-singh-21st-century-knowledge-initiative。

RISE）计划进一步增加来印度理工学院曼迪校区（IIT-Mandi）的德国学生人数；双方同意进一步扩大高等教育技能领域的合作。此外，印度与俄罗斯之间也有双边合作协议，印度—俄罗斯大学网络（India-Russia Network of Universities，RIN）成立于2015年，旨在加强两国在高等教育、科学和创新问题方面的经验合作与交流。

印度与上述发达国家的双边协议和与发展中国家的交流活动性质不同，与发达国家的教育合作与交流主要目的是改善本国教学和研究，而与周边发展中国家的合作与交流则是为了增强本国影响力而实施的输出与援助计划。2014年8月印度总理访问尼泊尔期间签署了一个名为"Bharat-Nepal Shiksha Maitri"的计划，该计划为尼泊尔本科生提供4—6周的体验项目，旨在提高他们对印度生活各个方面以及印度在各个领域取得的进展的认识，该计划的全部费用由印度政府承担。2014年11月3日至24日，第一批尼泊尔学生参加了加尔各答大学举办的首个项目，主要是通过对不同院校、重要企业以及农村地区的访问加深尼泊尔学生对印度的体验和经历。印度总理在访问不丹期间，还承诺将协助不丹在国家图书馆和20个地区建立数字部门或电子图书馆。印度与阿富汗教育部在阿富汗成人教育方案上也建立起国际合作，2011年12月8日印度人力资源开发部与阿富汗政府签署了一份谅解备忘录，还在喀布尔召开了一次关于阿富汗扫盲的战略选择以及印度—阿富汗伙伴关系在其中如何发挥作用的重点小组讨论活动。

2. 多边协议

此外，印度还与不同的国际组织和多边组织开展教育合作活动，如联合国教科文组织、英联邦学习共同体（Commonwealth of Learning）、金砖国家、南盟（SAARC）、印度—巴西—南非（IBSA）、东亚峰会（EAS）、东盟（ASEAN）、环印度洋区域合作联盟（Indian Ocean Rim-Association for Regional Cooperation，IOR-ARC）、经济合作与发展组织（OECD）、欧盟（EU）等。根据"国际协会联盟"2009年的统计，在67个全球协定性政府间国际组织中，印度参与其中的有45个，参与率为

67%，世界排名第 8 位；在 1555 个全球协定性非政府间国际组织中，印度参与其中的有 1190 个，参与率为 76%，世界排名第 14 位，在发展中国家中排名第一。①

通过这些多边组织和国际组织，印度参与了各种教育合作与交流活动，发展起良好的多边关系和全球合作伙伴关系。例如，印度积极参与金砖国家教育部长会议，加强与金砖国家的联系。2015 年 11 月 17 日至 18 日，印度在俄罗斯莫斯科召开的教育部长会议上签署了建立金砖国家大学网络备忘录。金砖国家大学网络是一个旨在发展双边和多边短期联合培养、联合研究项目、硕士和博士课程的教育项目，印度通过参与这些联合研究项目和硕博课程，增加了学生和教师的流动性，加强了与金砖国家的教育联系，培养高素质人才，并为改善印度与其他金砖国家之间的经济关系奠定基础。② 此外，印度人力资源开发部是与联合国教科文组织活动的合作部门，与联合国教科文组织保持密切联系，并且积极参与联合国教科文组织在教育、科技、文化等方面的各项活动。例如，在 2015 年 11 月举行的教科文组织第三十八届大会上，印度人力资源开发部部长代表团参加了领导人论坛，并与联合国教科文组织总干事举行了双边会谈，确定建立合作伙伴关系的新项目。

二、人员流动政策和计划

（一）学生流动

1. 出国留学

印度和中国都是留学生的主要贡献国，世界上约五分之一的留学生是来自中国或印度。虽然印度政府没有明确的政策方针鼓励留学，但是随着经济条件的改善和本国人民对优质高等教育需求的扩张，出国留学人数呈现出整体迅速上升的趋势。从留学人数上看，根据联合国教科文组织

---

① 张贵洪：《印度的国际组织外交》，《国际观察》2010 年第 2 期。

② Department of School Education & Literacy Department of Higher Education，*Annual Report 2015-16*，New Delhi：Government of India，2016，p. 216.

的统计，1998 年以来印度学生出国留学的人数随着印度家庭"支付能力"的变化而变化，出国留学人数自 1998 年的不足 6 万人稳步上升至 2010 年的近 21 万人，但之后在 2010 年至 2013 年，经济衰退和印度卢比对美元的严重贬值导致出国留学人数连续三年下降。2014 年以后印度出国留学人数继续呈现上升趋势，并在 2017 年超过 27 万人，具体数据见表 6-1。

表 6-1　1998—2016 年印度高等教育出国留学人数表（单位：人）

年份	1998	1999	2000	2001	2002
留学生人数	59359	60453	66458	78417	103236
年份	2003	2004	2005	2006	2007
留学生人数	120677	134880	146978	146499	162363
年份	2008	2009	2010	2011	2012
留学生人数	184343	203821	209237	205650	192100
年份	2013	2014	2015	2016	2017
留学生人数	190560	215103	256101	277387	278383

资料来源：联合国教科文组织数据库，2018 年 3 月 11 日，见 http//data.uis.unesco.org/#。

从留学目的国上看，根据印度大学联合会的统计数据，2006 年至 2012 年，印度出国学生人数总共增加了 25%，而出国留学的目的国也发生了一定变化，具体见图 6-1。增长显著的是：去美国的学生增加了 154%，新西兰增加了 331.6%，加拿大 317.6%，中国 214.5%，英国 64.3% 和德国 60.3%，而前往澳大利亚的学生数却急剧下降了约 44%。[①]2012 年，美国、英国、加拿大、澳大利亚、新西兰、中国和德国分别是排名前七位的印度学生留学目的地国。

2. 赴印留学

印度大学联合会自 1990 年以来一直监测国际学生到印度的流动情况，

---

① CIU，AIU. Trends in Internationalization of Higher Education 2014，New Delhi：CII Gurgaon Office，2014，p. 9.

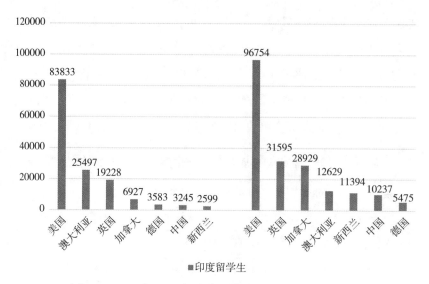

图 6–1　2006 和 2012 年首选目的国印度留学生人数变化

资料来源：CIU，AIU. Trends in Internationalization of Higher Education 2014，New Delhi：CII Gurgaon Office，2014，p. 9.

并且对当时的状况定期发布报告及评价趋势。根据印度大学联合会的统计：印度留学生的来源国数量从 1988 年的 92 个上升到 2015 年的 208 个，涵盖了世界上大部分的国家。但留学生总数量却不容乐观，学生总人数的增长一直乏力，具体见表 6–2。与表 6–1 对照来看，可以发现，印度作为发展中国家，其出国留学和赴印留学人数呈现极度失衡的状态。

表 6–2　2000—2016 年留印学生人数

年份	2000	2001	2002	2003	2004	2005	2006	2011	2012	2013	2014	2015	2016
留印学生	6988	7791	8145	7738	7589	11309	12374	27531	28335	34419	38992	41993	44776

资料来源：联合国教科文组织数据库，2018 年 3 月 11 日，见 http//data.uis.unesco.org/#。

从留学生结构上看，留印学生来自世界各大洲，但来自亚洲和非洲的学生占主导地位，特别是其中来自南亚、西亚、东非和西非的学生，其他极少数来自欧洲、大洋洲和美洲。2014—2015 学年数据显示，来自亚洲的学生有 18352 名，占比 60%；其次是非洲 5880 名，占 20%；其余美洲 1033 人、欧洲 490 人、大洋洲 138 人和印度裔以及海外印度人 4557 名学生加起来总共只占 20% 的份额。值得注意的是，在亚洲学生中，南亚留学生占据的份额最大。根据印度大学联合会的统计，2014—2015 学年来自亚洲的学生共有 18325 名，而来自南亚的就有 10214 人，占亚洲留印学生总数的 55.74%；其次是西亚 4896 人，占比 26.57%；再次是东南亚 1924 人，占比 10.50%；最低的数量来自中亚，只有 174 人，占比 0.95%。[①]

　　针对上述结果，为了更广泛地推销本国教育产品，改变出国留学人数与赴印留学人数极度失衡的状况，印度制定了一些政策与计划以招揽国际留学生。其中，2018 年 3 月 23 日印度人力资源发展部批准了"留学印度"计划（Study in India）以吸引更多留学生。该计划的主要目标为：（1）改善印度的软实力，以邻国为重点将教育作为外交工具。（2）增加到印度留学的人数。（3）将印度在全球教育出口的市场份额从小于 1% 增加到 2%。（4）提高留学生对印度经济的贡献率，包括他们的直接消费和间接消费等。（5）提升印度作为教育目的地的全球排名。（6）缓解印度在留学生数量输入—输出上的不平衡状况。（7）对四分之三的国际学生减免全部或部分学费。具体标准如下：对前 25% 的学生减免 100% 的学费，前 25%—50% 之间的学生减免 50% 的学费，前 50%—75% 之间的学生减免 25% 的学费，最后 25% 的学生不免除学费。"留学印度"计划的主要目标是把印度打造成一个有吸引力的教育目的地以吸引外国留学生，根据现有的政府框架，将为外国学生提供 10%—15% 的额外席位。[②] 可见印度在分割全球留学市场上雄心勃勃，印度期望将教育作为一种外交武器提升自己在国际上的声誉与地位。

---

①　AIU. Internationalization of Higher Education in India-Annual Survey of International Students in India 2014-15，In India：New Delhi，2017，p. 23.

②　Ministry of Human Resouece Development. "Study in India" programme to attract foreign students to study in India，2018-3-23，https：//mhrd.gov.in/sites/upload_files/mhrd/files/study%20in%20India%20release.pdf.

（二）教师合作与交流

为了实现高等教育"卓越、公平和扩张"（Excellence，Equity，Exposion）的"3E"目标，鉴于教师在教育教学和科研中的支柱作用，印度较为重视优秀外籍教师的引入以及本土教师的培养计划。

首先，印度在国家层面制定了促进教师交流的计划与方案。第十二个"五年计划"指出，为了提升印度教师的全球视野，促进教学和研究的交流和创新，政府计划启动"国际教师发展计划"（International Faculty Development Programme）。该项目包括：印度大学将为博士后和教师举办由国际教师和研究人员主持的讲习班，每年将就一系列主题和学科举办40—50个讲习班；将印度教师派往世界上最好的大学进行为期3—6个月的培训和学习；建立一个有利的政策框架，以吸引海外教师，特别是那些在海外大学教学的印度人到印度工作，通过提供有吸引力的报酬邀请海外高级和终身教授作为国际访问教授。在研究方面，印度"十二五"计划则指出，国际研究合作现在成为全球知识经济竞争力的关键，但是目前只有少数顶级印度院校参与国际研究合作，因此在第"十二个"五年计划中，将特别努力加强国际研究联系，并让更多印度院校参与建立这种联系，以使得更多的教师能够参与国际研究合作。

其次，印度政府出台的各项计划以及国际合作项目鼓励印度教师的内向和外向流动。例如印度的质量改进计划（QIP）指出，要提升拥有国家学位和文凭的高校教师的专长和能力，并积极引进优秀外国教师。英印教育研究项目（United Kingdom-Indian Education and Research Initiative，UKIERI）是一个重要的国家间合作项目，为印度教师学习最佳实践方案提供绝佳机会。2014年启动的"学术创新与研究联系"项目计划将47名教职人员派往英国大学进行为期数月的教学和科研训练，每位印度教师都会得到英国主办大学的一位经验丰富的教授的帮助，并有机会观察到导师的教学研究活动。除了国家间合作项目，印度教师也通过一些国际项目获得出境交流的机会，如美国的富布赖特项目（Fulbright Program）、欧盟的伊拉斯谟计划，以及奥巴马—辛格知识倡议。

此外，学术网络与学者交流也是印度关注的重点。其中，英印 AIM 网络（India-UK Advanced Instability Methods Network）成立于 2009 年 1 月，是一个由印度—英国学者和企业研究人员组成的网络，旨在促进两国在研究和应用方面的合作。印度提出的"全球学术网络倡议"（Global Initiative of Academic Networks，GIAN），则旨在利用国际上的科学家和企业家的人才库，鼓励他们与印度高等教育机构合作，以增加印度现有的学术资源，加快质量改革的步伐，并提高印度的科技能力。芬兰科学院也与印度的生物技术部（Department of Biotechnology，DBT）、科学技术部（Department of Science and Technology，DST）和 Tooltech 有限公司等三家机构签署了合作协议，目标是支持两国研究人员的流动性和联合项目，并期望通过组织研讨会促进两国学者的合作和交流。

三、合作研究项目和计划

为了迅速提升印度在科学和技术领域的创造力和全球影响力，印度政府以及相关科研管理机构非常有远见地制定出一系列研究合作倡议和计划，与世界科研大国都保持着非常密切的联系。例如，印度与英国、美国、德国、日本、瑞士以及欧盟就双方共同关注的领域建立起共同研究的合作计划，并给予充分的经费支持。

英国与印度在研究方面有着密切的合作关系。自 2008 年英国研究委员会（Research Councils UK，RCUK）在印度新德里启动以来，英印之间在研究方面的合作飞速发展，截至 2014 年，研究经费已经从 100 万英镑扩大到超过 1.5 亿英镑。[1]2014 年 11 月 12 日英国大学、科学和城市部长克雷格·克拉克（Greg Clark）与印度科技和地球科学部长哈什·瓦尔登（Harsh Vardhan）签订了"牛顿—巴巴"计划（Newton-Bhabha Programme），使英国和印度在科学和研究方面的合作又进一步扩大。该

---

[1]　Arts and Humanities Research Council. "UK and India science and research cooperation set to expand with Newton-Bhabha programme"，2018-12-30，https：//ahrc.ukri.org/newsevents/news/ukindiacooperationexpansion/.

计划包括很多研究项目。例如，英国医学研究委员会（UK's Medical Research Council，MRC）和印度医学研究委员会（Indian Council of Medical Research，ICMR）联合倡议开展心理健康和药物滥用方面的新研究项目，英国可提供高达 200 万英镑的资金，印度医学研究委员会则将资助印度部分；由英国医学研究委员会、国际发展部和印度生物技术部（India's Department of Biotechnology，DBT）投入高达 1000 万英镑，共同资助妇女和儿童健康联合全球研究计划；英国医学研究委员会和印度生物技术部为癌症生物学、神经科学和抗菌素耐药性转化再生药物联合中心合作伙伴提供高达 700 万英镑的资金，支持这些领域的合作研究。除了"牛顿—巴巴计划"之外，格雷格·克拉克部长还通过签署英国艺术与人文研究委员会（UK's Arts and Humanities Research Council，AHRC）与印度历史研究委员会（Indian Council of Historical Research，ICHR）之间的谅解备忘录，宣布了另一个更宏大的英印历史研究合作伙伴计划，联合开展历史研究。①

为了提升印度高等教育机构的研究标准和成果产出，印度和美国在管理、工程、医学和生物技术等各大领域都有很多的合作研究项目。最近的一些案例包括金奈的五大湖管理学院与耶鲁大学合作建立了耶鲁五大湖管理研究中心（Yale-Great Lakes Center for Management Research），加州大学伯克利分校、劳伦斯·伯克利国家实验室、美国和印度政府以及两国的其他教育机构和行业合作伙伴在能源管理和可持续经济发展领域建立起合作伙伴关系。此外，许多美国大学在印度建立了专门的研究中心。例如，哈佛商学院于 2006 年在孟买成立了印度研究中心（India Research Center，IRC），帮助该校教师跟踪该地区的发展趋势，并在广泛的领域中开展前沿研究，包括技术、生物技术、医疗保健、农业综合企业和公司治理等新兴领域。宾夕法尼亚大学印度高等研究院于 1997 年在新德里成立，

① Arts and Humanities Research Council. "UK and India science and research cooperation set to expand with Newton-Bhabha programme"，2018-12-30，https：//ahrc.ukri.org/ newsevents/news/ukindiacooperationexpansion/.

负责研究项目的开发与执行，并吸引印度各大院校的学者开展与区域需求相关的研究。

印度与德国在科学与研究合作方面已经有了 60 多年的历史，且合作力度正在不断增强，德国现在是继美国之后印度在这一领域最重要的合作伙伴。为了满足印度—德国科学合作领域日益增长的需求，德意志联合研究会（Deutsche Forschungsgeinschaft，DFG）的印度办事处于 2006 年成立，除了提供有关 DFG 资金的信息并协助启动联合项目外，DFG 印度办事处还与其合作机构合作，致力于开发更多的印度—德国研究资助机会。DFG 在印度的主要合作伙伴机构是科学技术部、生物技术部、印度国家科学院以及人力资源开发部下属的研究理事会。位于新德里的"印度—德国科学技术中心"（Indo-German Science and Technology Center，IGSTC）则是另一个促进印德研究合作的机构，旨在通过"2+2 合作模式"促进以创新为中心的研究，即至少有来自两个国家的各自至少一所研究或学术机构和一家公营或私营企业参与，[①] 为促进印度—德国校企合作和联合研究作出了非常突出的贡献。

印度与瑞士的研究合作也十分紧密。瑞士和印度政府于 2005 年设立了印度—瑞士联合研究计划（Indo-Swiss Joint Research Programme，ISJRP），支持两国教师和学生联合开展前沿研究，旨在促进双方在共同感兴趣的领域的研究合作。该计划由瑞士联邦教育、科研和创新秘书处（Swiss State Secretariat for Education，Research and Innovation）以及印度科学技术部负责提供资金，由国家指导委员会（National Steering Committee）负责监督计划的执行情况。[②] 印度—瑞士社会科学联合研究计划（2012—2016）（Indo-Swiss Joint Research Programme in the Social Sciences）则加强了两国在社会科学领域的合作研究。在印度和日本的研究合作上，印度人

---

① Federal Ministry of Education and Research，"Field of activity"，2018-12-31，https：//www.internationales-buero.de/en/india.php#schwerpunkte.

② EPFL．"The Indo-Swiss joint research prograamme"，2018-12-31，见 https：//cooperation.epfl.ch/research/bilateral-programmes/india/.

力资源开发部部长和日本文部科学省大臣下村博文（Hakuban Shimomura）于 2014 年 8 月 5 日在新德里举行双边会议，并签署了印度社会科学研究委员会（Indian Council of Social Science Research，ICSSR）和印度历史研究理事会（Indian Council of Historical Research，ICHR）与日本学术振兴会（Japan Society for Promotion of Science，JSPS）合作意向书，促进两国研究人员在人文社会科学领域的学术合作。此外，印度与挪威、以色列的联合研究项目也已经开始起步，2014—2015 年，印度首次实施与这两个国家的联合研究项目，在研究合作方面取得了一定进展。

除了与各国的合作研究之外，印度与欧盟也开发了非常密切的合作研究计划。早在 2001 年欧盟—印度之间就已经签署了科技合作协议，并于 2010 年和 2016 年重新签署了科技合作协议，这是印度与欧盟国家开展研究和创新合作的基石，印度研究人员可以通过这一总体开放机制积极参与欧盟内的框架计划。自 2007 年以来，印度和欧盟在计算材料科学、食品和营养研究、太阳能研究以及与水资源和疫苗相关的各个领域都有合作计划，欧盟研发框架计划（Framework Programme for Research）框架 7 计划（FP7）下的总预算为 6000 万欧元，"地平线 2020"（Horizon 2020）计划下的预算为 6000 万欧元，由印度和欧盟共同承担。2018 年 8 月 28 日，欧盟—印度计划启动 3000 万欧元的联合研究和创新计划，以开发下一代流感疫苗。欧盟和印度政府的生物技术部（DBT）已经承诺各自提供 1500 万欧元来资助这一联合项目。欧盟正在根据其"地平线 2020"资助这一计划。①

值得关注的是，印度众多的委员会也在促进国际研究合作方面发挥重要作用。例如，印度社会科学研究委员会（Indian Council of Social Science Research，ICSSR）根据其"国际合作计划"，在文化交流计划（Cultural Exchange Programmes，CEP）、教育交流计划（Educational Exchange Programmes，EEP）/ 双边和多边计划的框架下，与许多国家建立了社会科

---

① European Commission. International cooperation，2018-12-31，见 https：//ec.europa.eu/research/iscp/index.cfm? pg=india。

学领域的双边合作和研究网络。ICSSR 还与多个国际机构——国际社会科学组织联合会（International Federation of Social Science Organizations，IFSSO）、亚洲社会科学研究理事会（Association of Asian Social Science Research Councils，AASSREC）、国际社会科学理事会（International Social Science Council，ISSC）、亚洲科学理事会（Science Council of Asia，SCA）、联合国教科文组织等国际机构建立了密切联系。另外，欧盟—印度社会科学与人文科学平台已经启动，其中 ICSSR 是印度方面的负责机构。ICSSR 还为在印度组织国际性和全国性研讨会提供财政援助，以促进社会科学研究。①

四、跨境教育机构设立政策

虽然印度拥有非常庞大的高等教育系统，世界各国对于印度这一巨大市场的"觊觎"也由来已久，但印度并不是海外分校设立的主要目的国，主要原因是印度本国利益和政治因素，导致印度迄今没有通过海外分校准入法律。截至 2012 年，虽然先后已经有英国、澳大利亚和加拿大三个国家在印度建立了海外分校，然而在印度设立海外分校依然是不合法的。值得一提的是，2017 年数据显示，印度在其他国家却设立了 9 所海外分校。②

（一）外国机构准入

印度政府对外国教育机构的准入一直持谨慎和防备的态度，这决定了外国教育机构要进入印度市场要经历一个曲折的历程。有关涉外大学审批、管理和监督的法律法规最早可追溯到 1956 年的《大学拨款委员会法》，原则上规定在印度国土上建立的大学均应符合大学拨款委员会法的规定，而根据《大学拨款委员会法》第 2 节规定，"大学"为那些由国家

① Ministry of Human Resource Development. Annual Report 2014-2015，New Delhi：Government of India，2014，p. 88.

② C-BERT，" Branch Campuses"，2017-1-20，http：//cbert.org/resources-data/branch-campus/.

议会法案或邦议会法案认可的大学，这被视为外国大学进入印度的障碍。全印技术教育委员会 2003 年通过、2005 年修订的《关于技术教育类外国大学机构准入和运作的条例》最早对外国大学机构进入印度的条件及运作作出规定，但只针对技术类教育，因此在适用范围上具有一定的局限性，且迄今只有尚不到十几家机构获得批准。[①] 政府对大学的管辖权是建立海外分校的一大障碍。2009 年的《中央大学法案》(the Central Universities Act) 规定各邦各种类型的大学必须受到本邦中央大学的管制，当时的大学联合会则建议印度政府立即紧急启动中央大学法案修改工作，以消除对海外分校管辖权的限制，各邦政府也应该启动此项程序以消除目前妨碍海外分校开设的绊脚石。

2010 年，人力资源开发部正式提出了《外国教育机构（准入和运营条例）条例草案》(The Foreign Educational Institutions [Regulation of Entry and Operations] Bill)，主要针对在印度办学的外国教育机构数量增多且商业化趋向日益突出的问题，提出到印度办学的外国教育机构的准入和运营要求。该条例在 2010 年 5 月已经获得内阁一致通过，再经议会通过即将成为法律，但是由于政府的拖延，该条例至今仍未获得议会通过，实际上已经"流产"。另外，为了保证所引入的外国高等教育资源的质量，大学拨款委员会 2012 年出台了《提升与维持印度与外国教育机构学术合作标准条例》(Promotion and Maintenance of Standards of Academic Collaboration between Indian and Foreign Educational Institutions Regulations)，内容涉及合作备忘录的批准程序及违反后果。2013 年印度宣布允许外国大学作为非营利性公司经营分校，其所颁布的《外国教育机构分校运营》(the Operation of Campuses of Foreign Education Institutions) 规定允许外国大学根据大学教育资助委员会的规定颁发外国学位，并需要符合《公司法》。[②] 这种公告实际上是行政命令，并不需要议会的批准，

---

① 赵叶珠：《印度涉外办学现状及其法律监管体系》，《外国教育研究》2013 年第 2 期。

② University World News. "Access for Foreign Campuses as Legislation Abandoned", 2018-03-15, 见 http://www.university world news.com/article.php? story=201309121115621960.

不失为一种为摆脱立法僵局的好办法。

正因为印度对引入外国教育机构所持有的犹豫观望和延迟条例颁布的态度，同时印度人民又有着强烈的在本国接受优质外国高等教育的需求，近年来联盟协议可以说是印度引入海外优质高等教育资源的另一形式。印度人力资源开发部在 2015 年出台了一项政策，规定印度高校与外国高校在教育方面达成的合作协议可以免除内阁批准，给予高校更多的与国外大学合作的自主权。2016—2017 年，全印技术教育委员会与大学拨款委员会联合发布的规则和指南，也详细介绍了印度近期高校流动的发展情况，并规定了认证和质量等级最高（由国家认证评估委员会和国家认证委员会颁发）的印度大学和学院可以与知名的外国教育机构达成结盟协议。这些新的指导方针旨在加强印度和外国高校之间的合作，为学生提供更优质的教育选择。总的来看，2016—2017 年度已经有 7 对印度高校和外国大学被批准结成伙伴关系，具体见表 6–3。①

表 6–3　印度高校与海外高校结对情况

印度高校	所在邦	外国大学	所属国家
甘地纳加尔技术学院	艾哈迈达巴德	德蒙特福特大学	英国
达利学院商学院	中央邦	德蒙特福特大学	英国
环球商学院	马哈拉施特拉邦	卡迪夫城市大学	英国
酒店管理学院	马哈拉施特拉邦	哈德斯菲尔德大学	英国
GMR 商学院	特伦甘纳	约克大学约克商学院	加拿大
S.R. 国际技术学院	特伦甘纳	马萨诸塞大学	美国
安塔尔技术校区	北方邦	瓦尔帕莱索大学	美国

资料来源：Kriti Dagar. "Internationalization of Indian Higher Education：A one-way traffic?"，2018-03-20，http：//www.obhe.ac.uk/documents/view_details？id=1075.

---

① Kriti Dagar. "Internationalization of Indian Higher Education：A one-way traffic?"，2018-03-20，见 http：//www.obhe.ac.uk/documents/view_details？id=1075.

（二）海外分校设立

尽管印度并不允许外国机构进入印度办学，但十分热衷于在海外设置分校。根据美国跨境教育研究小组（Cross-Border Education Research Team，简称 C-BERT）的研究数据，截至 2017 年 1 月 3 日，全球共有 311 所海外分校。其中美国、英国、法国、俄罗斯、澳大利亚、荷兰、印度运营的海外分校数量达到 109、42、30、22、15、10、9 所，排世界第七位。印度设立的 9 所海外分校中，其中 5 所分校位于阿拉伯联合酋长国首都迪拜，另外 4 所分别位于毛里求斯、尼泊尔、斯里兰卡和美国。[1] 从院校类型来看，大部分开设海外分校的高校是私立院校，除了马尼帕尔大学（Manipal University）的迪拜分校、斯里兰卡分校，著名的还有在阿联酋的博拉理工学院迪拜分校（Birla Institute of Technology and Science-Dubai Campus）、管理技术学院迪拜分校（Institute of Management Technology-Dubai）以及阿米提大学毛里求斯分校（Amity University Mauritius）和美国分校。

除了海外分校之外，印度还非常善于利用开放大学和远程教育的方式扩大印度教育在南亚、非洲等地区的影响力。印度于 1985 年颁布《英迪拉·甘地国立开放大学法案》，该法案准许英迪拉·甘地国立开放大学可以在印度以外的地方设立学习中心。该校已在亚洲和非洲设立了 40 多个学习中心，有数千名海外注册学生，分布在世界上 28 个国家。[2] 学习中心的场地由当地教育部门负责，英迪拉·甘地国立开放大学则负责提供教学设施。近些年来，由于印度积极参与国际远程教育的合作与交流，在全球范围内提供课程学习，现在印度已将自身的影响力扩大到波斯湾和印度洋地区。

---

[1] C-BERT，" Branch Campuses"，2017-1-20，见 http：//cbert.org/resources-data/branch-campus/.

[2] 孔令帅、陈铭霞：《印度教育国际化政策、效果及问题》，《比较教育研究》2017 年第 5 期。

第三节　印度国际教育合作与交流政策的战略重点和发展方向

通过分析印度在国际教育合作与交流上的相关政策措施及其取得的成效，我们可以看出，未来在该领域，印度将继续扩大国际教育合作与交流的深度与广度，深化与发达国家的合作以及扩大在发展中国家的影响力；继续接受来自国际组织和发达国家的资金和技术援助，实现本国教育质量的改善；扩大对发展中国家的支持和援助，提升本国影响力。

一、继续扩大国际教育合作与交流的范围

印度国际教育交流的范围深受其外交战略和政策的影响，例如在殖民地时期，英国几乎是印度学生唯一的出国留学目的地。冷战时期，印度与苏联结成盟友关系，高等教育领域的合作也随之加强。例如印度理工学院孟买分校的建立和发展就接受了苏联大量的人力、物力的援助，苏联不仅赠送大批教学科研设施，还派出专家到孟买指导。如今印度在成为世界强国的战略思想指导下密切与西方大国的关系、实现全方位外交成为印度对外关系的新选择，印度教育国际交往范围也随之变得更加开阔。

一方面，印度教育领域的战略重点依然是深化与发达国家的合作。20世纪 90 年代以来，印度在政治上积极发展与美国等西方大国的关系，恢复与俄罗斯的建交，与欧盟关系稳健发展。在教育领域则表现为，印度积极与这些发达国家保持密切的合作与交流。根据印度大学联合会的统计，2012 年，约 80% 的印度留学生去了美国、英国、加拿大、澳大利亚和新西兰这些发达国家。[①] 具体来看，印度与英国的合作伙伴关系一直非常密切，两国在人员互访方面十分活跃，如英印在 2014 年发起的"印度英国

---

① CII & AIU. *Trends in Internationalization of Higher Education2014*，New Delhi：：CII Gurgaon Office，2014，p.9.

计划",大力促进英国和印度青年之间的互动、接触和理解,建立长期信任和合作,并使两国互惠互利。印度与美国的合作关系也在持续深化,印美在合作研究、联合学位、学生交流方面都有着深度的合作。此外,印度还与澳大利亚、德国、日本、瑞典等发达国家在联合研究、高校合作等方面签订多项合作备忘录。未来,印度将会继续深化与这些国家在人员和研究方面的合作与交流,并通过相关计划和倡议促进交流的可持续性,借此提升本国教学质量和科研水平。

另一方面,扩大在发展中国家的影响力依旧是印度教育领域的发展方向。印度于20世纪开始进行经济自由化改革,在此期间印度政府提出"东向政策",希望能够借助东南亚国家经济腾飞来拉动印度国内经济发展。而且在苏联解体后,由于失去超级大国的保护,印度也迫切需要寻找新的合作伙伴。自20世纪90年代以来,印度对其他南亚邻国的态度更加柔和,以期在南亚塑造良性主导者形象,同时缓和地区矛盾。印度外交官就此曾提出"南亚文化共同体战略"[①]。为了充分利用教育这一"软实力"利器,印度近来不断扩大与非洲国家、金砖国家和其他发展中国家教育合作与交流的力度。例如,在印—俄合作上,2015年5月7日至11日,印度教育代表团在其总理访问俄罗斯期间陪同出席,与俄罗斯签订多项高等教育合作备忘录:印度理工孟买分校和俄罗斯校长联盟签署了关于建立印度和俄罗斯高等教育学术网络备忘录;印度马德拉斯技术学院和俄罗斯托木斯克理工大学(National Research Tomsk State University)签订学术研究合作备忘录。此外,印度与阿联酋在高等教育和科学研究领域也签订了合作备忘录;2015年9月,印度人力资源发展部秘书拉凯什·兰詹(Rakesh Ranjan)和阿拉伯联合酋长国赛义夫·拉希德(Saif Rashid AlMazrouei)签署了关于高等教育和科研领域合作的备忘录。此外,印度还与约旦、巴勒斯坦、以色列、尼泊尔和不丹等国家签订了高校合作备忘录,加强与上述国家高等教育的交流。可见,印度会继续延续最近这种趋势,通过积极

---

① 时宏远:《日趋活跃的印度公共外交》,《国际问题研究》2015年第1期。

参与区域性高等教育组织，如南盟教育部长会议和金砖国家教育部长会议，以及通过增加双边合作协议与计划，深化与亚洲、非洲等发展中国家和地区的交流和联系。

二、继续接受来自发达国家的援助和合作

印度作为发展中国家，在基础教育以及高等教育领域接受了来自美国、英国以及国际组织的资金和技术援助，短期内还将继续延续这一趋势。

首先，印度将继续寻求美国对印度基础教育的援助。美国是印度国际教育援助的主要来源国，美国从其印太战略出发极力拉拢印度。近几十年来，印度虽然在基础教育领域已经取得了一定成就，然而在如何确保质量、提升教师能力、有效利用技术以及改进管理系统上依旧存在许多问题。对此，印度期望未来在以下几个方面继续接受美国在智力和经费方面的援助和支持：（1）数字教育领域。为了促进教育公平，印度急需要通过数字教育为资源稀缺地区的教师和学生提供高质量的学习机会。但是，如何最有效地发挥技术的潜力，如何监督和评估数字内容的质量，能够开发最具成本效益的数字方法以覆盖所有的孩子，如何确保数字学习的质量，都是印度当下面临的最紧迫和严峻的任务。因此，与美国的合作可以帮助促进印度数字教学领域的研究和实施。（2）教师教育领域。印度学校在教师教育方面十分薄弱，因此美国大学教育学院与印度教师培训机构之间的合作非常重要。通过研究项目、教师交流以及美国大学为印度教师提供的在线课程，可以改善印度教师在课程和教学方面的水平。（3）评估系统领域。印度中央层面和邦层面的教育部门都非常关注评估系统的问题，良好的评估可以帮助相关部门和教师了解学生的学习结果。在这一方面，美国可以在评估系统的设计、实施和数据管理上提供有效的经验教训。（4）性别教育领域。印度目前需要促进教育中的性别平等问题，美国可以分享其促进性别平等的学校经验，将帮助印度促进行动和研究。（5）学生技能和能力培养领域。由于使教育更加切合劳动力市场需求是莫迪总理的首要任

务，印度可以在这方面从美国的中学学到很多经验，因此，帮助确定和实施改进的方法来培养技能和能力这一共同议程也是一个重要的印美合作领域。

其次，印度也会继续寻求接受来自英国、世界银行和欧盟的援助。印度于 2009 年 3 月启动的"中等教育普及计划"（Rashtriya Madhyamik Shiksha Abhiyan，RMSA），目的是增加中学教育的入学率并提高其质量，这一计划获得了英国国际发展部（Department for International Development，DFID）和世界银行的大力支持，其中国际发展部已经提供了 8000 万英镑的财政支持。未来，世界银行、英国国际发展部和欧盟承诺继续扩大对 RMSA 计划的支持，除了经费之外，这些国际组织还为印度提供技术专业知识方面的经验指导。①

此外，世界银行也承诺未来将会继续加大对印度各级各类教育的广泛援助。自 2000 年以来，世界银行已承诺向印度的教育投入 20 多亿美元资金支持和重要的技术支持。具体援助包括：（1）儿童早期发展。世界银行通过多项计划支持印度儿童的全面发展。（2）小学和初等教育。自 2003 年以来，世行一直与印度的中央政府、邦政府以及英国国际发展部和欧盟合作，支持"普及小学教育计划"（Sarva Shiksha Abhiyan）。在第一阶段（2003—2007），世行投资 5 亿美元以改善基础设施，并建立了一个评估学习的系统。在第二阶段（2007—2012），世行提供 13.5 亿美元用于扩大高等小学教育的入学率，让所有学生都完成小学教育（8 年级）并提高学习水平。（3）中等教育。世界银行正在准备支持印度政府针对中等教育设置的"中等教育普及计划"（RMSA），估计耗资 5 亿美元。此外，世行还研究了扩大中学公私合作伙伴关系的可行性，并支持关于中学信息和通信技术作用的学习研讨会。（4）职业教育和培训。根据对印度职业教育和培训的分析，世界银行正在支持通过 2.8 亿美元的项目对该部

① Ministry of Human Resource Development，Annual Report 2014-2015，New Delhi：Government of India，2014，p. 58.

门进行升级，它将升级 400 个企业培训机构（Industrial training institutes，ITI）作为印度卓越中心。（5）技术和高等教育。在"技术教育质量改进计划"第一期（Technical Education Quality Improvement Programme-I，简称 TEQUIP I）[①] 成功完成后，世界银行最近批准了一项耗资 3 亿美元的计划，以帮助改善印度的技术和工程教育。这项计划将为精心选择的来自印度全国各地 130 多家工程院校的重大改革提供资金。[②] 由此可见，世界银行过去对印度各级各类教育都有着非常全面而深入的资金和技术投入，未来印度也会继续在世界银行的大力帮助下改善本国教育。

三、增加对其他发展中国家的援助与合作

进入 21 世纪以来，印度开始思考加强对外援助计划的必要性。2003年时任印度财政部长贾斯万特·辛格（Jaswant Singh）在财政预算演讲中曾宣称，印度援助政策的改变旨在提升印度的全球形象，印度已经进入了新的发展阶段，首先要反思对外部捐赠者的依赖，其次是扩大对其他发展中国家的支持。[③] 自此，印度开始不断扩大对外援助规模，形成以南亚邻国为援助核心、以非洲和亚洲为两翼的援助分布结构。印度对南亚和非洲等发展中国家的教育援助开始初具规模。从战略角度考虑，如果说印度与发达国家合作的动因是成为科技强国的话，那么对非洲等发展中国家的援助背后则是更深的政治动因和经济动因。所谓政治动因即在全球范围内塑造印度政治大国形象，提升国家国际地位；经济动因则表现为印度对非洲等石油原产国自然资源的需求，印度提供的许多援助都与购买商品和服务有关。

印度对外发展援助由多个部门共同组织与实施，其中，外交部起着

---

① "技术教育质量改进计划"（TEQIP）是一项为期 10—12 年的长期计划，将在 2—3 个阶段中实施，以在世界银行的协助下实现印度技术教育体系的转型。

② The World Bank. "Education in India"，2018-12-24，　见 http：//www.worldbank.org/en/news/feature/2011/09/20/education-in-india.

③ Gupta Asha. "International trends and private higher education in India"，*International Journal of Educational Management*，Vol. 22，No. 6（August 2008），pp. 565-594.

领导协调的作用，另外还有技术和经济合作部（ITEC）和文化关系委员会（ICCR）。根据印度的财政预算报告，印度政府对外援助金额自 2000 年之后明显上升，年均增长率为 6%，其 2013—2014 财年用于发展援助的预算高达 13 亿美元。其中，ITEC 是印度开展对外援助的重要组织，自 1964 年以来向包括邻国在内的发展中国家提供了价值超过 20 亿美元的技术援助，还向 161 个国家提供了 280 个课程，涉及金融、IT 技术、水资源管理、农村电气化、能源等各个方面，课程的周期为 6 周到 1 年或者更长，截至 2012 年 ITEC 的毕业生已超过 4000 人，这些学员基本上是受援国的高级官员。① 除了培训课程外，技术和经济合作部还向其参与者介绍印度的民主制度、文化和历史遗产，以扩大发展中国家对印度的理解和包容。

但是受自身经济发展状况所限，印度对发展中国家的援助金额不仅远不如西方国家，与中国相比也有很大差距。但印度的成功之处在于其能充分利用自身人力资源和技术技能方面的优势，更像是采用一种"授之以渔"的方法，反而可能更适合于发展中国家的需求。赞比亚学者丹比萨·莫约的《致命的援助》（*Dead Aid*）一书中提到，金钱捐助与外部强加战略和为困在笼子里的动物提供药物食物和安全的做法是类似的，如果出于某些原因供应者不能提供这些产品，习惯了那种生存方式的动物就会死亡。该书作者认为援助导致腐败的滋生和蔓延进而阻碍正常的公民社会的建立，使得经济社会发展停滞、人民贫困加剧，最终摧毁非洲国家的希望。② 相比之下，印度所采取的能力建设与教育援助等策略，则能够帮助非洲等发展中国家培养自己的人才从而实现自主发展的可能性。总结来看，能力建设和技能培训正是印度对外援助与合作的重要关键词。

因此，印度未来会继续保持这个战略重点，即从非洲等被援助国的实际需求出发，结合自身人力资源和特色优势，通过多种计划扩大对发

---

① 唐露萍：《印度的对外援助及其管理》，《国际经济合作》2013 年第 9 期。

② 胡勇：《国际发展援助转型与印度对非发展合作》，《外交评论》（外交学院报）2016 年第 6 期。

展中国家的教育援助。例如，印度目前首先通过"技术和经济合作计划"以及"英联邦援助非洲特别方案"（Special Commonwealth Assistance for Africa Programme，SCAAP），与非洲发展中国家分享发展经验、技术进步成果与知识等"柔性资源"，主要包括提供培训、派遣专家、提供研究与咨询服务以及考察学习等多种方式。其次，印度将继续采用设立奖学金的方式鼓励非洲学生到印度留学，以此加强对非洲国家人才培养方面的援助。非洲一向是印度国际学生的重要来源国，在20世纪90年代初期，非洲学生人口几乎占印度国际学生总数的48%，但如今已降至国际学生人口的约22%。[1] 因此，印度未来将倾向于加强对非洲留学生的奖学金吸引。此外，印度会继续开发自己善于利用信息技术的特点，通过远程教育的方式以较为低廉且传播度广的形式加强对外援助。例如，2011年设立的"泛非电子网络计划"就是印度目前在非洲实施的主要教育援助项目之一，在印度和非洲的大学之间建立起远程结对关系，旨在借助印度先进的信息技术，由印度的一流大学或其他教育机构向非洲学生提供高质量的远程教育服务，以满足非洲国家对于技术和人才的需求。截至2015年，已有48个非盟成员国加入这一计划。印度还宣布将创建"印非虚拟大学"（India-Africa Virtual University，IAVU），以满足非洲对印度优质高等教育资源的需求，该项目旨在通过运用通信技术设备来增加非洲学生的高等教育入学机会，以此来强化非洲国家教育机构的能力建设。

从印度与非洲具体国家的教育合作来看，印度与埃及在高等教育领域的合作在进一步加强。印度和埃及已经公布了一项高等教育合作计划，其中包括建立一个联合院校，在两国大学之间建立网络关系，以及提高学生和学术流动性，该计划旨在加强印度和埃及大学之间的学术、科学和文化合作，以及教学、研究和管理方面的知识和最佳实践的交流。双方计划在开罗设立一所印度大学，专门研究信息和通信技术，这将是印度在北非

---

[1] CII，Trends in Internationalization of Higher Education in India，New Delhi：The Mantosh Sondhi，2014，p.24.

建立的第一个分校和在非洲建立的第五个分校（其他四个都位于毛里求斯）。开罗国家研究中心研究教授萨米尔·哈拉夫·阿布德·埃尔·阿尔（Samir Khalaf Abd-El-Aal）直接指出印埃高等教育合作计划是一项"双赢协议"，"虽然它有助于埃及发展其科学技术劳动力和高等教育基础设施，并从印度大学的最佳实践中受益，但它实际有助于印度发展其作为经济强国的新形象，以及深化和加强印度和非洲各地的政治、经济和文化关系。"① 可见，印度正在利用高等教育外交的策略，通过对非洲等发展中国家的援助和交流，以期促进"印度作为区域教育中心的崛起"这一宏大目标的实现。

此外，印度也会继续向邻国提供更多的援助，特别是尼泊尔和不丹。印度对不丹、尼泊尔和缅甸等周边小国的援助实际上在 50 多年前就已经开始，但受国力所限援助数额一直都不大。2000 年以来，印度对外援助数额迅速增加。目前，印度政府每年提供 50 种奖学金给不丹学生，资助不丹的学生在印度学习医学、工程、法律、护理、农业、牙科等不同专业。此外，在他们被印度高校录取后，印度还会给那些优秀的和需要帮助的学生颁发大使奖学金。自 21 世纪初以来，阿富汗也成为印度援助的主要受益者，虽然这部分主要源自与巴基斯坦的竞争。印度对阿富汗的援助范围开始扩大，包括了培训、人道主义援助、英迪拉甘地儿童健康研究所和哈比比亚学校的重建等。② 未来，印度对邻国教育的援助范围和力度将会进一步扩大，以促进印度对于提升国际声誉、成为区域教育中心、加强区域影响力等多元目标的实现。

四、从单向输出转向输入与输出双向发展

根据知识流动方向的不同，可以将教育国际化划分为三种发展模式，即内向型国际化、外向型国际化和综合型国际化。内向型以"引进"为

---

① University World News. "India deepens higher education cooperation with Egypt", 2018-12-31，https://www.universityworldnews.com/post.php? story=20170518005855901.

② Price G. *India's aid dynamics：From recipient to donor?* London：Royal Institute of International Affairs，2004，pp. 12-13.

主，外向型以"输出"为主，综合型国际化发展模式则是在发展过程中既注重输出也注重引进，在引进的同时重视国际化与本土化的融合。高等教育领域的依附理论认为，美国等西方工业化国家多扮演着输出国的角色，产出知识、先进的科技，并输出大学模式，而第三世界国家则是引进者，是知识的消费者，只会模仿中心大学的做法。

作为发展中大国，印度同样经历着从以引进为主的内向型向以引进输出并重的综合型模式转变的过程。在殖民地时期，印度完全处于被动输入的状态，完全移植了英国高等教育模式；独立后至20世纪90年代，由于经济和教育的落后状态，印度在高等国际教育合作与交流中多扮演"受援者"的角色。20世纪90年代后，随着国家战略调整，印度高等教育国际化的主体意识增强，积极转变在国际合作与交流中的被动地位，不再只是一味地被动引进，做知识的"接收者"，也积极向外拓展，扩大印度的影响力，在人员国际流动和国际项目合作方面采取"引进来"和"走出去"相结合的策略。

一方面，在学生国际流动方面，印度虽然拥有世界第三大的高等教育体系，但其国际学生数量却是非常有限，留学生的招揽和吸引将是未来的一项战略重点。印度高校内的留学生仅占印度高等教育体系总人数的0.1%，相应数字在中国为1.0%，美国37%，英国19.0%，澳大利亚21.4%。① 印度高等教育留学生在校比仅为中国的十分之一，与美国英国等发达国家更是无法相提并论。这与印度本身的期望也大有出入。根据印度高等教育部门的政策框架，印度大学预计招收的留学生比例为15%（10%的外国学生，5%海外印度人和印度裔学生），可见印度对留学生数量的期望值非常大。但事实是，2016年招收的留学生人数仅为4万多人，与期望相去甚远，因此增加赴印留学人数被提上议程。印度工业联合会在报告中指出，印度政府有责任在以下几方面下功夫以提升高等教育系统的

---

① CIU，AIU. *Trends in Internationalization of Higher Education 2015*，In India：The Mantosh Sondhi Centre，2015，p. 63.

吸引力：（1）加强宣传，提高印度高等教育的知名度；（2）完善基础设施；（3）改善课程制度，适应留学生；（4）简化入学、签证程序；（5）各校设置专门负责留学生事务的部门，做好服务工作；（6）提高印度高校国际化意识。此外，2018 年 3 月 23 日印度人力资源发展部批准了留学印度计划（Study in India）以吸引更多留学生。

另一方面，在国际合作项目方面，印度的发展方向也是在注重引进海外优秀资源的同时，以更为积极主动的方式走向世界，在全球范围内传播印度的实践经验。印度十分鼓励与教育欠发达国家的合作分享最佳实践。印度还通过远程教育的方式让高等教育课程走出国门，如英迪拉甘地国立开放大学已经在非洲、中亚及波斯湾等地区的 38 个国家设有近 300 个学习中心，也向南亚和非洲等地更为不发达的国家提供教育、技术方面的援助。在海外办学方面，允许外国优质大学在印度设立分校，印度同时倡导主动开拓海外市场，通过海外教育推广会、远程教育、跨国办学等形式，向外输出印度高等教育。印度大学也确实获得一定程度的成效，在阿联酋、尼泊尔等国建立了分校。

第四节　印度与中国教育合作与交流的历史发展、现状和问题

印度与中国作为世界两大历史悠久的文明古国，自古以来就有非常频繁的文化与教育交流。自 1950 年 4 月 1 日中印正式建交以来，中印两国关系在经历了从冲突到缓和的复杂历程之后，于 21 世纪进入一个全新的发展阶段。中印两国在教育领域的合作与交流继续加深，未来有望进一步扩大人文教育交流，推进战略合作，增进理解互信。

一、印度与中国教育合作与交流的历史发展

在公元 1 世纪到公元 3 世纪，有证据显示几位佛教圣徒和学者是最早沿着历史悠久的"丝绸之路"来到中国的印度人，掀开了中印文化交流的

序幕。公元 3—5 世纪，中国开始有人西行求法，中印政府间往来也开始增多。公元 5 世纪印度为传承佛法而建立的那烂陀大学由于其浓厚的学术氛围成为当时佛教最高学府和学术中心，在鼎盛时期吸引了中国学者的访学，我国著名高僧玄奘、译经家义净都曾在此学习。一直持续到 17 世纪，中印双方佛教圣徒和学者之间的交流都是为了宗教的传播与研究，同时佛教的传入也带来双方在科技、医学、哲学与艺术方面的交流，但实际上中印在教育方面的交流依旧没有起步。

直到 20 世纪，在一些著名学者的推动下，中国和印度开始在本国设立关于对方国家文明的研究中心并开始教授相关课程，这意味着中印教育交流开始真正起步。著名印度诗人、哲学家泰戈尔（Rabindranath Tagore）于 1924 年访问中国，目的是恢复中印两大亚洲文明的联系并决定在自己建立的国际大学中设立中国学院。最后在中国政府、中印学会和其他支持者的协助下，中国学院于 1937 年 4 月 14 日举行落成仪式。20 世纪 30 年代，由拉古·维拉（Raghu Vira）创立的位于新德里的印度国际文化学院是另一个从事中国研究的机构。现代中国对印度文明的系统研究同样始于 20 世纪，并同时开始在大学中传授关于印度哲学等方面的课程。例如，1916 年，许季上率先在北京大学讲授印度哲学；1917—1924 年，梁漱溟在北京大学讲授印度哲学。1922 年，汤用彤留学归国，在一些大学讲授印度哲学史等课程。1931 年，通晓梵文和巴利文的陈寅恪在清华大学开设佛典翻译文学课。从 1924 年开始，包括僧人在内的许多中国学生前往印度留学，如许地山（1926、1934）、金克木（1941）、吴晓铃（1942）、徐梵澄（1942）、陈翰笙（1944）、常任侠（1945）等。1942 年，中国在云南建立了国立东方语文专科学校，首次设置印地语课程，此外还设有印度历史、印度宗教、印度社会等课程。1946 年，北京大学成立东方语言系，教学内容包括印度的语言文学。①

---

① 《中印文化交流百科全书》（详编）编委会：《中印文化交流百科全书》，中国大百科全书出版社 2015 年版，第 2—14 页。

如果说 20 世纪初期到中期中国和印度的教育交流主要限于学者自发活动的话，在 1950 年 4 月 1 日中印建立外交关系之后，双方开始有了定期的教育交流活动。然而，1962 年双方关系迅速降到冰点，中印之间开始进入冷战，双方不给对方的公民发放签证，从而阻断了中印之间的文化和教育交流。一直到 1988 年，印度总理拉吉夫·甘地（Rajiv Gandhi）的访华之旅缓解了印中之间持续 26 年的紧张气氛，两国开始走上关系正常化的道路。1991 年，两国政府签署了文化交流计划。作为该协议的一部分，每年有 28 名印度学生被邀请到中国，28 名中国学生被派往印度。2003 年 6 月 23 日，中国国务院总理温家宝与印度总理瓦杰帕伊在人民大会堂签署了《中华人民共和国和印度共和国关系原则和全面合作的宣言》，双方同意充分挖掘巨大潜力，抓住有利机遇，深化互利合作，并将促进中印之间文化、教育、科技、媒体、青年和民间交流，巩固历史和文化联系。由此，自 20 世纪 90 年代以来，印中两国关系迅速升温，在政治领域表现为两国领导人包括国家元首和政府首脑之间的定期互访活动。在这个背景下，印中两国为了重拾合作的信心，实施了多项外交举措，迅速扩大双边贸易，停滞多年的教育交流也得以重新发展。①

二、印度与中国教育合作与交流的现状

中国与印度的教育双边合作对于促进两国相互理解和互联互通具有重要意义。当前，中印在教育领域的交流已经小有成效，具体表现在双边协议、学生交流、教师交流上。

（一）双边协议

自 20 世纪末、21 世纪初以来，中印两国领导人、教育部官员之间进行了一些较为频繁的访问和交流，为两国教育领域的合作和交流开辟道路。2000 年 11 月底至 12 月初，韦钰副部长率中国教育代表团对印度

---

① 中印对话：《印中关系正常化道路上的"拦路虎"》，2018 年 12 月 20 日，见 http：//production.cid.siz.yt/zh-CN/beltandroadindia-china-relations-careful-climb-to-normalization。

进行了正式访问，会见了印度人力资源部长，在印期间重点考察了印度的软件产业发展及其人才培养情况，还会见了印度赴华留学归国生的代表。2009 年中国教育部派遣一支教育干部团队赴印度开展培训工作和考察。2010 年 9 月 15 日教育部部长袁贵仁会见来访的印度人力资源与开发部部长卡皮尔·希巴尔（Kapil Sibal）一行。2010 年 12 月 15 日，国务院总理温家宝参观印度首都新德里的泰戈尔国际学校，与该校师生进行亲切交流。2011 年 6 月 3—13 日，为进一步促进中国与印度在教育领域的合作与交流，教育部副部长李卫红率中国教育代表团一行访问了印度。到了2015 年，纳伦德拉·莫迪（Narendra Damodardas Modi）总理访华。

　　两国领导人和教育代表团之间的互相访问，带来了一些双边政策、协议和项目的确立，促进了印中教育领域的合作与交流。1983 年我国已经与印度等 19 个国家签署了亚洲和太平洋地区承认高等教育学历、文凭和学位的地区公约，印度列于其中。2000 年 11 月底至 12 月初，韦钰副部长率中国教育代表团访印期间，就中印教育交流合作协议（草案）与印方交换了意见。2005 年，我国教育部与印度印孚瑟斯（INFOSYS）公司签署了关于中国向其派遣百名软件实习学生合作协议，同时实施了首轮"印度印孚瑟斯有限公司实习项目"和"电通研修项目"，这将对中国培养软件和广告人才起到积极作用。2006 年，印度和中国签署了教育交流计划（Education Exchange Programme，EEP），这是两国教育合作与交流的总括协议。根据该协议，每年双方共有 25 名学生可获得政府奖学金前往彼此国家认可的高等教育机构学习，其中印度发放的 25 人次奖学金由印度文化关系委员会（Indian Council for Cultural Relations，ICCR）提供。2008 年，我国教育部与印度新增了国际师生文化交流项目合作。2015 年，在纳伦德拉·莫迪总理访华期间，中印两个国家于 5 月 15 日签署了新的教育交流计划（EEP），以促进职业教育领域院校和高等教育院校之间的合作。具体合作内容包括：印度文化关系委员会为 25 名中国学生提供奖学金参加 2017—2018 学年的印地语课程；双方同意在复旦大学设立甘地印度研究中心，并在云南大学设立瑜伽学院；中印双方将加强职业培训和技能发展合作，包括签署关于在古吉拉特邦甘地那加、艾哈迈达巴德建立圣雄甘地国家技能开发和创业学院的合作行动计划。

（二）学生交流

中印双方在学生交流方面已经取得了初步进展，来华留学生数量开始呈现稳步上升的态势，印度开始成为中国主要的留学生源地；中印非政府组织在促进中印学生交流方面发挥着独特的重要作用；一些自发的中印学校教育交流计划开始兴起。

首先，印度来华留学生数量呈"喷涌式"发展，但中国赴印度留学的人数非常少。根据中华人民共和国教育部《中国教育年鉴》关于来华留学生数据的历年统计结果，2003 年，教育部统计了来华留学生人数超过 200 人的国家共有 25 个，印度甚至都没有上榜，可见中印教育交流基本处于"冷却期"。之后，印度来华留学的学生数开始逐年稳步上升，印度开始成为来华留学主要生源国。2004 年、2005 年、2006 年、2007 年、2008 年、2009 年、2010 年、2011 年印度在我国留学的学生分别为 765 人、3295 人、5634 人、7190 人、8145 人、8468 人、9014 人、9370 人，到了 2014 年，印度已位列来华留学第 7 大生源国，数量上达到 13578 人。另外，根据我国教育部公布的来华留学生数据，2018 年我国接收了 23198 名印度留学生，印度成为我国第 4 大留学生来源国。[①] 相关发展除了归功于中国高等教育不断提升的声誉、区域毗邻优势、成本低廉优势，中国政府不断推出的奖学金政策以及留学宣传展功不可没。一方面，中国政府通过优厚的"长城奖学金"（通过联合国教科文组织提供）、"优秀外国留学生奖学金"和"HSK 优胜者奖学金"等专项奖学金鼓励印度等世界各国学生来华学习。2017—2018 年度，中国政府还为印度学生提供在 279 所中国指定大学进行高等学习、研究或专业培训的专项奖学金，具体学习领域包括中国语言文学、生物学、物理学、计算机科学、经济学等 16 个专

---

① 教育部：《2018 年来华留学统计》，2019 年 4 月 12 日，见 http://www.moe.gov.cn/jyb_xwfb/gzdt_gzdt/s5987/201904/t20190412_377692.html。

业。① 另一方面，十几年来我国国家留学基金管理委员会秘书处、教育部留学服务中心、中国国际教育交流协会还分别组织有关高等学校赴印度举办中国教育展和来华留学说明会，宣传改革开放以来中国教育改革与发展成就，提高中国教育在印度的影响力和竞争力，为吸引更多印度来华留学生、促进中印国际教育合作与交流发挥了重要作用。例如，2018年，来自中国 11 个省市的 60 多所高等院校于 5 月 10 日至 11 日在印度东部城市加尔各答举行教育成就及招生展，为期两天的展览由中国驻加尔各答总领馆和加尔各答学校合作举办。印度联邦议员萨曼塔（Achyuta Samanta）、西孟加拉邦教育部官员、当地大中院校师生、华侨华人等千余人参加了展会开幕式。② 但是反过来看，中国赴印度留学的人数确实少之又少。每年有中国学生获得印度提供的奖学金赴阿格拉的印度中央印地语学院（Kendriya Hindi Sansthan）学习印地语，2017—2018 年度，根据该计划，5 名中国学生赴印度阿格拉学习印地语，③ 可见奖学金的资助名额非常有限。据印度大学联合会的统计，2014—2015 学年中国有 815 人次赴印度留学，且其中有 532 人出自中国的西藏自治区④，也足以窥见中国学生赴印留学人数极少这一现象。

其次，一些中印非政府组织在促进两国教育交流方面发挥了重要的"桥梁"作用。例如，云南省中印合作交流促进会（Yunnan Society For China-India Cooperation and Exchange）成立于 2004 年，通过自身地理优势建设"桥头堡"，为促进中印教育以及其他方面的合作与交流献计献策。

① India education study abroad. "Chinese Government Scholarship 2017-18"，2018-12-2，http：//www.indiaeducation.net/scholarships/studyabroad/chinese-government-scholarship.aspx.

② 人民网：《中国高校在印度举办教育成就》，2018 年 12 月 20 日，见 http：//world.people.com.cn/n1/2018/0512/c1002-29984117.html。

③ Embassy of India. "Education relations"，2018-12-21，http：//indianembassybeijing.in/education-relation.php.

④ AIU.Internationalization of Higher Education in India-Annual Survey of International Students in India 2014-15. In India：New Delhi，2017，p. 25.

印中合作联盟（India China Alliance for Cooperation，ICAC）在促进中印教育合作上也发挥了重要作用，其在印度的合作伙伴主要包括位于昌迪加尔的 Chitkar 集团和位于金奈、泰米尔纳德邦的印度斯坦集团，在中国的合作伙伴则主要来自各公私立高等教育院校以及省政府部门。ICAC 目前已派出多个印度学生团体前往中国各省最负盛名的大学和教育院校学习交流，学生交流、教师交流、联合研究和联合项目、学生实习是双方讨论的一些关键议程。目前 ICAC 签订的一些合作伙伴主要包括：与沈阳皇姑区科技园签署谅解备忘录，以加强中国和印度的思想交流、培训计划和学习机会；与上海海外人才服务中心（Shanghai Overseas Talent Service Centre，SOTSC）建立合作伙伴关系，作为协议的一部分，印度 MBA 学生有机会在上海参与为期 8 周的国际实习项目；与对外经济贸易大学签订谅解备忘录，促进中印在高等教育领域的合作，作为协议的一部分，将增加中印学生和教师交流的机会；与上海交通大学（媒体与设计学院）、复旦大学新闻学院签证谅解备忘录。①

最后，中印之间还存在着校方自发的教育交流与访学计划。例如，对外经济贸易大学与印度管理学院建立起了国际交换项目，每年派两名本科生前往印度交流一个学期。在基础教育领域，也存在一些访学和交流活动。例如，2010 年中国青少年学生团队赴印度参加"亚洲科学夏令营"活动，与诺贝尔奖得主以及印度师生交流。2017—2018 连续两年，印度孟买的德鲁拜·安巴尼国际学校（Dhirubhai Ambani International School，DAIS）和深圳（南山）中加学校举行圆方交流活动，促进了中印双方的文化和教育交流。此外，云南师范大学附属中学与位于加尔各答的圣泽维尔高中（St. Xavier's High School）也建立起长期的教育交流项目。2018年，两校进行了第九个年头的友好交流活动。

---

① India China Alliance for cooperation. "Partners"，2018-12-19，见 http：//www.indiachinaonline.org/Partners.php.

（三）教师交流

中印教师交流的范围也在扩大。印度等外国教师可以通过中国教育部"外国汉语教师短期研修奖学金""中华文化研究奖学金"等奖学金计划来华从事学习和研究；同样，中国学者也可以通过国家留学基金委等奖学金计划去印度访学。此外，各类高级专家会议和教师代表团访问活动也为中印教师交流提供了良好的平台。例如，2009 年"培养全球视野公民"国际教育研讨会在上海召开，来自印度等国的专家学者、学校管理人员以及教育工作者也参与了会议，中外学者共同围绕国际教育合作与交流、人才培养模式改革、跨境教育中的质量保障、学校教育评估等问题进行了深入研讨。2010 年是中国与印度建交 60 周年，北京钓鱼台国宾馆成功举办了中印大学校长论坛，促进中印学术交流和互相理解。2010 年 11 月 7—9 日，第八届杭州国际创新教育大会暨国际基础教育质量标准高级专家会议在杭州召开，我国专家学者与来自印度等亚洲、非洲国家的代表就国际基础教育质量标准展开探讨。2010 年 12 月 27—31 日，来自印度等多个国家的教师代表团参加了在黄山市举办的第十七届"华夏园丁大联欢——2010 徽文化之旅"活动。

三、印度与中国教育合作与交流存在的问题

经过十多年来的发展，印度—中国教育合作与交流从 21 世纪初期的"冷却期"发展到现在，已经取得了初步进展。印度—中国互访留学生数量稳步增长，到目前已经初具规模，中印双方师生的互访活动也开始打破冰点。但是，客观分析，中国和印度的教育交流起步晚，且在教师交流、研究合作以及合作办学方面仍几乎处于空白状态，偶有的师生交流基本都处于自发性质的小概率行为，缺乏双边项目的支持使得中印互访行动不具备可持续性和发展性。更为重要的是，1983 年，中国与 19 个国家签署了亚洲和太平洋地区承认高等教育学历、文凭和学位的地区公约，印度也在其中，然而中印之间尚未签订双边学历互认协议，也几乎没有签订一些教育合作协议或备忘录，这严重制约了中印双方教育合作与交流的广度与深度。

20 世纪 90 年代以来，中方一直积极主动推进中印两国在教育等各领域的合作与交流，然而成效依旧十分有限，主要原因是印度方一直以来的犹疑态度，使得两国之间缺乏具有稳定性和可持续性的双边协议与项目。其背后更为根本的原因不在教育，而在于政治因素。1988 年印度总理拉吉夫·甘地的访华打破了中印自 1962 年以来的"冰冻关系"，使得两国邦交开始恢复。但是不可否认的是，由于历史遗留问题两国依然对彼此心存疑虑和戒心，印度对于中国综合国力的迅速提升心存戒备，边界争端、克什米尔问题以及中国与巴基斯坦关系是中印之间短期内都无法跨越的鸿沟。双边政治关系的复杂程度直接影响了教育领域的合作与交流。中印教育协议中所覆盖的人员数量十分有限，官方合作计划的缺位使得中印教育交流更多地依靠非政府组织的协调与两国人民的自发行动，这都决定了两国教育交流依然处于起步阶段，且都是"浅尝辄止"，难以保证覆盖度、深度和质量。

第五节　进一步加强中国与印度教育合作与交流的建议

虽然中印之间存在着一些共同利益，由于边界划分的争议以及多边关系的复杂性，印度认为中国是一种安全威胁且在媒体上宣扬中国的威胁性，中国对印度持有谨慎态度，相互之间不信任感的蔓延使得双边合作与交流机制被阻断。印度新德里贾瓦哈拉尔·尼赫鲁大学南亚研究中心的斯利坎特·康达帕里（Srikanth Kondapalli）教授指出，中印的紧张关系的重要原因是缺乏能够理解对方的学者和认识。他估计印度研究中国问题的专家人数不超过 100 人，这大大降低了双方之间的理解。此外，康达帕里教授认为教育领域的交流甚至可以克服文化甚至政治差异。① 印度和中国

---

① Abhilash Roy Nalpathamkalam. "Cooperation without trust：India-China relations today"，2018-12-15，见 https：//in.boell.org/2012/10/11/cooperation-without-trust-india-china-relations-today。

作为发展中新兴大国，两国之间虽然存在着政治方面的冲突与争端，且短期内难以解决，但是在经济繁荣、和平发展以及战略合作的新时代背景下，中印之间的合作不仅符合两国经济和社会发展需求，更决定了亚洲崛起的可能性以及促进世界稳定发展。因此，印度和中国需要搁置旧问题，共同追求最大程度的共赢。教育作为增进相互了解的重要渠道，应该发挥其在缓解中印关系上的独特和重要作用。相互了解对方的语言和文化是消除两国人民之间误解和隔阂的重要途径，而教育合作与交流是实现这一目标的第一步。

一、建立政治互信，加强战略对接

中印两国在政治、经济、文化、军事等领域的交流越来越频繁，双方已经建立起战略合作伙伴关系。为进一步深化两国的合作与交流机制，中印双方应做到如下几点：第一，中印两国之间需要达成战略理解并建设一种保证两国共同发展和共同安全的双边机制，例如，两国可以签订一项睦邻友好条约，用法律的形式确立两国关系；第二，除了建立信任措施之外，中印之间还应当保持目前国家领导人经常会晤的做法，加强和扩大军事交流，充分利用已经建立的战略对话机制澄清和消除双方在地缘政治或地缘战略上的误解[1]；第三，双方应当充分利用中印高级别人文交流机制，深化教育、科技、文化、卫生、体育、旅游等各领域务实合作，促进两国人文交流合作；第四，中印双方应继续对接各国政策和发展战略，开展"中印＋"合作，促进地区自由贸易、基础设施建设和互联互通，实现地区共同繁荣。[2]

二、落实中印教育合作的政策与协议

当前中印在经济贸易方面的交流正在扩大，但是教育领域极其有限

---

[1]　黄文宇：《以互信为基础　不断发展中印战略伙伴关系》，《当代世界》2006 年第 11 期。

[2]　《访中国驻印度大使孙卫东：〈中印加强合作实现共赢发展〉》，2019 年 10 月 11 日，见 http://www.xinhuanet.com/mrdx/2019-10/11/c_1210308489.htm。

的交流归根结底在于政策的缺乏。正是双方在政治领域的冲突和外交上的谨慎态度，使得中印之间没有建立起双边合作的政策和机制，这严重影响了教育合作的广度和深度。当前，在两国共同利益的驱使之下，在金砖国家峰会、上海合作组织峰会以及中国"一带一路"倡议的推动下，中国与印度在教育领域的交流可以突破政治怪圈而先行，以期通过教育的合作与交流推动两国相互理解和包容。近十几年来，中国政府一直以积极主动的姿态与印度方进行洽谈，也初步取得了一些成效。未来我国可以继续保持积极态度，大力鼓励对印合作与交流，其中首当其冲应该是推动中印双方之间制定起专门的双边教育交流政策，搭建良好的交流平台和合作项目，建立教育合作与交流的长效机制。

未来双方可以考虑在以下几个方面加强政策设计：放松签证政策，通过促进人员流动的方式增进两国人民之间的理解；继续推动双边学历学位互认工作，使得更多高等教育学校和专业之间的交流成为可能；设立两国合作与交流的专项政策和专项资金，在战略层面和经费层面保障人员流动和合作研究；鼓励在中国建立印地语和泰米尔语学习中心以及在印度建立汉语学习中心和孔子学院，打破屏障、促进研究和交往的语言基础；促进中国高校与印度学校签署双边合作协议和谅解备忘录，促进校级合作交流；创建本科生、研究生双学位项目和联合学位项目，促进中印学生流动；推动基础教育领域的合作与交流，建立国际学校、创建合作项目、加强校际交流等都是有效方式。

三、促进中印两国人员的双向流动

在上述政策和资金的支撑下，中印双方应该建立起具体在学生流动、教师流动方面的交流计划，通过加强人员层面的跨国流动，促进学术交流和文化理解。

在学生流动上，一方面要继续扩大印度来华留学生的数量和比例。在留学生招募上，继续通过教育展览活动以及奖学金计划引起印度学生的兴趣，进一步扩大奖学金的数量和覆盖领域，充分宣传"留学中国"教育质量高、地理位置近、费用低廉、社会安全等优势，打造中国教育品牌，提升中国教育在印度的形象和声誉，促进印度留学生人数的稳步提升，培养一批知华、友华的印度高素质人才，促进中印理解。当前印度来华留学生就读专业上，农业、医学占极大的比例，未来交流必须扩展到更多的领域。另外，在人员派遣上，中国赴印度留学的学生和学者数量也应该得到保障，以加强对印度的了解与研究。中国政府和高校需要通过奖学金计划和学者流动计划鼓励中国学生、学者到印度学习和研究，培养一批有实地调研经验、了解印度问题的专家和学者。

在教师流动上，印度目前与英国、美国、日本等发达国家建立起非常密切的教师流动合作关系。且不说上述提到的印度和美国、英国在教师交流与援助方面的密切联系，印度和日本在教师交流方面也取得一些进展。印日于2016年11月在东京建立了一个教师交流计划，以促进亚太地区的相互了解和国际交往，大约14名来自印度中小学以及非正规教育中心的教师参加了这一交流计划。然而回到中印教师交流上来，除了一些个体自发的调研和会议行程，印度和中国在教师领域的交流计划基本还处于空白状态。因此，未来中印需要推动双边教师交流，促进双方教师在人才培养和教育研究等方面的经验交流。中印还可以就各自教师教育和教师培训方面的问题共享独特经验，促进两国教师教育质量的提升。

四、促进中印人文交流和合作研究

当前在中印领导人的战略引领下，中印关系保持良好发展势头，未来应该充分发挥人文交流在其中的重要作用，通过双向推进人文交流，培养两国国民彼此间的理解和包容。另外，除了文化的跨国交流之外，研究也应该是无国界的，中印两国应该排除其他因素，就两国共同关注的问题展开合作研究。总之，在中印两国加强合作的"康庄大道"上，教育交流可以先行，为了促进教育交流，人文交流和合作研究应该先行。

一方面，中印在人文交流领域已经取得一定成绩，未来的交流前景更是明朗开阔。2014年习近平主席访印期间，与莫迪总理共同启动了内容丰富的"中国—印度文化交流计划",内容覆盖了两国旅游合作、青年互访、博物馆交流、语言教学、经典及当代作品互译、影视交流等领域。据统计,中印之间已有 14 对友城友省。2018 年 12 月 21 日,中国—印度高级别人文交流机制首次会议在新德里举行,国务委员兼外长王毅与印度外长斯瓦拉吉(Sushma Swaraj)共同主持。我国外交部部长王毅表示,建立中印高级别人文交流机制,是习近平主席和莫迪总理达成的重要共识,人文交流机制是推动中印关系全面发展的重要举措,也是构建东方文明复兴的重要平台,将有助于巩固双边关系民意基础、促进两国关系健康发展、推动不同文明和谐共处、共同维护世界的和平稳定。未来,更多层次、更多领域、更多界别的人文交流有待加强,人民间直接交流更需加强,旅游、教育合作将成为中印关系的新增长点。

另一方面,除了人文交流之外,合作研究作为"高重要性"和"低敏感度"的项目,也应该在深化中印合作方面发挥独特作用。随着过去几十年来印度经济的增长,政府越来越注重改善印度的研究,如何提升研究标准和研究产出开始成为政策制定者和高等教育机构非常关注的一个领域,而其中一个关键渠道就是开展国际研究合作。目前印度已经与下述国家共同开展了合作计划,重点在两国院校共同关注的领域开展联合研究,相关计划包括:美国—印度的辛格—奥巴马 21 世纪知识倡议,英国—印度教育和研究计划 II(UK- India Education and Research Initiative-II,UKIERI-II),澳大利亚—印度教育委员会(Australia-India Education Council,AIEC)以及印度—新西兰教育委员会(India-New Zealand Education Council,INZEC)下的计划,与以色列的联合研究计划和印度—德国高等教育战略伙伴关系(Indo-German Strategic Partnership,IGSP),以及印度与日本、挪威、尼泊尔和不丹的合作倡议。然而印度与中国之间的研究联系十分微弱,未来双方应该为两国的联合研究项目提供资金资助,促进两国学者就一些共同关注的问题开展长期的研究合作。

五、继续加强非政府组织的协调作用

双边政治领域的紧张关系和犹疑态度使得政府间政策、协议和项目在短期内的实现情况难以预测，然而全球化大背景下经济和社会发展的动因，使得两国人员之间有教育、人文和贸易领域合作与交流的急切需要，这时候非政府组织可以在其中发挥重要的桥梁作用。目前云南省中印合作交流促进会、文化学习与发展中心、印中合作联盟在中印教育交流领域发挥了一些作用，促进了教师和学生的跨国交流。未来，可以继续加强非政府组织的协调作用，鼓励社会人员参与中印教育交流工作，政府部门甚至可以建立一些奖励机制、划拨一些专项经费鼓励相关社会组织开展高质量的双边活动。同时，鼓励非政府组织扩大相关项目计划的范围、层次与深度，让更多的中印学生和教师可以参与其中，让各级各类教育都能够涉及其中，真正为深化中印双方学生、教师和学校的合作与交流作出贡献。

第七章 哈萨克斯坦国际教育合作与交流政策研究

哈萨克斯坦共和国（哈萨克语：Қазақстан Республикасы；俄语：Республика Казахстан；英语：The Republic of Kazakhstan），简称哈萨克斯坦（Kazakhstan），原为苏联加盟共和国之一，于 1991 年 12 月 16 日宣布独立。哈萨克斯坦经济以石油、采矿、煤炭和农牧业为主，2019 年哈萨克斯坦国内生产总值 1512.14 亿美元，同比增长 4.5%；其中工业产值 394.04 亿美元，同比增长 3.8%；农业产值 138.6 亿美元、同比增长 0.9%。① 哈萨克斯坦地跨欧亚两洲，位于中亚北部，为我国陆上邻国之一，与新疆维吾尔自治区接壤。1992 年 1 月 3 日，中哈正式建交；2005 年 7 月，中哈建立战略伙伴关系；2019 年 9 月双方宣布发展永久全面战略伙伴关系。② 哈萨克斯坦国土面积为 272.49 万平方公里，是世界上最大的内陆国家。全国分为 3 个直辖市（首都努尔苏丹、原首都阿拉木图、奇姆肯特）和 14 个州，首都为努尔苏丹（Nur-sultan，Нұр-Сұлтан；原称阿斯塔纳，2019 年 3 月更名）。目前，哈萨克斯坦约有 140 个民族，前三大民族为哈

---

① 中华人民共和国外交部：《哈萨克斯坦国家概况》，2020 年 7 月 23 日，见 https://www.fmprc.gov.cn/web/gjhdq_676201/gj_676203/yz_676205/1206_676500/1206x0_676502/。

② 中国驻哈萨克斯坦大使馆经济商务参赞处：《对外投资合作国别（地区）指南——哈萨克斯坦》（2014 年版），2020 年 7 月 23 日，见 http：aaa.ccpit.org/Category7/Asset/2015/Feb/10/onlineeditimages/file714423528847328.pdf。

萨克族、俄罗斯族、乌孜别克族。哈萨克斯坦的多民族特性决定了宗教的多样性和复杂性，境内有伊斯兰教、基督教（东正教、天主教、新教）、佛教、犹太教以及印度教等，其宪法保障国民信仰自由、保障其举行宗教仪式的自由。① 哈萨克斯坦宪法规定哈萨克语为国语，和俄语同为官方语言。

　　哈萨克斯坦教育在中亚五国中发展比较良好。在俄国十月革命以前，哈萨克斯坦受沙皇政府的殖民、压迫与剥削，物资匮乏、人才缺失，教育水平很低，失学率很高。②1901—1907 年，沙皇政府开始扩大学校的规模，哈萨克斯坦教育发展取得一定程度的进步。在苏联时期，哈萨克斯坦逐渐建立了较完善的教育体系，包括学前教育、普通中等教育、校外教育、职业技术教育、中等专业教育和高等教育。1991 年，哈萨克斯坦独立，在教育方面继续采用苏联体制。近年来，哈萨克斯坦在教育方面进行了一系列改革，主要集中在教育公平与效率、教学质量与学生学习成果、教师质量提升、学费分担、创新人才培养、教育国际化等方面。

　　2016 年，哈萨克斯坦在各级各类教育发展情况如下③：在学前教育方面，学前教育机构 9410 所，在校学龄前儿童 80.71 万人，其中幼儿园 4915 所，小型教育中心 4495 所。在普通中学方面，全日制公立普通中学 7450 所。2016—2017 年，普通中学教师 30.41 万名，其中 90% 的教师具有高等学历。中学高级教师占 19%，一级教师占 28.8%。在职业教育方面，中等专业技术和职业教育学校共有 817 所。中等专业技术和职业教育学校教师 33487 名，其中 31677 名具有高等学历。高等院校 125 所，其中

---

① 王辉主编：《"一带一路"国家语言状况与语言政策》（第二卷），社会科学文献出版社 2017 年版，第 23 页。

② 王培培：《哈萨克斯坦高等教育研究》，硕士学位论文，兰州大学国际政治系，2013 年，第 10 页。

③ 数据来源：С. Ирсалиев，А. Култуманова，Э. Тулеков，Т. Булдыбаев，Г. Кусиденова，Б. Искаков，Л. Забара，Л. Барон，Е. Коротких，*Национальный доклад о состоянии и развитии системы образования Республики Казахстан*，Астана：АО «Информационно-аналитический центр»，2017，стр.92，154，250，301.

国立9所，国际1所，纳扎尔巴耶夫大学1所，公立31所，股份制16所，私立54所，其他类别13所。2014年学生注册人数为47.14万人，高等学校教师3.82万人。这都表明哈萨克斯坦在合理配置教育资源，缩减学校数量，提高教育质量方面实现了突破。

哈萨克斯坦教育与科学部指出，哈萨克斯坦开展国际教育合作与交流的目的是促进国家教育发展规划的实施，保障教育与科学的发展符合现代世界的趋势，寻找教育与科学发展的新战略和新途径。目前哈萨克斯坦已经同世界上诸多国家和国家组织签订了教育合作协议，在国际化课程、留学生培养、高等教育文凭学分互认、合作办学等方面取得了一定的成就。本章将从哈萨克斯坦教育合作与交流政策的历史发展、现状、国际教育合作与交流的战略重点和发展方向进行梳理，然后理清哈萨克斯坦与中国教育合作与交流的历史发展、现状及问题，最后为进一步加强哈萨克斯坦与中国的教育合作与交流提出意见与建议。

第一节　哈萨克斯坦国际教育合作与交流政策的历史发展

哈萨克斯坦教育的根本任务是培养社会职业精英，支持和培养具有天赋的儿童和青年人。国家优先大力支持发展教育事业，不断调整教育系统，优化教育资源配置，培养创新型人才，为国家发展贡献力量。1991年，苏联解体，哈萨克斯坦独立。哈萨克斯坦的教育深受苏联教育体制及俄国传统文化的影响。在独立以前，其教育合作与交流与苏联的教育政策密切相关。独立初期，哈萨克斯坦经济出现危机，学前教育、职业教育受到严重冲击。为满足国家经济社会的发展，哈萨克斯坦开始进行教育改革，不断进行国际教育合作与交流。由此可见，哈萨克斯坦的教育合作与交流与社会政治经济情况密切相关，本节将按照时间顺序梳理哈萨克斯坦国际教育合作与交流的政策演变及具体的政策实施情况。

一、1991—2015 年哈萨克斯坦国际教育合作与交流政策

哈萨克斯坦国际教育合作与交流使得其教育得到了迅速发展，尤其是在教育体系构建和精英人才培养方面，为社会经济发展作出了贡献。1991 年 12 月 16 日，苏联解体，哈萨克斯坦宣布独立。独立初期，国家的经济、政治、教育等各领域发展都陷入困境。20 世纪 90 年代初，哈萨克斯坦开始与各个国家建立外交关系，同时国际教育合作与交流在发展与各国外交关系方面处于重要优先方向。独立之后，哈萨克斯坦实施了开放的外交政策，同时，也实施了开放的国际教育合作与交流政策。此时的国际教育合作与交流政策与过去苏联时期的政策不同。苏联时期，高校国际合作与交流活动被政府全面控制，国家政府依照外交情况限制国际伙伴对高等院校开展教育合作与交流活动，政府掌控高校的发展；后苏联时期，哈萨克斯坦开始接受别的国家提供的援助，并且对本国高校通过国际合作活动获得的收益表示认可，支持国际教育合作与交流。现在高校可以自由开展国际合作与交流活动，只需要向政府及时备案。

1992 年，哈萨克斯坦和独联体国家共同建立了欧亚教育区域组织，这是哈萨克斯坦独立后第一项国际教育合作与交流的措施。另外，通过和不同国家政府之间达成合作协议实现了学生学位互认。①

1995 年 8 月 30 日，哈萨克斯坦全民公议通过了《哈萨克斯坦共和国宪法》。1997 年 7 月 11 日，哈萨克斯坦颁布《哈萨克斯坦共和国语言法》。这两者都对哈萨克斯坦人民自由选择教育进行了明确规定："哈萨克斯坦共和国的国语为哈萨克语；在国家机关和地方自治机构内同等使用哈萨克语和俄语；哈萨克斯坦少数民族享有使用本民族语言及文化的权利，有权自由选择交际、教育、学习以及创作活动用语。"② 哈萨克斯坦人民可以在

---

① С. Ирсалиев，А. Култуманова，Э. Тулеков，Т. Булдыбаев，Г. Кусиденова，Б. Искаков，Л. Забара，Л. Барон，Е. Коротких，*Национальный доклад о состоянии и развитии системы образования Республики Казахстан*，Астана：АО «Информационно-аналитический центр»，2017，стр. 332.

② 王辉主编：《"一带一路"国家语言状况与语言政策》（第二卷）社会科学文献出版社 2017 版，第 23—29 页。

达成学分学位互认的国家自由选择接受教育。

2006 年，哈萨克斯坦明确提出了以"博洛尼亚进程"作为高等教育改革目标。2007 年 7 月 27 日，哈萨克斯坦政府出台了《哈萨克斯坦共和国教育法》。2012 年对其进行了修订，其中第 10 章第 65 款第 2 条规定：教育授权机构根据自身的特点有权与国外教育机构、科技与文化组织、国际组织和基金会建立合作关系，以及签订双方和多方合作协议，参与交换学生（大学生、硕士和博士研究生）、教师和学者学术交流的国际项目，加入教育领域的国际非政府组织。① 这从教育立法的角度规定，教育机构可以与别的国家、国际组织签订合作协议，交换留学生、全球范围内学术交流自由，这代表着哈萨克斯坦的国际教育合作与交流迈上了一个新的台阶。

进入 21 世纪，哈萨克斯坦政府先后发布了《2003—2015 年哈萨克斯坦工业创新发展战略》和《2005—2010 年国家教育发展规划》等政策文件。这些文件指出，人力资源是开启哈萨克斯坦发展的钥匙，强调要确保更有效地发展国家人力资源。在高等教育领域，哈萨克斯坦政府积极推动参与博洛尼亚进程，大力支持哈萨克斯坦高等教育与欧洲教育空间的一体化发展。

哈萨克斯坦教育国际合作与发展主要分为两个时期：第一，1991—1999 年，国家开始形成高校网络化；第二，2000 年至今，哈萨克斯坦借用西方国家经验实施教育现代化。总的来说，可以说从 1991 年至 2015 年哈萨克斯坦共和国高等教育领域的国际合作已经从零碎和偶然的政策转变为系统的国际化政策。但是，哈萨克斯坦教育的国际合作与交流仍然不够全面。

自 2000 年开始，哈萨克斯坦共和国在政府预算中，大幅增加教育领域的资金投入比例，从投入资金的角度刺激高等学校系统进行积极的结构

---

① Қазақстан Республикасының 2007 жылғы 27 шілдедегіN 319 ЗаңыБілімтуралы，2018-06-12，见 http://www.adilet.gov.kz/kk/node/989.

性的改革，有目的地引入了西方教育模式的组成部分，建立了本科、硕士和博士教育三级体制，实施了学分制，建立了高等教育质量保证体系。如今，哈萨克斯坦高等教育在推进博洛尼亚进程方面，远远超过了其他独联体国家。

二、1991—2015 年哈萨克斯坦国际教育合作与交流的政策实施

为落实国际教育合作与交流的政策，哈萨克斯坦通过设立博拉沙克政府奖学金、开展教育国际合作办学、签署《里斯本公约》、加入博洛尼亚进程和开设纳扎尔巴耶夫大学等措施来推动国际教育合作与交流。

（一）设立博拉沙克国际奖学金

1993 年，为了推进国际教育合作与交流，哈萨克斯坦设立了博拉沙克国际奖学金。该项政府奖学金计划旨在推动哈萨克斯坦国际教育合作与交流，其主要目的是培养在经济学、公共政策、科学、技术、医学和其他关键领域有潜力的未来领导者。在 2005 年之前，只有本科生和硕士生可以享受博拉沙克国际奖学金。自 2005 年开始，博士生也可以享受博拉沙克国际奖学金；2008 年开始提供科研活动奖学金；2011 年政府终止了本科生培养项目，从此以后政府开始重点资助硕士和博士研究生进行学术深造。

博拉沙克国际奖学金是全额奖学金，包含学费、住宿费、学习教材、医疗保险费、往返行程、签证费用和报名费用。哈萨克斯坦共和国教育和科学部附属的"国际项目中心"负责监督和管理该奖学金项目的所有事项。获得该奖学金的学生规模每年都不尽相同，具体情况如图 7–1 所示。2005 年获奖人数最多，为 1796 名；1995 年获奖人数最少，为 17 名。博拉沙克国际奖学金计划在培养国家需要的精英人才方面发挥了巨大作用，大量人才通过申请博拉沙克国际奖学金获得去发达国家进行深造的机会，哈萨克斯坦首批博拉沙克国际奖学金生被派往美国、英国、德国和法国的一流大学接受教育。1994—2016 年，共有 12271 人享受博拉沙克国际奖学金。哈萨克斯坦政府表示无论经济形势如何，都会继续实施此项目。

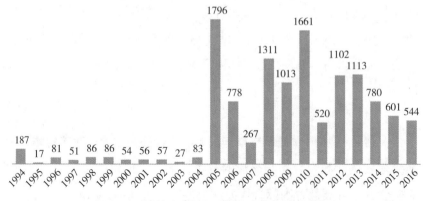

图7-1 "博拉沙克"国际学金每年颁发的名额

资料来源：С. Ирсалиев，А. Култуманова，Э. Тулеков，Т. Булдыбаев，Г. Кусиденова，Б. Искаков，Л. Забара，Л. Барон，Е. Коротких，«Национальный доклад о состоянии и развитии системы образования Республики Казахстан»，Астана：АО «Информационно-аналитический центр»，2017，стр.319-322.

　　自博拉沙克国际奖学金设立以来，共有1万多人获得了该政府奖学金，这些人在加拿大、英国、美国等23个国家的200多所著名高等院校接受教育。2014年，共有1297名年轻人（18—28岁）获得了博拉沙克国际奖学金。已获奖人的资料表明，该奖学金重点资助的专业是信息技术与系统、行政管理、电子与无线电工程以及建筑学。从性别看，申请博拉沙克国际奖学金男性占51%，女性占49%。此外，该计划很重视培养攻读硕士研究生的人才，2/3的奖学金获得者是博士研究生或者参与科研实践活动的学生，剩下的是授予学士学位的学生。[1] 在获奖者毕业后的就业去向看，很多奖学金获得者毕业选择在国家单位就业，还有的直接进入高等教育机构及院校，也有一些会进入生产部门、金融领域。哈萨克斯坦通过该计划培养了一大批优质人才，这些人进入教育相关部门，提升了整体人力资源水平，有利于教育系统的良性循环发展。

　　虽然博拉沙克国际奖学金计划对国家教育发展带来了很大效益，但

---

① 《Обзор национальной политики в области образования-Высшее образование в Казахстане 2017》，Астана：«Информационно-аналитический центр»，2017，стр.203.

也存在一些问题。其中，最大的问题是"人才外流"，尤其是博拉沙克国际奖学金生。国家投入大量资源培养优秀人才，这些人才却并没有为国家的社会经济发展作出应有的贡献。因此，政府提出规定：奖学金生毕业后必须回国服务 5 年，对毕业后滞留在国外、不愿回国的毕业生予以罚款和经济制约。参与该项目的主要条件是要求申请人提供担保物和四名担保人，若奖学金生未返回哈萨克斯坦，四名担保人应当承担赔偿责任。毕业之后奖学金获得者必须回国，并在自己的领域工作 5 年后，担保物可以取回，担保人不需要再承担赔偿责任。[①]

（二）开展教育领域的国际合作办学

哈萨克斯坦的教育国际合作与交流为高等教育改革创造了有利条件。哈萨克斯坦开放的外交政策促进了哈萨克斯坦高校体系与外界的信息流通以及人员和技术交换。哈萨克斯坦教育国际合作与交流受到地理位置、历史与民族多样性的影响与限制，其境内居住了一些匈牙利、波兰、德意志、韩国、俄罗斯侨民，这决定了国际教育合作与交流的另一个重要发展方向，哈萨克斯坦高等教育从上述相关国家得到了教育援助。同时，土耳其、蒙古、中国、乌兹别克斯坦和土库曼斯坦哈萨克这些相邻国家存在部分跨界民族，这也有助于加速高等教育的国际化进程。

表 7-1　哈萨克斯坦和其他国家合办的国际高校

序号	年份	合办国家	高校名称
1	1991	土耳其	哈萨克—土耳其国际大学
2	1997	美国	哈萨克—美国大学
3	1998	俄罗斯	哈萨克—俄罗斯大学
4	1999	德国	哈萨克斯坦—德国大学

① Об утверждении Правил отбора претендентов для присуждения международной стипендии "Болашак" и определении направлений расходования международной стипендии "Болашак", 2018-06-18, 见 http://adilet.zan.kz/rus/docs/P080000573.

续表

序号	年份	合办国家	高校名称
5	2001	英国	哈萨克—不列颠技术大学
6	2001	美国	哈萨克—美国自由大学

资料来源：С. Ирсалиев，А. Култуманова，Э. Тулеков，Т. Булдыбаев，Г. Кусиденова，Б. Искаков，Л. Забара，Л. Барон，Е. Коротких，«Национальный доклад о состоянии и развитии системы образования Республики Казахстан»，Астана：АО «Информационно-аналитический центр»，2017，стр.317.

1991 年，第一所国际高校哈萨克—土耳其国际大学（Yassaui）在哈萨克斯坦境内合作开办。哈萨克斯坦总统纳扎尔巴耶夫（Нұрсұлтан Әбішұлы Назарбаев）多次强调哈萨克—土耳其国际大学应成为"突厥语民族的教育中心"。在当时，哈萨克—土耳其国际大学是哈萨克斯坦境内唯一的国际高校。2012 年修订的《哈萨克斯坦教育法》的第 10 章第 65 款第 4 条规定：在遵守国际合同的基础上，于哈萨克斯坦境内建立的国际和外国教学机构或者其分校还需要遵守哈萨克斯坦共和国政府的有关决议。同时，这些高校都要遵循哈萨克斯坦教育的规范，自觉接受哈萨克斯坦共和国教育和科学部的管理。①

在开展教育领域内合作办学的过程中，不同国家和各种非政府组织为实施高等教育领域的各种国际合作项目也提供了实质性支持。在国家层面，援助最多的国家是英国、美国、土耳其和德国。此外，国际组织也发挥了重要作用。哈萨克斯坦国际教育合作与交流领域的大部分有关事项由这些非营利组织管理，比如联合国教科文组织（United Nations Educational，Scientific，and Cultural Organization）、英国文化协会（British Council）、索罗斯基金会（Soros Fund）、德国学术交流处（German Academic Exchange Office）、美国国际教育理事会（American Council of

---

① Қазақстан Республикасының 2007 жылғы 27 шілдедегі № 319 Заңы，2018-06-20，见 http://adilet.zan.kz/kaz/docs/Z070000319，2018-06-20。

International Education)、国际研究和交流委员会（International Research and Exchange Commission）、韩国国际合作机构（Korea International Cooperation Agency）和独联体国家学者的国际合作协会（International Cooperation Association）等。①

（三）签署《里斯本公约》

1997 年 4 月 8 日，欧洲理事会与联合国教科文组织在葡萄牙里斯本召开会议，并提出了《欧洲地区高等教育资格承认公约》（简称《里斯本公约》）。这个公约由参加会议国家的代表通过，公约规定持有一个国家的学历资格可以在另外一个国家得到相应承认。②

独立后，哈萨克斯坦在高等教育领域实现了西方模式的教育改革。哈萨克斯坦于 1997 年签署了《里斯本公约》，这是哈萨克斯坦融入欧洲高等教育区（European Higher Education Area）并在高等教育管理领域实行改革的开始。《里斯本公约》确定了高等学校自主权的四种类型：（1）学术自主权。即高校具有设计学术课程，确立教学方法和学科方向，决定授予学位的自主权。（2）组织自主权。即高校具有独立进行结构性分工，批准职位，签订合同，选举官员和理事机构的自主权。（3）财务自主权。即高校具有获得和处理财务资源，确定学生支付学费标准的自主权。（4）人事自主权。即高校在员工招聘、职业普升和工资标准方面拥有自主权。③通过签署《里斯本公约》，哈萨克斯坦作为签约国不得在任何情况下对学历资格申请人抱有歧视，在没有特别的理由时应该承认其他签约国出具的学历证明，对外国的学生给以同等的国民待遇的高等教育入学机会。通过签署《里斯本公约》，哈萨克斯坦开始参照西方模式推进高等教育改革，

---

① 王雪梅、海力古丽·尼牙孜：《哈萨克斯坦高等教育国际化发展研究》，《比较教育研究》2016 年第 8 期。

② 李友唐：《欧洲高等教育一体化十年改革历程》，《中国社会科学报》2012 年 8 月 29 日第 B05 版域外。

③ Некоторые вопросы правового регулирования сотрудничества государств по признаниюквалификаций, относящихся к высшему образованию, 2019-06-12, 见 https://articlekz.com/article/11785.

为加入博洛尼亚进程奠定了基础。

（四）加入博洛尼亚进程

哈萨克斯坦在地理区域划分上不属于欧洲国家，尽管不能参与欧洲的博洛尼亚进程，但哈萨克斯坦在历史发展阶段中就有意识地以欧洲教育为标准，以博洛尼亚进程作为参照来发展本国的高等教育。自 2006 年开始，哈萨克斯坦开始有意加入博洛尼亚进程。2010 年 3 月 12 日，在参加欧洲国家布达佩斯教育部长论坛时，哈萨克斯坦签署了《博洛尼亚宣言》。这意味着欧盟官方认可哈萨克斯坦国家高等教育体系，认为其符合欧洲标准。哈萨克斯坦是第一个被公认为在欧洲高等教育区具有权力的中亚国家成员，也是加入博洛尼亚进程的第 47 个国家和地区。[①]

按照博洛尼亚进程框架，哈萨克斯坦在高等教育体系改革方面取得了重大的进展。自 2004 年开始实施学士、硕士和博士（PhD）教育三级体制。2012 年，哈萨克斯坦还建立了一个博洛尼亚进程和学术流动管理中心。此外，在政府出台的《2011—2020 年国家教育发展纲要》中，也明确指出实施博洛尼亚进程的有关事项。[②]

2010 年，哈萨克斯坦加入了欧洲高等教育区（European Higher Education Area），也是中亚国家中的第一个成员国。为了符合博洛尼亚进程的标准，哈萨克斯坦在高等教育领域推行了大量改革：第一，60 多所大学签署了《欧洲大学宪章》；第二，实行学士、硕士和博士教育三级体制；第三，在教育过程中引入先进的教育技术，实行学分制；第四，为加强师生学术流动，加大政府的财政投入；第五，在高等学校中引入教育质量保证体系。

此外，哈萨克斯坦还采取了一些协调措施，推进哈萨克斯坦国家资

① Е.И. Истилеулова，《Интеграция высшего образования Казахстана в международное образовательное пространство：достижения，проблемы，перспективы развития-Алматы》，2010，стр.100.

② 《Обзор национальной политики в области образования-Высшее образование в Казахстане 2017 》，Астана：《Информационно-аналитический центр》，2017，стр. 201.

格框架和学分制与欧洲资格框架和欧洲转换和累积系统（European Credit Transfer and Accumulation System，简称 ECTS）之间的互认。①

哈萨克斯坦加入博洛尼亚进程提高了师生的国际流动性，为高校与其他国家高校实现教育领域的联合项目创造了机会，如双文凭项目、学术课程互认和国际认证互认等，但仍然存在一些问题。经合组织审查小组的研究指出，高校之间的学分互认问题很难解决。这是阻碍哈萨克斯坦与其他国家本科生、硕士生、博士生和科研工作者交流的主要因素。目前哈萨克斯坦 37 所高等教育机构实现了双文凭项目。2013 年，哈萨克斯坦高校与世界上 46 个国家的高等教育机构达成了 2704 项教育领域的合作协议。但是，经合组织审查小组担心绝大多数此类协议只是停留在文字上，并不能实现真正的伙伴关系。2013 年，博洛尼亚进程和学术流动中心分析表明，只有少数高校能够在实践当中履行签署的国际协议。②

大多数的国际合作主要是在哈萨克斯坦和独联体国家高校之间建立的。尽管如此，博洛尼亚进程的引入仍然扩大了国家间潜在的国际合作关系，从而开展国家间更广泛的教育合作活动。

（五）开设纳扎尔巴耶夫大学

2010 年，哈萨克斯坦政府设立纳扎尔巴耶夫大学（Nazarbayev University）。该大学主要有两个使命：第一，促进国家发展将科学、教育和工业整合为一体；第二，参与世界先进的科技和科研活动。③2018 年 9 月 30 日，该大学有 4836 名学生，其中预科生有 757 名，本科生 2962 名，研究生 1117 名；教职工有 400 多名，其中的 75% 是外籍的。

纳扎尔巴耶夫大学采用与国外高校建立战略伙伴关系模式办学，已

---

① 《Высшее образование и обеспечение качества высшего образования в Республике Казахстан》，Независимое Казахстанское агентство по обеспечению качества в образовании，2016，стр. 15.

② 《Обзор национальной политики в области образования-Высшее образование в Казахстане 2017》，Астана：《Информационно-аналитический центр》，2017，стр.202.

③ Nazarbayev University：Nazarbayev University strategy 2018-2030，2020-07-30，见 https://nu.edu.kz/wp-content/uploads/2016/07/2_NU-Strategy_ENG_2030-1.pdf.

经与杜克大学，剑桥大学、伦敦大学学院、宾夕法尼亚大学和威斯康星大学等高校建立了战略伙伴关系。[1] 纳扎尔巴耶夫大学是哈萨克斯坦国际教育合作与交流程度高的大学之一。首先，表现在师资队伍方面，75% 教职工是外籍的，该大学通过英语流利的外籍教师和有国际化经历丰富的教师吸引着诸多外国学生。其次，学生来自世界各地，通过选拔入学。最后，办学模式体现了国际教育合作与交流的特点。综上，纳扎尔巴耶夫大学是哈萨克斯坦推进国际教育合作与交流活动的典型代表，也在其国际教育合作与交流进程中发挥了重要作用。

第二节　哈萨克斯坦国际教育合作与交流政策的现状

国家纲要是哈萨克斯坦在教育领域实施国家政策的基础。国家纲要确立了教育发展的基本原则、方案目标和衡量指标。最近 15 年内哈萨克斯坦制定了 4 个国家纲要：《2000 年国家教育纲要》《2005—2010 年国家教育发展纲要》《2011—2020 年哈萨克斯坦共和国国家教育发展纲要》《2016—2019 年哈萨克斯坦共和国国家教育发展纲要》。其中，《2011—2020 年哈萨克斯坦共和国国家教育发展纲要》是当前阶段哈萨克斯坦进行国际教育合作与交流的主要政策来源，本节将重点阐述《2011—2020 年哈萨克斯坦共和国国家教育发展纲要》中关于国际教育合作与交流的相关政策，及其在高等教育国际化方面的具体实施情况。

一、当前哈萨克斯坦国际教育合作与交流政策

《2011—2020 年哈萨克斯坦共和国国家教育发展纲要》阐明了哈萨克斯坦国际教育合作与交流政策的有关事项。首先，纲要规定了教育领域改革的目标：通过推进教育领域的改革，加强维护国家统一，拓宽社会发展

---

[1]　《Обзор национальной политики в области образования-Высшее образование в Казахстане 2017》，Астана：《Информационно-аналитический центр》，2017，стр.202.

空间，改善民族关系，遏制社会冲突，消除社会不平等。其次，在哈萨克斯坦高等教育国际合作交流方面，纲要明确提出要根据博洛尼亚进程的要求，改革哈萨克斯坦高等教育的内容和结构，以确保哈萨克斯坦高等教育和欧洲高等教育区的一体化。其中，必须进行的改革措施包括学士、硕士和博士三级教育体制，ECTS 学分制，毕业证里的欧洲认可书、高校师生及行政人员的学术流动、高等教育质量监测、创立欧洲研究区。这些项目是建立欧洲高等教育区和全世界范围内推行欧洲高等教育体系最基本的条件。推荐的改革措施包括学生积极参与、社会对家庭条件不富裕的大学生的扶持、终身教育。推荐的改革措施虽然是推荐性的，但对博洛尼亚进程准则的切实推行非常有益。第三，在学生国际流动方面，哈萨克斯坦还规定本科生在国外学习的时间不得少于 1 学期。除此之外，《2011—2020 年国家教育发展纲要》还确保了哈萨克斯坦教育体系现代化的连续性，提出建构本科教育、硕士生教育、博士生教育具有竞争力的多层次教育体系，使其融入国际教育空间。《2011—2020 年国家教育发展纲要》还作出以下规划：2011—2015 年派 144 名教师赴国外进修，从 2013 年起扩大国家人才培养计划，培养 5000 名硕士生，500 名博士生。2014—2015 学年，硕士培养数量要占学士培养数量的 20%，培养博士研究生的班级将不少于 1000 个。[1]

　　哈萨克斯坦共和国教育和科学部统计表明，2012 年，哈萨克斯坦与世界上 23 个国际组织建立了合作关系，在教育领域与世界上 45 个国家签订了 131 个合作协议。与此同时，哈萨克斯坦高等学校与世界上不同国家签订了 7774 项合作协议，通过国际合作协议实现师生学术交流和流动。[2] 1993—2016 年，共有 14 万名学生在国外接受了教育，其中 1.2 万人获得

---

① 王雪梅、海力古丽·尼牙孜：《哈萨克斯坦高等教育国际化发展研究》，《比较教育研究》2016 年第 8 期。

② С. Ирсалиев，А. Култуманова，Э. Тулеков，Т. Булдыбаев，Г. Кусиденова，Б. Искаков，Л. Забара，Л. Барон，Е. Коротких，*Национальный доклад о состоянии и развитии системы образования Республики Казахстан*》，Астана：АО 《Информационно-аналитический центр》，2017，стр.329-332.

了博拉沙克国际奖学金①。②

哈萨克斯坦在中小学教育国际化方面也取得了巨大的进展。2015 年，国际教育成就评价协会公布的"国际数学和科学评测趋势"（Trends in Mathematics and Science Study，简称 TIMSS）测试结果表明，哈萨克斯坦顺利入围数学和科学表现最佳国家名单，其结果超越了国际平均分数，也超过了美国、英国、德国、加拿大、澳大利亚、以色列、瑞典、丹麦，荷兰、波兰、捷克、立陶宛、马来西亚、土耳其等国家学生的成绩。这一成果为哈萨克斯坦加入经合组织教育政策委员会奠定了良好的基础。由于哈萨克斯坦在推进教育发展方面所实施的一系列政策与措施，经合组织教育政策委员会邀请哈萨克斯坦加入。这些政策与措施包括引入新的教学内容、三语教育政策、12 年制教育制度等。③

二、当前哈萨克斯坦国际教育合作与交流的政策实施

哈萨克斯坦在推进教育各阶段的国际合作与交流方面取得了很大成就。从政策方面看，政府加大了对教育国际交流合作与交流的财政投入，实行"三语教育政策"，扩大科研合作活动的规模，鼓励教师学生流动。当前政策实施主要集中表现在高等教育国际化方面。高等教育是哈萨克斯坦国际教育合作与交流的主要阵地，主要包括学生学术交流留学、教师国际学术流动、学校教育教学语言方面。

---

① С. Ирсалиев，А. Култуманова，Э. Тулеков，Т. Булдыбаев，Г. Кусиденова，Б. Искаков，Л. Забара，Л. Барон，Е. Коротких，«*Национальный доклад о состоянии и развитии системы образования Республики Казахстан*»，Астана：АО «Информационно-аналитический центр»，2017，стр.319-322.

② Халықаралық келісімдербойынша Қазақстанда 40 мемлекеттеншетелдікстуденттерб ілімалуда，2018-06-14，见 http：//edurk.kz/kz/news/1649halyaraly_kelsmder_bojynsha_ azastanda_40_memleketten_sheteldk_studentter_blm_aluda/.

③ 哈萨克斯坦将成为经合组织教育政策委员会成员，2019-06-14，见 http：//www.sohu. com/a/144726206_198210。

（一）学生学术交流及留学情况

国际教育合作与交流的一个集中体现是学生的流动，即留学生教育。学生学术流动促使哈萨克斯坦国际教育合作与交流的开展。《2011—2020年国家教育发展纲要》中确定了哈萨克斯坦公民在国外接受教育和来哈留学的国际学生的所有相关事项，明确指出哈萨克斯坦高等教育体系中每个学生都能够参与学术流动计划。

自《2011—2020年国家教育发展纲要》实施以来，截至2016年，共有4000多名学生参与了国际流动项目（如图7-2所示），参与项目的学生整体呈逐年增长的趋势。2011年，参与国际流动项目的本科生和硕士生数量一样，都是350人。但是自2012年以来，硕士生数量在逐年下降，本科生数量在逐年上升。如图7-3所示，参与国际流动项目的学生选择去欧洲的最多，占88.2%；其次是去美国，占4.9%；再次是南亚国家，占比3.5%；另外3.4%的人选择去独联体国家。由此可见，学生学术流动仍然集中在欧洲国家，从侧面也反映了哈萨克斯坦深受博洛尼亚进程及欧洲教育资格框架的影响。

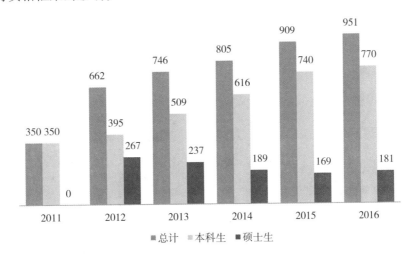

图7-2　哈萨克斯坦学生的学术流动性（单位：人）

资料来源：С. Ирсалиев，А. Култуманова，Э. Тулеков，Т. Булдыбаев，Г. Кусиденова，Б. Искаков，Л. Забара，Л. Барон，Е. Коротких，«Национальный доклад о состоянии и развитии системы образования Республики Казахстан»，Астана：АО «Информационно-аналитический центр»，2017，стр.333.

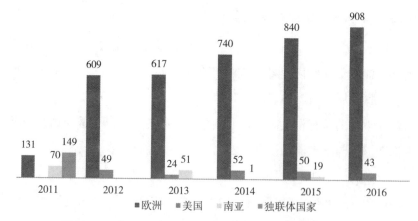

图 7-3 哈萨克斯坦学生留学区域人数分布情况（单位：人）

资料来源：С. Ирсалиев, А. Култуманова, Э. Тулеков, Т. Булдыбаев, Г. Кусиденова, Б. Искаков, Л. Забара, Л. Барон, Е. Коротких, «Национальный доклад о состоянии и развитии системы образования Республики Казахстан», Астана: АО «Информационно-аналитический центр», 2017, стр.333.

　　一方面，哈萨克斯坦出国留学的人数也是迅猛增长。如图 7-4 所示，1999 年，在哈萨克斯坦独立初期，出国留学数量为 2800 人，2014 年已经达到 7.45 万人，数量增加为 26 倍（不算在中国留学的哈萨克斯坦公民），

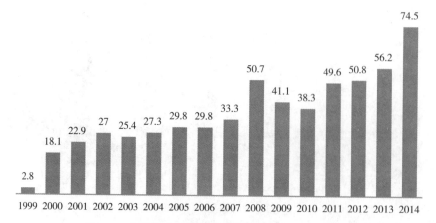

图 7-4 哈萨克斯坦学生出国留学情况（单位：千人）

资料来源：С. Ирсалиев, А. Култуманова, Э. Тулеков, Т. Булдыбаев, Г. Кусиденова, Б. Искаков, Л. Забара, Л. Барон, Е. Коротких, «Национальный доклад о состоянии и развитии системы образования Республики Казахстан», Астана: АО «Информационно-аналитический центр», 2017, стр.333.

总体趋势是自 1999 年到 2007 年稳步增长，在 2008 年迅速增长，之后略有下滑，后又增长。从留学目的国来看，由于独立之前哈萨克斯坦深受俄国文化传统的影响，以及相对地理位置也近，大多数留学生选择去俄罗斯学习。来中国留学的哈萨克斯坦人数在 2006 年之前一直比较少，自 2006 年后开始迅速增长。这是由于 2005 年，中国与哈萨克斯坦建立了战略伙伴关系，此后中国与哈萨克斯坦国际合作交流逐步增多，主要集中在经济领域。另外受地缘关系影响，部分哈萨克斯坦学生也会选择去土耳其和吉尔吉斯斯坦，而将英国、美国作为留学目的国的人数较少。

另一方面，哈萨克斯坦高等学校对国际学生的吸引力逐渐提高。在发达国家的高等教育体系中，国际学生占学生总数的 17%—18%。如图 7–5 所示，在哈萨克斯坦高等学校的国际学生数量在 2001—2016 年间增长了 1.7 倍。在哈萨克斯坦高校留学的国际学生大部分是通过哈萨克斯坦和不同国家政府之间的协议来留学的。哈萨克斯坦政府和中国、俄罗斯、蒙古、乌兹别克斯坦、塔吉克斯坦、乌克兰、阿塞拜疆和阿富汗政府之间都有合作协议。

2015 年，哈萨克斯坦教育和科学部数据表明，共有 48875 名哈萨克

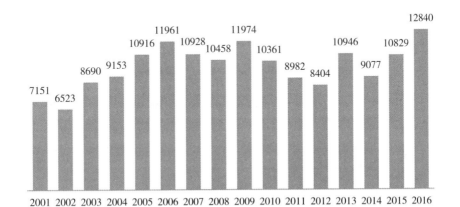

图 7–5　哈萨克斯坦高教体系中的国际学生（单位：人）

资料来源：С. Ирсалиев，А. Култуманова，Э. Тулеков，Т. Булдыбаев，Г. Кусиденова，Б. Искаков，Л. Забара，Л. Барон，Е. Коротких，«Национальный доклад о состоянии и развитии системы образования Республики Казахстан»，Астана：АО «Информационно-аналитический центр»，2017，стр.318.

斯坦学生在国外接受教育。哈萨克斯坦学生大部分选择到俄罗斯联邦留学，有 35106 名学生，占比 71.8%；还有部分人选择去英国和美国留学。大部分来哈萨克斯坦留学的国际学生来自于格鲁吉亚和中亚国家。①2018 年，哈萨克斯坦学生选择到俄罗斯留学的人数仍然是最多的，有 69895 人，其次是吉尔吉斯斯坦有 4907 人；来哈萨克斯坦留学的学生大部分还是来自中亚国家。有资格派遣留学生的国家名单每年都由国家教育部决定。想考哈萨克斯坦高校的其他国家学生不一定要参与国家统一的考试，可根据大学入学要求入学。

表 7–2　2018 年在哈学习的留学生和在国外留学的哈萨克斯坦学生数量（单位：人）

序号	在哈留学生来源国和地区	在哈留学生数量	哈萨克斯坦学生留学国目的地国和地区	在国外留学的哈萨克斯坦学生数量
1	乌兹别克斯坦	9500	俄罗斯	69895
2	印度	3717	吉尔吉斯斯坦	4907
3	土库曼斯坦	2615	土耳其	1986
4	俄罗斯	1273	美国	1963
5	中国	1240	英国	1545
6	吉尔吉斯斯坦	1084	俄罗斯车臣共和国	1515
7	蒙古	565	马来西亚	1002
8	塔吉克斯坦	503	其他国家	6692

资料来源：М.Атанаева，М.Аманғазы，Г.Ногайбаева，Национальный доклад осостоянии и развитии системы образования Республики Казахстан (по итогам 2018 года)，Нур-Султан：Министерство образования и науки Республики Казахстан，АО«Информационно-аналитический центр»，2019，стр.119.

　　加入博洛尼亚进程，促进了哈萨克斯坦国内外高校之间的双文凭项目的进展。2009 年，哈萨克—不列颠技术大学成为第一个获得颁发双毕

---

① С. Ирсалиев，А. Култуманова，Э. Тулеков，Т. Булдыбаев，Г. Кусиденова，Б. Искаков，Л. Забара，Л. Барон，Е. Коротких，«Национальный доклад о состоянии и развитии системы образования Республики Казахстан»，Астана：АО «Информационно-аналитический центр»，2017，стр.195.

业证书权的高等教育机构。该学校学生参与伦敦经济学院的联合项目，可以获得双学位。① 从 2010 年开始，哈萨克斯坦有 65 所高等学校参与双学位项目，包括古米列夫欧亚国立大学（L.N.GumilyovEurasianNationalUniversity）、阿拜哈萨克国立师范大学（KazakhNationalPedagogicalUniversityAbai）、阿里·法拉比哈萨克国立大学（Al-Farabi Kazakh National University）、国际商务大学等。② 2010—2016 年，获得"双学位"学生的总数超过 3000 人。哈萨克斯坦共和国教育和科学部负责管理"双学位"项目。

在高等教育国际化背景下，语言是国际关系中的一个重要影响因素。哈萨克斯坦人民掌握的哈萨克语和俄语语言在国际关系中发挥了特殊作用。哈萨克语和俄语两种语言都属于哈萨克斯坦各种学校中的必修语言课程。哈萨克语属于突厥语语系，这拉近了哈萨克斯坦与土耳其的外交关系。俄语则为哈萨克斯坦提供了在教育领域与俄罗斯联邦和其他独联体国家建立教育合作的机会。③

通过开展国际教育合作与交流活动，哈萨克斯坦已培养了市场经济、跨文化交流、国际关系和安全领域等诸多方面的人才。然而，哈萨克斯坦仍然极其缺乏工程、计算机技术领域的人才。与此同时，教育国际合作与交流也带来了"人才流失"的问题，从而导致哈萨克斯坦经济发展潜力下降。其主要原因在于国外接受教育的人才培养质量与劳动力市场人才需求条件不符。在海外留学回国后，学生们面临着国内外工作条件、环境差异大的问题。因此，诸多人才不愿回国工作，跨国公司为这些出国留学的学生提供了更有利的工作福利和就业机会。因此，哈萨克斯坦需要为国家公

---

① 况雨霞：《博洛尼亚进程之路上的哈萨克斯坦高等教育》，《吉林省教育学院学报》（上旬）2014 年第 1 期。

② Приказ МОН РК № 90，《Правилами организации учебного процесса по кредитной технологииобучения》，от 28.01.2016г.

③ С. Ирсалиев，А. Култуманова，Э. Тулеков，Т. Булдыбаев，Г. Кусиденова，Б. Искаков，Л. Забара，Л. Барон，Е. Коротких，《Национальный доклад о состоянии и развитии системы образования Республики Казахстан》，Астана：АО 《Информационно-аналитический центр》，2017，стр.332.

派的那些人才制定特殊的就业方案。

哈萨克斯坦将世界最强高校经验本土化，其高等教育的发展取得了不少成就。经合组织和世界银行提出的建议代表了哈萨克斯坦高等教育的发展方向，即不管在国际教育合作与交流进程中遇到的是问题还是机会，国际化战略都要成为高等教育体系战略的基本原则。

（二）教师国际学术流动

提高教育质量，首先应当解决教师素质与能力提升的问题。提高未来教师的专业水平，发展教育教学技能成为亟待解决的问题。自哈萨克斯坦实施学术流动战略以来，师资队伍的国际学术流动有所增加。在2011—2015 年，超过 2600 名高校教师到海外进行职业进修，参加培训的教师（包括获得博拉沙克国际奖学金的 1422 名教师），占哈萨克斯坦高等学校队伍师资总数的 5% 以上。

2015 年，哈萨克斯坦高等教育体系中共有 38087 名教师，比 2013 年减少了 7%。[①] 2014 年，在哈萨克斯坦高等教育系统中，有 13% 的教师在国外高等学校和科研中心进行学术实践活动。政府资金补助推动教师国际学术交流活动，国立高校有权获得政府的资金补助，私立高校获得政府资金补助机会略少。[②]

哈萨克斯坦的高等教育系统建立了激励高校教师的有效体系，以激发教师的教育、教学及科研的潜力，发挥教师的作用。每年都有 200 位最佳教师获得"高校最佳教师"的奖励，获奖者有机会在世界最强高等学校

[①] Комитета по статистике Министерства национальной экономики РК (2016). Официальная статистическая информация. Оперативные данные (экспресс информация，бюллетени). Образование. Архив 2015 г. Бюллетени за 2015 г. Высшие учебные заведения Республики Казахстан на начало 2015/2016 учебного года，2018-06-18，见 http://stat.gov.kz/faces/wcnav_externalId/EducationpublBullS132015_afrLoop=32854244234115950#%40%3F_afrLoop%3D32854244234115950%26_adf.ctrl-state%3Dc3gh6ftzt.

[②] Независимое Казахстанское агентство по обеспечению качества в образовании：《Высшее образование и обеспечение качества высшего образования в Республике Казахстан》，2016，стр. 11.

中进行实践活动。2005—2014 年，哈萨克斯坦高等教育机构中 2 万名教师获得了该奖励。①

随着博洛尼亚进程的不断推动，从国外邀请的教师数量不断增加，科学研究活动规模也在逐步扩大。②2011 年，哈萨克斯坦 27 所高校中有约 1500 名外教。2014 年，博洛尼亚进程和学术流动中心数据表明，1726 名外国专家访问了哈萨克斯坦的 52 所高校。哈萨克斯坦教育和科学部指出，2010—2014 年间，政府投入资金，邀请了来自美国、欧洲、亚洲和俄罗斯的著名学者访问哈萨克斯坦高等学校，共计 7000 多名。哈萨克斯坦学生也获得了参加联合培养的机会，这种访问时间通常不会太长，主要学习形式是讲座和研讨会。

哈萨克教育和教育科学部官方数据表明，2014 年，哈萨克斯坦 52 所高校邀请了 1726 位国际学者为在校生组织学术讲座，并对博士生进行指导。2013 年，邀请 1533 人，2012 年邀请 1349 人，2011 年邀请 1717 人，2010 年邀请 418 人，2009 年邀请 389 人。③ 具体来讲，根据 2014 年统计数据结果来看，国外来访专家数量最多的是来自欧洲国家，有 785 名；其次是俄罗斯联邦 498 名，美国 140 名，东亚国家 85 名。④

① С.Ирсалиев，А.Култуманова，Т.Булдыбаев，Г.Карбаева，Ш.Шаймуратова，Г.Ногайбаева，Г.Кусиденова，А.Ибрашева，З.Алямова，М.Алпысбаева，К.Манакова，《Национальный доклад о состоянии и развитии системы образования Республики Казахстан》，Астана：АО «ИАЦ»，2015，стр.67，　见 http：//edu.gov.kz/ru/analytics/ nacionalnyy-doklad-o-sostoyanii-i-razvitii-sistemy-obrazovaniya-respubliki-kazahstan.

② Независимое Казахстанское агентство по обеспечению качества в образовании：《Высшее образование и обеспечение качества высшего образования в Республике Казахстан》，2016，стр. 16.

③ С.Ирсалиев，А.Култуманова，Т.Булдыбаев，Г.Карбаева，Ш.Шаймуратова，Г.Ногайбаева，Г.Кусиденова，А.Ибрашева，З.Алямова，М.Алпысбаева，К.Манакова，《Национальный доклад о состоянии и развитии системы образования Республики Казахстан》，Астана：АО «ИАЦ»，2015，стр.334，　见 http：//edu.gov.kz/ru/analytics/ nacionalnyy-doklad-o-sostoyanii-i-razvitii-sistemy-obrazovaniya-respubliki-kazahstan.

④ Независимое Казахстанское агентство по обеспечению качества в образовании：《Высшее образование и обеспечение качества высшего образования в Республике Казахстан》，2016，стр. 16.

（三）学校教学语言

关于哈萨克语、俄语以及少数民族语言的使用，《哈萨克斯坦共和国语言法》第3章第16条规定："哈萨克斯坦共和国规定公民接受初等教育、基础中等教育、普通中等教育、职业技术教育、中等后教育、高等教育以及大学后教育时，使用国语和俄语，在必要的情况下，可以使用其他民族语言。"1999年通过的哈萨克斯坦新《教育法》第2章第9条规定了教育和学习中语言的使用："所有教育机构，不论其所有权形式，应保障在为学生传授知识时使用国语哈萨克语。此外，俄语以及任何一门外语的学习应当按照教育的相应级别符合必要的国家社会标准。"[①]

目前，哈萨克斯坦教育各阶段从学前教育到高等教育的教学语言为哈萨克语和俄语，学校语言由家长和学生自由选择。近年来，哈萨克斯坦实施多语言教育政策以来，用英语组织教育活动的学校数量也在逐步增加。根据2014年的数据，哈萨克斯坦中小学数量共计7307所，有3796所学校使用哈萨克语教学，1349所学校使用俄语教学，2090所学校使用俄、哈双语教学，72所学校使用少数民族语言教学。考虑到各民族居民需求，全国中小学的教学语言一共有7种，分别为哈萨克语、俄语、乌兹别克语、维吾尔语、塔吉克语、乌克兰语和德语。[②]2016年，哈萨克斯坦高等教育体系中学生使用语言主要是哈萨克语、俄语、英语，有60.5%的学生在学习中使用哈萨克语，37%的学生使用俄语，2.5%的学生用英语接受教育。[③]

① 王辉主编：《"一带一路"国家语言状况与语言政策》（第二卷），社会科学文献出版社2017版，第23—29页。

② *Statistics of education system of the Repubic of Kazakhstan.* National collection，Astana：National Center for Education Statistics and Evaluation，2014，pp 32.

③ Комитета по статистике Министерства национальной экономики РК（2016）. Официальная статистическая информация. Оперативные данные（экспресс информация，бюллетени）. Образование. Архив 2015 г. Бюллетени за 2015 г. Высшие учебные заведения Республики Казахстан на начало 2015/2016 учебного года，2018-06-18，见 .http://stat.gov.kz/faces/wcnav_externalId/EducationpublBullS13-2015？_afrLoop=32854244234115950#%40%3F_afrLoop%3D32854244234115950%26_adf.ctrl-state%3Dc3gh6ftzt.

哈萨克斯坦多民族、多宗教的因素决定了语言的多样性，从而也为哈萨克在国际教育合作与交流方面提供了语言保障，使得学生、教师更容易与世界上的其他国家进行学术合作与交流。

第三节　哈萨克斯坦国际教育合作与交流政策的战略重点和发展方向

全球化时代充满着竞争与合作，为哈萨克斯坦的教育发展提供了诸多机会。在国际教育合作与交流方面，哈萨克斯坦主要是以《2011—2020 年国家教育发展纲要》《2012—2020 年哈萨克斯坦共和国学术流动性战略》《哈萨克斯坦—2050》战略、"百步计划"等相关国家政策计划为导向，重点加强国内外教师和学生学术交流与流动、实施"三语政策"促进教育国际化，保障高校办学自主权，进而提升教育的国际竞争力。

一、哈萨克斯坦国际教育合作与交流的相关政策

国家政策为国际教育合作与交流提供方向指引和相关保障。哈萨克斯坦国际教育合作与交流的发展离不开政策的保障，本部分将梳理新世纪以来与哈萨克斯坦教育国际合作密切相关的重点政策与国家计划。

（一）《2011—2020 年国家教育发展纲要》

2011 年 2 月 11 日，加入"博洛尼亚进程"近一年后，哈萨克斯坦政府出台《2011—2020 年国家教育发展纲要》。首先，纲要明确指出教育的主要任务：确保教育质量符合时代要求，教育改革应与个人、社会、国家的根本利益和未来发展相适应。哈萨克斯坦的高等教育改革措施主要按照"博洛尼亚进程"的相关要求而制定。① 其次，高等教育的核心任务包括确保公民接受符合自身条件的高等教育，保障高等教育体系发展，改革

---

① 马新英、程良法：《哈萨克斯坦〈2011～2020 年国家教育发展纲要〉中高等教育改革解读》，《俄罗斯中亚东欧市场》2012 年第 2 期。

高校教学内容，加大高校教育经费支持力度。再次，纲要提出高等教育发展的重点措施是按照国际标准加快信息化建设进程，提高高校教师专业能力。

（二）《2012—2020 年哈萨克斯坦共和国学术流动性战略》

国家教育政策受全球化发展趋势以及世界劳动力市场的影响。哈萨克斯坦试图通过确保教育和科研活动的质量，进一步推动国际教育合作与交流，达到学术流动性平衡，进而提高哈萨克斯坦高等教育的吸引力与竞争性。《2012—2020 年哈萨克斯坦共和国学术流动性战略》是确定哈萨克斯坦高等教育学术和文化国际化发展目标和方向的政策文本。① 其措施主要包括促进哈萨克斯坦师生学术交流的国际化，吸引更多的国际学生和教师，增加校际合作。

（三）《哈萨克斯坦—2050》战略

2012 年 12 月 14 日，哈萨克斯坦总统纳扎尔巴耶夫在"独立日"庆祝大会上发表国情咨文，并正式提出了《哈萨克斯坦—2050》战略。不同于以往的国情咨文，这份文件是继 1997 年哈萨克斯坦推出《哈萨克斯坦—2030》战略后的又一重要战略性文件，也是规划哈萨克斯坦 2050 年之前发展的指导性纲领文件。

纳扎尔巴耶夫总统首先总结了《哈萨克斯坦—2030》战略实施以来该国在政治、社会、经济等各领域取得的显著成绩，认为"《2030 战略》所确立的基本任务已经完成"。然后，明确指出 21 世纪人类面临的十大全球性挑战，严谨而深刻地预测了这些挑战可能给哈萨克斯坦未来发展带来的不利影响。在此基础上，他从经济政策、社会政策、发展民主、教育发展对外政策等不同方面详细阐述了哈萨克斯坦的未来发展思路和发展方向，即哈萨克斯坦的新政治方针《哈萨克斯坦—2050》战略，勾画出2050 年哈萨克斯坦的发展愿景。这个文件主要有三个特点：一是战略性、

---

① Стратегия академической мобильности в Республике Казахстан на 2012—2020 годы，2018-06-22，见 http：//enic-kazakhstan.kz/images/doc/akadem_mobilnost/strategia-acad-mob-2020.pdf。

全局性和宏观性；二是继承性和及时性；三是务实性、前瞻性和指导性。①

（四）《百步计划》

2015 年 5 月 6 日，纳扎尔巴耶夫总统在政府扩大会议上正式提出了为实现五大改革目标而制定《实现哈萨克斯坦梦想之路——国家百步计划》。② 这是应对国内外潜在威胁和挑战、保障国家长远发展、推动哈萨克斯坦进入全球最发达 30 国之列的指导纲领。"百步计划"将推动"哈萨克斯坦—2050"发展战略的落实，进一步巩固和加强国家安全，为度过未来艰难时期提供坚强保证，是国家发展道路上真正的"照明灯"。《百步计划》共分为五部分，分别为：建设专业化的国家机关、加强法制建设、落实工业化和保障经济增长、统一与团结、建立责任型政府。其中落实工业化和保障经济增长部分的第 76、77、78、79 步与教育发展有关。按照其第 76 和 79 步发展教育的措施如下：（1）依照经合组织标准提高人力资本质量，分阶段实现 12 年制教育，改进学校教学标准以普及实用性知识。在高年级中实行按照在校生人数的拨款机制，激发各学校竞争动力；建立学校激励机制。（2）在教育领域中，中学和高等学府要逐步向英语教学过渡，以提升人才培养的国际竞争力。③

二、哈萨克斯坦国际教育合作与交流的战略重点和发展方向

上述国家战略指出，哈萨克斯坦要提升全球竞争力指数，进入发达国家并名列前 30 位，并有两所高等教育机构进入国际大学排名前列。根据 2016 年的全球竞争力指数的数据报告，140 个国家当中哈萨克斯坦排

---

① 人民网：《解读〈哈萨克斯坦 2050〉战略》，2018-06-15，见 http：//news.ifeng.com/gundong/detail_2012_12/26/20551487_0.shtml。

② 百度百科：《百步计划》，2018-06-15，见 https：//www.baidu.com/link？url=Uyf35C6-_opGhsU1IMw9ERtReaKZS7weSPMlZtBSLM5LpzQ1E3WmQ6QKlvx2k7vl_5msJiltdEOv66gwyiuY0s8DbqMamto6WxEsp-DTVClJwpnLfe8694m483Fp95Cp&wd=&eqid=fb4fa37e00029312000000065b24a39e。

③ 国际通讯社：《国家建设"百步计划"——落实五大改革目标的具体举措》，2018-06-16，见 https：//www.inform.kz/cn/article_a2778335。

名40，而在高等教育和教师培养方面排名60，教育质量排名67。结果表明，科研活动、毕业生培养质量和劳动力市场需求之间缺乏一致性。

QS世界大学排名采用6个方面的具体指标衡量大学质量：学术领域的同行评价（Academic Peer Review），全球雇主评价（Global Employer Review），单位教职的论文引用数（Citations per faculty），教师/学生比例（Faculty student ratio），国际教师比例（International Faculty Ratio），国际学生比例（International Student Ratio）。根据QS世界大学排名2016年报告，哈萨克斯坦的8所高校进入世界800强高校之列。2016年，哈萨克斯坦高校中，阿里—法拉比哈萨克国立大学排名275。[①] 这些排名从侧面也反映了哈萨克斯坦高等教育体系中存在的问题。其高等教育系统依照此排名结果提出了一些改进措施。例如：制定和实施能够满足雇主需求以及提升机构声誉的教学计划；鼓励在国际影响因子高的期刊上发表研究成果；增加哈萨克斯坦学校中的国际教师和学生数量等。

（一）加强国内外学校和师生学术交流的国际合作

自独立以来，哈萨克斯坦在国内外师生国际学术流动性方面已经取得了巨大的进步。但是，国内外学术流动性比例之间不平衡。2012年，博洛尼亚进程和学术流动性中心对哈萨克斯坦国内的98所高校学生和教师的学术流动情况进行了调查。调查结果如表7–3所示，哈萨克斯坦向外的学术流动性比例大于向内的学术流动性。因此，哈萨克斯坦大力支持吸引外国学生和教师、学者到哈萨克斯坦学校学习或工作和讲学。15%的学校在其发展计划中提到了实现学术流动性问题，75%的学校在其学校网站设立关于学术流动性的通知和信息。[②]

---

① Обзор национальной политики в области образования – Высшее образование в Казахстане 2017 2017 [R]．Астана：«Информационно-аналитический центр»，2017，77 c.

② Стратегия Академической мобильности в Республике Казахстан на 2012-2020 годы，2018-06-22，见 http://enic-kazakhstan.kz/images/doc/akadem_mobilnost/strategia-acad-mob-2020.pdf。

表 7–3　2012 年哈萨克斯坦高校师生国内外学术交流比例

类型	本科生学术流动	硕士生学术流动	博士生学术流动
国内流动性	0.3%	6%	5%
国外流动性	0.4%	16%	27%
总计	0.7 %	22%	32%

资料来源：哈萨克斯坦共和国学术流动战略，Стратегия Академической мобильности в Республике Казахстан на 2012-2020 годы，2019-06-18，见 http：//enic-kazakhstan.kz/ images/doc/akadem_mobilnost/strategia-acad-mob-2020.pdf。

为了促进国际教育合作与交流，哈萨克斯坦很重视向内的学术流动，吸引外国学生和教师。《2011—2020 年国家教育发展纲要》和《2012—2020 年哈萨克斯坦共和国学术流动性战略》都重视学术流动性的发展。《2011—2020 年国家教育发展纲要》的战略重点是提高哈萨克斯坦教育事业国际竞争力和哈萨克斯坦人民的国际化能力，而国际学术流动性的发展不但有助于提高哈萨克斯坦人民的国际化能力，还会拓展国际视野。《2012—2020 年哈萨克斯坦共和国学术流动性战略》的战略重点是提高哈萨克斯坦学生和师资队伍的国际学术流动性。按照《2012—2020 年哈萨克斯坦共和国学术流动性战略》，2020 年前要实现的目标如下：

1. 促进哈萨克斯坦师生学术交流的国际化。哈萨克斯坦到欧洲高等教育区（EHEA）的流动，主要分为本科生、硕士生和博士生两方面。在本科生流动方面，扩大就读一段时间（一个学期或一年）的本科生规模，每年的增幅为 50%；扩大就读整个学习时间段的本科生规模，每年的增幅为 10%。在硕士生和博士生流动方面，扩大就读一段时间（一个学期或一年）的硕士和博士研究生规模，每年的增幅为 30%；扩大就读整个学习时间段的硕士和博士研究生规模，每年的增幅为 10%。在其他国家学生到哈萨克斯坦的流动方面，扩大就读一段时间（一个学期或一年）的本科生规模，每年的增幅为 50%；扩大就读整个学习时间段的本科生规模，每年的增幅为 10% 。在教师流动性方面，扩大哈萨克斯坦到欧洲国家进行科研活动和提升专业技能的教师规模，每年的增幅为 10%；提高哈萨克斯坦到其他国家进行科研活动和提升专业技能的教师规模，每年的增幅为10%。

2. 吸引更多的国际学生和教师。扩大哈萨克斯坦高等学校中国际本科生规模，每年的增幅为20%；扩大到哈萨克斯坦进行科学研究活动的国际硕士、博士研究生和其他科研工作人员规模，每年的增幅为20%；扩大到哈萨克斯坦进行科学研究和学术交流的国际教职工规模，每年的增幅为10%；到2015年，用外语进行教育活动学校的比例达到50%。此外，建立支持学术流动的基金会。

3. 增加校际合作。到2015年，达成关于联合培养和实现学生、教师、科研工作者的学术交流的合作备忘录的学校比例达到60%；实现互相交换项目的学校比例达到80%；实施"双学位"项目的学校比例达到20%。[①]

（二）实施"三语教育政策"促进社会国际化

如前所述，哈萨克斯坦1995年颁布了《哈萨克斯坦共和国宪法》，1997年颁布了新《哈萨克斯坦共和国语言法》，1999年颁布新《教育法》，确定哈萨克斯坦的国语为哈萨克语；在国家机关和地方自治机构内同等使用哈萨克语和俄语；哈萨克斯坦少数民族享有使用本民族语言及文化的权利，有权自由选择交际、教育、学习以及创作活动用语；所有教育机构应保障在为学生传授知识时使用国语哈萨克语，使用俄语以及任何一门外语的学习应当按照教育的相应级别符合必要的国家社会标准。同时，自独立以来，政府大力支持国语的发展，支持保持俄语的社会功能，保护和发展少数民族的语言。随着社会的发展与国际交流的增进，英语教育也开始成为哈萨克斯坦国家发展和融入国际社会的优先发展方向。2007年，哈萨克斯坦总统提出了"三位一体的语言"（Trinity of languages）教育方案，提出学校要实施哈语（国语）、俄语（族际交流语）和英语（顺利融入全球经济的语言）三语教育，方案要求大力发展国语，支持俄语，重视学习

---

① Стратегия Академической мобильности в Республике Казахстан на 2012-2020 годы, 2018-06-22, 见 http://enic-kazakhstan.kz/images/doc/akadem_mobilnost/strategia-acad-mob-2020.pdf。

英语。政府将这份方案确定为国家政策，同时也成为教育领域的一个优先发展方向。

在纳扎尔巴耶夫大学现有资源的基础上，哈萨克斯坦成立了 52 个教学艺术中心、1 个国家级教师技能培训中心；在师范院校的基础上成立了 5 个教师技能培训中心。① 为了进一步推进"三语政策"的成功实施，2015 年哈萨克斯坦制定了《2015—2020 年三语政策发展路线图》。该政策规定，在"三语政策"框架内，自 2014—2015 学年开始，基础教育阶段从小学一年级开始学英语。同时，从 2016—2017 学年开始，小学一年级教授英语的时间增加了，一年级一星期教授 2 个小时，二年级开始增加到 3 个小时。②

《2011—2020 年语言使用及发展国家纲要》进一步强调了哈萨克斯坦公民需掌握三种语言的重要性。首先，该纲要指出要提高所有教育机构英语教育的质量，提高学前教育、中小学和基础教育学校的英语课程教材质量，并大力提倡使用三种语言进行教学；其次，该纲要确定了至 2020 年哈萨克斯坦公民掌握每种语言程度的比例：掌握"三语"的民众比例在 2014 年、2017 年和 2020 年分别应达到 10%、12% 和 15%，掌握国语的民众比例在 2020 年要达到 95%，掌握俄语的民众比例在 2020 年要达到 90%，掌握英语的民众比例应达到 20%。③

（三）提升教育国际竞争力

《2011—2020 年国家教育发展纲要》中明确提出要提高哈萨克斯坦教育国际化水平。自独立以来，一方面，哈萨克斯坦不断加强公民民族归属感；另一方面，为了提高哈萨克斯坦教育国际竞争力，不断培养国际化人

---

① 田成鹏、海力古丽·尼牙孜：《哈萨克斯坦"三语政策"及其影响分析》，《新疆大学学报》2015 年第 1 期。

② C 2018 года историю Казахстана в школах будут преподавать на английском и казахском языках，2018-05-14，见 http：//www.zakon.kz/4778299-s-2018-goda-istoriju-kazakhstana-v.html.

③ Сулейменова，《Э.Д. Языковые процессы и политика》，Алматы：Қазақ университеті，2011，стр. 37.

才。国际化人才应具有开阔的国际化视野和创新意识，精通本专业的国际化知识，至少熟练运用一门外语，知晓国际惯例，拥有较强的跨文化交流能力、灵活运用和处理信息的能力。

《2011—2020 年国家教育发展纲要》对哈萨克斯坦各级各类教育提出了发展目标与要求。在 2020 年之前，中小学生参与国际教育成就评价调查中"国际数学和科学评测趋势"（Trends in Mathematics and Science Study，简称 TIMSS）测试中要排 10—12 名；参与"国际学术评估项目"（Programme For International Student Assessment，简称 PISA）测试要居 40—45 位；参与"国际阅读素养研究"（Progress In International Reading Literacy Study，简称 PIRLS）要居 10—15 位；哈萨克斯坦高校中要有 2 所高校列入世界最强大学排名；在国际影响因子高的期刊上发表学术论文的师资队伍和科研工作者人数要达到 5%。①

（四）实现高校办学自主权

自哈萨克斯坦高等教育管理体制改革以来，在加强宏观管理的同时，坚持实行简政放权，扩大学校的办学自主权，始终是改革的基本思路。2011 年，哈萨克斯坦政府公布了《2011—2020 年国家教育发展纲要》，明确规定高等院校拥有部分的教学自主权，今后要改变以往传统的管理模式，引入理事会制度，形成政府管理与社会监督并行的行业管理体制。在国立高等教育机构中，要实行集体性、自主活动、透明度、责任性等管理原则，创建监事会（监督委员会），通过在高校设立监事会，增强社会组织对高校的监管力度。监事会负责批准高校发展的战略规划和人事政策，以及对金融资源实行公共控制。②

除了上述国家纲要以外，在哈萨克斯坦纳扎尔巴耶夫总统在《实现哈萨克斯坦梦想之路——国家百步计划》的第 78 步里指出，将纳扎尔巴

---

① O Государственной программе развития образования в Республике Казахстан на 2011-2020 годы，2018-06-22，见 http：//adilet.zan.kz/rus/docs/U1000001118.

② O Государственной программе развития образования в Республике Казахстан на 2011-2020 годы，2018-06-22，见 http：//adilet.zan.kz/rus/docs/U1000001118.

耶大学经验作为参考，逐步扩大高校学术自由和自主管理权。[①]

第四节　哈萨克斯坦与中国教育合作与交流政策的历史发展、现状和问题

2011 年，哈萨克斯坦和中国宣布发展全面战略伙伴关系。[②] 两国之间教育、科技、文化领域的合作日益加强。2013 年 9 月 7 日，中国国家主席习近平在哈萨克斯坦纳扎尔巴耶夫大学演讲时，提出共建"丝绸之路经济带"（以下简称"一带一路"）的倡议。[③] 在"一带一路"倡议框架内，哈萨克斯坦和中国之间的教育和文化领域的合作更加密切。

一、哈萨克斯坦与中国教育合作与交流的政策历史发展

哈萨克斯坦与中国开展教育合作交流活动以双方签署合作协议为依据。双方主要的国际合作与交流主要集中在教育和科学研究领域。其中，上海合作组织在两个国际教育合作与交流进程中发挥着重要作用。

（一）哈萨克斯坦与中国教育交流合作的政策

1994 年 12 月 30 日，哈萨克斯坦共和国政府与中华人民共和国政府签署了科技合作协定。这是两国首次就科技领域签署协议，同时提到了科技合作中的教育问题。2003 年 6 月 3 日，哈萨克斯坦共和国教育和科学部与中华人民共和国教育部签署了关于双方建立教育领域合作的协定。自 2003 年起，在该合作协定框架内，双方每年都交换学生，每年都

---

① 百度百科：百步计划，2018-06-12，见 https：//www.baidu.com/link? url=Uyf35C6-_opG
hsU1IMw9ERtReaKZS7weSPMlZtBSLM5LpzQ1E3WmQ6QK1vx2k7vl_5msJiltdEOv66g
wyiuY0s8DbqMamto6WxEspDTVClJwpnLfe8694m483Fp95Cp&wd=&eqid=fb4fa37e0002
9312000000065b24a39e。

② 外交部：《中国同哈萨克斯坦的关系》，2018-6-22，见 http：//www.fmprc.gov.cn/web/
gjhdq_676201/gj_676203/yz_676205/1206_676500/sbgx_676504/。

③ 《弘扬人民友谊共创美好未来——习近平在纳扎尔巴耶夫大学的演讲》，《人民日报》
2013 年 9 月 8 日。

有 20 名互换奖学金生名额。2009 年 4 月 16 日，双方决定将两国之间交换的学生数量增至 100 名学生。2004 年 5 月 17 日，双方签署关于设立哈萨克斯坦—中国合作委员会和科技合作小组委员会的协定。2006 年 6 月 15 日，上海合作组织成员国政府间签订关于教育领域合作的协定（以下简称上合组织协定）。2011 年 6 月 15 日，哈萨克斯坦共和国教育与科学部与中国国家石油天然气公司签署了在教育领域的合作协议。2006 年 12 月 20 日，哈中两国政府签署了学位和学历互认协议。2009 年，哈中两国签署了《2009—2012 年哈中教育合作协议》。[①]2010 年 4 月 26 日，上合组织成员国共同签署了关于成立上海合作组织大学的合作备忘录，共同创立了上海合作组织大学，确定了区域学、生态学、能源学、IT 技术和纳米技术等 5 个优先合作专业。[②] 可见，哈萨克斯坦与中国教育合作与交流主要集中在留学生培养、学位学历互认、合作办学、科技领域合作等方面。

（二）上海合作组织在哈萨克斯坦与中国教育交流中的作用

2001 年 6 月 15 日，上海合作组织在中国上海宣布成立。它是由中华人民共和国、哈萨克斯坦共和国、吉尔吉斯斯坦共和国、俄罗斯联邦、塔吉克斯坦共和国、乌兹别克斯坦共和国组成的永久性政府间国际组织。上海合作组织起源于 1996 年，是中国、俄罗斯、哈萨克斯坦、吉尔吉斯斯坦、塔吉克斯坦的关于加强边境地区信任和裁军的谈判进程的组织。2001 年 6 月 15 日的《上海合作组织成立宣言》和 2002 年 6 月 7 日的《上海合作组织宪章》，规定了上海合作组织的宗旨和原则。上海合作组织的宗旨和任务之一是成员国之间要开展经贸、环保、文化、科技、教育、能源、交通、金融等领域的合作，促进地区经济、社会、文化的全面均衡发展，

---

① Қазақстан Республикасының Білім және Ғылым Министрлігі，2018-06-18，见 http：//edu.gov.kz/kz/。

② 王雪梅、海力古丽·尼牙孜：《哈萨克斯坦高等教育国际化发展研究》，《比较教育研究》2016 年第 8 期。

不断提高成员国人民的生活水平。①

2006 年 6 月 15 日，上海合作组织成员国政府间签订关于教育领域合作的协定（以下简称上合组织协定）。在 2010—2011 学年，有 1 名哈萨克斯坦大学生在上合协议的框架内被派往中国留学，75 人在哈中合作协议框架内前往中国留学。2011 年，在上合组织成员国及中国国家石油天然气公司签署的协议框架下，有 240 名哈萨克斯坦大学生到中国高校学习，70 名中国大学生到哈萨克斯坦高校学习。两国也在上合组织大学框架下进行学生交流，有 13 所哈国高校在中国上合组织大学的框架下与中国高校进行双学位的联合培养项目。与哈萨克斯坦高校合作的中国院校有北京大学、上海大学、中央民族大学、新疆大学等高校。② 在上海合作组织框架内，哈萨克斯坦 16 所高校与中国高校合作开展双文凭项目合作。

二、哈萨克斯坦与中国教育合作与交流的政策实施现状

按照上述两国签署的协定，哈萨克斯坦与中国教育合作与交流在协定框架内开展活动，主要包括两国留学生交流、专家学者的合作与交流、合作办学及科学与技术领域的合作。

（一）哈中两国学生合作与交流

哈中两国之间的学生交换逐步增加。截至 2012 年，中国在哈萨克斯坦留学生约 1800 人，2005 年哈萨克斯坦来华留学生人数仅为 781 人，2007 年有 3000 名，2016 年人数已达到 11764 人。③ 自 2005 年以来，哈萨克斯坦在博拉沙克国际奖学金框架下与北京大学开展合作。博拉沙克国际

①　百度百科：《上海合作组织》，2018-06-18，见 https：//www.baidu.com/link? url=nzENECjAc6tTiVysA7XGPM1NxxaWPQr3pTEbapKl1Jd1Zy6n89LFgsHTj-Uq9J6c2p-Ai2WVcxfT7O44GKpjpa-ZpVG79NlgUbnOoBqU4HfBUsOqFD6udmdMOFxRZFiOywKWGJ-wOkNfn0r0NyI27q&wd=&eqid=a1d908f300026f41000000065b278e98。

②　王雪梅、海力古丽·尼牙孜：《哈萨克斯坦高等教育国际化发展研究》，《比较教育研究》2016 年第 8 期。

③　УчебавКитае：чегохотятичтополучаютнашистуденты，2018-6-22，见 https：//www.zakon.kz/4846930-ucheba-v-kitae-chego-khotjat-i-chto.html。

奖学金的获得者在北京大学攻读公共政策、国际法、国际关系专业，获得了学术学位。①哈萨克斯坦和中国两国政府奖学金资助也有所增长。2013年，中国提倡向哈萨克斯坦方提供 200 个名额奖学金。2014—2015 学年至 2016—2017 学年，中国政府向哈萨克斯坦一共提供了 177 名额奖学金，其中上海合作组织框架下的奖学金名额也有所增加。哈萨克斯坦也根据两国之间的协议为中国学生提供来哈留学的奖学金名额，每年接收的中国学生一般不超过 100 名人。2014—2015 学年至 2016—2017 学年，有 106名中国学生获得了哈萨克斯坦政府资助的奖学金。

表 7–4   中国向哈萨克斯坦提供的奖学金情况（单位：个）

学年	奖学金名额	中国政府奖学金	上合组织协议框架内
2014—2015	61	58	3
2015—2016	59	54	5
2016—2017	57	36	21

资料来源：《在中国学习什么：虽然我们是学生》，УчебавКитае：чегохотятичтополучаютнашистуденты，2018-06-22，见 https：//www.zakon.kz/4846930-ucheba-v-kitae-chego-khotjat-i-chto.html。

表 7–5   哈萨克斯坦向中国提供的奖学金情况（单位：个）

学年	奖学金名额	奖学金获得者数量
2014—2015	82	25
2015—2016	83	54
2016—2017	44	27

资料来源：《在中国学习什么：虽然我们是学生》，УчебавКитае：чегохотятичтополучаютнашистуденты，2018-06-22，见 https：//www.zakon.kz/4846930-ucheba-v-kitae-chego-khotjat-i-chto.html。

此外，在哈萨克斯坦共和国教育和科学部与中国国家石油天然气总

---

① Қазақстан Республикасының БілімжәнеҒылымМинистрлігі，2018-06-18，见 http：//edu.gov.kz/kz/。

公司合作开展教育领域合作的框架下，从 2011—2015 年哈萨克斯坦派出 15 名学生在中国石油大学攻读硕士学位。2018 年 5 月，哈萨克斯坦教育和科学部国际项目中心与中国教育机构和高校代表举行了会晤。根据会谈结果，上海第二工业大学和上海外国语大学代表增加了对哈萨克斯坦留学生的奖学金名额。①

（二）哈中两国专家和学者的合作与交流

在 2015—2016 学年，通过"吸引外国专家赴哈国高校讲学"项目，哈萨克斯坦邀请了中国新疆大学、新疆农业大学、华南师范大学、新疆生态与地理研究所、广西民族大学等高等学校的 9 名学者在哈萨克斯坦古米列夫欧亚国立大学（L.N.Gumilyov Eurasian National University）、萨特巴耶夫哈萨克国立技术大学（Kazakh National Technical University after K.I. Satpayev）、赛傅琳哈萨克农业技术大学（S.Seifullin Kazakh Agro Technical University）讲课。哈萨克斯坦与中国的新疆接壤，这 9 名学者主要来自新疆。可见，哈萨克斯坦的教育合作与交流受到地理位置影响比较大。

此外，哈萨克斯坦有些学校参加了世界一流大学博览会（World-Class Universities Expo），这是联合世界上 100 所大学的"丝绸之路大学联盟"的重要任务之一。② 阿里－法拉比哈萨克国立大学签署了西安宣言，并当选为联盟执行委员会副主席。另外，阿里－法拉比哈萨克国立大学与香港理工大学签署了一项关于实施联合研究和教育计划的协议，双方同意该合作协议将会成为一个在教育和科学领域的新知识和创新理念的平台。

2016 年 4 月，阿里－法拉比哈萨克国立大学校长访问了中央民族大学的哈萨克语言文学系。中央民族大学是哈萨克斯坦境外培养哈萨克语言和文学专门人才的唯一学校。2016 年阿里－法拉比哈萨克国立大学和中央民族大学签署了合作协议。按照该合作协议，双方要实现学生和教师的

---

① 国际通讯社：《哈萨克斯坦教科部代表团访问上海》，2018-06-18，见 https：//www. inform.kz/eng/article/3264791。

② Қазақстан Республикасының БілімжәнеҒылымМинистрлігі，2018-06-18，见 http：// edu.gov.kz/kz/。

学术流动，联合出版教材和其他学术成果。中央民族大学和哈萨克斯坦古米列夫欧亚国立大学、阿里－法拉比哈萨克国立大学等高校签署了教师和学生交换的教育合作协议。①

2017 年 6 月，位于陕西西安的西北大学举行了中国—中亚—西亚经济走廊之"一带一路"与"光明之路"对接国际研讨会，来自中国和哈萨克斯坦的专业研究人员做了深入研讨。随后，中哈双方发布了《"一带一路"与"光明之路"对接研究报告》；哈方发布《2027 中亚可能的趋势》。②

（三）哈中两国境内开设的教育和研究机构

哈萨克斯坦与中国通过教育研究机构的开设形成双向交流，一方面，中国在哈萨克斯坦开设"孔子学院"，传播中国优秀传统文化；另一方面，哈萨克斯坦在中国开设哈萨克斯坦中心，推进教育领域合作与交流。

1. 中国在哈萨克斯坦开设的"孔子学院"

2007 年 12 月 5 日，欧亚国立大学孔子学院正式启动，这是中国在哈萨克斯坦开设的第一所孔子学院。2009 年 2 月，由兰州大学与阿里－法拉比哈萨克国立大学共建的孔子学院正式启动，截至 2012 年，阿里法拉比哈萨克国立大学孔子学院已为哈萨克斯坦培养 2000 多名各种层次的汉语人才，有 600 多名哈萨克学生通过该途径赴中国高校留学，每年举办汉语推广活动近 30 项，定期组织汉语水平考试。③ 截至 2019 年，哈萨克斯坦共有 5 所孔子学院。哈萨克斯坦孔子学院设立情况如表 7-7 所示。卡拉干达国立技术大学孔子学院培养了哈国首批 40 名汉语教师。阿克托别国立师范学院孔子学院是哈萨克斯坦规模最大的孔子学院。2017 年，阿布莱汗哈萨克国际关系和世界语言大学正式启动。

---

① Қазақстан Республикасының Білімжәне ҒылымМинистрлігі，2018-06-18，见 http：//edu.gov.kz/kz/。

② 凤凰网：《"一带一路"与"光明之路"对接国际研讨会西安举行》，2018-06-18，见 http：//news.ifeng.com/a/20180512/58281964_0.shtml。

③ 刘婷：《"一带一路"战略视角下的中亚五国孔子学院功能研究》，硕士学位论文，山东大学汉语国际教育系，2017 年，第 16 页。

表 7–6　哈萨克斯坦孔子学院情况

序号	孔子学院名称	所在城市	承办机构	合建机构	启动时间
1	欧亚国立大学孔子学院	阿斯塔纳	欧亚国立大学	西安外国语大学	2007
2	阿里－法拉比哈萨克国立大学孔子学院	阿拉木图	哈萨克国立大学	兰州大学	2009
3	阿克托别国立师范学院孔子学院	阿克托别	阿克托别国立师范学院	新疆财经大学	2011
4	卡拉干达国立技术大学孔子学院	卡拉干达	卡拉干达国立技术大学	新疆石河子大学	2011
5	阿布莱汗哈萨克国际关系和世界语言大学	阿拉木图	阿布莱汗哈萨克国际关系和世界语言大学	西南大学	2017

资料来源：刘婷：《"一带一路"战略视角下的中亚五国孔子学院功能研究》，硕士学位论文，山东大学汉语国际教育系，2017 年，第 16 页；中华人民共和国驻阿拉木图总领事馆：《关于阿拉木图市孔子学院的情况介绍》，2020-07-26，见 http://almaty.chineseconsulate.org/chn/wjjl/hytg/t1353867.htm。

2. 哈萨克斯坦在中国开设的哈萨克斯坦中心

哈萨克斯坦与中国共同举办哈萨克斯坦中心，主要是与语言类高校合作。目前，中国有 4 所哈萨克斯坦中心，分别是上海外国语大学哈萨克斯坦中心、北京外国语哈萨克斯坦中心、大连外国语大学哈萨克斯坦中心、西北大学哈萨克斯坦中心。

2015 年 11 月 16 日，上海外国语大学哈萨克斯坦中心成立。这是中国第一家致力于哈萨克斯坦社会与文化研究和中哈教育交流合作的学术机构，中哈双方将全面开展学术研究和教育合作。上海外国语大学哈萨克斯坦中心由上海外国语大学、哈萨克斯坦驻沪总领事馆和哈萨克斯坦教育科学部国际计划中心共同组建。上海外国语大学哈萨克斯坦中心的成立，体现了哈国高度重视上海的教育资源和区位优势。①

---

① 上海外国语大学俄罗斯研究中心：《上外成立哈萨克斯坦中心加强中哈教育交流合作》，2018-06-18，见 http://www.crs.shisu.edu.cn/18/fa/c4108a71930/page.htm。

2015 年 12 月，北京外国语大学与哈萨克斯坦阿里 – 法拉比哈萨克国立大学联合开办哈萨克斯坦中心。2016 年，为了培育哈萨克语人才，北京外国语大学将招收 15 名中国学生，专门学习哈萨克语。① 2016 年 4 月，双方决定通过发展教育领域的合作，扩大两校之间的教师和学生学术交换规模。经协商，两校就发展哈萨克斯坦中心达成了合作协议。2016 年 9 月，北外哈萨克语系开始招生，第一年招收 10 名学生。此外，两校同意将来探讨两校之间实施双文凭项目的可能性。哈萨克语系的主要任务是实现学生和教师的学术交流，进行联合的科研活动，在学术期刊和会议上发表学术论文和报告以及组织进修培训。②

2016 年 1 月 8 日，大连外国语大学与南哈萨克斯坦国立大学合作筹建的哈萨克斯坦研究中心正式成立。该中心的成立旨在充分利用上合组织大学资源，从语言文化入手，促进哈萨克斯坦和中国的文化交流和科研合作，加强中哈两国高校的人才培养合作。大连外国语大学是上合组织大学中方校长委员会主席单位和校办所在地。2015 年，上合组织大学在区域学、生态学、能源学等 7 个方向共派出和接收 150 多名项目学生，其中与哈萨克斯坦的交流项目生已有 20 余人。③

2017 年 10 月 13 日上午，哈萨克斯坦首任总统图书馆第一副馆长铁木尔·沙伊梅尔格诺夫（Темуль шаимельгенов）一行 5 人到访西北大学丝绸之路研究院，落实西北大学哈萨克斯坦研究中心与哈萨克斯坦中国研究中心战略合作事宜。西北大学丝绸之路研究院常务副院长卢山冰教授与哈萨克斯坦中国研究中心主任古丽娜尔·沙伊梅尔格诺娃（Гуриналь

---

① 哈通社：《北京外国语大学成立哈萨克斯坦中心　萨金塔耶夫出席揭牌仪式》，2018-6-18，见 https://www.baidu.com/link? url=yNYHTpq_Kc-11T3TtdOJ3O4XedEQ5D34oVg_88MQgpQOuagKvigDQihyCRxLHjEYJmFwrvuzbRMSt0k_ldkFpq&wd=&eqid=f94ee1c80001eb95000000065b275469。

② Қазақстан Республикасының Біліможәне ҒылымМинистрлігі，2018-06-19，见 http：//edu.gov.kz/kz/。

③ 中国日报网：《大外成立哈萨克斯坦研究中心》，2018-06-18，见 http：//www.chinadaily.com.cn/interface/toutiaonew/1020961/2016-01-09/cd_23006689.html。

шаимельгенова）分别代表双方签署了《西北大学哈萨克斯坦研究中心与哈萨克斯坦中国研究中心信息资料共享协议》及《西北大学哈萨克斯坦研究中心与哈萨克斯坦中国研究中心就"一带一路"与"光明之路"对接进行合作研究并形成对接研究报告的合作协议》。①

（四）科学和技术领域的国际合作

2013—2015 年，哈中科技合作委员会批准了生命科学、信息与通信技术、国家智力潜能、原材料深加工、能源等领域的 13 项合作项目。②2015 年 10 月 23 日，在哈萨克斯坦首都阿斯塔纳召开了哈萨克斯坦—中国科技合作小组委员会的第七届座谈会。双方表示愿意在"丝绸之路经济带"和"光明之路"国家纲要框架下发展科技领域的合作，促进哈中两国研究机构和企业之间在优先领域的互利合作。此外，2016—2017 年，双方商定在以下 13 个领域提供科研项目补助资金：热电联产、节约能源、纳米材料、云技术、农业产业融合，移动农业机器人、智能农业机械、植物技术、药理学、植物化学、生物力学、信息与通信技术、移动应用、技术商业化。③

近年来，哈萨克斯坦与黑龙江省在科技领域的交流合作日趋活跃。2018 年 5 月 14 日，哈萨克斯坦国家技术发展署与黑龙江省科学院高技术研究院就技术转移合作签署了协议。哈方与黑龙江省工业技术研究院就孵化器建设、技术引进与输出以及专业人才培训等合作形成共识，双方将在人才交流访问、技术开发、科技成果孵化和投资等领域开展合作。④

---

① 西北大学丝绸之路研究院：《西北大学哈萨克斯坦研究中心与哈萨克斯坦中国研究中心签署合作协议》，2018-06-18，见 http://isrs.nwu.edu.cn/home/index/article/mid/4310/id/178220.html。

② 中华人民共和国科学技术部：《哈萨克斯坦将增加科技投入力度》，2020-07-24，见 http://www.most.gov.cn/gnwkjdt/201106/t20110608_87392.htm。

③ Қазақстан Республикасының Білімжәне ҒылымМинистрлігі，2018-6-19，见 http://edu.gov.kz/kz/。

④ 新华网：《哈萨克斯坦与我省将开展科技孵化器建设和技术转移合作》，2018-6-29，见 http://www.hlj.xinhuanet.com/xhjj/2018-05/18/c_137187747.htm。

三、哈萨克斯坦与中国教育合作与交流存在的问题

虽然哈萨克斯坦与中国教育合作与交流方面取得了相当大的进展，但是在具体合作推进的过程中仍然存在很多问题，尤其是在留学生教育质量保障方面，问题依然比较突出。

（一）校际合作层次不高

哈中建交 20 多年来，在教育国际合作方面的关系逐步加深。虽然哈萨克斯坦和中国的教育合作日趋频繁，但合作内容太过具体，合作主体层次不高，开展合作随机性大，很难产生较大影响。目前虽建立了几个合作机制，但实质性的合作交流特别少，合作院校的层次偏低。从专家性质来讲，哈萨克斯坦到中国讲学的专家主要到中央民族大学和哈萨克斯坦中心讲学，主要讲的是哈萨克语言和文化领域的内容，而且听课的大部分学生是新疆的哈萨克族学生，汉族学生数量非常少。从中方到哈萨克斯坦的专家主要是科技和能源领域的专家。从专家来自学校的层次来讲，哈萨克斯坦专家都是从哈萨克斯坦重点大学来的，这些重点大学的哈萨克语言和文化研究水平很高；而从中国到哈萨克斯坦高校讲学的专家基本上都来自普通大学，来自"211 工程"和"985 工程"重点大学的专家非常少。这无法保证学术交流质量，更无法开展良好的教育国际与合作活动。

双方教育领域的合作层次不高的主要原因是哈萨克斯坦方面高校合作伙伴对象主要是我国新疆维吾尔自治区高校。哈萨克斯坦与中国新疆的文化和语言比较接近，因此双方很容易建立合作关系。这也阻碍了哈萨克斯坦高校和中国内地重点大学建立合作关系。

（二）学生交换规模不平衡

高等教育质量的差异也导致哈萨克斯坦和中国高校吸引优秀学生的能力差别比较大。近年来，哈萨克斯坦一直不断地改革其教育体系，试图增加国际学生数量。中国在这一方面取得了很大的成就，在中国高等学校就读的国际学生规模每年都在增加，所以留学中国的国际学生数量远远超过留学哈萨克斯坦的国际学生。从在中国留学的国际学生数量最多的来源国来看，哈萨克斯坦居第 9 位。从在哈萨克斯坦留学的国际学生数量最多

的来源国来看，中国居第 6 位。2016 年，在中国留学的哈萨克斯坦学生数量为 11764 人①，而 2015 年在哈萨克斯坦留学的中国学生数量为 897 人。②由此可以发现双方留学学生规模上的差别很大。中国大部分学生的留学目的学校是发达国家的学校，哈萨克斯坦对吸引国际学生的政府财政投入不够。由于中国高校学费比其他欧美国家高校学费较低一点，而且中国作为哈萨克斯坦邻国，哈萨克斯坦很多学生选择到中国留学。地理位置、学习费用和教育质量上的差别导致了哈萨克斯坦和中国留学生数量上的差别。

（三）双方留学生的教育质量不高

如今对中国文化和语言感兴趣的外国留学生数量逐年增多，从哈萨克斯坦到中国学中国文化和语言的学生也很多。作为外国人，哈萨克斯坦学生学中文的难度很大，如果用中文学习一种专业则难度更大。诸多哈萨克斯坦学生从中国高校毕业回国后就业领域与所学专业不一致，主要原因如下：第一，在中国学到的内容无法适应国内劳动力市场的需求。第二，在中国学到的知识无法在哈萨克斯坦应用。第三，中文水平不高导致了专业学习水平低。相比较而言，到中国留学的日韩和东南亚国家的学生中文基础就较好，而中亚国家的学生在中文学习上仍然存在很大困难；而且中国在留学生质量保障方面监管不严，导致留学生毕业生的质量得不到保障。

选择到哈萨克斯坦留学的中国学生大部分学习俄语，哈萨克斯坦方面也存在同样的问题，对学生学习态度和成绩管理不严，而且对中国学生所进行的俄语语言教育缺乏科学性。

（四）缺乏对外宣传

哈萨克斯坦和中国高校之间合作层次不高，和对外宣传不够有关。中国每年都举办国际学校展览会，这一展览会近两年只有一所哈萨克斯坦

---

① УчебавКитае：чегохотятичтополучаютнашистуденты，2018-6-23，见 https：//www.zakon.kz/4846930-ucheba-v-kitae-chego-khotjat-i-chto.html。

② 《Обзор национальной политики в области образования-Высшее образование в Казахстане 2017》，Астана：《Информационно-аналитический центр》，2017，стр. 195.

高校——纳扎尔巴耶夫大学参加。2018 年春季，哈萨克斯坦驻华大使馆首次专门举办了哈萨克斯坦高等学校展览会，这次展览会帮助中国学生和教师更好地了解哈萨克斯坦高校，有助于双方进一步加强教育合作与交流。同时，在哈萨克斯坦境内宣传中国高等学校的活动特别少。这种信息不对称，对双方教育体制、高校办学特色和优势学科专业不了解，都成为两国教育合作与交流的阻碍因素。

第五节　进一步加强中国与哈萨克斯坦教育合作与交流的建议

按照哈中签订的教育合作与交流协议，哈萨克斯坦与中国要进一步推进教育合作交流，促进双方实现共赢。在中国与哈萨克斯坦教育合作交流的过程中，需要不断调整战略，解决教育合作与交流过程中出现的问题。针对上一节提出的办学层次低、留学生教育缺乏质量保障等问题，特提出以下建议。

一、加强中哈两国的战略对接，促进政策联通

自 2011 年哈萨克斯坦与中国建立全面战略伙伴关系以来，与中国的战略合作成为哈萨克斯坦发展国际关系的一个重要方向。哈萨克斯坦是我国的路上邻国之一，两者在经济、社会、教育发展上联系较为密切，为促进两国的友好发展，在国家战略上要试图寻找共同目标，促进政策层面的联通，比如加强《哈萨克斯坦—2050》战略与"中国的新三步走战略"、哈萨克斯坦"光明之路"新经济政策与"丝绸之路经济带"倡议的对接。

2012 年 12 月 14 日，哈萨克斯坦总统纳扎尔巴耶夫在"独立日"庆祝大会上发表国情咨文《哈萨克斯坦—2050》战略①。该战略是哈萨克斯

---

① 搜狐网：《解读〈哈萨克斯坦—2050〉战略》，2020-07-26，见 http://roll.sohu.com/20121226/n361677311.shtml。

坦在实施《哈萨克斯坦—2030》战略之后又一重要的国家政治方针，它提出哈萨克斯坦要跻身世界 30 个发达国家行列的行动计划，① 总体分为两步：第一步，在 2030 年之前，确保传统的经济行业保持稳步增长的势头，创建强大的加工工业部门，完成现代化的突破；第二步，在 2030—2050 年间，确保国家以发展知识型经济为原则，稳步发展，建立强大的加工工业。② 中国共产党十九大报告提出，到建党一百年时建成经济更加发展、民主更加健全、科教更加进步、文化更加繁荣、社会更加和谐、人民生活更加殷实的小康社会，然后再奋斗 30 年，到新中国成立一百年时，基本实现现代化，把我国建成社会主义现代化国家。具体包括三个步骤：第一步：从 2017 年到 2020 年，是全面建成小康社会决胜期，致力于全面建成小康社会；第二步：从 2020 年到 2035 年，在全面建成小康社会的基础上，再奋斗 15 年，基本实现社会主义现代化；第三步：从 2035 年到 21 世纪中叶，在基本实现现代化的基础上，再奋斗 15 年，把我国建成富强民主文明和谐美丽的社会主义现代化强国。上述两个战略表明了哈萨克斯坦与中国在 2050 年的目标是实现现代化，两国有着共同的战略目标，可以在各个层面广泛开展合作与交流，促进国家的现代化发展。

2013 年 9 月，习近平主席对哈萨克斯坦进行国事访问期间提出了共同建设"丝绸之路经济带"倡议。2014 年 11 月，纳扎尔巴耶夫总统提出"光明之路"新经济政策。③2015 年 12 月，中哈两国签署了《中华人民共和国政府和哈萨克斯坦共和国政府联合公报》，提出"尽快启动'丝绸之路经济带'建设与'光明之路'新经济政策对接合作规划联合编制工作"。

---

① 《哈萨克斯坦 2050 战略总统国情咨文》，2020-07-27，见 https：//www.doc88.com/p-3979072677046.html。

② 中国共产党新闻网：《"新三步走战略"与"四个全面"战略布局》，2020-07-28，见 http：//theory.people.com.cn/n/2015/0506/c40531-26954905.html？from=timeline&isappinstalled=0。

③ 形势政策网：《中华人民共和国政府和哈萨克斯坦共和国政府关于"丝绸之路经济带"建设与"光明之路"新经济政策对接合作规划》，2020-07-28，见 http：//www.xingshizhengce.com/ztch/ydyl/zhengce/201704/t20170420_4193858.shtml。

"丝绸之路经济带"倡议与"光明之路"新经济政策为基础设施、投资贸易、工业与交通、人文交流等诸多领域的双边合作提供了巨大潜力。这是两国领导人为了适应国际发展新形势与本国发展阶段所提出的国家战略，中国与哈萨克斯坦就此达成一致，加强合作与交流，实现互利共赢。两国的教育合作与交流，应该进一步落实两国的整体战略对接，实现政策沟通和制度对接，为教育合作与交流奠定基础。

二、提高哈中两国校际合作层次，推进教育合作的内涵式发展

高水平大学之间的校际合作有利于培养优秀人才，促进哈萨克斯坦与中国之间的文化交流，进一步提升教育的国际化水平。目前，哈萨克斯坦与中国高校之间的合作数量较少，主要方向集中在语言与文学方面。从数量与合作方向来看，哈萨克斯坦和中国之间的合作高校层次不高。哈萨克斯坦一流高校大部分是国立高校。例如，纳扎尔巴耶夫大学是哈萨克斯坦国际化程度很高的高校之一，其次是阿里-法拉比哈萨克国立大学、欧亚国立大学。中国优质大学主要是"211工程"和"985工程"以及"双一流计划"重点建设的高校。在"211工程"和"985工程"大学中，只有中央民族大学和北京外国语大学和哈萨克斯坦阿里-法拉比哈萨克国立大学、欧亚国立大学建立了合作关系，其合作重点是教授和介绍哈萨克语言与文化。因为中央民族大学有哈萨克语言文学系，在北京外国语大学有哈萨克斯坦研究中心，所以合作领域主要围绕语言教育方面的合作。除此之外，哈萨克斯坦重点高校应尽力与原"211工程""985工程"和现在的"双一流计划"高校建立在其他学科领域的合作，这些高校科研能力强，人才培养体制完善，而且双方重点高校师生英语水平较高，这样更有助于打破语言关卡障碍，提高双方教育合作的层次，培养优秀的人才。

为了更好地实现两国高校教育务实合作与互学互通，2019年，在中国—东盟教育交流周上，"中国—哈萨克斯坦大学合作对话"会议成功举

办。① 来自中方的天津大学、上海大学、华南理工大学、南京农业大学等高校领导，以及来自哈方的东哈萨克斯坦国立大学、东哈萨克斯坦国立技术大学、阿尔法拉比哈萨克国立大学等领导参与本次会议，双方就各自高校概况、专业情况、师生比例和国际学生等基本情况进行了交流，又特别介绍了优势学科以及可能合作的方向。部分哈萨克斯坦高校代表当场表示在农业机械工程领域的人才需求缺口，希望加大该方面的教育合作。

在"一带一路"倡议下，中国要合理扩大与哈萨克斯坦的校际合作规模，提高合作层次，适度拓宽教育合作范围，不要仅仅局限于哈萨克语言及文化方面的合作，也要进一步优化教育合作的专业布局，同时建立健全校际合作的监督体系、质量保障以及投入机制，促进中国与哈萨克斯坦校际合作的内涵式发展。

三、扩大"一带一路"倡议内教育领域合作，提升中国教育的国际影响力

自 2013 年哈萨克斯坦参与"丝绸之路经济带"倡议以来，哈中两国之间在经济、科技和文化领域的合作逐步增多。在经济方面，中国在哈萨克斯坦设立了很多公司及工厂。为实现产学研一体化，学校和工厂可以建立合作关系开展部分实践项目，这将给在中国留学的哈萨克斯坦学生和在哈萨克斯坦留学的中国学生提供将知识应用到实践的机会。同时，这也可以解决在中国留学的哈萨克斯坦学生回国后就业难的问题。

通过"一带一路"倡议的实施，中哈可以继续扩大教育领域内的合作，更好地满足双方教育、社会发展的需求。在办学方面，2007 年 12 月 5 日，欧亚国立大学孔子学院正式启动。这是哈萨克斯坦第一所孔子学

---

① 《"中国—哈萨克斯坦大学合作对话"在"2019 中国—东盟教育交流周"上成功举办》，2020-07-27，见 https://mp.weixin.qq.com/s? src=11&timestamp=1596371541&ver=2498 &signature=ggURXiBpsw8s*Bt80Fwzco*i6UYOUAdmqtvMN1ptnSDyV9uVgXEt9VOGZ UADcDv2KfoEFIGfctcPS*nBlEwcRfzsPf5UFL1X5Zg*b4fRqeBGd2IV3tjMcb4sznuEq4vM &new=1。

院。孔子学院是哈萨克斯坦与中国进行教育合作与交流的重要载体，它的创立传播了汉语文化，加强了双方语言互动与学习，为哈萨克斯坦与中国的友好交流作出了突出的贡献。但是，目前孔子学院的发展也面临质量层次不一的问题。[①] 中国在哈萨克斯坦创立孔子学院，要完善孔子学院的制度建设，优化办学的布局，建立哈萨克斯坦国家孔子学院与别国孔子学院的网络联盟，创新孔子学院的运行机制。

在文化交流方面，要继续扩大中国与哈萨克斯坦多层次多维度的交流活动，以合作办学、师生交流为桥梁，充分利用中国以及哈萨克斯坦优秀的教育资源，使得两国人民更好地理解彼此的文化，促进民心相通。同时，要加强中国与哈萨克斯坦教育资源及文化的交流与分享，加强留学教育的宣传，更好地进行两国教育合作与交流。

从哈萨克斯坦学生在中国留学的专业比例来看，学中医专业的学生比例很少。在华留学的哈萨克斯坦学生 36.9% 选择了与中国语言和文化有关的专业；32.6% 的哈萨克斯坦学生选择了经济领域的国际贸易、管理学、金融学专业；10.7% 选择了法学领域的专业。[②] 这些专业的选择有助于培养两国进行"一带一路"倡议合作所需要的人才，但是中国教育博大精深，有很多具有特色的专业，但是由于语言、文化代沟导致无法选择这些专业。比如，中医举世闻名，是中国传统文化的优秀代表，反映了中国传统的思维方式，很多外国人对中医很好奇，哈萨克斯坦人也不例外。学生比例很少的主要原因是医学本身很难学习，而医学领域的中文词汇对外国人来讲难度更大。很多学生学习一年中文时间远远不足以继续进行专业领域的学习，因此即使耗费大量时间，学习成绩也远远达不到标准。针对这些专业，中国应当在"一带一路"的倡议下，开发适合哈萨克斯坦学生学习的教材和教学方法，输出中国教育服务，通过教育搭建中哈战略合作

---

① 刘婷：《"一带一路"战略视角下的中亚五国孔子学院功能研究》，硕士学位论文，山东大学汉语国际教育系，2017 年，第 47—49 页。

② Учеба в Китае：чего хотят и что получают наши студенты，2018-06-23，见 https：//www.zakon.kz/4846930-ucheba-v-kitae-chego-khotjat-i-chto.html。

的桥梁，既满足哈萨克斯坦学生学习的需求，也可以借此宣传中国优秀传统文化，进而提升中国教育的国际影响力。

四、建立科学技术协作研究中心，培养专业技能人才

"一带一路"的建设需要各方面专业领域的人才，一方面为"一带一路"的建设服务，另一方面要满足本国发展的人才需要。此外，《2016—2019 年哈萨克斯坦教育科学发展国家战略》提出三点战略目标：第一，提高教育科学竞争力，为经济的稳定增长提供人才储备；第二，通过改善技术职业教育条件，激发年轻人的社会经济热情；第三，保障向各经济领域提供具有竞争力的高等和高等后人才供应，实现教育科学一体化和创新。[①] 中国与哈萨克斯坦需要结合自身社会发展的需求，选择相对应的领域加大科技合作力度，建立科学研究与创新中心，满足国家发展的人才需求。

中国和哈萨克斯坦在"一带一路"建设合作中重点发展科学园区的建设与合作。哈萨克斯坦和中国每年都举办各种研讨会和研究会议。这些研究会议和研讨会仅限于文科领域。目前，哈萨克斯坦和中国之间没有计算机、科学等研究机构、国际实验室的合作。哈萨克斯坦目前面临计算机、科学技术人才不足的问题，然而中国在计算机、科学技术方面取得了巨大进展，双方可以在计算机、人工智能等领域共同建立国际实验室或研究机构。在人才培养方面，要强化专业技能人员培养培训体系，创新专业人才培养模式，借助国内外的教育合作平台，建立合作科研项目和科学技术研究中心，推进"一带一路"倡议中专业技术人才的培养。

---

① *Государственная программа развития образования и науки Республики Казахстан на2016-2019 годы.* утверждена Указом Президента Республики Казахстан от1марта 2016года№205，见 https：//online.zakon.kz/document/？doc_id=32372771.

五、充分利用奖学金制度发展留学生教育，加强对留学生教育质量的监管

留学生教育是教育国际合作与交流中的重要组成部分，两国通过互派留学生可以培养多方位人才，满足彼此国家的人才需求。哈萨克斯坦在《2011—2020 年国家教育发展纲要》和《2012—2020 年哈萨克斯坦共和国学术流动性战略》中都明确表示要重视学术流动性的发展，加强师生的国际合作与交流。自 20 世纪 90 年代以来，哈萨克斯坦设立博拉沙克国际奖学金，已经有 1 万多人去别的国家留学。

2016 年，中国在哈萨克斯坦留学生人数已达到 11764 人。① 哈萨克斯坦和中国两国政府奖学金资助也有所增长。2013 年，中国提倡向哈萨克斯坦方提供 200 个名额奖学金。近些年来，中国政府向哈萨克斯坦学生提供的奖学金名额在逐步增加，其中上海合作组织框架下的奖学金名额也有所增加，越来越多的哈萨克斯坦学生可以通过申请中国政府奖学金来中国接受高等教育。

中哈双方要充分利用上述奖学金制度发展留学生教育。从数量上看，中国去哈萨克斯坦留学的人数较少，哈萨克斯坦来中国留学生的数量较多。同时，哈萨克斯坦留学生面临回国找工作困难的问题。这表明留学教育面临着规模与质量的双重挑战。在发展留学生教育时，中哈双方要了解哈萨克斯的人才需求，加强留学教育的顶层设计，以专业需求为导向，科学制定留学教育规划，使留学生所学专业与就业劳动力市场更加契合。在培养过程中，要注意监管留学生教育的培养过程，从入学、课程、毕业论文质量等各个方面都要统一制定要求，实行趋同化管理，提升培养质量。

---

① УчебавКитае：чегохотятичтополучаютнашистуденты，2018-6-22， 见 https：//www.zakon.kz/4846930-ucheba-v-kitae-chego-khotjat-i-chto.html。

第八章　蒙古国国际教育合作与交流政策研究

蒙古国（蒙古语：Монгол улс，英语：Mongolia），是位于中国与俄国两大国之间的内陆国家。蒙古国设立的行政建制包括 21 个省、1 个直辖市、329 个苏木（县级）和 1573 个巴嘎（村）①，首都及全国最大的城市为乌兰巴托。蒙古国土面积为 156.65 万平方公里，2018 年蒙古国人口已经超过 312 万人，是世界上人口密度最小的国家之一。蒙古民族起源于游牧民族，国土被草原覆盖，耕地较少，北部和西部大部分为山脉，南部几乎是戈壁沙漠。作为没有出海口的内陆国家，蒙古国属于大陆性气候，冬季时间长，夏季时间短，且春秋两季时间也相对较短。蒙古国约 30% 的人口从事游牧业或半游牧业，约 50% 的人口住在首都乌兰巴托。蒙古国人民主要信仰藏传佛教，最大的民族是喀尔喀族，约占蒙古国全部人口的80%，其他民族分别是哈萨克族、杜尔伯特族、巴雅特族、布里亚特族等15 个少数民族，少数民族主要集中于蒙古国西部。蒙古国地下资源丰富，现已探明的有铜、钼、金、银、铅、锌、稀土、铁、磷、煤、石油等 80多种矿产。

蒙古国现实行国家普及免费普通教育制度。1946 年，蒙古国将原来

---

① Wikipedia：《wikipedia 百科》，2020 年 9 月 3 日，见 https://mn.wikipedia.org/wiki/
Монгол_улс#Орон_нутаг。

的回鹘式蒙古文改成西里尔文蒙文并一直沿用至今。2019 年，蒙古国全国有普通教育学校 820 所、专业培训学校 80 所和高等学校 95 所。其中，国立高校 21 所，主要包括蒙古国立大学、蒙古科学技术大学、教育大学等；私立高校 71 所，主要包括伊赫扎萨克大学、奥特根腾格尔大学等，外国投资私立大学 3 所。① 根据政府间文化教育科学合作协定，截至 2018 年蒙古国已同 190 个国家建交，与 63 个国家有学生交换往来。

一、1206—1921 年大蒙古外交状况和国际教育合作与交流

1206 年成吉思汗建立大蒙古国。建国后，成吉思汗提出了"马背上缔造国家，马背下治理国家"的理念，原先分散的小王国合并后需要管理人民的法律规定，而法律规定则需要文字记载。在成吉思汗统一蒙古之前，蒙古族尚未有正式的蒙古文字，只靠结草刻木记事，大蒙古国成立后制定成文法和记载国家历史都需要文字。1206 年在蒙古国建国之时，成吉思汗命令失吉忽秃忽着手制定青册，这是蒙古族正式颁布成文法的开端。② 在战争中，成吉思汗捉住一个名叫塔塔统阿的畏兀儿人。这位畏兀儿人原本是掌印官，成吉思汗尊他为国傅。成吉思汗非常尊重读书人，他让塔塔统阿留在自己身边，负责管理记载、历史编写等工作。后来成吉思汗又让塔塔统阿用畏兀儿文字母拼写蒙古语和教儿童教书，这就是所谓的"畏兀字书"，这是蒙古正式教育的开始。此后，塔塔统阿创造蒙古文字，蒙古汗国有了正式的文书，成为蒙古汗国历史上的一个创举。正是有了新蒙古文字，成吉思汗得以将颁布的成文法、青册等推广传播，而在成吉思汗去世后不久，第一部蒙古民族的古代史——《蒙古秘史》诞生。

公元 1218 年，成吉思汗向西域派出了一支 450 人的庞大商队，准备用珠宝和药材换取粮食和战马，当这支商队路过花剌子模的时候，却被当地军队劫掠并屠杀一空。成吉思汗当时也想派出商人与周围的国家交流，

---

① 蒙古国人民统计委员会：《蒙古每年教育数据统计》，2020 年 9 月 3 日，见 https：//www.1212.mn/stat.aspx？LIST_ID=976_L20_1&type=tables。

② 《蒙古秘史》，余大钧译注，内蒙古大学出版社 2014 年版，第 2 页。

可他的这个想法最终破灭，反而引起了战争。

成吉思汗晚年相信长生不老的说法。当时道家的"长生术"在民间广为流传，金兴定三年（1219），成吉思汗听闻丘处机法术高超道行深远，于是产生了与丘处机相见的想法。成吉思汗与丘处机第一次见面之前，一直称他为"真人"。从第二次见面开始，他称丘处机为"神仙"，此后这一称呼便再也没有改变。① 历史记载当中虽然没有他们见面的具体内容，但成吉思汗非常崇拜丘处机，当时丘处机为成吉思汗在军事、国家治理、养生等各个方面提供指导。

1271 年，成吉思汗的孙子忽必烈（Хубилай）建立元朝。元代时的君王特别注重下一代子孙的教育问题，那时大蒙古皇帝邀请各国大师到蒙古教皇帝、皇子及皇孙获得语言、数学、军法、政治等知识和能力。例如，1233 年窝阔台（成吉思汗的儿子）建立国家男子学校，该校一共有 18 名蒙古学生，主要培养蒙古学生以及追随大蒙古国的各个国家的学生，上述事情都表明大蒙古特别注重教育，并且在教育领域经常与其他国家进行合作与交流。随着蒙古统治者的对外扩张，蒙古语言和文字的使用范围日趋广泛，到 13 世纪时，蒙古语几乎成为世界语言。

1368 年，元朝灭亡后蒙古人退回蒙古草原。从 16—17 世纪开始，受到藏传佛教的影响，喇嘛教对蒙古地区教育发展产生了很大的影响，蒙古人信仰快速转向喇嘛教。

1911 年清朝灭亡后，外蒙古宣布"独立"，成立蒙古国，但却未得到国际社会的认可。彼时，蒙古满目疮痍，经济极其落后，湖泊多，地下矿产资源丰富，老百姓信任喇嘛教，社会形态基本上是小畜牧业，完全以分散的"靠天游牧"的原始方式发展。② 当时蒙古老百姓十分贫困，基本没有属于自己的财产和牲畜，大部分的牲畜掌握在王公贵族、大喇嘛及寺庙手中。蒙古没有工业与农业，粮食和日用品基本上由国外进口，可以交换

① [蒙] 蒙古宫廷史官著：《蒙古秘史》，常峰瑞编译，中央编译出版社 2011 年版，第221 页。
② 冯福林：《蒙古国教育发展史研究》，博士论文，河北大学学院，2009 年，第 7 页。

的资源也只有牛、羊、肉、奶、皮、毛等原材料。这种经济上的严重滞后从根本上制约了教育的发展。贫苦牧民靠自己生产的产品勉强维持生计，根本没有接受教育的权利和条件。此外，蒙古游牧生活方式也给牧民子女上学带来了现实困难，对于教育的意义他们更是无从理解。这些客观现实和主观意识造成了牧民物质文化生活水平的贫乏以及精神世界的愚昧与无知。

二、1921—1991 年蒙古国国际教育合作与交流政策

藏传佛教传入后，宗教对蒙古国人民尤其是男性产生了深远的影响，将近一半的蒙古国男性住在几百座寺庙里消耗大量财富念佛，却不从事生产劳动。蒙古国人民对喇嘛教深信不疑，喇嘛教禁忌地下资源的开采，所以他们根本认识不到教育对社会发展的积极作用，同时也看不到外面世界的发展。即使到了 20 世纪初，蒙古的教育仍然十分落后，没有严格意义上的正规学校。当时的教育主要包括家庭教育（私塾）、社团学校和短期学校三种形式。国家功勋教师策·沙日布宁布（Ц. Шаравнямбуу）于 1920 年开始学习俄语，而学习的地点是一所由俄国人开办的私塾。社团和短期学校则是闲暇之余民间自发组织起来的识字班。识字班是教育不发达的表现，当时，蒙古人即使想受教育，但游牧的生活方式不适合长期、固定的学校形式，并且老百姓因为贫穷也没有经济条件把孩子送到学校上学。在当时的蒙古，只有极少数人能够识字，除此之外 99% 以上的民众是文盲。

1921 年，蒙古在苏俄的控制下宣布独立，并于 1924 年成立蒙古人民共和国。面对落后的文化教育状态，蒙古人民革命党急于扭转蒙古经济薄弱的局面，将目光转移到发展教育和培养人才等方面。因此，积极发展文化教育事业成为这一时期蒙古国急需解决的重大问题，困难也不言而喻。面对国家组织机构不健全的问题，蒙古人民革命党首先成立了基本的管理部门，为教育起步提供必要的准备条件。1921 年 8 月 14 日，蒙古国政府在策林道尔吉（Цэрэндорж）和关布苏荣（Сүрэн）等知识分子的倡议下

决定建立第一所正式的国立学校。同年10月，蒙古第一所小学在乌兰巴托正式成立。这所学校成立之初只有40名学生和2名教师①，但它却是蒙古教育事业开端的显著标志。然而，一所学校远不能满足一国发展的需要，建立完整的教育体系、招收更多的学生接受教育以及培养全面发展的优秀人才，才是国家发展教育的真正目标。此后，蒙古国还于1921年建立了军事学校和技术学校。随后，第一所初中学校和幼儿园先后于1923年和1930年成立。1926年，这所初中学校毕业的57名学生中有30人被选拔前往法、德、俄等国留学深造。

即便如此，蒙古国人民依然只重视宗教教育，正规学校教育经常处于被忽视的地位。在此背景下，蒙古国开始努力发展教育，1923年，蒙古国人民政府决定建立专门负责人民教育的行政部门，将蒙古第一个教育行政部门命名为全民觉悟部，全民觉悟部第一任部长是杂米言（Жамьян）。从那时起，蒙古国人民政府开始派遣公费生前往俄、德、法等国家留学。1968年2月4日，蒙古国政府决定对蒙古教育部内部机构进行调整，在教育部设立外交处，这样蒙古国发展与国外的教育交流就有了专门的负责部门。蒙古国主要的教育外交工作是把本国学生派遣到国外留学，以便他们在学成后回国建设自己的国家。然而，这一时期蒙古国的外交交流依然受到苏联的严格控制，苏联限制蒙古国与其他国家直接接触，所以蒙古国的外交事业实际只有表面上的合作与交流关系，没有苏联的参与则无法直接同他国进行交流。

自1921年蒙古国宣布独立至20世纪90年代初，蒙古国始终和苏联保持着十分紧密的联系，两国在各个领域都存在合作关系。蒙古国实行"一边倒"的外交政策，全面依靠苏联。虽然蒙古国也与德国、法国、捷克斯洛伐克、中国、朝鲜等许多国家存在教育方面的往来，但苏联的影响最为直接和深入。在这一阶段，蒙古国在教师培养、教科书编纂、教学方

---

① ［蒙］阿·沙格德尔：《蒙古国教育发展简史》，стартлайн出版社2010年版，第170—210页。

法、办学模式等方面都要模仿依照苏联，甚至连教育的发展方向也需要接受苏联的指导，这实际上是苏联教育在蒙古国的延伸。由于苏、蒙两国国情、文化等方面各不相同，直接模仿苏联教育体系并不符合蒙古国教育发展的实际。但在当时，蒙古国迫切需要教育理论做指引，而邻国苏联的教育却日渐成熟、教育体系日臻完善，苏联也亟须将自己的教育思想输出到周边国家，于是二者一拍即合。模仿苏联教育体系的各种因素促成蒙古国将苏联教育模式全盘引进和吸收。此后近 70 年间，蒙古国吸纳苏联的教育模式，并在此基础上逐步形成了本国的教育发展方向。

第一节　蒙古国国际教育合作与交流政策的现状

伴随着冷战的结束和苏联解体，世界格局在 20 世纪 90 年代发生了很大的变化。面对严峻的国际形势及国内困窘的社会状况，蒙古国政府意识到只有重新调整外交政策才能改善本国的经济状况以适应新的国际发展形势。为此，蒙古国制定了"多支点"为核心的新外交政策，蒙古国也与俄罗斯逐渐建立了正常的友好合作关系。蒙古国与中、俄两大邻国都以条约的形式开展外交关系，并通过法律对该条约进行保护，为 21 世纪的中蒙以及俄蒙关系开启了新的篇章。新的"多支点"外交政策的制定，终于使蒙古国成为完全独立、自主的国家。与整个国际形势和蒙古国外交政策相适应，蒙古国的国际教育合作与交流政策也进行了相应的调整。

一、现代蒙古国国际教育合作与交流的宏观政策

20 世纪 90 年代中后期，伴随着经济全球化以及区域一体化的快速发展，世界各国都敞开了大门，积极发展对外战略，蒙古国更需如此。首先，蒙古国需要巩固本国的独立自主；其次，为促进经济全面发展，蒙古国必须吸引外资，实行"多支点"外交政策。1992 年初，蒙古国颁布了新宪法，该宪法明确规定蒙古国支持国际公认的原则和法律，实行崇尚和平的外交政策。这就使蒙古国外交步入现代国际关系普遍遵循的轨道。

1994 年，蒙古国分别颁布了《蒙古国家安全构想》和《蒙古国外交政策构想》，把外交政策的基本方针阐明为"开放、不结盟、平等关系与多支点政策"。该政策的核心目标是保障蒙古国的独立与安全，并完全改变原来实行半个世纪之久的"一边倒"的外交政策。所谓"开放政策"，是指在政治、经济、教育、科学、文化等社会生活的各个领域实行全面开放。《蒙古国外交政策构想》明确指出，蒙古国崇尚国家利益，不论社会制度、意识形态、宗教信仰等与任何国家进行互利、开放式的合作，这是全球化背景下蒙古国外交政策的重要方针。"不结盟政策"是蒙古国外交政策最核心的方针，它强调不与中、俄两大邻国的任何一个国家结成军事—政治同盟关系，也不会加入针对两大邻国的任何同盟。具体而言，蒙古国在外交政策上的基本策略包括：第一，与俄罗斯、中国保持友好关系是蒙古国外交政策的首要目标，不片面依附其中任何一方，整体上均衡交往，按照睦邻原则开展广泛合作；第二，与美国、日本、德国等东西方发达国家发展友好关系；第三，巩固在亚洲地区的地位，合理参与该地区政治、经济一体化进程；第四，与联合国及其下属专业机构、国际货币基金组织、世界银行、亚洲开发银行等国际组织开展合作。在"多支点"外交政策下，蒙古国坚持中立和不结盟政策，优先发展蒙古国与中俄两大邻国关系，积极实行"第三邻国"外交，发展蒙古国与美国等西方发达国家的关系。新外交政策成为蒙古国实行教育开放政策的基础，为蒙古国发展国际教育合作与交流创造了良好的条件和空间。

蒙古国在实行对中国和俄罗斯两大邻国优先的外交政策的同时，积极发展与第三邻国的外交关系，开始联络日本、美国等"第三邻国"。蒙古国提出的"多支点"外交政策可以直接体现在蒙古国教育体制改革和对外教育交流政策上。蒙古国开始改变之前奉行的苏联模式的教育体制，尝试按照西方教育模式建立新的教育体制，并与世界各国政府和名校签署了教育合作与交流协议。苏联的解体曾经给蒙古国的教育发展带来了财政困难，原来主要依靠苏联提供援助的蒙古国教育一下子失去了经济来源，需要寻找其他途径提供资助，便转而寻求亚洲开发银行、联合国教科文组织等国际机构和一些国家的基金援助。在此背景下，蒙古国向许多先进国家的名校派遣留学生留学和进修。这些年来，蒙古国经过与世界各国的教育交流及合作，其教育体系成功与国际教育体系接轨，改善了蒙古国教育体制和教学科研条件，培养了许多高素质的专业人才。

蒙古国国家大呼拉尔于 1994 年和 2011 年颁布的蒙古国《外交政策构想》里专门设有文化与人文外交政策一章，明确规定蒙古国在文化教育领域实行对外开放政策，支持和推动国际教育合作与交流，培养大量急需的专业人才。蒙古国国家大呼拉尔于 1994 年通过的《外交政策构想》第五章关于文化人文领域外交政策的第 26 条指出："派人到发达国家学习市场经济、政治理论、科学技术和经营管理理论，重视受过高等教育的技术管理人才和技术人员。为此，要充分利用国际组织的专款和发达国家的基金会向我国部分大学和单位捐助的款项，培养大学生，增加各方面的技术人才。重用获得各种学位的高科技人才和从国外引进的高科技人才从事教育和生产管理工作。"① 由于蒙古国长期以来各种专业人才都相对缺乏，所以公派留学生到国外培养和进修是蒙古国外交政策当中相对重要的组成部分。2011 年，蒙古国国家大呼拉尔通过的《外交政策构想》中第 5 章文化人文领域对外政策的第 25 条，具体规定了蒙古国对文化教育国际合作与交流的方针政策：(1) 积极借鉴其他国家经验改进教育，使其接近国际标准；(2) 在培养国家发展急需的专业人才、创造引进国外专家教师和学者的条件以及建立学校和研究机构等方面，支持同其他国家发展教育领域的合作；(3) 支持并积极发展同国际组织在教育文化、艺术、体育、公共、信息等方面的合作，建立与国际组织间的直接关系和交流；(4) 支持参加国际文化、艺术、体育等各项活动，并支持学校、研究机构和个人在蒙古国组织类似的活动。②

---

① 蒙古国外交部：《蒙古国外交政策条例》，2020 年 9 月 3 日，见 http：//www.mfa.gov.mn/index.php? option。

② 蒙古国外交部：《蒙古国外交政策条例》，2020 年 9 月 3 日，见 http：//www.mfa.gov.mn/index.php? option。

1998 年 5 月，蒙古国政府通过了《发展科学技术对外关系》的决议，该决议主要包括以下几点内容：（1）根据与外国签订的国际合作条约协定，发展科学技术合作，并在这种合作中为广大专家、科研工作者以及相关机构创造广泛参与的机会；（2）利用国际组织和外国贷款援助培养高端人才，加强科学实验、制造和分析方面的基础工作；（3）全面支持蒙古国科研机构和专家参与联合国及其专业组织的活动，从这些机构获取财政技术援助，实施发展蒙古国科学技术的联合计划项目，促进国际范围内的科研交流工作；（4）全面支持国内外科研机构之间的直接联系和相关的举措及活动。采取措施建立科学技术信息机构、大专院校和国家图书馆、科研机构之间的统一信息库，并把该信息库与世界大型科学技术信息、咨询中心相连接；（5）利用国际组织和外国贷款援助，加强蒙古国智力投资，支持在科学技术高度发达国家深造的高端人才、工程师和技术人员。

从 1992 年开始，蒙古国国家大呼拉尔先后在《政府施政纲领》中明确阐述了国际教育合作与交流的规划、政策和措施，该政策的重点是蒙古国国际教育交流和人才培养。在国际教育交流方面，《政府施政纲领》规定："就某些急需的专业，向发达国家派遣留学生和进修人员，以提高教师、科研人员的专业知识。支持个人出国接受教育和掌握专业知识"。该规定除了支持公派生出国留学外，还支持以个人名义到国外自费学习。1996 年，蒙古国国家大呼拉尔通过的《政府施政纲领》中规定，在培养大学生、研究生、进修生方面建立与外国和国际组织的合作关系，采取专门措施与外国教育机构和学校解决教育文凭相互认可的问题。2000 年，蒙古国国家大呼拉尔通过的《政府施政纲领》中规定，增加在高度发达国家学习的大学生、硕士研究生和博士研究生的数量，强调对现代信息技术和国际通用语言的学习、掌握和运用。2002 年 7 月，蒙古国国家大呼拉尔通过了《社会领域进行改革和私有化的基本方针》的决议，规定可通过建立外资学校，追加投资某些国有大专院校的途径，推广高度发达国家的先进技术，为外资学校的成立提供了政策法律依据。2004 年，蒙古国国家大呼拉尔通过的《政府施政纲领》指出，在高度发达国家培养科研人才、年轻研究者的同时，支持外国著名高校在蒙古国内成立分支机构，积极引进高水平教育资源。2012 年，蒙古国国家大呼拉尔通过了政府《2012—2016 年施政纲领》，提出了实施培养具有竞争力的蒙古人计划。虽然蒙古国政府当时资助不少学生留学国外，可蒙古国政府公派的留学生名额却也十分有限，普通民众家庭的子女并没有那么容易获得政府资助学习的机会，公派生中几乎很少有来自普通百姓家庭的学生。留学生公派项目遴选的办法和信息通知只在政府内部和部分领导之间公布，偶尔公派生中也会有少数学生确实是学习成绩优秀、在国际比赛当中获得冠军从而受到政府奖学金资助，但是这些学生毕业后多数并未回国为国家发展做贡献，所以派遣学生出国留学的政策整体上是非常失败的。因此，蒙古国总统于 2013 年颁布了《关于在世界著名大学培养大学生总统令》，决定不分专业方向对在世界排名前 100 名的大学学习的蒙古国学生提供财政资助，这些政府资助在此之前几乎处于停止的状态。蒙古国政府认定世界排名前 100 的高校，主要根据泰晤士高等教育副刊世界大学排名（THE）和世界大学学术排名（ARWU）两个世界大学排名。

2012 年，联合国教科文组织在针对蒙古国发展研究的文件中提出，为进入发达国家行列，蒙古国必须发展教育，加强国际教育合作与交流。联合国教科文组织的目的就是要使蒙古国在 21 世纪中期进入发达国家行列。蒙古国政府提出"在国家教学基金和政府间协定计划范围内，重新制定在国外大专院校学习优先专业名录，向世界著名院校派遣 300 名大学生"的目标。[①] 在实际执行中，约有 1600 名蒙古国学生享受这一贷款获得出国留学的机会，远超原来制定的目标。首先，在本科生教育方面，蒙古国政府自 2014 年开始向在世界排名前 100 名大学学习的蒙古国本科生提供国家教学基金和学费助学贷款，生活费和住宿费则由学生自己负担。其次，在硕、博士研究生教育方面，教育部根据蒙古国政府 2012 年第 19 号决议通过的《向高等教育教学机构学习的学生提供学费和生活费贷款条

---

① 蒙古国教育部：《2012—2016 蒙古国教育发展》，2012 年。

例》、蒙古国政府 2014 年第 71 号决议附件 2 通过的《优先专业方向》、教育部部长 2007 年第 11 号令通过的《国家教学基金选拔在外学习硕士生、博士生条例》，进行选拔选派。[①] 第三，在联合奖学金计划方面，教育部就蒙古国急需高端专业在世界优秀大学培养学生的问题与美国富布赖特基金会和德国教学基金会的德国学术交流中心（DAAD）合作，实施联合奖学金计划；与英国志奋领奖学金（Chevening Scholarship）项目合作，从 2014 年开始设立奖学金项目。通过这些联合奖学金计划，一些蒙古国学生被送往美国、德国、英国等发达国家中的知名大学培养。派遣学生的选拔工作主要由这些国家驻蒙古国大使馆组织和开展。

此外，自 1990 年以来，蒙古国许多中小学和大专院校都与国外投资机构及大专院校建立了合作关系。以蒙古国立大学为例，该大学设有科学学院、应用科学与工程学院、法律学院、商务学院以及国际关系与公共管理学院，1 所附属高中，在地方还分布着旗下所属的扎布汗学院和鄂尔浑学院等。在 2015—2016 学年，该大学共有 38 个系、826 名教师、696 名职工和 24000 名学生，与 29 个国家或地区的 50 余所大学签署了教育合作与交流协议，包括奥地利科学院、澳大利亚国立大学、中国天津大学、德国齐根大学、美国印第安纳大学、莫斯科罗蒙诺索夫国立大学、匈牙利约斯沃斯大学、以色列希伯来大学、韩国首尔大学、日本三重大学、老挝国立大学、中国台湾屏东大学以及土耳其语言文化学院等。2015—2016 学年，应蒙古国立大学邀请或通过私人、德国学术交流中心（DAAD）、土耳其驻蒙大使馆、波兰驻蒙大使馆等途径，共有分别来自美、英、法、中、德、澳等国家的 31 名外国著名大学的专家学者前往该校工作，涉及考古学、蒙古语言文化学、人类学、生态学、宗教学、历史学、环境科学、地理学、国际关系学等不同专业的教师。

蒙古国不仅向国外派遣留学生，与此同时还积极招收外国留学生到

---

① 蒙古国教育部：《蒙古国教育部公派留学生项目》，2020 年 9 月 3 日，见 www.mecs. gov.mn。

本国留学。在苏联解体后，蒙古国外交政策进入新阶段，与很多国家建立了友好关系。蒙古国目前招收的留学生几乎都是自费生，政府还几乎没有条件为其提供奖学金。现阶段，蒙古国大学的教学条件（包括实验设备和教学手段），与发达国家还存在一定差距。因此，在蒙古国从事语言文化、历史、考古等人文学科专业留学的外国学生相对较多。从数量上看，在蒙学习的外国留学生从 2002 年开始有所增加。2015 年，在蒙学习的外国留学生人数相比上一年增长了 4.6%，其中硕士生和博士生分别增加了 129 名和 35 名，而本科生人数则减少了 94 名。[①] 从 2015 年起，在蒙古国学习的外国留学生中硕、博研究生的数量呈现不断增加的趋势。

二、蒙古国与国际组织的教育合作与交流

苏联解体后，蒙古国积极发展与国际组织的合作与交流关系，寻求国际组织的经费和智力支持。目前，与蒙古国建立教育合作与交流关系的国际组织包括亚洲开发银行、联合国教科文组织、联合国儿童基金会等。蒙古国与这些国际组织的合作和交流为蒙古国教育的对外开放提供了诸多便利条件，推动了蒙古国教育事业的发展。

亚洲开发银行从 1993 年开始与蒙古国在教育领域开展合作，提供无偿援助和大额优惠贷款项目。1993—1994 年间，在亚洲开发银行的资助下，蒙古国与国际著名高校的专家学者合作完成了《教育与人的因素的行业研究和总体规划》。1997—2002 年、2003—2007 年以及 2008—2011 年间，亚洲开发银行资助蒙古国制定和实施了《教育发展纲要》。亚洲开发银行资助这些合作研究都使用了先进的技术和方法，邀请国际知名专家参与，帮助制定蒙古国教育发展与改革的政策、战略和总体规划，提高蒙古国教育管理能力，修改各个教育阶段的教学内容、标准、教科书及教学工具，支持教育领域的人力资源开发、信息通信技术和英语教学，为学校和幼儿园创建舒适的环境，发展教育基础设施。以上措施对蒙古国教育的发

---

① 蒙古国教育部：《蒙古国教育政策与改进 1999—2014》，2014 年。

展具有重要意义。

近年来，蒙古国教育部与联合国教科文组织一直积极开展教育合作。在联合国教科文组织的资助下，蒙古国加强了国际教育交流和人才培养。1992 年联合国教科文组织副总干事鲍尔（Colin N. Power）访问蒙古国时，双方确定在教科文组织的资助下，蒙古国参与其活动，联合国教科文组织国际教育规划研究所帮助培养蒙古国教育工作者和教师等。按照协议，蒙古国 10 余名教育工作者到国际教育规划研究所学习，蒙古国教育代表团参加联合国教科文组织大会并与其开展诸多项目的合作。1993—1994 年间，蒙古国教育部和教育研究所与联合国教科文组织合作，开展有关提高教育管理者能力的项目。1994—1997 年间，联合国教科文组织资助蒙古国 12 万美元，向辍学儿童提供非官方教学补习项目。

三、蒙古国与俄罗斯的教育合作与交流

20 世纪 80 年代末至 90 年代初，蒙古国和俄罗斯两国的政治、经济体制和外交关系都发生了根本性变化，蒙俄两国政府和人民关系进入了新的发展时期。以蒙古人民共和国与苏联于 1991 年 2 月 12 日签署的友好睦邻合作宣言为基础，在苏联解体后蒙俄两国于 1993 年 1 月在莫斯科签订了《蒙俄友好关系与合作条约》。该合作条约规定"双方在政治、经济、文化、教育、科学、技术、卫生、国防、安全、人文以及其他领域开展稳定、长期的平等互利合作"；"双方在文化、教育、科学、历史遗产、信息领域加强联系，建立高校、科研中心之间的直接联系，为扩大书籍、限量版刊物的交流提供便利条件，鼓励双方相互学习对方国家语言"。① 根据该协定，从 1994 年起蒙古国每年派遣 25 名大学生和 5 名研究生到俄罗斯留学，并享受俄罗斯政府提供的留学奖学金。

1995 年 4 月 5 日，蒙古国总理扎斯莱应俄罗斯总理切尔诺梅尔金（Виктор Степанович Черномырдин）的邀请访问莫斯科，两国签署了

① 策策：《蒙俄历史领域的合作将继续下去》，《商务新闻》2015 年 2 月 16 日。

《蒙古国政府与俄罗斯政府之间文化、科学领域合作协定》，该协定为两国开展教育领域的合作提供了法律基础。根据该协定，两国政府同意交换学生，提供奖学金，支持教育机构之间建立直接关系，相互承认学历学位，鼓励两国合作开展语言研究。该协定特别强调要在两国科研和教育机构之间建立直接联系。1996—1997 年，赴俄罗斯的蒙古国留学生人数为 60 名本科生、30 名研究生；1999—2000 年为 130 名本科生，2000—2001 年为 150 名本科生和研究生，留学生人数在逐年增加。

2002 年 9 月，俄罗斯教育部与蒙古国教育部在莫斯科签署协定，协商在两国政府间委员会框架下设立科学领域合作分委员会，开辟了教育合作的新机制。2003 年 6 月 26 日，蒙古国总理恩赫巴雅尔（Энхбаяр）对俄罗斯进行了正式访问，双方签署了《2003—2006 年蒙古国政府与俄罗斯政府文化、科学、教育领域合作协定》和《蒙古国政府与俄罗斯政府相互承认教育文件和学历学位协定》。上述文本于 2006 年双方发表《莫斯科宣言》后正式生效。蒙古国总理恩赫巴雅尔在访问期间还特别强调，在俄罗斯高等院校培养蒙古国人才队伍，对两国合作关系的发展具有重要意义，这也显示了蒙古国对加大派遣留学生赴俄学习的政策支持。在这些协定签订后，2004—2005 年蒙古国有 140 名本科生和硕士生、60 名研究员赴俄学习。

2006 年 12 月 8 日，蒙古国总统恩赫巴雅尔对俄罗斯进行了正式访问，两国元首讨论了深化发展两国关系问题，签署了《莫斯科宣言》。该宣言指出要维护和巩固两国人民亲密的精神和文化传统联系，增加在俄罗斯高等院校学习的蒙古国大学生人数，培养蒙古国专家学者，交流教学大纲，开展人文领域的合作；鼓励在俄学习研究蒙古语，在蒙学习研究俄语。2008—2009 学年在俄学习的蒙古国留学生人数增加至 215 人。

2009 年 8 月 25 日，俄罗斯总统梅德韦杰夫（Дмитрий Анатольевич Медведев）访问蒙古国，双方签订了《蒙古国与俄罗斯联邦之间发展战略伙伴关系的声明》。作为两国关系的纲领性文件，该声明描绘了蒙俄关系今后长期稳定发展的前景，也为扩大教育合作、高校学生互换提供了法律依据。2011—2012 年，在俄学习的蒙古国大学生人数达到 300 名。

2011 年 5 月 31 日至 6 月 3 日，应俄罗斯总统梅德韦杰夫的邀请，蒙古国总统额勒贝格道尔吉（Элбэгдорж）前往俄罗斯进行访问。在访问期间两国元首重申：大力支持在蒙古国的俄语学习，支持俄罗斯科学文化中心、"俄罗斯世界"基金会俄语中心、俄罗斯普通教育机构分校的发展，支持在俄罗斯成功开展业务的蒙古学国家中心进行蒙古语言和文化方面的研究。双方高度评价了蒙俄语词典的编纂和出版工作，计划增加赴俄罗斯学习的资助预算，继续增加在俄罗斯高校学习的蒙古国学生人数。

蒙古国和俄罗斯两国教育文化部门之间还签署了一系列合作文件，落实两国政府间的合作与交流协定，推动两国教育文化交流。例如，蒙古国教育部与俄罗斯联邦布里亚特共和国教育科学部先后签署了《2008—2010 年间合作备忘录》和《2011—2013 年间合作备忘录》；蒙古国教育部与俄罗斯文化部先后签署了《关于 2010 年在俄罗斯举办蒙古文化周的备忘录》《2009—2011 年间合作计划》《2012—2014 年间合作计划》以及《2014—2016 年间合作计划》等。蒙俄人民有着几百年的友好关系，在文化人文、教育科学、经济贸易等广泛领域开展合作，这些合作也促进了两国关系的发展。近几年来，蒙俄相关部委之间签署了多份合作协定，奠定了教育、科学、人文和文化领域合作的法律基础。

四、蒙古国与西方国家的教育合作与交流

蒙古国外交政策提出的"第三邻国"主要指美国、日本、德国等西方国家。在苏联解体后，蒙古国在外交政策上重视与美、日、德等发达国家的关系，并与其开展教育合作与交流。这些西方发达国家的教育质量在全球范围内名列前茅，因此蒙古国十分看重与它们的教育合作与交流。

在蒙古国外交政策中，与美国的合作与交流是非常重要的一部分。美国和蒙古国的外交交流始于 1987 年，美国非常支持蒙古国的社会制度转型，两国政府在科学、文化、教育等领域均签订了合作协议。美国为蒙古国学生赴美留学提供了各种类型的奖学金项目，蒙古国政府也积极推动本国学生留学美国并在毕业后回国效力。1990 年 8 月,美国与蒙古国政府签订了《蒙古国与美国和平队的合作协定》。根据协议,美国向蒙古国派遣 1200 多名志愿者教师,帮助提高蒙古国的英语教学水平。这些志愿者与蒙古国在教育领域、人民健康、自然环保等领域开展合作。1991 年蒙古国总统访问美国时,双方签订了《蒙古国政府与美国政府之间科学、技术方面的交流合作协议》。2004 年 5 月 26 日,美国与蒙古国政府签订了《蒙古国与美国在乌兰巴托市成立国际学校的协定》。按照该协定,美国乌兰巴托学校将在乌兰巴托成立并提供美国式的教育。该校于 2011 年获得美国西部学校和学院协会(Western Association of School and Colleges,简称 WASC)的认证。然而,美国乌兰巴托学校在蒙古国学费昂贵,只有富人的孩子才支付得起学习的费用。2004 年和 2008 年,两国在乌兰巴托市、科布多省先后合作成立了美国文化与信息中心,为赴美留学提供信息咨询和建议。2012 年 9 月,美国蒙古大学在华盛顿成立。此外,美国约翰·霍普金斯大学、哈佛大学、华盛顿州立大学和印第安纳大学等著名大学,都设立了蒙古国研究中心;美国还有 20 多个蒙古国人协会、文化中心、俱乐部和学校等机构。美国与蒙古国两国的教育合作与交流日益扩大,美国对蒙古国教育发展与研究产生了重要影响。通过美国政府奖学金培养的蒙古国留学生毕业率非常高,但目前蒙古国还没有出台支持留学归国高级专业人才就业的政策,因此大部分留美的蒙古国学生不愿意回国工作。

日本是向蒙古国提供援助的主要国家之一。蒙古国与日本于 1972 年 2 月 24 日建立外交关系,1980 年蒙古国开始向日本派遣留学生。然而,由于两国在政府制度、文化习俗、社会理念等诸多方面存在较大差异,在初始阶段两国之间的交流一直进展较为缓慢。1989 年 9 月 29 日,蒙古国和日本签订了《文化教育合作协定》。根据该协定,为促进两国人民的相互了解,两国将在文化、教育、科学、人民交流、新闻学、体育等领域开展合作与交流。冷战结束后,日本政府开始向蒙古国提供奖学金以支持人员交流,为蒙古国教育发展提供了数额庞大的投资和援助资金。自 1995

年后，两国合作与交流政策的重点放在加强两国教育、文化、科技、运动等领域的交流，不断增加双方研究人员和学生互换的交流名额，密切高校间的合作。

民主德国是苏联时期与蒙古国保持合作与交流关系的社会主义国家之一，其与蒙古国的教育交流早在苏联时期便已经开始，为蒙古国培养了大量的德语人才。1950 年，民主德国与蒙古国建立了外交关系。两国建交后，蒙古国国立大学在外语学院设立了德语专业，教授蒙古国学生学习德语，同时也会向德国留学生教授蒙古语。在苏联时期，蒙古国向民主德国公派了数千名蒙古国留学生到德国各高校和专业学习。德国统一之后，蒙古国与德国的教育合作与交流同样非常密切，派遣蒙古国学生到德国留学以及教育管理人员和教师到德国进行培训，成为两国教育合作与交流的重点。蒙古国也设立了不少德语学校，蒙古人对学习德语有着浓厚的兴趣。

实际上，蒙古国外交政策提出的"第三邻国"主要指的是美国、日本、德国等西方国家，但又不限于这些发达国家。蒙古国与美国、日本、德国、加拿大、法国、英国、澳大利亚、韩国、泰国、新加坡、菲律宾等国家都建立了教育合作与交流关系。

在国际组织和其他国家的援助下，国际教育合作与交流给蒙古国教育的发展带来了显著的成果，蒙古国在教育领域不断吸收新的思想和理论。例如，从 20 世纪 90 年代中期开始，蒙古国在教育目标上不仅强调向学生传授科学知识，同时更加重视培养信息化时代所需的具有独立个性的人才。除了按培养目标和教学大纲进行教育外，蒙古国还尽量提供基于学生需求和爱好的个性化教育。上述都是国际教育合作与交流给蒙古国带来的教育新观念，这些成效不但使广大蒙古国人民受惠，而且也为未来蒙古国的发展带来了重大变化。

第二节　蒙古国国际教育合作与交流政策的
战略重点和发展方向

蒙古国国家大呼拉尔于 1994 年通过的《蒙古国对外政策构想》规定，蒙古国奉行开放、不结盟的外交政策，强调同俄罗斯和中国建立友好关系是蒙古国对外政策的首要任务，主张同中俄均衡交往，发展广泛的睦邻合作。与此同时，蒙古国重视发展同美日德等西方发达国家、亚太国家、发展中国家以及国际组织的友好关系与合作。2011 年，蒙古国家大呼拉尔通过《新对外政策构想》，在保留原有基础的前提下，根据国际政治经济新形势进行了补充。新的对外政策构想将"开放、不结盟的外交政策"拓展为"爱好和平、开放、独立、多支点的外交政策"[①]，特别强调蒙古国对外政策的统一性和连续性。该构想明确蒙古国对外政策的主要任务是发展同俄、中两大邻国友好关系，践行"第三邻国"政策的构想，开展同美国、日本、欧盟、德国、印度、韩国、土耳其等西方国家和联盟的关系。

一、把游牧民族家庭子女纳入到国际职业教育与技术教育的合作与交流中来

时至今日，蒙古国依然保持着游牧的生活方式。一方面，传统的生活方式需要得到传承，因为这里包含着蒙古国的传统游牧文化；另一方面，游牧牧民的孩子是蒙古国未来教育发展的主力军，他们的需要应该得到关注。因此，蒙古国需要积极发展职业教育和技术教育，培养新时代牧民所需要的新知识和新技能。长期以来，蒙古国的国际教育合作与交流的重点主要集中在培养高层次专业人才上。毋庸置疑，高层次专业人才是蒙古国社会经济发展所不可或缺的人才，国际教育合作与交流必须重视高层次专业人才培养，但是通过职业教育和技术教育培养职业技术人才也同样

---

① 蒙古国外交部：《蒙古国外交政策历史》，2017 年。

非常重要，开展职业教育和技术教育领域的国际合作与交流也不容忽视。因此，蒙古国在与其他国家和国际组织的教育合作与交流中，不仅重视传统的高层次专业人才培养，而且重视农牧业、交通运输业、基础设施建设、饮食烹饪业等领域职业技术人才的培养，开展职业教育和技术教育领域的合作与交流。

二、积极寻求国外援助，利用国际教育资源培养高层次专业人才

当前，蒙古国科技外交政策的目标是帮助改善国家现代科技能力，加速社会经济发展；实施方针是支持矿产和农业原材料的深加工，推广先进技术，支持在经济社会领域和平利用核技术，支持外国投资信息技术领域，推广现代科技成果，发展国家科技信息网，加强科研实验基础设施，争取外国为蒙古国培训专业人员提供援助和支持，在国际上协助拓宽蒙古国研究，在国外建立蒙古研究中心，在科技、知识产权领域发展双边和多边合作。

近年来，蒙古国开始认识到，为了发展国家经济和提高企业生产能力，必须利用一切可以利用的国外力量，发展和制造在本地区和世界上有竞争力的、本民族的现代科学技术和设备，这是蒙古国开展科技外交的重要目的和宗旨。与此同时，蒙古国希望通过加强国际多边科技合作和国家间的双边科技合作，通过积极参与国际组织的活动，来提升蒙古国的国际地位和扩大自身的影响力，引起西方发达国家的更多关注，为蒙古国发展经济提供更多的机会和经济技术援助。更为重要的是，蒙古国政府认为要确保国家安全，必须提高科技能力和文化教育水平，必须加大对科技、文化、教育的投入，加速科技、文化教育事业的发展，使蒙古真正进入世界政治、经济、科技、文化、教育等方面全面进步的强国之列。在当今新的国际形势下，蒙古国正在积极提高对外开放水平，面对经济、科技全球化趋势，以更加积极的态势走向世界，完善全方位、多层次、宽领域的对外开放格局，在平等互利的基础上，同世界各国和地区广泛开展贸易往来、经济技术合作和科学文化交流。国际文化、人文合作与交流政策的目标是

同世界一道共同发展民族传统文化和特殊遗产，保护修复历史文物，合作寻找流失国外的文物，推动社会人文领域合作关系的发展。国际文化、人文合作与交流的方针是加强同世界各国和国际相关组织的合作，保护和修复历史文化遗迹、文物和自然遗产，努力使物质和非物质遗产加入世界文化和自然遗产基金；支持借鉴其他国家经验来改善教育、卫生、社会保障服务，使之接近国际标准；为了培养国家发展所急需的专业人才，积极创造条件引进国外专家学者和教师、建立学校和研究机构，支持同其他国家发展教育领域的合作，支持发展与国际组织在教育、文化、艺术、体育、公共、信息方面的合作，支持加入必要的公约，支持发展同类机构间的直接关系和交流，支持参加国际文化、艺术、体育活动，支持在蒙古国组织类似活动；支持发展同其他国家蒙古族的合作关系；支持保留与发展语言、文化和传统。可见，蒙古国十分重视加强文化、人文领域的国际合作与交流，并希望以此提升国家在国际舞台上的地位。

三、与世界各国建立友好共赢关系，开展"全方位"国际教育合作与交流

20世纪末，苏联的解体对很多受苏俄影响的小国都产生了巨大的震荡。在苏联解体前，蒙古国在"一边倒"政策的影响下，全方位对苏联有着较为严重的依赖。苏联的解体不仅对蒙古国在政治上出现了重大影响，在教育和文化等方面同样产生了深远的作用。

蒙古国在几乎长达一个世纪的苏俄式教育长跑之后，伴随着苏联的解体逐渐将国际合作发展作为国际教育合作与交流的首要方针，同时对本国国际合作的政策方向、内容均作出了改进，蒙古国的国际教育合作也出现了诸多变化。这些举措不仅对蒙古国的国际影响及软实力提升起到了推动作用，同时也使蒙古国教育教学体制日益变得灵活且全面，传统苏俄式的教育体制逐渐失去了主导地位，这些对蒙古国教育的未来发展都是至关重要的。

随着全球经济和人文的不断发展和创新，国际教育合作与交流也变

得日益频繁。蒙古国通过外交政策及对外教育政策，鼓励和促进国际合作与交流，不仅与两个主要邻国中俄开展全方位合作与交流，同时也与美、英、德、日、韩等国家开展多方位合作与交流。蒙古国的重点高等学府与多国高校建立起了友好合作关系，并通过派遣留学生和邀请专业人士到访蒙古国等措施，促进高校间的教育合作和经验交流。经过 20 多年的国际教育合作与交流，蒙古国在全球各地培养了大批留学生，其中大部分专业技术人才均在回国后在各自的岗位上发挥着应有的作用。留学潮不断地发展和壮大，出国留学已是一部分年轻人的必修课之一。在未来，蒙古国在海外留学的人数不断增长的同时，其国际教育合作与交流也必将不断地深化、发展和完善。

第三节 蒙古国与中国教育合作与交流的历史发展、现状和问题

中蒙两国作为邻国，两国边界线长达 4710 公里。1949 年 10 月 16 日，中国和蒙古国建立外交关系，蒙古国是最早承认中华人民共和国的国家之一。几十年来，两国的教育合作与交流经历过坎坷和停顿，也经历过恢复和快速发展；既在各方面都取得了很大的进展，也存在着不少问题和障碍。

一、中国与蒙古国教育合作与交流的历史发展

总体来看，中国与蒙古国的教育关系经历了两个历史阶段：第一阶段是 1949—1989 年。由于中国与苏联政府之间的曲折关系，在很长一段时间内中国与蒙古国外交关系受到影响，两国的教育交流关系也经历了一段停滞和中断时期，直到 20 世纪 80 年代末才逐步改善；第二阶段是从 1991 年迄今。苏联解体后，中国与蒙古国的国家关系实现正常化，中国与蒙古国的教育合作与交流重新恢复并发展。这一时期，中蒙两国政府签署了教育交流协定，积极推动中蒙两国高等院校的合作与交流，通过政府奖学金

项目促进中国与蒙古国之间的学生流动。

(一) 1949—1991 年中国与蒙古国教育合作与交流的发展

中国与蒙古国 1949 年建立外交关系后，两国关系发展进入新的历史阶段。由于两国交流对专业人才的需求，蒙古国更加需要懂汉语、了解中国文化、习俗等的专业人才。为培养汉学家、汉语教师等专业人才，蒙古国政府逐渐派遣一些优秀人才去中国留学。1952 年 9 月，以蒙古国部长会议主席尤·泽登巴尔（Ё. Цэдэнбаяр）为首的蒙古国政府代表团访华，并与中方签署了《蒙中政府间经济文化合作协定》。根据该协定，从 1952 年开始蒙古国学生到中国的大学和职业技术院校留学。这些留学生大多在北京大学、中国人民大学等高校学习汉语、新闻学、历史、对外贸易、地质、农学、纺织工程等蒙古国稀缺的专业。这些学生在中国留学后回蒙古国服务于两国交流和合作，成为蒙古国最早的汉学家和汉语老师。

在 20 世纪 50 年代至 60 年代初，中国和蒙古国外交往来密切。1954 年 7 月 31 日，应蒙古国政府的邀请，中国中央人民政府政务院总理兼外交部部长周恩来访问蒙古。1960 年 5 月 27 日，应蒙古国部长会议主席尤·泽登巴尔的邀请，周恩来总理再次访问蒙古。随着两国的外交联系逐渐密切，两国在文化教育方面的合作与交流也日益增加。从 20 世纪 60 年代初期开始，蒙古国立大学在语言系培养蒙古语言文学、俄语专业教师和翻译的同时，还开设了藏语、满语、汉语、英语、法语、德语教师翻译班以及文学写作班，并在此基础上开始招收学生。蒙古国立大学最早的汉语班毕业生为 14 人，最早的汉语教师有毕业于北京大学的确·罗布桑扎布（Ч. Лувсанжав）、来自中国的刘林以及翻译乌·古尔斯德（У. Гүрсэд）。后来，从中国大学毕业的拉·尼玛苏荣（Л. Нямсүрэн）、齐·达赖（Ч. Далай）、勒·马纳拉扎布（Г. Маналжав）、奥·阿迪亚（О. Адъяа）等回到蒙古国后担任了汉语、中国文学以及中国历史等专业的教师。蒙古国最早的汉学家们在从事汉语教学、翻译中国文学、编纂汉语口语手册等工作的同时，还为两国文化交流作出了巨大贡献。1962 年 11 月，蒙古国有 94 名留学生（包括 7 名研究生和 87 名大学生）在华学习，分别分布在北京

（66 人）、上海（20 人）、广州（5 人）和天津（3 人）等城市的高等院校。

1986 年 6 月，中蒙两国在乌兰巴托签署了《中蒙 1986 年文化交流计划》，这是 1967 年之后两国政府间签署的首个文化交流计划，也标志着中蒙两国关系进入一个新的发展阶段。根据该文化交流计划，中蒙两国将互派留学生，蒙古国的教师与北京大学的教师进行经验交流活动，两国文学家、种植业和畜牧业领域的研究人员、蒙古语和口传文学学者之间也进行了互访。

1987 年 5 月，中国文化部副部长刘德有同蒙古国驻华大使纳·罗布桑楚勒德牧（Н. Лувсанчүлтэм）在北京签署了《中蒙政府间 1987—1988 年文化合作执行计划》。根据该计划，双方于 1987 年各派 6 名访问学者、5 名大学生、1 名语言文化教师到对方大专院校学习。① 当时在中国培养的大学生如今已经成为蒙古国汉语、汉学领域的知名人物，例如：蒙古国国立大学孔子学院院长策·策米德策叶（Ц. Чимэдцэеэ）教授当时就被派往中国大学学习，后来对两国文化教育关系的发展作出了卓有成效的贡献。

从 1989 年开始，两国的友好合作与交流在政治、经济、文化、教育、军事等各个领域不断得到巩固和发展。1989 年 3 月 10 日，中国驻蒙古国大使李举卿和蒙古外交部副部长贡·达希达瓦（Г. Дашдаваа）分别代表本国政府在乌兰巴托签署了《中蒙两国政府 1989—1990 年度文化交流执行计划》。这两年双方交流的项目、人数和范围都较之前有所增加和扩大。根据该计划，双方每年互派本科生、进修生和研究生 16 名，并互派 1 名汉语或蒙古语教师到对方大学任教。② 这一时期中国与蒙古国政府均确立了新的外交方针与政策，伴随着中蒙双方领导人的互访，互相派遣留学生，两国关系步入了新的历史时期。中蒙两国在大学生交流、蒙古语教学、大学合作与交流等方面开展了深入的合作与交流，中国成为蒙古国向外派遣留学生最多的国家。

---

① 毕奥南主编：《中蒙国家关系历史编年（1949—2009）》（上卷），黑龙江教育出版社 2013 年版，第 401 页。

② ［蒙］蒙古国科技研究院：《蒙古国与东亚研究》2002 年卷，第 171 页。

1989 年 7 月，蒙古国科技高等教育委员会副主席道·策登丹巴（Д. Цэдэндамба）率科技合作代表团访华。这是中蒙两国恢复科技合作关系后第一个赴华访问的蒙古国科技合作代表团。在访问期间，蒙古国科技委员会副主席道·策登丹巴与中国国家科委副主任朱丽兰分别代表本国政府签署了《中蒙 1989—1990 年度科技合作计划》。中国国务委员兼国家科委主任宋健会见了代表团，宋健希望加强双边科技合作，增加人员交往，并扩大民间合作的规模。对此，策登丹巴则表示蒙中两国间在众多的科技领域中具备的合作潜力是十分巨大的。

1990 年 5 月，应中国国家主席杨尚昆邀请，蒙古国人民大呼拉尔主席团主席彭·奥其尔巴特（П. Очирбат）对中国进行了正式访问。1991 年 8 月 26 日，应蒙古国总统彭·奥其尔巴特邀请，中国国家主席杨尚昆对蒙古国进行正式访问。这是从 1962 年以来中国与蒙古国高层领导人的第一次互访，标志着中蒙两国关系完全正常化。

（二）1991 年至今中国与蒙古国教育合作与交流的发展

1994 年，中国与蒙古国修订了《中蒙友好互助条约》，并在此基础上签订了《中蒙友好合作关系条约》。1994 年 4 月，应蒙古国总理彭·扎斯莱（П. Жасрай）的邀请，中国国务院总理李鹏对蒙古国进行正式访问，这是自周恩来总理 1960 年访问蒙古后 34 年来中国总理第一次访问蒙古国。在访问期间，中国外交部副部长唐家璇和蒙古国外交部副部长全呼尔（Чойнхор）等人在乌兰巴托市签署了《中国政府与蒙古国政府文化合作协定》，推动两国教育合作与交流迅速发展。1996 年，蒙古国教育部长特穆尔敖其尔（Төмөрочир）访问中国，两国签署了《中蒙 1996—2000 年间实施教育交流和合作计划》。1996 年中国向蒙古国公派访问学者 4 名，蒙古国向中国公派留学和进修人员达到了 134 名。[①]

1997 年 5 月，应蒙古国教育部部长邀请，以中国文化部部长刘忠德

---

① 毕奥南主编：《中蒙国家关系历史编年（1949—2009）》（下卷），黑龙江教育出版社 2013 年版，第 579 页。

为首的中国政府代表团对蒙古国进行了友好访问。1997 年 7 月，应蒙古国总统那楚克·巴嘎班迪（Нацагийн Багабанди）的邀请，中国国家主席江泽民对蒙古国进行国事访问，这是中蒙友好合作关系条约签署以来中国国家元首首次访蒙，对进一步增进中蒙之间的相互了解与信任，推动两国关系顺利进入 21 世纪具有重要意义，并充实和拓展了两国之间在各领域的友好合作。1998 年两国签署了《中华人民共和国政府和蒙古国政府关于相互承认学历、学位证书的协定》和《中国政府与蒙古国政府之间互换留学生协定》，2000 年两国签署了《利用中国无偿援助资金培养蒙古国大学生的大学生培养项目协定》和《利用中国无偿援助资金培养蒙古国大学生执行计划》。根据 2000 年统计数据，中国向蒙公派了 18 名访问学者、1 名蒙汉语进修生，通过中国政府奖学金和自费途径来华留学的蒙古国留学生已经达到 510 名。①

　　2003 年 6 月，时任中国国家主席胡锦涛对蒙古国进行了国事访问，双方发表了《蒙中联合公报》，使两国关系提升为睦邻互信伙伴关系，中蒙关系进入了全新发展阶段。从 2005 年开始，中国内蒙古自治区针对蒙古国留学生设立了政府奖学金，每年接收 100 名本科生在内蒙古高等院校学习；以蒙古国政府奖学金或自费的形式在蒙学习的中国学生每年也达到 100 余人。2007 年 4 月，中国国家主席胡锦涛在海南省三亚市接见了蒙古国总统恩赫巴雅尔（ЭНХБАЯР），双方就进一步加强两国在各个领域的合作交换了意见，并就增加在华留学生人数、发展教育合作方面达成了共识。2008 年两国签署了《国际汉语教师、志愿者赴蒙古国工作协定》，并于 2008 年 5 月开设了蒙古国立大学孔子学院。同年，中国国家汉办向蒙古国派遣 172 名汉语教师和志愿者。2020 年 7 月 23 日，在蒙古国一共有 400 余名汉语教师。2013 年 11 月，蒙古国总理阿勒坦呼亚格（АЛТАНХУЯГ）对华进行正式访问，双方同意增加利用中国奖学金来华

---

① 毕奥南主编：《中蒙国家关系历史编年（1949—2009）》（下卷），黑龙江教育出版社 2013 年版，第 663 页。

学习的蒙古国大学生人数，在未来 5 年内每年派遣 1000 名蒙古国大学生通过中国政府奖学金来华留学。

2014 年 8 月，中国国家主席习近平对蒙古进行了国事访问，双方发表了《中华人民共和国和蒙古国关于建立和发展全面战略伙伴关系的联合宣言》，宣布两国关系提升至"全面战略伙伴关系"，并签署了 37 份合作文件。两国政府表示全面支持两国在文化、教育、医学、卫生及科技领域的联系，扩大体育和新闻媒体的合作。在教育领域，两国支持在本国发展汉学和蒙古学研究，加强两国民族文化交流、语言互学以及传统文化、历史、艺术、体育、医学等多领域的合作与交流。习近平主席就文化交流方面指出，在今后 5 年内，中方将向蒙方提供 1000 个培训名额，增加 1000个中国政府全额奖学金名额，为蒙古培养 500 名留学生，邀请 500 名蒙方青年访华，邀请 250 名蒙方记者访华，并向蒙方免费提供 25 部中国优秀影视剧译作。[①]

二、中国与蒙古国教育合作与交流的现状

目前，中国与蒙古国已经建立了全方位的教育合作与交流关系，两国的教育合作与交流主要体现在推动学生流动、开展校际交流、设立孔子学院和孔子课堂、开展语言教育、开展文化交流等方面。

（一）推动学生流动

学生流动是国际教育合作与交流最常见的形式，也是中蒙两国教育合作与交流的重要形式。新中国成立后，中蒙教育合作交流是从 1952 年蒙古国第一次向中国派遣 14 名大学生开始的，自此打开了两国在教育领域的长期合作与交流。近年来随着中蒙两国在教育领域的合作与交流日益加深，两国根据政府间协定互派留学生的数量（特别是蒙古国来华留学生数量）不断增加。自 2006 年开始，中国政府开始向蒙古国提供硕士和博

---

① ［蒙］巴特琪琪格：《蒙古国与中国全面发展文化、教育方面战略》，载蒙古国外交部《蒙古国外交政策》，乌兰巴托，2015 年。

士研究生专项奖学金,蒙古国年轻人来华留学的兴趣不断上升。凭借中国政府奖学金、中国学校奖学金、孔子学院奖学金以及各种自费途径,仅2017年就有约10305名蒙古国留学生(包括学历生和非学历生)在中国高等院校、科研院所和其他机构中学习、研修及培训。[①] 统计数据显示,近年来蒙古国来华留学生逐年增加,呈现显著上升趋势:从2008年至2017年,蒙古国来华留学生数量在过去10年间从4774人[②]增长到10305人,涨幅高达115.86%。[③] 根据中国与蒙古国政府间的交流合作协定,中国向蒙古国派遣公派生留学并研究蒙古语言。2000年,中国向蒙古国公派了18名访问学者和1名蒙古语进修生。从2005年开始,以蒙古国政府奖学金或自费形式在蒙古国学习的中国学生每年也达到了100余人,2018年到2019年来自中国留学生1640名。[④] 中蒙两国留学生到对方国家学习深造,对两国关系的未来发展意义重大,因此深受两国政府的重视。

除在高等教育领域的学生流动之外,两国从1990年以来还成功地在文化、卫生、体育、科学、技术等方面开展了合作与交流,这些领域的专家与专业人才的流动也在逐渐扩大。

(二)开展校际交流

两国之间的教育合作与交流政策,需要双方的学校和研究机构等去落实,因此,校际交流是两国教育合作与交流的重要形式。

近几年,中蒙两国高校之间一直保持着密切的合作与交流,合作与交流规模也逐渐扩大,呈现出合作与交流日益密切的发展趋势。中蒙两国部分大学甚至建立了合作伙伴关系。例如,北京大学、北京外国语大学、

---

① 教育部国际合作与交流司:《2017来华留学生简明统计》,教育部国际合作与交流司,2018年,第5页。

② 教育部国际合作与交流司:《2008来华留学生简明统计》,教育部国际合作与交流司,2009年,第5页。

③ 教育部国际合作与交流司:《2017来华留学生简明统计》,教育部国际合作与交流司,2018年,第5页。

④ 蒙古国人民统计委员会:《蒙古高等学校发展状况以及影响研究》,《彩虹》2019年第12期。

外交学院、中国人民大学、吉林大学、大连外国语大学、河北大学、山东大学、内蒙古大学等30余所中国高校与蒙古国立大学、蒙古师范大学、蒙古农牧业大学、蒙古医科大学、蒙古科技大学、蒙古人文大学、蒙古乌兰巴托大学等，在各个领域均开展了合作与交流。以蒙古国立大学为例，该校分别与南京信息科技大学、中国大连科技大学等中国高校建立了合作伙伴关系，每年选派一定数量的蒙古国留学生赴华实习，还与中国相关院校合作实施2+2项目，并且共同制定教育大纲等等。除蒙古国立大学以外，蒙古国大扎萨克大学、奥特跟腾格里大学、蒙古民族大学、乌兰巴托额尔德穆奥尤大学、西吉呼都格学院等私立高校也与中国高校建立了合作与交流关系。近年来，中蒙两国高校之间相互访问和从事学术交流的研究生也不断增多，促进了双方的相互了解与教育合作。

需要指出的是，由于受蒙古国的地理位置和中蒙两国历史文化等因素的影响，一直以来蒙古国高校普遍与中国内蒙古自治区内的高校存在较多的合作与交流，例如：内蒙古大学、内蒙古财经大学、内蒙古师范大学等高校与蒙古国立大学、蒙古科技大学、蒙古师范大学以及蒙古东方大学，多年来都有着校际交流和互换留学生的合作关系。随着两国高等教育领域的交流日益密切，高校间的科研合作也逐渐拓展到研究院所层面。2002年，内蒙古大学蒙药化学研究所已与蒙古国传统医学研究院联合开展了系列合作，其成果获得中国国家发明专利并在蒙古国顺利投产。除此之外，内蒙古大学还与蒙古国科学院、蒙古国立大学等单位在蒙古高原生态系统、蒙古学、蒙药研究等领域开展过广泛的研究并取得诸多重要的科研成果。2015年6月，内蒙古师范大学也在合作研究方面取得了突破，该校与蒙古国科学院、乌兰巴托大学共同启动多个合作项目，内容涵盖跨境蒙古民俗文化田野调查与比较、传统游牧·畜牧业转型、蒙古族农业经济、边境口岸现状与建设、蒙古民族文化心理、乌兰巴托城市规划及数字化模型等领域。

（三）举办孔子学院和孔子课堂

在蒙古国大学设立孔子学院和孔子课堂，也是中国两国教育合作与交流的重要形式和成果。2008 年 5 月，山东大学与蒙古国立大学共同在蒙古国成立了中蒙合作建设的第一所孔子学院。该孔子学院成立后，不仅积极开展汉语教学，还致力于从事汉语教学研究，培养汉语教师，开设两国语言翻译课程。蒙古国立大学孔子学院还开展汉语水平考试，蒙古国学生可以在孔子学院参加初级、中级、高级等不同级别的 HSK 考试，并得到获取凭证的机会。除此之外，蒙古国立大学孔子学院还翻译出版了《中国经典文学选集》丛书，儒家经典著作《论语》《礼记》《中庸》以及《中国女作家优秀作品选集》等书籍，编写并出版了《当代汉语》（初级、中级、高级）系列教科书、《汉语日常用语 900 句》等蒙古国学生需要的中文工具书籍和资料。为此，蒙古国立大学孔子学院曾在 2010 年和 2012 年两度获得"全球优秀孔子学院"的荣誉称号。2010 年 12 月，蒙古国国立师范大学孔子课堂成立，这是世界 96 个国家中设立的第 369 个学堂。这是东北师范大学与蒙古国国立师范大学共同建立的孔子课堂，为蒙古国青年学生提供了学习汉语和理解中国文化的平台。随后，中蒙两国高校合作建立了更多的孔子学院和孔子课堂，对开展汉语教学、组织汉语师资培训、举办学术讲座和会议、编辑出版研究成果和促进留学生奖学金项目的实施发挥了积极作用，甚至对推进中蒙双方民众的沟通、理解和高等教育的合作与交流都不无裨益。

（四）开展语言教育

由于蒙古国人民普遍重视对邻国语言的学习和文化的了解，以及在蒙古国的中国华侨子女也需要在中文学校就读，因此旅蒙华侨蒙中友谊学校、蒙古国育才高级中学、彩虹汉语学校等不少高中学校相继在蒙古国成立，致力于传播中国语言和文化。1997 年，丹·巴雅尔（Д. Баяр）创立蒙古国育才高级中学并担任校长，该校设立的初衷就是把学生培养成为中蒙两国人民友谊的纽带。2020 年，育才中学的在校学生已逾千名。

近年来，汉语教学研究在蒙古国正如火如荼地开展，蒙古国一些省政府和县政府积极支持汉语教学和私立高中学校开设汉语选修课程，蒙古国私立高级中学也开始与中国大专院校在汉语教学方面开展合作。在蒙古青年人当中，相当比例认为学会中文有利于获得更多的工作机会和就业岗位，而蒙古国市场也确实需要懂汉语的专业人才。中国不仅是蒙古国最大的贸易伙伴国，同时也是最大的投资来源国，两国人民有着多种相互交流的机会。2020 年，在蒙古国境内投资的外国企业中，中蒙合资工厂的数量为 5000 余家，汉语人才需求量很大。基于此，两国政府已经启动汉语人才培养工作。中国政府为支持在蒙汉语教学研究的发展，派遣汉语专家和志愿者前往蒙古国。与此同时，蒙古国立大学孔子学院、蒙古国立师范大学孔子课堂以及中国文化中心在蒙古国相继成立，这些机构还配备了相应的汉语书籍、教科书以及教学设备。上述措施成为蒙古国汉语教学成长的主要资源，对汉语教学研究的发展起到了至关重要的作用。在中蒙两国语言交流方面，近年来随着中蒙两国关系的不断深入，汉语教学在蒙古国进一步得到扩展，学习汉语的人数从 2000 年开始迅速增加。2020 年，蒙古国有 30 余所中小学和 20 多所大专院校从事汉语教学工作，汉语学习者达 5000 余人。其中，蒙古国首都乌兰巴托市 23 所大专院校和地方大专院校分别有 2000 余名和 100 余名大学生在学习汉语。30 余所中小学共有3000 余名学生在学习汉语，其中，代表性学校包括育才高级中学（1023名学生）、国立第 23 中学（600 余名学生）、蒙古国华侨友谊学校（500 余名学生）以及贺喜格图学校（300 余名学生）。蒙古国的汉语教学主要集中在乌兰巴托，其他地方（包括科布多、东方、额尔登特等）的汉语学习者约占总数的 4%。

近年来，汉语热席卷全球，蒙古国作为中国的主要邻国之一更应该学习和研究汉语以及中国文化。特别是伴随着中蒙两国在政治、经济、文化等领域的合作不断发展，蒙古国人民学习汉语的需求也在不断增长。在蒙古国本土汉语教师知识和能力不尽如人意的情况下，蒙古国希望中国政府给予一贯的支持。对此，中国国家汉办于 2005 年 10 月向蒙古国人文大学、友谊学校等从事汉语教学的 7 所学校派遣了 12 名志愿者，这些志愿者分别从黑龙江省、上海市、内蒙古自治区等三个地区选拔。在派遣汉语志愿者教师前，国家汉办会为他们组织为期一周的培训，还邀请国际组织、业洲开发银行专家对他们进行外语教学指导，并提供在蒙工作所需的教科书和材料。向蒙古国派遣志愿者教师使两国教育合作与交流上了一个新台阶。中国政府十分重视这一活动，坚持进一步扩大派遣的政策。据统计，截至 2012 年中方向蒙古国派遣的教师和志愿者人数已达到 515 名，且呈逐年增加的整体趋势。这些教师和志愿者通常在乌兰巴托、达尔罕、额尔登特市的大专院校、中小学从事 1 年的汉语教学。

（五）开展文化交流

从广义上讲，文化交流也是国际教育合作与交流的重要组成部分。中蒙两国还通过举办教育展览会和专题论坛等形式促进高等教育合作与交流，增进相互间的了解，实现双方教育机构的合作共赢。例如，2013 年 5 月，"中国教育展"在蒙古国举行，共有浙江大学等 12 所中国高校参加；2015 年 10 月，"首届中蒙博览会——高等教育发展论坛"在中国呼和浩特举行，共吸引了两国 20 多所高校的专家学者参加，并推动两国高校签署了多方面的合作协议，进一步拓展了高等教育领域合作的广度和深度。

近几年，由中国大使馆援建的蒙古国立文化艺术大学"汉语文化中心"、中央省民族剧院"中蒙友好文化中心"、蒙古国民族大学"中蒙友好汉语中心"分别揭牌。截至 2020 年，由中国大使馆援建的各类汉语课堂、文化中心已有十余家，为当地青少年了解、学习中国文化提供了良好条件。

三、蒙古国与中国教育合作和交流存在的问题

中蒙作为比邻而居的两个国家，从历史上看在政治、经济、文化、科技、教育等各方面都保持着合作与交流。伴随着中国对蒙古国学生提供奖学金以及越来越多的中国志愿者到蒙古国教学，近年来两国的教育合作与交流日益密切。尽管如此，中蒙两国的教育合作与交流依然存在很多现实问题。

（一）中国高等学校对与蒙古国的教育合作与交流重视不够

在改革开放之初，中国主要是抱着向欧美发达国家学习的态度开展

国家教育合作与交流的，因此中国高等院校普遍注重与欧美发达国家和国际组织的教育合作与交流，同时对欧美发达国家政治、经济、文化、教育等方面的研究也比较深入，但是对于像蒙古国这样相对不发达的发展中国家的教育合作与交流重视不够，对发展中国家政治、经济、文化、教育等方面的研究也相对薄弱，相关的研究成果不多。

近年来，虽然教育部国际合作与交流司通过设立国别和区域研究基地和备案中心加强了对东北亚和蒙古国的研究，但与对欧美国家的研究相比，相关的研究仍然处于起步阶段。对与蒙古国的合作与交流重视不够，对蒙古国的政治、经济、文化、教育等方面的研究不够，仍然是困扰中蒙两国教育合作与交流的一个问题。由于两国历史背景的差异，由于相互研究不足，两国之间的相互了解不足。两国政府亟须通过教育、文化、人民交流等方式改进彼此的认知。

中国的外交战略是积极开展多边外交，努力发展同发达国家的关系，全面深化同周边国家的睦邻友好关系，大力加强同发展中国家的团结合作。蒙古国是中国的邻国，也是"一带一路"倡议的重要沿线国家，中国国家战略的实现既需要与欧美发达国家合作与交流，也需要与发展中国家的合作与交流，更需要发展和蒙古国等周边国家的合作与交流。

（二）中蒙两国的教育合作与交流的范围和深度有待进一步扩大和加强

从中蒙两国的教育合作与交流的发展现状看，在学生流动、校际交流、孔子学院和孔子课堂、语言教育、文化交流等方面都取得了一定的成绩，但是总的来说，无论是合作与交流的范围还是深度都需要进一步扩大和加强。

首先，在合作办学方面，无论是在蒙古国建立的孔子学院和孔子课堂，还是在中国建立的蒙古研究中心，都数量有限；中国高校与蒙古国高校合作建立的高等学校也是凤毛麟角，中国优质中小学在蒙古国设立中国特色国际学校还没有起步。

其次，两国在职业教育方面的合作与交流相对较少。蒙古国作为游牧民族的国家，在烹饪、农业、基础社会建设以及交通运输等方面的经验和技能都相对缺乏，需要向中国的职业院校学习。以烹饪为例，目前中蒙两国在饮食方面特别是培养厨艺类职业技能型人才方面的交流较为欠缺。中国饮食文化丰富多样，但蒙古国除羊牛肉奶酪外特色较少，所以这方面的职业教育交流会更为直接地促进两国人民的了解。

（三）留学生教育质量有待进一步提高

得到中国政府奖学金来华留学的蒙古国学生的语言能力、学术能力也参差不齐，有不少学生的语言能力和学术能力薄弱。怎么培养已被录取的语言能力和学术能力薄弱的留学生，特别是攻读硕士和博士学位的学生，这是当前困扰中国高校的一大难题，同时这些学生本身也存在如何完成学业的问题。

蒙古国留学生学成后回国发展的较多，较少学生会选择留在中国工作。毕业后回国的留学生经常呈现出以下几个特点：第一，中文水平不足。虽然语言是一门需要一辈子学习的技能，且学好一门语言需要不断地投入时间和精力。然而，在中国留学三四年的时间读完本科、硕士的蒙古国学生回国后，他们的中文水平却并不尽如人意。尽管部分留学生可以进行一般的汉语口语交流，但对专业词汇的掌握却相对缺乏，甚至处于听不懂的状态。第二，英文水平下降。英文是一门世界通用语言，中蒙两国高校均十分重视英文教学。但是，蒙古国留学生在中国就读后，中国高校往往只注重培养其汉语水平而忽略了英文能力的培养，再加上部分蒙古国留学生本身英文基础比较薄弱，这些学生从中国留学归国后英文水平十分令人担忧。第三，专业知识欠缺。由于不少蒙古国学生留学中国后一心只关注语言方面的学习，往往忽略了专业知识的储备和积累，特别是当中文能力不过关时他们更无法专注学业，由此导致专业知识的掌握不足。再加上中国高校对留学生毕业关要求不够严格，有些留学生虽然毕业了，但是实际上并没有达到培养计划的要求。

第四节　进一步加强中国与蒙古国教育合作与交流的建议

2014 年 8 月，中国和蒙古国发表了《中华人民共和国和蒙古国关于建立和发展全面战略伙伴关系的联合宣言》，宣布将两国关系提升至"全面战略伙伴关系"，这对扩大两国教育合作与交流提出了更高的要求。针对两国关系的新形势、新要求和新挑战，以及两国教育合作与交流存在的问题，我们提出进一步加强两国教育合作与交流的几点建议。

一、加强两国战略对接，促进两国政策联通

2013 年和 2014 年，中国和蒙古国分别相继提出了致力于开创对外开放新格局的"一带一路"倡议和旨在打造中俄蒙经济走廊的"草原之路"计划，此后两国关系迈入新的发展时期。因此，中蒙两国应围绕中国的"一带一路"倡议和蒙古国的"草原之路"计划加强两国的战略对接，进而促进两国政策联通，寻求教育发展最佳契合点和教育合作最大公约数，促进两国在教育领域互利互惠，共同发展。

具体来说，中蒙两国政府可设立专项奖学金，鼓励高校积极围绕"一带一路"和"草原之路"的对接领域，加快相关学科的建设和专业结构的调整，创新人才培养模式和过程，培养具有国际化视野且专业对口的应用型创新人才，为中蒙经贸合作的持续发展提供长远保障，真正成为双方战略合作需要的人才培养基地。此外，中蒙两国还应在原始生态环境、矿产自然资源、政治外交军事、绿色产业经济、语言传统文化、人文社会科学、交通基础设施、货币金融市场等诸多可持续发展领域的共同问题上加强协同研究，制定互利互惠政策，形成资源共享、优势互补的良性循环。[①]当前，在教育合作与交流领域，两国应加强政府职能部门、高等教

---

① 刘进、王辉：《"一带一路"沿线国家的高等教育现状与发展趋势研究（二十二）——以蒙古为例》，《世界教育信息》2019 年第 4 期。

育机构、行业协会与企事业单位之间的相互协调和配合，探索构建"政—产—学—研—用"相融合的长效机制，妥善解决两国在合作与交流过程中遇到的难题，从源头上突破制约合作与交流的瓶颈，促进两国教育领域的共同发展。

二、加强中国对蒙古国的教育援助，提升蒙古国教育发展水平

蒙古国是中国的邻国和"一带一路"重要沿线国家，现在无论是经济发展还是教育发展，都处于相对落后的水平，迫切需要国际社会的援助。改革开放以来，中国经济持续高速发展，教育体系不断完善，已经从一个教育受援国转变成为教育援助国。中国政府和人民高度重视教育，其教育发展不仅达到了中高收入国家的中上水平，在有些领域已经走在世界教育前列，并积累了丰富的教育发展经验。在"一带一路"倡议背景下，近年来中国颁布的《关于做好新时期教育对外开放工作的若干意见》《中国教育现代化2035》《教育部等八部门关于加快和扩大新时代教育对外开放的意见》等政策文件，都把加大对发展中国家尤其是最不发达国家的支持力度，作为国际教育合作与交流的重要措施。

中国政府每年向蒙古国提供各种贷款和无偿援助，可在蒙古教育领域进行的项目却相对较少，投资主要集中在其他领域特别是基础建设方面。蒙古国政府外来的资金多用于修建基础设施。虽然蒙古国政府曾于2017年在中国政府的援助下扩建中学，但该项工作一直未曾展开。因此，中国要进一步加强对蒙古国的教育援助，积极开展优质教学仪器设备、整体教学方案、配套师资培训一体化援助，推动蒙古国教育能力建设，帮助蒙古国改进教育体系，提升各级各类教育质量。中国对蒙古国的教育援助，不仅要注重资金帮扶和人员交流与往来，更应该充分发挥高端人才的潜力和作用，通过师资培养、管理人员培训等提升蒙古国教育人员的能力和水平，为蒙古国制定未来教育规划和管理提供建设性的意见，提升蒙古国自主教育发展能力。

三、充分发挥中国政府奖学金学生流动中的引导作用，提升留学生教育质量

中国政府奖学金在留学生教育发展中发挥着引领和辐射作用。为了提高蒙古国留学生生源质量，需要调整和完善中国政府针对蒙古国的奖学金项目政策。

首先，设置汉语语言能力标准，要求申请者需具有汉语 HSK4 级或 5 级成绩（根据不同专业设置不同的语言标准）。自 2015 年中蒙政府奖学金项目开设以来，大部分蒙古留学生在来中国留学前的汉语水平几乎为零。来中国后，他们进行约 1—2 年（绝大多数为 1 年）的语言学习，只要通过汉语 HSK4 级或 5 级即可进入之前选定的相关专业攻读硕士或博士学位。但事实上，达到此标准留学生的汉语水平却可能无法胜任专业学习，特别是对博士研究生来说，仅仅掌握普通的听说读写能力并不能够很好地开展课程学习和科学研究。对于人文社会科学方向专业的留学生，他们的学习和研究往往还需要结合中国博大精深、源远流长的历史文化以及纷繁复杂的社会政治状况，这就大大提高了对汉语水平的要求。因此，对于招收硕士和博士留学生来说，申请时要求留学生具备一定水平的汉语能力是保障生源质量的关键。

其次，加强对硕士研究生和博士研究生申请者的学术素养进行考察。硕士和博士阶段对学生学术素养的要求要远远高于本科和预科，没有一定的学科背景和扎实的理论知识很难达到对一名硕士生或博士生学术素养的要求。如果硕士和博士留学生的汉语水平还未达到攻读高级学位的要求，语言的障碍直接导致他们在日常的课程学习和学术训练中出现学习效率偏低、无法吸收消化课题知识等问题。无相关学科背景再加上语言障碍的叠加影响，导致很多留学生学习效果不理想。因此，对于硕士研究生和博士研究生申请者，不但要求设置汉语语言能力标准，而且要对其学术素养进行考察，只有两方面都符合要求的申请人才可以录取。

四、探索在蒙古国开办中国特色国际学校和大学分校，提升蒙古国人才培养能力

自 2007 年 6 月山东大学和蒙古国立大学联合建立第一所孔子学院后，2015 年 9 月，东北师范大学与蒙古国立师范大学、新疆职业大学与科布多大学也先后联姻，双方在蒙古国合作建立孔子学院或孔子课堂。[①] 虽然孔子学院和孔子课堂数量的增加使得越来越多的蒙古国民众有机会学习汉语、增加对中国的了解甚至前往中国留学，但孔子学院的贡献主要集中在汉语教学、汉语教师培训、促进蒙古国学生来华留学等方面，仍然无法替代中国在蒙古国创办国际学校和海外分校的作用。

基于此，中国政府首先应致力于与蒙古国政府或地方学校在蒙创建中小学国际学校，提供中蒙双语教学的教育资源，进而从根源上增加蒙古国民众对中国的认知和印象。其次，中国政府和高校应与蒙古国政府和高校合作开办海外分校，为无法来华留学的蒙古国当地大学生提供优质的高等教育课程，扩大中国高等教育的影响力。最后，中蒙两国应该大力推进职业教育和技术教育领域的合作与交流。中国政府可尝试在蒙开设鲁班工作坊，采用学历教育与职业培训相结合的方式，分享中国经验，为蒙古国在交通运输、能源开发、冶金开采、基础设施建设等方面培养实实在在的职业技术人才。

五、加强两国国情研究，增加相互知识储备

中国和蒙古国是邻国，但由于多种原因，两国人民的相互了解却十分有限，这已经成为两国合作与交流的障碍。中国应该对蒙古国的历史、政治体制、地缘政治、法律、文化、语言、宗教、地理、民族、经济、商贸、交通、旅游、外交、能源等进行全方位的研究，增进我国对蒙古国的知识储备；同时蒙古国也应该对中国进行全方位的研究，了解中国国情。

---

① 钟建平：《"一带一路"背景下中蒙高等教育交流与合作：现状、困境及对策》，《大学教育科学》2017 年第 4 期。

作为邻国，中国和蒙古国在历史上有着千丝万缕的联系，在现实中也存在跨境民族、语言、宗教、环境治理等共同关心的问题。中国和蒙古国应该建立联合研究中心，加强共同关心问题的合作研究。

具体到教育而言，两国有着不同的教育传统、教育理念、教育制度、教育体系、教育管理体制、教育改革与发展路径。为了实现两国在教育上的共商、共建、共享，推进两国教育政策的沟通协调和教育发展规划相互衔接，实现两国教育的融通发展、互动发展，中国和蒙古国应该加强对对方教育的系统研究和合作研究，特别是开展教育法律、政策协同研究，构建教育政策信息交流通报机制，为推进教育政策互通提供决策建议，为沿线两国学校和社会力量开展教育合作与交流提供政策咨询。

六、加强教育领域人文交流，增进两国相互了解

中国和蒙古国合作与交流的基础是民心相通。民心相通的基础不仅在于通过国情研究增加相互知识储备，而且在于开展更大范围、更高水平、更深层次的人文交流，不断推进两国人民相知相亲。

中蒙两国政府要逐步疏通教育合作与交流政策性瓶颈，实现学分互认、学位互授联授；鼓励共同开发语言互通开放课程，逐步将对方语言课程纳入学校教育课程体系；鼓励有合作基础、相同研究课题和发展目标的学校缔结姊妹关系，举办中蒙校长论坛，推进学校间开展多层次多领域的务实合作；打造中蒙学术交流平台，吸引两国专家学者、青年学生开展研究和学术交流；加强两国青少年交流，注重利用社会实践和志愿服务、文化体验、体育竞赛、创新创业活动和新媒体社交等途径，增进两国青少年对其他国家文化的理解。

加强教育领域人文交流，必须充分发挥留学生的作用。中国应该加大派遣中国学生到蒙古国留学的力度，加强对蒙古国历史、文化、政治制度等方面的研究和了解，并将其介绍给中国民众，同时在蒙古国讲好中国故事，传播中国好声音。蒙古国也应该加大派遣蒙古国学生到中国留学的力度，让他们也成为中蒙两国教育合作与交流的桥梁。

结　语

　　"一带一路"倡议是党中央、国务院主动应对全球形势深刻变化、统筹国内国际两个大局作出的重大战略决策。我国"一带一路"倡议将秉持和平合作、开放包容、互学互鉴、互利共赢的理念，全方位推进与沿线国家的务实合作，打造政治互信、经济融合、文化包容的利益共同体、命运共同体和责任共同体，共同建设一个"人类命运共同体"，促进沿线国家经济繁荣发展，加强文明交流共享，促进世界和平发展。为了实现这一目标，我国将以政策沟通、设施联通、贸易畅通、资金融通、民心相通为主要内容，推进与沿线国家的合作。"一带一路"倡议的实施，不仅标志着我国国家发展战略和外交战略新的开端，同时也为我国教育的改革与发展，特别是教育对外开放提出了新的挑战并提供了新的机遇。

　　教育在"一带一路"倡议中有着举足轻重的地位，发挥着基础性、全局性、先导性的作用。教育在"一带一路"倡议中最重要的使命和责任就是专业人才培养和培训，同时肩负着开展"一带一路"沿线国家研究，为"一带一路"倡议提供智库服务，促进人文交流和文明对话等使命。"一带一路"倡议中扩大教育开放，加强与"一带一路"沿线国家的教育合作与交流，是"一带一路"建设的题中应有之意，也是充分发挥教育在"一带一路"建设中的作用的前提条件。

　　我国与"一带一路"沿线国家具有较好的教育合作与交流基础，积累了丰富的经验。我国与"一带一路"国家的教育交流与合作有着深刻的历史渊源，改革开放以来特别是"一带一路"倡议提出以来，我国与大多数"一带一路"沿线国家间的教育、科技、文化领域的合作日益加强，基本形成了"多层次、宽领域、全方位"的纵深发展格局。我国在坚持尊重主权、不附加政治条件援助的基本理念下，逐步形成了双边和多边高层交流机制，逐步建立了基于多边合作的人才培养模式，并与沿线国家普遍开展联合办学与科研机构间的合作与交流。

同时我们还应该看到，"一带一路"倡议中我国教育合作与交流还面临诸多挑战和问题，存在众多矛盾、风险和教训。主要表现在：涉外专业技术人才培养能力不足，国际组织人才培养不充分，非通用语人才急缺，来华留学教育发展不充分、不均衡；中外合作办学方面存在规模偏小、合作对象有限，办学层次整体偏低，学科分布失衡以及优质教育资源引进不足；境外办学学科门类偏少与专业设置单一，相关政策支持和保障机制不完善，质量保障及学位认证制度缺失；孔子学院在区域分布、合作机构选择以及运行机制上存在发展困境。特别是"一带一路"沿线国家众多，很多国家政治不稳定，民族文化冲突、宗教冲突长期存在，国家间的国情、教育体制差别大，教育水平参差不齐，阻碍了教育合作的有效衔接，也增加了教育合作与交流的复杂性。在政策制定上"一刀切"的粗放式做法削弱了政策实施的效力和效果，忽略受援国差异性的教育对外援助方式降低了援助效率及其有效性，这些都是在今后的实践过程中应汲取的教训。

"一带一路"倡议中扩大教育对外开放是当前国内教育领域的重大政策方针，在该政策方针的实施过程中，需要基于"一带一路"国家教育合作与交流的发展阶段、重点领域、优先领域和我国的优势，因时制宜，因地制宜对政策方针实施的时间和空间作出具体安排，有阶段性、有针对性、有差异化地确定教育合作与交流的战略重点。

首先，从整体上看，要根据"三步走"战略，分阶段推进教育对外开放。"一带一路"倡议中教育开放要根据我国社会经济发展战略总体布局，实施"三步走"战略。第一步，到2020年，推进我国与沿线国家的学分、学位、学历互认，探索和完善教育开放的体制与基本制度。第二步，到 2035 年，基本建成"一带一路"教育共同体，推动形成全球教育治理新模式。第三步，到 2050 年，全面参与全球教育治理，将我国建成世界教育中心和世界最大的留学目的国，形成中国的话语体系。

其次，采取差异化设计，避免"一刀切"，提升教育对外开放政策的针对性。依据"一带一路"沿线国家的社会经济发展水平和教育发展水平，制定差异化的国际教育合作策略。加强与"一带一路"沿线国家的政策沟通，实现与沿线国家发展战略的有效衔接。依据"一带一路"六大经济走廊的建设内容，重点打造基于该经济带发展需要的特色化教育交流与合作政策。在制定教育交流和合作政策时，要结合各国的经济发展水平差异，充分尊重各国的历史和文化传统，因地制宜，在平等协商和相互尊重的基础上制定包容性的合作政策。这些政策既要考虑到各国的国情和教育发展实际，又要指向"一带一路"国家共同的发展目标；既体现差异，又具有包容性。基于"一带一路"沿线国家国情差异大的特点，我国应根据各个国家教育的现实需要和国际化水平程度的不同，坚持分类推进原则，制定差异化的教育对外开放战略，有针对性地、有重点地稳步推进。针对教育水平和国际化程度比中国高的国家和地区，应以"引进来"策略为主，积极引进和主动学习其经验，促使其他国家优秀的国际化人才参与我国的教育对外开放进程。针对教育水平和国际化程度与中国相当的国家和地区，应以"合作互补"策略为主，推动与沿线国家的合作交流，实现与沿线国家教育的优势互补，最终实现双赢。针对教育水平与国际化程度相对较低的国家和地区，应以"输出去"策略为主，通过制定相应的教育援助战略协助沿线国家教育水平与国际化程度的提高。

再次，由于"一带一路"所涉及的沿线国家地缘、政治、宗教及文化的独特性与差异性显著，教育发展现状与发展水平也各异，为了差异化、针对性的教育对外开放方针能顺利实施，需要在教育对外开放进程中积极实施国际理解教育，培养人才具有共情同理的价值观。国际理解教育即寻求不同国家和民族之间的共性和差异，尊重多元价值观和文化，增进不同文化间的互相理解。一方面对沿线国家的历史、政治体制、地缘政治、法律、文化、语言、宗教、地理、民族、经济、商贸、交通、旅游、外交、能源等进行全方位的研究，增进我国对"一带一路"沿线国家的知识储备，为国家针对性地制定政策提供决策咨询服务，丰富国际理解教育的内容。另一方面，面向科学技术发展前沿问题针对性地开展合作研究，解决我国和"一带一路"沿线国家社会经济发展中的难题。

第四，在"一带一路"人才培养过程中，也需采取针对性和差异化的策略。一要加强专业技能人才培养培训，为"一带一路"不同领域建设提供专业技能人才支撑。"一带一路"建设急需的专业技能人才涉及政治、经济、文化、法律、民族、宗教等诸多领域，要通过科学制定全方位、差异化的专业技术人才需求预测机制，强化专业技术人员培养培训体系、创新法律专业人才培养模式、推进国际组织人才以及国别和区域研究人才发展，借助教育合作促进资源共享、校企联动等措施，推进"一带一路"倡议中专业技术人才的发展。二要根据"一带一路"沿线国家语言多样性的特点，大力培养非通用语人才；高度重视外语战略的制定、调整和实施，有针对性地科学规划非通用语专业分布，突出关键语种人才培养；以政策、制度等形式增加投入，扩大非通用语人才培养规模。

"一带一路"倡议教育对外开放进程中，需要坚持从项目推进到制度构建转变。前期可通过教育合作交流项目将"一带一路"倡议教育对外开放转化为一个个看得见摸得着的实体，有效地实现倡议初期启动阶段的迅速发展，为"一带一路"倡议教育对外开放的推进夯实有力的基础。中后期伴随"一带一路"倡议教育对外开放的不断深入推进，需创设新的教育制度机制或改造已有的合作机制，使中国与"一带一路"沿线国家的教育国际合作进程纳入制度框架，从而实现在顶层设计之下的有序推动。

首先，要稳妥推进中外合作办学和境外办学。一要提质增效，推进中外合作办学内涵式发展。合理扩大与沿线国家合作办学规模，适度拓宽中外合作办学范围，优化中外合作办学专业的布局。持续完善中外合作办学模式，积极邀请国外优质教育机构来华合作办学。因地制宜，促进我国不同省市中外合作办学机构的特色化发展，调整中外合作办学的层次结构，建立健全中外合作办学的法律监管体系、质量保障体系以及投入机制。二要创新孔子学院办学模式，促进孔子学院可持续发展。明确思路，推进孔子学院的特色化发展；完善立法与制度建设，优化孔子学院在沿线国家的布局；拓展孔子学院的发展模式，建立有中方背景企业参与的孔子学院新模式，扩大中方与驻在国政府及外方企业合作兴办孔子学院；搭建沿线国家孔子学院网络联盟以及孔子学院大数据平台，创新孔子学院的运行机制。三要稳妥推进境外办学，提升中国教育的国际影响力。紧密结合国家外交战略布局，充分考虑沿线国家的教育需求，完善我国境外办学相关政策法规；积极研究制定境外办学管理办法，促进多元化境外办学模式发展，提升境外办学路径选择的科学性；鼓励我国高水平教育机构到境外办学、境外设立分校，开发适合国外学生学习的教材和教法，输出中国教育服务；加强我国高校境外办学质量评估，完善境外办学质量保证体系。

其次，要积极推动学位学历互认和留学生教育事业发展。一要制定国家资格框架，扩大学位学历互认，推进"一带一路"教育共同体建设。"一带一路"倡议中扩大教育开放要以更高的站位、更广的国际视野打造教育共同体。制定透明、可国际比较的国家资格框架，为学历学位互认奠定基础。促进我国与沿线国家的教育衔接，推进我国与沿线国家的学分互认，加强我国与沿线国家学位互授联授，建立学位学历认证保障体系。设立"一带一路"高等教育协调职能机构，建立"一带一路"教育协同创新研究中心，构建"一带一路"国家高层磋商制度，充分发挥国际平台的作用，打造"一带一路"高等教育区，全面推进跨国际区域的全方位教育合作机制。二要大力发展来华留学生教育，消除留学逆差。加强留学教育顶层设计，制定以政府为主，高校、企业协同的多元化奖学金投入体系，充分发挥奖学金对来华留学生教育的促进作用。打造来华留学教育高水平学科群，形成区域联动合力，促进来华留学均衡发展。以高端项目为引领，塑造留学教育品牌；以政策制度为保障，构建优质的留学服务环境。三要加强来华杰出人才培养。制定吸引优秀人员来华留学的国家战略，将来华杰出人才培养纳入整体发展规划。设立来华留学教育高端项目，有重点、有计划、分步骤为沿线国家培养培训各行业中高级管理人员。推动政府、高校、企业协同合作，完善来华杰出人才培养模式。优化学科布局，拓宽专业类别，建立特色学科和精品课程，打造"留学中国"品牌项目，培养一批知华、友华、亲华、爱华的未来国际领袖人才。

再次，要积极开展对外教育援助和小语种教育。一要加强对外教育援助，提高援助效益。完善对外教育援助法律和政策，制订对外教育援助战略，成立专门的对外援助机构，构建对外教育援助的框架。发展教育援助全球伙伴关系，加强与非政府组织合作，形成多边合作的援助模式。发展"精准援助"，根据受援国的实际情况及时调整教育援助的内容、方式及力度。设立"一带一路"教育援助基金，对沿线国家的教育发展、师资培训、课程建设等方面进行专项资助。增加教育援外基地数量，扩大教育援外基地的专业覆盖面，健全援外基地建设主体间的协调机制，加强教育援外基地建设。二要扩大中小学外语教育语种范围，加强我国周边地区通用语言的教育。在中小学广泛开展英语、日语和俄语教育的基础上，扩大外语语种范围，增设德语、法语、西班牙语和阿拉伯语为中小学外语教育语种。鼓励我国与"一带一路"沿线国家毗邻的省市及区域，以选修课的形式开展周边国家通用语言的教育。

最后，在项目实施的基础上稳步推进制度和机制构建。一要建立广泛、多维的人文交流机制，促进民心相通。持续扩大同沿线各国之间的高层次磋商机制，设立政府与非政府组织之间的对话机制，形成有利于政策联通、资源共享和项目衔接的合作机制，搭建以各级各类学校为纽带的教育交流机制，落实促进中外文化互鉴融汇的研究机制，丰富沿线各国青年相互理解的联络机制，建立推进合作计划顺利执行的保障机制。同时，在教育交流与合作中注重中国标准和规范的影响及运用，缜密布局以国家组织、地方支持和民间推动的全方位、多维度人文交流机制。二要建立和完善境外办学监管机制，塑造中国办学品牌。加强政策法规建设，出台《境外办学条例》或《境外办学管理办法》，明确规定境外办学的审批、设立与管理、教育教学、财务、退出等事宜。建立境外办学保障机构，保证境外办学保障条例和准则的有效实施；积极开展境外办学机构评估，定期公布评估报告。推进我国教育主管部门与境外学位认证组织机构的合作，加强对境外办学学历学位的国际教育认证，以保障我国境外办学的学位质量和国际声誉。三要建立风险规避机制，保障"一带一路"教育开放稳步推进。建立风险转移和救济机制，依据"一带一路"沿线国家政策、社会、资源等具体条件，完善我国与沿线国家开展教育交流与合作的配套机制，构建风险预防、转移和救济三位一体的保障机制。建立信息公开及共享机制，打造与"一带一路"沿线国家的信息共享系统，采集、分析、处理和反馈教育合作与交流过程中的信息，避免因信息滞后带来的损失。建立风险共担机制，与境外合作方共同成立风险投资基金，实现我国与"一带一路"沿线国家教育合作的风险共担与利益共享。

　　总体上看，"一带一路"倡议是一个史无前例的系统建设工程，其涵盖地区跨越亚洲、欧洲、非洲，囊括政治、经济、文化和社会等各方面内容，推进方式更是多种多样，"这一跨越时空的宏伟构想，从历史深处走来，融通古今，连接中外，顺应和平、发展、合作与共赢的时代潮流，承载着丝绸之路沿途各国发展进步的愿景，同时也赋予古老丝绸之路以新的时代内涵。"[①] "一带一路"倡议的实施与推进牢固坚持维护各国国家核心利益的原则，将互利共赢和互通相助结合起来，融和平发展于战略规划之内，将顶层设计与基层实践相互结合，通过合作推进与机制创新来为全球经济与其他方面治理结构的完善贡献智慧，从而携手打造一个集思广益、群策群力的发展局面，最终共同建设一个"人类命运共同体"，为所有国家所有成员的发展创造美好幸福的未来。

---

① 　胡伟主编：《"一带一路"：打造中国与世界命运共同体》，人民出版社 2016 年版，第 26 页。

责任编辑:郭星儿
封面设计:源　源

图书在版编目(CIP)数据

"一带一路"沿线八国国际教育合作与交流政策研究/刘宝存 等著. —北京:
人民出版社,2020.12(2022.1 重印)
ISBN 978-7-01-022594-4

Ⅰ.①一…　Ⅱ.①刘…　Ⅲ.①国际教育-国际合作-研究　Ⅳ.①G51

中国版本图书馆 CIP 数据核字(2020)第 241907 号

"一带一路"沿线八国国际教育合作与交流政策研究

YIDAIYILU YANXIAN BAGUO GUOJI JIAOYU HEZUO YU JIAOLIU ZHENGCE YANJIU

刘宝存　等著

人民出版社 出版发行
(100706　北京市东城区隆福寺街 99 号)

北京兴星伟业印刷有限公司印刷　新华书店经销

2020 年 12 月第 1 版　2022 年 1 月第 2 次印刷
开本:710 毫米×1000 毫米 1/16　印张:26　字数:386 千字

ISBN 978-7-01-022594-4　定价:78.00 元

邮购地址 100706　北京市东城区隆福寺街 99 号
人民东方图书销售中心　电话 (010)65250042　65289539

版权所有·侵权必究
凡购买本社图书,如有印制质量问题,我社负责调换。
服务电话:(010)65250042